U0861751

国家出版基金项目
NATIONAL PUBLICATION FOUNDATION

欧亚历史文化文库

总策划 张余胜

兰州大学出版社

中亚历史

——巴托尔德文集第2卷第1册第1部分

下册

丛书主编 余太山

〔苏联〕瓦西里·弗拉基米罗维奇·巴托尔德 著

〔苏联〕B. A. 罗莫金 Б. Я. 斯塔维斯基 整理

〔苏联〕Б. Г. 加富罗夫 编

张丽 译

图书在版编目(CIP)数据

中亚历史:巴托尔德文集第2卷第1册第1部分 / (苏) 巴托尔德著;张丽译. —兰州:兰州大学出版社, 2013.1

(欧亚历史文化文库/余太山主编)

ISBN 978-7-311-04054-3

Ⅰ.①中… Ⅱ.①巴… ②张… Ⅲ.①中亚—历史—研究 Ⅳ.①K36

中国版本图书馆 CIP 数据核字(2013)第025714号

总 策 划 张余胜

书　　名 中亚历史
——巴托尔德文集第2卷第1册第1部分(下册)
丛书主编 余太山
作　　者 〔苏联〕瓦西里·弗拉基米罗维奇·巴托尔德 著
〔苏联〕B. A. 罗莫金 Б. Я. 斯塔维斯基 整理
〔苏联〕Б. Г. 加富罗夫 编
张 丽 译
出版发行 兰州大学出版社 (地址:兰州市天水南路222号 730000)
电　　话 0931-8912613(总编办公室) 0931-8617156(营销中心)
0931-8914298(读者服务部)
网　　址 http://www.onbook.com.cn
电子信箱 press@lzu.edu.cn
印　　刷 兰州人民印刷厂
开　　本 700 mm×1000 mm 1/16
总 印 张 67.25
总 字 数 899千
版　　次 2013年4月第1版
印　　次 2013年4月第1次印刷
书　　号 ISBN 978-7-311-04054-3
定　　价 200.00元(上、下册)

(图书若有破损、缺页、掉页可随时与本社联系)
淘宝网邮购地址:http://lzup.taobao.com

目 录

下 册

吉尔吉斯人历史概论

土库曼民族历史概论

附录

吉尔吉斯人历史概论

第一版绪论

吉尔吉斯自治州国民教育部学术委员会早就打算要出版一部吉尔吉斯民族历史概论。之所以要出版这样一种著作，主要是因为吉尔吉斯人在实行民族自决之后认识自我其中包括认识自己历史的兴趣提高了。

此外，学术委员会还考虑到在我们的科学文献中尚没有一部系统介绍吉尔吉斯民族这一中亚最古老民族之一的历史的著作。[1] 突厥学家和许多对苏联东方感兴趣的人也迫切需要这样一部著作。

吉尔吉斯苏维埃社会主义自治共和国人民教育委员会科学中心 474

〔1〕B. B. 巴托尔德在这本著作中首次对吉尔吉斯人的历史进行了系统的阐述，在该著作出版后又积累了大量关于吉尔吉斯人和吉尔吉斯考古学、民族学以及历史学的资料，又有一批研究成果问世，在此基础上完成了一部综合性的集体合著——《吉尔吉斯历史》(第 1 - 2 卷，伏龙芝，1956)。关于吉尔吉斯考古学的主要出版书目参见前面第 23 页注释 1。对吉尔吉斯人和吉尔吉斯历史中所有问题的研究状况进行的系统评述，参见舍尔斯托比托夫等人的著作《苏联吉尔吉斯坦史学史概论(1918—1960 年)》。有关吉尔吉斯历史编纂学的全部著作目录也参见该著第 4 页注释 1。其他参考文献在前面第 23 页注释 1 中列了出来，也可参见舍尔斯托比托夫等人的著作《苏联吉尔吉斯坦史学史概论(1918—1960 年)》，第 117、123 页。差不多包罗了革命前关于吉尔吉斯人和吉尔吉斯历史研究所有资料和研究成果的汇编，被收入一部重要的图书索引类著作当中，这就是阿米金 - 沙皮罗的《吉尔吉斯考古学、历史学和民族学文献标注索引》。——B. 罗莫金

1 远古时期的状况

吉尔吉斯人(кыргыз)[1]是中亚最古老的民族。在现生活于中亚的民族中,可能还没有哪一个民族的名称在历史上出现得能像吉尔吉斯人那样早。

我们所拥有的关于蒙古征服前中亚东部地区命运的几乎所有资料都来源于中国的官方历史文献,当然在这些历史文献中民族名称以及其他一些专有名词、人名和地理名称都被转写成了汉字。在翻译中国文献时,俄罗斯学者通常遵循现代北京方言中象形字的发音原则,而西欧学者通常遵循中国的标准语或所谓的“官”语中的发音原则。此外,一些汉学家还竭力要根据语言学资料来确定某些象形字在该古文献所属的那个时代应该如何发音。由此一些被中国人提到的民族的民族学起源问题有时便得到了解决。在西欧汉学家的著作中,现在人们最常引用的是夏德(Fr. Hirth)的论文“Nach - worte zur Inschrift des Tonjukuk”(1899 年),沙畹(E. Chavannes)的著作《西突厥史料》(1903 年)[2]和德·格罗特(M. de Groot)的著作《公元前的匈奴》
475 (1921 年)[3]。

---

[1]Л. 利格季和其他学者运用语言学论证了吉尔吉斯这一名称起源于数词柯尔克 кырк(四十),加上了表示复数形式的词缀(ы)з,类似民族学中的集合名词 огуз(奥古兹人。——译者),这个词可能起源于表示“氏族”、“部落”的 ок(ог)一词,在这个词后面加上表示复数形式的词缀(у)з 就形成了 огуз(参见阿布尔哈齐《土库曼世系》,科诺诺夫版,第 84 页,注释 31;详见阿布拉姆佐《论吉尔吉斯民族词汇的语义学》)。这种解释符合中亚的书写传统,中亚人在列举 92 个“乌兹别克”部落时,往往把吉尔吉斯人放到那些其名称为数词的氏族部落中间,如:明格 минг,尤兹 юз,柯尔克 кырк 和恩 он(参见阿瓦兹·穆罕默德,第 266 页 6)。关于吉尔吉斯 кыргыз 这个名称与民族学和地理学术语 аз __ ас __ ус __之间的可能联系,参见后面第 485 页注释 20,第 504 页注释 10。关于把吉尔吉斯这个词的起源解释为 40 个姑娘和 40 个古兹(部族)的传说,分别参见后面第 504 页注释 10 和 513 页注释 6。——В. 罗莫金

[2]比较我的书评,载《俄国皇家考古协会东方分会论丛》,第 15 卷,第 162 - 185 页。

[3]比较我的书评,载《编年史》,第 2 卷,第 261 - 267 页。

僧侣亚金夫（比丘林）在自己的俄文著作《中亚古代民族资料汇编》（1851）中，收录了关于10世纪前中亚各民族的中文资料。В. П. 瓦西里耶夫所著《10—13世纪中亚东部的历史与古迹》是该著的继续。

中国最早的官方史书是“中国史学之父”司马迁的《历史札记》（《史记》），该书完成于公元前99年。这时中国人北方的邻居是匈奴人（Hiung-nu），他们在中亚历史上建立了第一个著名的庞大游牧帝国。中国人自己通常认为匈奴人和突厥起源的民族具有亲缘关系，直至最近[1]大部分欧洲学者也认为匈奴人就是突厥人，虽然现在像伯希和（Pelliot）这样的专家根据中国有关中亚的史料重新回到从前的匈奴人蒙古起源说上来。顺便提一下，根据司马迁的说法，北方的匈奴人征服了鬲昆[2]王国（Гэгунь，德·格罗特将其译音为Kik-Kun），可能无论是公元前201年的中国人，还是欧洲学者都把这个转写过来的词与另外一些表示吉尔吉斯人的词等同起来，以至于认为对公元前201年事件的记载是对吉尔吉斯人的最早记载。也有学者则力求争取对这一转写过来的词作出另外的解释，他们认为第一个音节，就像我们现在所看到的那样已经演变成甘Гянь[3]的形式，表示的是“克穆”河的名称，第二个音节表示的是鄂尔浑河的名称，因此他们说中国人是用这个名称来表示叶尼塞河和鄂尔浑河之间的地区。的确，突厥民族总是把叶尼塞河称为“克穆”[4]，但中国人是用另外的文字而不是用吉尔吉斯人Кыргыз这个名称的第一部分来称呼叶尼塞河的。第二部分确实是用后来表示鄂尔浑河名称的汉字来表示的，这样一来可以认为中国人最

---

〔1〕关于匈奴人问题的理论可以比较伊诺斯特兰采夫的《胡人和匈奴人》。

在巴托尔德的这部著作出版之后又有一系列关于匈奴人的研究成果问世，其中包括迈克噶文《早期帝国》（参见书评，伯恩斯塔姆《古代史通讯》，1940年，第3-4期）和伯恩斯塔姆《匈奴人历史概论》（参见对这部书的书评：鲍里索夫《历史问题》，1952年，第11期；克兹拉索夫、梅尔佩特《古代史通讯》，1952年，第1期；乌达利佐娃《对匈奴征服理想化的疑义》。最近出版的关于中央亚细亚匈奴人的书有古米廖夫《匈奴人　古代的中亚》（对此书的书评有К. 瓦西里耶夫《古代史通讯》，1961年，第2期；杜曼《亚洲和非洲的民族》，1962年，第3期；沃罗比约夫《亚洲和非洲的民族》，1962年，第3期）；马长寿《北狄与匈奴》。——Б. 斯塔维斯基

〔2〕现代译音为坚昆Цзянькунь。——Б. 加富罗夫

〔3〕现代译音为坚Цзянь。——Б. 加富罗夫

〔4〕关于这一名称，参见哈姆比斯*Notes sur Kam*。——В. 罗莫金

476 终听到的是吉尔吉斯民族名称的鼻音。伯希和认为,我们在《史记》中看到的鬲昆一词是蒙古词 кыркун 的单数形式。因为中国人很有可能是从自己的邻居匈奴人那里了解到吉尔吉斯人的,所以伯希和关于吉尔吉斯民族起源于蒙古的观点就可能由此而得到证实。

在对公元前 201 年事件的叙述中只字未提吉尔吉斯人的分布区域及位置,但在谈到吉尔吉斯人时顺便提到了被认为是所谓"叶尼塞奥斯恰克人"祖先的丁零(Ting ling)民族,显然丁零是吉尔吉斯人的邻居。据此可以推测吉尔吉斯人当时就像后来一样居住在叶尼塞河流域。

我们在《前汉书》(公元前 206 年—公元 25 年)中找到的地理资料虽然依旧很少,但毕竟还是多了一点,作者班固死于公元 92 年。在叙述公元前 1 世纪下半叶的历史事件时,他提到了名为甘昆 гяньгунь[1](沙畹译作 Kien koen,德·格罗特译作 Kin-k'un)的吉尔吉斯人。匈奴王族的一位首领向西迁徙,来到了与乌孙民族[2]领地相邻的国家,作者在其他地方也常常谈到乌孙人,说他们是匈奴人西面的邻居和敌人。他非常准确地确定了乌孙人国家的位置,说它的中心位于伊塞克湖以南地区,西面与费尔干纳相邻,东面把艾比湖以东和乌苏城以西的地方都纳入了自己的领地。乌孙人得到匈奴人逼近的消息后,派了一支 8000 人的军队阻挡他们,但这支队伍被匈奴人击溃了,显然不是在乌孙的领地而是在更往东面一些的地方被击溃的。战胜了乌孙人之后,匈奴人由此向北推进,迎战乌揭人,从这里西进攻打坚昆人,之后由此向北打击丁零人。在征服了所有者"三个王国"之后,匈奴人经常派军队进攻乌孙人,并且总是打败他们。匈奴首领一度住在坚昆人的国家,后来和乌孙的西邻康居人(кангюй[3],沙畹译作 K'ang-kiu,德·格罗特译作 K'ang-ki)缔结了同盟,康居人的领地到达费尔干纳的西北地

〔1〕坚昆 Цзянькунь。——Б. 加富罗夫

〔2〕关于乌孙人,参见前面第 25 页以下。——Б. 加富罗夫

〔3〕现代音译为 канцзюй。——Б. 加富罗夫

区。[1] 匈奴人接受了康居人邀请来到了他们的国家,匈奴人在前来的路上遭受了巨大的损失(只有 3000 人的军队生还),但是他们却成功地在康居建立了一个强大的王国并取得了对乌孙人的巨大胜利。这个王国在公元前 36 年被中国人派来的西征军所灭亡,王国的建立者、匈奴首领本人也被处死。

还谈到坚昆人的国家位于匈奴都城(在鄂尔浑河或托拉河)以西 7000 里(1 里当是相当于 1/3 俄里),车师[2]或古苏[3]地区以北 5000 477
里,车师或古苏在中国突厥斯坦的东部地区,现在这里是吐鲁番城。我们看到,后来伊斯兰地理学家也是这样描写从吐鲁番附近到北部叶尼塞河流域吉尔吉斯人国家的路线的。如果中国人所说的距离接近实际的话,那么吉尔吉斯人可能当时不仅分布在叶尼塞河流域,而且还分布在更往南一些现在叫做吉尔吉斯湖(нор 或 нур 在蒙古语中的意思是"湖泊")的地方。至于这个湖泊从什么时候开始叫这个名,为什么叫这个名,据我所知现在还没有这方面的资料。不管怎么说,历史事件的发展进程表明,坚昆人的国家比乌孙人的国家更靠东一些,只是由于偶然的疏忽在叙述匈奴人从坚昆人的国家向康居人的国家迁徙时才没有提到乌孙人。显然,匈奴人在从坚昆向康居迁移的路上所遭受的损失是由乌孙人带给他们的。班固的疏忽导致公元 3 世纪魏朝(220—264 年)史的作者于唤[4]误入歧途,于唤认为坚昆国与康居国毗邻,并把坚昆国放在康居国的西北部,把丁零人的国家放在康居国的北部,并且他还使人们相信坚昆国位于另外两个"王国"中间,这样就陷入了明显的自我矛盾之中。这种错误又使德·格罗特陷入歧途。

书中还说有一些投降匈奴人的中国官员被任命为坚昆和其他北方

---

〔1〕关于康居,参见前面第 175 - 176 页。——Б. 加富罗夫

〔2〕现代音译为 Чэши。——Б. 加富罗夫

〔3〕现代音译为 Гуши。——Б. 加富罗夫

〔4〕不清楚 В. В. 巴托尔德在这里指的是一个什么样的作者。如 Б. И. 潘克拉托夫所说,《三国志》是陈寿收集和校订的,他本人撰写了蜀汉书,其他两国的历史其中包括魏国史(220—264 年)是由一个专门委员会编写的。在这部史书的一系列作者中没有遇到于唤这个名字。——Б. 加富罗夫

国家的统治者,但这些说法大概都没有确切的史料依据。公元前 2 世纪末,出身于游牧民族却在中国接受教育并担任官职的卫律出使匈奴后转向了匈奴人一边。在 11 世纪写成的唐(618—907 年)书中说卫律当上了丁零人的国王,但在《前汉书》中对此没有明确的说明。公元前 99 年,在长期抵抗后被匈奴人打败的中国统帅李陵也投降了匈奴人,他于公元前 74 年死在了匈奴人的国家,此后他的儿子担任了匈奴人的官员。亚金夫在对此处译文所做的附注中写道:“李陵留在了匈奴人那里并得到黠戛斯作为领地(唐朝时使用的吉尔吉斯一词的译音),他
478 的后代在这里差不多一直统治到成吉思汗时代。”[1]从唐书中所了解到的只是,840 年灭亡了回鹘国家、847 年去世的吉尔吉斯可汗是李陵的后裔。由于唐王朝也属于李氏家族,所以吉尔吉斯可汗在 841 年谈判期间被承认是统治中国王朝的亲属。有人想把他的名字列入皇族当中,但后来没有这样做,因为已经认定“统治黠戛斯的是一个小家族,它不能与统治中国的唐王朝相提并论”[2]。

关于在公元后最初的 5 个世纪中吉尔吉斯民族的命运如何,大概还没有任何资料。我们完全不知道公元 1 世纪末匈奴国家的衰落和统治权转移到被中国人称为鲜卑(迄今为止一般还认为鲜卑人是通古斯人。伯希和教授在列宁格勒讲学时,援引中国的鲜卑语词典把他们称作突厥人。我在报刊上还没有看到对这一词典的介绍)的民族手中对吉尔吉斯人产生了怎样的影响。只是在 5 世纪编写的《后汉书》(25—220 年)中提到,鲜卑国王檀石槐[3](死于 181 年)“在北方阻挡了丁零人,在西面战胜了乌孙人并控制了从前属于匈奴国的所有土地”[4]。与丁零人进行战争的说法促使我们认为,檀石槐占领了丁零人南面的邻居——吉尔吉斯人的土地。在这一史书中有时还在我们更期待遇到

---

[1]比丘林《中亚古代民族资料汇编》,Ⅰ,第 51 页。——Б. 加富罗夫

[2]比丘林《中亚古代民族资料汇编》,Ⅰ,第 451 页。——Б. 加富罗夫

[3]Тань Ши-хуай。——Б. 加富罗夫

[4]比较比丘林《中亚古代民族资料汇编》,Ⅰ,第 169 页。“……在北方阻挡了丁零人,在东面打退了扶余人,在西面战胜了乌孙人并控制了从前属于匈奴国的所有土地,从东向西横跨 14000 里,包括所有的山脉、河流和盐湖。”——Б. 加富罗夫

其南部邻居的地方提到丁零人。中国人把乌桓民族列入“东夷”(东胡)之中,东胡大概曾经是匈奴的东邻,分布在大戈壁以北的地区,同时中国人说这个荒漠是乌桓人安置罪犯的地方,它位于丁零人的西南方和乌孙人的东北方。此外,书中还记载说中国人在公元初年建立了一支由丁零人和乌桓人共同组成的军队。

在2世纪以后,再也没有提到丁零人,直到6世纪突厥－奥古兹人的游牧帝国形成也没有关于吉尔吉斯人的记载。 479

2 6到9世纪的吉尔吉斯人

在618—907年统治中国的唐朝史书(《唐书》)中,我们找到了对吉尔吉斯人更为详细的记载,这些记载要比以前的中国史书详尽得多。《唐书》首次从地理学上准确地指出了吉尔吉斯人居住的地域,说明了他们是通过那些路线与其他国家进行联系的;也首次披露了关于吉尔吉斯民族体型和语言的资料。另外,这一时期开始形成的阿拉伯地理学家的资料也是对这些记载的补充。最后尤其重要的是,在所谓"鄂尔浑"碑铭中也多次提到了吉尔吉斯人,"鄂尔浑"碑铭是当时统治蒙古的突厥人主要在鄂尔浑河上留下的记载历史事件的铭文。

至于通往吉尔吉斯人国家的道路,中国人提到了从色楞格河到"黑山"或贪漫山的道路。Фр.夏德认为这里所说的是萨彦山脉,在鄂尔浑碑铭中这些山被称为肯久塔尔曼或肯久塔尔班。根据铭文记载,这座山是突厥领地的最西部边界,并且在叙述了征服居住在乔格曼山以外的吉尔吉斯人之后马上就谈到了这一点。夏德在另一种中国史料(8世纪)中找到了最后一个名称的转写——丘(秋)曼。根据他的观点,丘曼和贪漫,突厥语分别叫做乔格曼和肯久塔尔曼,指的是同一座山脉的可能性不大。更有可能的是,乔格曼山是吉尔吉斯人领地的东南部边缘,而肯久塔尔曼山则是其西部边缘。前者可能指的是萨彦岭,后者可能指的是阿尔泰山,虽然唐书中说吉尔吉斯人的国家向南延伸到了贪漫山。伊斯兰地理学家也提到了经乔格曼山到吉尔吉斯人那里去的道路,他们认为这是一条由南面今天的吐鲁番开始的道路。在吐鲁番和乔格曼山之间还有克米兹阿尔特山和曼别克鲁山。翻越乔格曼

山后还要走7天才能到达吉尔吉斯可汗的大帐。[1] 关于流经吉尔吉 480
斯人国家的河流穆斯林地理学家丝毫没有谈及，中国人把这条河称为谦河[2]，也就是克穆河（叶尼塞河）。

根据《唐书》的记载，吉尔吉斯人“与丁零人混居在一起”，同时还说他们从外表上看与被中国人称作驳马（有花斑的马——似乎是因为这个民族那里出产带有这种花纹的马）的民族相像。驳马人（沙畹称之为 Pouo-ma）居住在突厥人（奥古兹人）的正北面，应料到是居住在吉尔吉斯人的正北面，尤其是书中在下面还继续谈到他们经常与吉尔吉斯人打仗。他们的土地总是被冰雪覆盖，向北直达海边。他们的外貌特征不是在描写驳马人的时候被描述的，而是在描写吉尔吉斯人的时候被描述的：“红黄色的头发，绯红的面庞和浅蓝色的眼睛。”[3]这种与现代吉尔吉斯人（红头发、白皮肤）很少有共同之处的体貌特征，是11世纪的波斯作者加尔迪齐赋予吉尔吉斯人的，他很可能是借用了8世纪作者（死于757年）伊本·穆卡法的说法。伊本·穆卡法根据这些特征认为吉尔吉斯人与斯拉夫人有亲缘关系。中国人还说，吉尔吉斯人与驳马人语言不同，列举了几个吉尔吉斯词（比如，阿伊 ай，表示“月份”），由此可见吉尔吉斯人当时已经在使用一种突厥语方言了。伊斯兰作者们根据语言把吉尔吉斯人纳入突厥人的行列。

综上所述，大概可以得出这样的结论：吉尔吉斯人是突厥化了的叶尼塞奥斯恰克人，他们在和保持着自己的原有语言的亲族作战。在叶尼塞奥斯恰克人那里保留着一些关于强大的吉里加民族[4]“从上面”也就是从南面进攻他们的传说，当然这些传说可能反映的是更晚些时候的事件。

驳马人没有实现政治上的统一，每一个村社都有自己的首领，这些首领彼此互不相属，但吉尔吉斯人却有一个独揽大权的统治者，这位统

[1]关于古代吉尔吉斯人的领土及其相邻地区的历史地理情况，以及从前叶尼塞河吉尔吉斯人的其他问题，参见基谢廖夫《南西伯利亚古代史》。——B. 罗莫金

[2]Цзянь。——Б. 加富罗夫

[3]比丘林《中亚古代民族资料汇编》，Ⅰ，第443页。——Б. 加富罗夫

[4]阿努钦《叶尼塞奥斯恰克人萨满教概论》，第4页。

治者在中国史书中被尊称为阿热[1]。除了中国史料以外,无论是在突厥文献中,还是在其他文献中都没有遇到过这一尊号。H. H. 科兹明教授打算根据 1701 年的一份俄国文件对这一名称进行解读,在这份文件中提到“叶泽尔(叶泽尔是吉尔吉斯氏族之一)法官奥热”(后面写的是奥热和奥扎)。在 1700 年的文件中遇到过博吉阿热这个名称,并且这个名称第二部分可以解释为一种尊号。

从中国和某些西方的(尤其是拜占庭)史料中我们了解到,在 6 世纪第一个自称为突厥人的民族登上了历史舞台,这个民族的首领是两
481 兄弟,中国人称之为土门和室点密[2]。两兄弟成功地征服了整个草原以及从中国边界到拜占庭和伊朗边界的一些文明区域。土门留在了东方,室点密则去了西方,他死后他的后裔继续统治那里。土门死于 553 年,室点密死亡的时间中国人没有指明。沙畹试图证实,室点密就是拜占庭史料中记载的季尔济布或西尔济布,他死于 576 年。

鄂尔浑碑铭只是简单地提到名为布明[3](也可读作布曼)和伊斯泰米[4]的最初几位突厥可汗,在被他们征服的民族中提到了吉尔吉斯人。中国人只是说吉尔吉斯人臣服了西突厥可汗咄陆,他的确切出身还不能确定,沙畹认为他是室点密(伊斯泰米)的第五代后裔。咄陆在遭受一系列挫折和失败后死于 653 年,638 年是他最强盛的时候,当时他征服了驳马人和在这里被称作契骨人的吉尔吉斯人[5](沙畹翻译成 Kie-Kou)。可见,突厥人的权力一度不仅扩展到吉尔吉斯人那里,而且还扩展到他们的北方邻居那里。吉尔吉斯人的北部疆界同时即突厥语传播的北部疆界在哪里,还没有明确地指出来。《唐书》对这一问题作了某种回答,书中记载说:“所有河流(叶尼塞河流域)都流向东北。它们经黠戛斯(唐王朝时最常用的吉尔吉斯一词的转写)之后汇合向北

[1]现代音译是 ажэ。比较后面第 487 页。——Б. 加富罗夫

[2]现代译音为塞点密 Сэдими 或希坚密 Шидяньми。——Б. 加富罗夫

[3]即土门。——译者

[4]即室点密。——译者

[5]现代音译为 цзегу。——Б. 加富罗夫

流去。"[1]对这些记载可以作出各种解释。如果这里说的在叶尼塞斯克附近安加拉河口以下的叶尼塞河转弯处,那么吉尔吉斯人分布的疆界就大致与今天突厥语民族(所谓"西伯利亚鞑靼人",从革命时期开始自称哈卡斯人)的分布疆界相吻合,与萨莫耶德人和通古斯人的分布区域相吻合。现在叶尼塞奥斯恰克人的区域是从远在更北部的安齐费罗瓦村附近开始的,但他们一直保留着从前曾居住在更南部地区的回忆。如果这里指的是坎河河口以下叶尼塞河的转弯处(更符合世界各国的界定),那么吉尔吉斯人的北部疆界(和突厥语传播的北部疆界)当时要更靠南一些。

中国人还说:"从前黠戛斯国家依附于薛延陀王朝,薛延陀王朝在那里设置自己的颉利发对其进行最高监督。"[2]颉利发[3],按照另一种译音俟利发,现在已被证明就是在鄂尔浑碑铭中遇到的突厥封号埃利捷别尔。铭文根据政治意义的程度不同将人民划分为两种人(布敦):埃利捷别尔统治下的人(埃利捷别尔布敦)和可汗统治下的人(可
汗布敦)。埃利捷别尔的封号低于可汗的封号,这一封号一般被授予 482
一些没有独立政治生活的弱小民族的首领。薛延陀家族属于突厥的统治家族,并且中国人说:"薛延陀家族由两个部落组成:薛部和延陀部。"[4]有人试图将这两部的名称解释成是突厥词希尔 сир 和塔尔杜什 тардуш 的转写。希尔 сир 一词只在一件铭文中遇到过,是以突厥人希尔布敦 тюрк сир будун 3 个词组合在一起的形式出现的,并且从文字中看不出是应该把 сир 这个词理解为专有名词还是普通名词。塔尔杜什 Тардуш 一词倒是很常见,它是突厥民族两个主要分支中的一支的名称,但是在铭文中并没有把 сир 和 тардуш 组合起来,所以夏德所提议的对薛延陀一词的解释还是令人怀疑的。在汤姆森(众所周知,汤姆森找到了解读铭文的钥匙)关于鄂尔浑碑铭的最新著作中对这种

---

〔1〕比较比丘林《中亚古代民族资料汇编》,第 2 版,Ⅰ,第 354 页。——Б. 加富罗夫

〔2〕比丘林《中亚古代民族资料汇编》,Ⅰ,第 448 页。——Б. 加富罗夫

〔3〕现代译音是俟利发 цзелифа。

〔4〕比丘林《中亚古代民族资料汇编》,Ⅰ,第 426 页。——Б. 加富罗夫

解释是不认可的。

在《唐书》关于薛延陀的世系一章中,没有提到吉尔吉斯人。从下面引用的资料中可以断定,薛延陀部在东蒙古的崛起大致相当于西突厥可汗咄陆强盛的时期,以致吉尔吉斯人可能在东西两面同时遭到了两支突厥-奥古兹人的进攻。薛延陀部在7世纪初的第一次崛起是与盛气凌人的西突厥处罗可汗一度遭受失败有关。611年,处罗被迫来到中国。这时薛延陀和另一个突厥民族——吉尔吉斯人东南部的邻居回鹘人结成了同盟,回鹘人当时占据着色楞格河以西的地区。后来他们的关系又破裂了。629年,薛延陀的首领多弥在与回鹘首领吐迷度的征战中被杀。更早些时候,在西突厥可汗射匮强大时,薛延陀部的首领们放弃了称汗的要求。这些要求后来由其首领夷男重新提出,夷男一开始归附东突厥可汗赫利[1](620—630年),在颉利遭到失败后夷男又成为东蒙古的首要人物,一直统治到645年。可能这是薛延陀部最强盛的时期,吉尔吉斯人归附他们应该就是在这一时期。在夷男死了几年之后他的继承人在与回鹘人的争斗中死去。回鹘首领吐迷度虽在名义上归附了中国,但在自己的领地中继续自称可汗,648年他被自己的侄子乌纥所杀。乌纥及其继承人没有产生任何影响,所以吉尔吉斯人现在能够独立活动了。在吐迷度死亡的648年,即在夷男死后3年、在西突厥可汗咄陆的势力已经衰落时,吉尔吉斯人向中国派出了第
483 一个使团。

中国这时已经达到了最强盛的时期,从表面上看,从前突厥帝国所有的土地,无论是东突厥(从630年起)还是西突厥(658年后)都被纳入中国的版图。吉尔吉斯人在国家形式上已经成为中华帝国的疆域,并且正式恢复了其以前的中文名称坚昆。从前的汗和首领仍然是草原各地的实际统治者,只是他们现在被认为是中国的都督,他们获得中国官衔并服从驻扎在云州(在山西省,距现在的大同市不远,现在大同被认为是中国北方最重要的战略要地之一)的中国都督的管辖。在吉尔

〔1〕现代音译为颉利 Цзели。——Б.加富罗夫

吉斯国家“总首领”是酋长（俟利发）失钵屈[1]阿栈，他曾亲自来到中国朝廷。吉尔吉斯人与中国的交往一直持续到758年他们的国家被回鹘人征服为止。650—683年他们向中国派出了2个使团，705—711年派出了1个使团，713—755年派出了4个使团。但是中国人却根本没有谈到吉尔吉斯人在多大程度上参与了7世纪末和8世纪初的事件。关于这方面的情况我们只能从在蒙古发现的同一时期突厥碑铭中去寻找。

铭文的主要内容是与680年后东突厥摆脱中国的桎梏和重建东突厥汗国有关的事件。在这些可汗当中一位被中国人称为默啜（他从692年或693年开始执政，死于716年）的汗一度成功地将自己的统治扩展到西部，无论是他还是他的兄长和前任即汗国的重建者（中国人称之为骨咄禄）都必须既与中国人作战，又与突厥可汗及其首领作战，后者有时彼此之间或者与中国缔结反对新可汗的同盟。在骨咄禄的敌人中间提到了吉尔吉斯人，铭文中把骨咄禄叫做颉跌利施（汤姆森称之为埃跌利什）可汗。但是与吉尔吉斯人的战争从总体上讲也就是与西部民族之间的战争当时还没有什么价值。在颉跌利施或默啜（有一份铭文称默啜为迁善可汗）统治时期可能达成了协议，根据这份协议吉尔吉斯首领巴尔斯别戈的地位得到了可汗的承认，颉跌利施还把女儿嫁给了他。以颉跌利施及其继承人的主要谋臣暾欲谷的名义撰写的铭文中只是谈到了颉跌利施可汗与北方、东方和南方（中国）联盟的斗争，北方的国王——另一支奥古兹人的首领巴兹可汗被认为是主要的敌人，但一般认为在默啜统治时期与吉尔吉斯人和巴尔斯别戈的斗争意义更大一些。根据突厥人的习俗，在汗和勇士的墓碑旁通常立有被 484
死者杀死的敌人的塑像。在颉跌利施可汗的墓碑旁，摆在第一位的便是巴兹汗的雕像，而在默啜或迁善可汗的墓碑旁，摆在第一位的则是吉尔吉斯可汗的雕像。[2]

〔1〕现代音译为 Шибоцюй。——Б. 加富罗夫

〔2〕原稿中的“巴尔斯别戈”被删掉了。——A. 伯恩斯塔姆

暾欲谷铭文说有3个"可汗"组成了反对东突厥人的联盟,这3个可汗分别是:中国、西突厥(这时西突厥人的领袖是突骑施部)和吉尔吉斯可汗。所以,这次除了中国人以外,参加联盟的只有西部的民族。暾欲谷决定对吉尔吉斯人实施打击。这场战争可能发生在冬天(710/711年),对这次战役以及战胜吉尔吉斯人的情况铭文的记载很简单,只是比较详细地叙述了在翻越乔格曼山即萨彦岭时所遇到的困难。翻越这座山只有一条路可走,当时这条路已被雪封住。暾欲谷从一个阿兹人(关于阿兹人可以参见后面)那里了解到沿着阿尼河有一条只能走一匹马的窄路。暾欲谷决定走这条道。军队在阿克-捷尔梅河对岸集中,从这里踏雪步行为自己开路。开始人们骑马前进,后来牵着马拽着树(或者更有可能是拄着木棍)徒步沿河逆流而上。先遣队在雪地上踏出一条道路,后面的部队便随行前进。就这样通过了厄巴尔 Ыбар(?)隘口。此后又艰难地走了10昼夜,下山也是在这种深雪地里走。他们认为向导是个骗子,把他杀了。到达阿尼河后,部队骑马前行迅速来到吉尔吉斯人的国家。他出其不意地对敌人进行了突袭。

根据另一份铭文记载,战斗是在松戛山(或孙戛山)里进行的,突厥人打死了吉尔吉斯汗征服了他们的国家。如同默啜的其他征服一样,这次征服的影响也很快就丧失了。731年举行了追悼阙特勤王子的酬客宴,阙特勤王子是颉跌利施可汗之子,也是当时的统治者毗伽可汗(中国人称之为默棘连[1])的弟弟,在其他参加者中也有吉尔吉斯可汗达头伊难珠啜(啜是经常遇到的突厥尊号)。

为了说清楚突厥军队进军吉尔吉斯的情况,当然必须要对通过萨彦岭的道路情况进行充分的了解。在世界大战前不久着手敷设一条从奥兹纳钦村到乌辛斯科耶村的公路,奥兹纳钦村是沿叶尼塞河往上游航行的终点。可能这条道路应该能够与1870年Г. Н. 波塔宁所走过的
485 路相通:9月18日他顶着暴风雪穿过被认为是国界的哈丁-阿尔卡[2]

〔1〕现代音译为 Моцзилянь。——Б. 加富罗夫

〔2〕在第二版中写的是"哈丁-阿尔帕"。——Б. 加富罗夫

通道,来到伊日姆河谷,又从那里来到叶尼塞河右支流乌斯河谷。[1] 奥兹纳钦位于乌斯河口下游,它与乌斯河口之间是最危险通航之处。波塔宁记载说从乌辛斯科耶村到米努辛斯克有3条"横贯于萨彦岭崇山峻岭之间"的道路,"这3条道路只有骑着轻载的马才可以通过,并且只有在夏季的3个月中才能通行"。[2] 沿着乌斯河和叶尼塞河有一条可以在冬季通行的道路,突厥人可能走的就是这条路。[3] 在这种情况下"阿尼河"指的就是叶尼塞河。我们还没有发现其他使用这一名称的范例。众所周知,虽然突厥和鞑靼评论者试图从突厥语的角度来对叶尼塞河一词进行解释(叶尼恰 Ени чай——"新河"),但"叶尼塞河"这个词就是通古斯语中的尤内锡 Ионеси("大河"之意),并且该词从来也没有被一个突厥民族使用过。

吉尔吉斯人的领地在西南部是否直接毗邻当时其同盟者——西突厥首领突骑施人的领地,从铭文中看不出来。在进攻突骑施之前,暾欲谷率领自己的军队再次从吉尔吉斯人的国家来到萨彦岭南部。在提到吉尔吉斯人的同时有好几次提到了阿兹人,在同一个地方同时提到了阿兹人和突骑施人,因此他们可能居住在吉尔吉斯人的西南部,在萨彦岭和阿尔泰山之间。[4] 与吉尔吉斯人同时被提到的还有奇克人。突厥人还在进攻吉尔吉斯人之前就已经于709年完成了对这一民族的征伐,并且谈到在征伐的过程中渡过了克穆河,但没有越过萨彦岭。可能

---

[1]波塔宁《西北蒙古概论》,第1分册,第374页。

[2]波塔宁《西北蒙古概论》,第1分册,第374页。——Б.加富罗夫

[3]根据Г.Е.格鲁姆-格尔日迈洛的观点,暾欲谷走的是更靠西边的经过沙宾达巴隘口的道路。参见格鲁姆-格尔日迈洛《国家地理学会通报》,第66期,第1分册,第181页。——В.罗莫金

[4]此外,在加尔迪齐那里,以及大概在《世界境域志》(参见米诺尔斯基译本,第302页)中也提到了阿济人 азы(突骑施人的一支。不清楚所说的是否就是那些阿兹人),可能这些阿兹人位于伊犁河和楚河地区。在中世纪叶尼塞、阿尔泰和天山的地名学和族名学中,阿兹和阿斯(以及乌斯)的名称常常是在提到吉尔吉斯人时出现的。比如在《巴达亚特塔瓦里赫 Бадаи ат-таварих》(17世纪的著作)中提到吉尔吉斯人"被称作阿斯人"。参见《巴达亚特塔瓦里赫 Бадаи ат-таварих》,苏联科学院亚洲民族研究所手抄本,B 2304(В.В.库舍夫编目),第255页a。在阿尔泰山保留了托尔特阿斯这一氏族部落名称。不排除吉尔吉斯这个名称(以及哈卡斯)第二部分的起源是与阿兹或阿斯(或乌斯,参见后面第504页,注释10)这一民族和地理术语有关。——В.罗莫金

奇克人居住在萨彦岭以南的叶尼塞河发源地流域。根据中国史料记载,在吉尔吉斯人以东和回鹘人以北,在一个不大的湖泊科索戈尔湖以南,居住的是都播人,人们现在把图巴人称呼为萨莫耶德人。[1] 如今萨莫耶德部落再也不到那么遥远的南部去了。中国人当时把都播人以及与他们结盟的弥列人和埃奇日人(这些部族与都播人的关系是如此密切,甚至可以说他们是由都播人分裂而成的3个部族)划归突厥人
486 中。可能这些萨莫耶德部落当时已经突厥化了,根据他们喜爱滑雪的习俗称之为"带着木马的突厥人"(汉语是木马突厥[2])。在剑海湖[3]之滨(根据亚金夫的观点是贝加尔湖)与吉尔吉斯人毗邻而居的是大汉和鞠[4],并且前者居住在后者的北部。吉尔吉斯国家绵延向东直到骨利干人的地区,骨利干人在鄂尔浑碑铭中被称为库里干人,根据亚金夫的翻译和解释,库里干人居住在贝加尔湖以北到北冰洋之间的地带,按照沙畹的译文他们居住在大漠以北和贝加尔湖以南地区。不管怎样,吉尔吉斯人占据了直至贝加尔湖的辽阔地域,因此他们即使在突厥-奥古兹人强盛时期也能与他们展开竞争。颉跌利施可汗将女儿嫁给吉尔吉斯汗的事实看来并不是一个例外,至少中国人说突厥王室总是把自己的女儿嫁给吉尔吉斯酋长。

在东蒙地区的霸权由突厥-奥古兹人转移到回鹘人手中之后,吉尔吉斯人的状况恶化了。以734年死去的毗伽可汗的名义撰写的铭文表明,突厥王室认为自己的强盛能够得到长久的保障,他们很少去注意回鹘,以至于这个民族的名字在铭文中只被提到过一次。同时在745年,即毗伽可汗死后的第11年,突厥-奥古兹人在东蒙的统治地位终结了,他们所有的领地都转移到了回鹘人手中。

《唐书》在叙述吉尔吉斯人时说,他们于758年被回鹘人征服,在记载回鹘人时却没有提到这一事件。758年统治回鹘的是被中国人称

---

[1]在最新出版的地理学著作中没有遇到用图巴来称呼萨莫耶德人的情况。比较《西伯利亚民族》。——B. 罗莫金

[2]现代音译为 мума туцюе。——Б. 加富罗夫

[3]现代音译为 Цзянь-хай。——Б. 加富罗夫

[4]现代音译为 Цзюй。——Б. 加富罗夫

之为葛勒可汗的磨延啜[1]（745—759年）。就在758年他的使臣在中国首都与阿拉伯使臣为首席位置而争论起来。可能，在色楞格河附近发现的已经严重残破不全的突厥铭文中记载的就是这位可汗，这份铭文1913年由芬兰学者拉姆斯泰特发表。铭文中只叙述了757年前的事件，但是从中可以看出早在750年和751年，回鹘人就在叶尼塞河上与奇克人和吉尔吉斯人发生了冲突，并且提到了吉尔吉斯汗。

拉姆斯泰特发表的另一份铭文是属于更晚些时候即8世纪末的铭文，这份铭文是以一位住在回鹘国家的吉尔吉斯官员的名义撰写的。铭文中提到了他的导师，并且使用了叙利亚词мар——“先生”之意，拉姆斯泰特据此得出结论说，这位吉尔吉斯人接受了当时在回鹘国家中流传的起源于前亚的宗教——摩尼教。 487

如果中国人认为758年回鹘人已经彻底征服吉尔吉斯人的话，那么这可能是因为在758年以后吉尔吉斯使团再也没有到过中国。至于吉尔吉斯人继续反抗回鹘人，从一份用汉语写的属于另一位回鹘可汗统治时期的铭文中可以看出来，这位回鹘汗统治的时间是从808年到821年。在这位可汗时代，又爆发了回鹘人与坚昆王国也就是再次强大起来的吉尔吉斯人之间的战争。吉尔吉斯人似乎有40万武装弓箭兵（根据《唐书》记载，吉尔吉斯人总共有8万军队）。这一次吉尔吉斯国家可能被彻底击溃，国家不复存在。但是《唐书》在叙述出现了新的吉尔吉斯可汗以及他在840年[2]完全战胜了回鹘人时说，这位可汗在夺取胜利之前与回鹘人“进行了20年的战争”。如果这样的话，那么差不多不存在吉尔吉斯人完全臣服回鹘可汗的时代。

根据亚金夫的译文，在《唐书》中提到吉尔吉斯统治者从回鹘可汗那里得到了毗伽顿颉斤的封号[3]，没有加上可汗一词，这表明吉尔吉斯人失败的后果仅仅是丧失了汗国的称号和独立性，但没有丧失国家

---

〔1〕758年唐朝赐号英武威远毗伽阙可汗，简称英武可汗。——译者

〔2〕在手抄本中删掉了以前写的：“或841年”。——A.伯恩斯塔姆

〔3〕比丘林《中亚古代民族资料汇编》，Ⅰ，第449页。比丘林明显地把封号的第一个词写错了，应该读作（现代音译）Пице-дунь цзе-цзинь。——Ю.布列格利

的自治权。在有利的条件下,可能在遭受失败之后不久,吉尔吉斯阿热[1](中国人这样称呼他)很快便能重新与回鹘人开战并提出建立汗国的要求,这很可能是借助于西部同盟者的力量。还谈道,他宣布自己为汗(可汗),宣布自己出身于突骑施的母亲为寡居母后(可敦),宣布自己的妻子、葛逻禄国王叶护的女儿为皇后。8 世纪向西迁徙葛逻禄人在 766 年后[2]形成了以楚河两岸为中心的国家,后来作为吉尔吉斯人的邻居和盟友经常被提到。但提及突骑施就令人感到有点奇怪了,突骑施国家在 740 年前后就已经被阿拉伯人灭亡了,在 756—757 年以后突骑施人已经不再有任何政治影响了。[3]

与回鹘人的战争在840年以吉尔吉斯人的胜利而告终,当时吉尔
488 吉斯人攻占了回鹘人在鄂尔浑河上的首都(现在的哈雷巴梅兹遗址)。从吉尔吉斯汗在叶尼塞河上的住地到该城骑骆驼需要走 40 天,这一次从 832 年开始统治的回鹘汗被杀。吉尔吉斯人没能彻底征服回鹘人。虽然他们失去了首都,但 841 年新回鹘可汗乌介宣布继位,他继续与自己的敌人奋战到 847 年,这一年他在与自己叛乱的臣民进行斗争时被杀。此后回鹘人一部分臣服了蒙古征服者——吉尔吉斯人,一部分向南迁徙,在那里建立了两个汗国:一个在吐鲁番,另一个在甘州。对蒙古的统治权转入吉尔吉斯人手中,他们的国家由此而成为中亚东部地
489 区最重要的游牧国家。

---

[1]Ажэ。现在认为这个词是一位吉尔吉斯汗的名字。参见克利亚什托尔内《粟特铭文的历史文化意义》,第 164 页,注释 13。——Ю. 布列格利

[2]在从前的手抄本中写的是:“766 年”。——A. 伯恩斯塔姆

[3]A. H. 伯恩斯塔姆认为,740 年前后只有一小部分突骑施人在阿姆河流域(胡塔尔地区)被阿拉伯人打败,突骑施汗国继续存在到 766 年。参见巴托尔德《吉尔吉斯人历史概论》,第 2 版,第 8 页(伯恩斯塔姆所作的序言)。——B. 罗莫金

3　9和10世纪的吉尔吉斯强国

吉尔吉斯人征服蒙古是中亚历史上少有的自西向东进行征服的例子。差不多所有的征服运动都是沿着相反的方向进行的。可能吉尔吉斯汗没有把回鹘可汗在鄂尔浑河上的首都作为自己的首都，在胜利之后他只是迁到"牢山以南"，或赌满山以南，这里距前回鹘首都骑马需要15天的路程。大概这里所说的是唐努乌拉山。在吉尔吉斯人的军事行动中著名的远征只有一次，吉尔吉斯出动7万军队从沙土草原向南进军，并且汗在打败了回鹘人之后携带着掳掠来的一部分回鹘人又返回了北部。

与常常进攻中国的回鹘人及他们的前身奥古兹人不同，吉尔吉斯汗从一开始就竭力与唐王朝建立友好关系。在占领回鹘首都时，他们在那里发现了中国的太和公主并在护卫队的保护下将她送往中国，护卫队遭到了回鹘乌介[1]可汗的进攻，公主被后者抓获沦为回鹘人的俘虏，直至843年才获救。我们看到，吉尔吉斯可汗作为李陵的后裔，认为自己是同样出身于李姓家族的唐王朝的亲属。中国皇帝开始也倾向于承认这些新亲属，但后来有人劝宣宗皇帝(847—859年)说："黠戛斯是小国，不能与唐相提并论(黠戛斯小种，不足与唐抗)。"问题被提交给一个高级官员组成委员会来决定，委员会认为："回鹘强盛时被赐予册号，幸好现在衰亡了，为防患于未然不必增强吉尔吉斯人的实力(回鹘盛时有册号，今幸衰亡，又加黠戛斯，后且生患)。"[2]虽然作出了这种敌对的决定，吉尔吉斯人与中国的往来还在继续。在下一位皇帝懿宗(860—873年)统治时期，有3个吉尔吉斯使团前来。打败回鹘的胜

〔1〕现代音译为Уцзе。——Б. 加富罗夫

〔2〕比较比丘林《中亚古代民族资料汇编》，Ⅰ，第452页。——Б. 加富罗夫

利者在847年死去,就在这一年他的主要敌人乌介可汗也死了。在《唐书》中只是记载了其直接继承人的名字和尊号,而关于这位继承人的490 情况以及后来吉尔吉斯汗的情况则没有任何记载。

总起来说,中国关于吉尔吉斯强国时代中亚的史料是非常匮乏的。除了已经提到的译著之外,《唐书》中关于吉尔吉斯人的记载也被收入在B.绍特的论文“Ueber die achten Kirgisen”(1865)中。这些史料描述了吉尔吉斯国家和民族的情况,但对847年之后吉尔吉斯人的历史却没有任何记载。克拉普罗特的著作《亚洲历史图表》(1826)在非专业人士当中得到了更广泛的传播。绍特对该书持否定态度并证实说,此书在很多情况下使著名地理学家里特尔在写作论世界地理的巨著(《地理学》)时误入歧途。克拉普罗特著作的影响通过里特尔的著作在拉德洛夫的名著《走出西伯利亚》(1884年;1893年第二版,完全是第一版的翻印)中有关历史部分的章节表现出来。除了中国人以外,穆斯林作者也对9世纪和10世纪的中亚进行了记载。11世纪的波斯作者加尔迪奇依据较早时期的史料对经过中亚的道路,其中包括通往吉尔吉斯人的道路进行了最详细的描述,1897年我在《1893—1894年中亚科学考察报告》中已经将他的叙述公布出来并将其译成俄文。有一些最新的学术著作研究了穆斯林对中亚其中包括对吉尔吉斯人的记载,其中值得特别关注的是马尔克瓦尔特的著作,尤其是他的论克曼人(波洛韦次人)民族性的著作(1914)。我在自己发表于《俄罗斯历史杂志》第7卷(1921)上的书评中尽量指出了该著的优缺点。

中国人也谈到了吉尔吉斯人和穆斯林之间的交往,按照中国人的说法,吉尔吉斯国家与大食(塔吉克人,当时人们这样称呼阿拉伯人)、吐蕃(西藏人)和葛逻禄(卡尔鲁克人)一直都保持着友好的关系。每3年有1支由20峰骆驼组成的商队从阿拉伯国家[1]来到吉尔吉斯人那里,商队携带着有花纹的(绍特译作:绣金的)丝织品,有时骆驼的数量达到24峰。可能《唐书》中没有谈到商队走的是哪些路线。在克拉

〔1〕大食;参见比丘林《中亚古代民族资料汇编》,Ⅰ,449页。——Б.加富罗夫

普罗特的著作中把《唐书》对西藏人的记载安到了阿拉伯商队身上，《唐书》中说：由于害怕遇到回鹘人的抢劫，西藏人来到葛逻禄国家在那里等待护送者。根据亚金夫的解释，是葛逻禄人为他们提供了这种护卫队，而根据绍特的解释是吉尔吉斯人自己为他们提供了护卫队。

从吉尔吉斯人与阿拉伯人、西藏人和葛逻禄人保持友好关系的记载中可以得出结论说，吉尔吉斯人即使在自己建立了强大国家的时代也很少对中亚西部发生的战争进行干预。可能在860年和873年之间 491
占领了现在中国突厥斯坦的一部分包括哈剌霍加城[1]（现在吐鲁番附近）和别失八里城（中国人称之为北庭，在现代的古城附近）在内的回鹘人一度成为他们的敌人。8世纪居住在这里的他们的先民是其他的突厥民族，起初为巴斯梅累人，后来是突厥－奥古兹人，阿拉伯人把突厥－奥古兹人称为通古兹古兹人（突厥语叫做托库兹－奥古兹人，意思是九姓奥古兹人），中国人称之为沙陀人（得名于他们一度居住的大漠的名称）。794年这一地区被西藏人占据，居住在这里的突厥人在9世纪初被赶到中国本土。这样一来，回鹘人在这里遇到的并不是突厥人而是西藏人。可能还在这一地区属于奥古兹人时阿拉伯人便对其有所了解，但他们不知道后来发生的变化，所以继续称当地居民为通古兹古兹人。在11世纪用阿拉伯语写作的作者当中，马赫穆德·喀什噶尔差不多是唯一的一位不是根据书本而是根据本人对中亚的了解来谈论这一地区的人，他用“回鹘”取代了到处出现的通古兹古兹名称。在回鹘人与奥古兹人争夺蒙古的斗争结束之后，一部分奥古兹人成为回鹘人的组成部分。8世纪中叶，回鹘汗（他的铭文由拉姆斯泰特公布）称自己是恩回鹘 он-уйгур（十姓回鹘）和托库兹－奥古兹人（九姓奥古兹人）的国王，虽然根据中国的记载回鹘人分为九姓，蒙古时期的历史学家拉施特·阿德金也知道与恩回鹘 он-уйгур 毗邻的是托库兹－回鹘人。不管怎么说，拉姆斯泰特公布的铭文表明，回鹘汗正像料想的那样，首先感到自己是自己所属的回鹘民族的国王。如果阿拉伯人起初

〔1〕即高昌。——译者

是在回鹘人已经在那里居住的时代了解中国突厥斯坦东部地区的话，那么在阿拉伯地理文献中记载的就是回鹘的名称，而不是通古兹古兹的名称。因此有时难以断定在阿拉伯关于通古兹古兹的记载中哪一些属于回鹘人，哪一些属于他们以前的居民，就像从总体上看很难断定穆斯林地理文献中关于中亚的某些记载所发生的确切历史年代一样。穆斯林地理学家在引用他人的文献时，绝大部分不注明史料来源，也不提醒读者他在书中讲的并不是现在的情况，而是过去的情况，有时甚至是几个世纪之前的情况。这当然也适用于那些其中提到了吉尔吉斯人的记载（这个时代的阿拉伯和波斯作者把吉尔吉斯写成希尔希兹 хирхиз，当时一般用字母 x 来表示突厥语中的喉音 к，例如，把卡尔鲁克 карлук 写成 харлук，波斯作者写成 харлух）。即使我们确切地知道某著写于哪一年，也根本弄不清楚其中所记载的事实发生在什么时候。

除了11世纪的作者加尔迪齐以外，在一种用波斯语写的佚名著作
492 《世界境域志》（Худуд-ал-алам）中也介绍了一些有价值的资料，该著写于希吉拉历 372 年，也就是公元 982 或 983 年。这本著作流传到今天的只有一种 1892 年在布哈拉发现的赠给已故 A. Г. 图曼斯基的手抄本，由此在俄罗斯学术文献中通常把该著称作《图曼斯基手抄本》。根据这一史料的记载，吉尔吉斯人不仅是通古兹古兹北面的邻居，而且是其西面的邻居。这位作者还谈到了品丘尔城（发音不十分确定。汉语转写是温宿[1]，其位置相当于今天的乌什吐鲁番），说它位于葛逻禄人居住区。其统治者从前依附于通古兹古兹人，而“现在”该城由吉尔吉斯人占有。从总体上看，阿拉伯人在谈起通古兹古兹人和葛逻禄人之间的战争时，认为以前是通古兹古兹人占有优势，后来当通古兹古兹人接受了摩尼教时（可能中国突厥斯坦东部地区是在蒙古的回鹘人之前接受了这种宗教），胜利便转到了葛逻禄人一边。但是从图曼斯基手抄本中可以得出结论说，通古兹古兹占领了葛逻禄人的一部分土地，喀什噶尔和纳伦河以南七河流域（哲台苏州）的部分地区属于通古兹古

〔1〕现代译音为 Вэньсу。——Б. 加富罗夫

兹人中的一支样磨人。至于喀什噶尔,则说这里是样磨人、吉尔吉斯人、西藏人和中国之间的分界线。

图曼斯基手抄本中关于中亚民族之间分界线的记载并不十分清楚,在吉尔吉斯一章中谈到,他们南部的邻居除了通古兹古兹人以外,还有一部分葛逻禄人,但在葛逻禄一章中叙述这个民族的邻居时并没有提到吉尔吉斯人。然而,在谈到七河流域另外两个民族炽俟人和图赫锡人的邻居时又提到了吉尔吉斯人。炽俟人生活在伊塞克湖的北岸,构成突骑施人一部分(突骑施人的另一支是前面提到的阿兹人)的图赫锡人生活在楚河谷地。

综上所述可以得出结论,吉尔吉斯人在自己国家强盛的时代向西南方拓展了自己的疆界,但这发生在什么时候、是如何发生的,史料没有任何记载。图曼斯基手抄本中的"现在"一词不管怎么说都是从更早些时候的文献中借用来的,不能把其理解为是作者写作的那个吉尔吉斯人短暂的辉煌已成为往昔的时期。至于对吉尔吉斯人与其他民族之间的交往则一无所知。根据《唐书》记载,不仅阿拉伯人的纺织品被运到了吉尔吉斯人那里,而且库车和属于回鹘人的北庭即别失八里的纺织品也被运到了吉尔吉斯人那里。由此可见,吉尔吉斯人和回鹘人之间也达成了协议。前面所援引的路线已经表明了这一点,根据加尔迪齐的说法,从"通古兹古兹人"的地区到位于乔格曼山或萨彦岭以北叶尼塞河上的吉尔吉斯可汗的大帐有7天的路程。这是穆斯林文献中记载的唯一一条通往吉尔吉斯人的道路。总起来说,阿拉伯人只知道 493
吉尔吉斯人是通古兹古兹人和部分葛逻禄人的北方邻居,他们生活在非常遥远的东北地区。阿拉伯人认为吉尔吉斯人的领地向东延伸直达海洋。

有两条路可以从伊斯兰地区通往东北方的草原,一条是从锡尔河下游起程,另一条是从塔拉斯(现在的奥利耶阿塔)[1]起程。这两条路都通往基马克人的地区,基马克人聚居的中心是额尔齐斯河以北的地

〔1〕现在的哈萨克苏维埃社会主义共和国江布尔市。——Б.加富罗夫

区。基马克人是吉尔吉斯人的西部邻居，他们还完全不为中国人所知，只有在穆斯林文献中才首次提到他们。从基马克人的国家是否有一条通往吉尔吉斯人国家的商路作为从伊斯兰区域到基马克人国家道路的延伸？这两个民族之间的关系总体上如何？我们一无所知。与吉尔吉斯人一样，基马克人从语言上看属于突厥人。在图曼斯基的手稿中谈到了基马克人国家的一个地区，说这里的人模仿吉尔吉斯人的习俗。[1] 可能，基马克人在吉尔吉斯人之前丧失了政治上的统一，虽然在图曼斯基手抄本中提到了基马克人的可汗（阿拉伯和波斯作者总是把可汗写成哈干 хакан），虽然从主体民族中分离出来的基马克人西部分支即钦察人的首领被认为是基马克人国王的附庸。11 世纪在马赫穆德·喀什噶尔时代再也没有出现过关于基马克人的记载。那时在额尔齐斯河上居住的是加尔迪齐提到的叶梅克人，他们像钦察人一样，生活在基马克部落中间。众所周知，钦察人后来在政治上没有形成统一的整体，他们把自己的名字留给了突厥斯坦西部和俄罗斯东南部的草原。在后蒙古时期这些钦察人成为哥萨克人的核心，18 世纪卡尔梅克人（卫拉特人）和俄罗斯人曾错误地把哥萨克人称为“吉尔吉斯人”。没有迹象表明钦察人的衰落是由他们的东方邻居所致的。

根据图曼斯基手抄本，吉尔吉斯人的国家输出大量麝香和毛皮（其他史料也谈到了吉尔吉斯麝香）以及白桦木（可能是树皮）和做刀把用的胡图角，正如现在人们所证实的，这里所说的是从遥远的北方运来的海象和一角鲸的犬牙。吉尔吉斯国王被称为吉尔吉斯哈干（可汗）。根据这位作者的描写，吉尔吉斯人的习俗有点像野蛮人，他们外貌粗野、毛发稀少，不讲正义，缺乏仁慈。他们勇猛善战，与自己所有的
494 邻居都打过仗，都处于敌对状态。他们有板车（或小船）、绵羊、牛和马。他们过着游牧生活，逐水草而居，寻找气候条件好和牧场肥美的地

〔1〕《世界境域志》，第 18 页 6：“卡尔卡尔汉（或卡尔卡拉汉）是一个属于基马克人的区域，其居民的习俗像吉尔吉斯人。”米诺尔斯基认为，这个名称可以与位于塞米巴拉金斯克东南约 350 公里处的卡尔卡拉林斯克城相提并论（参见《世界境域志》，米诺尔斯基译本，第 309 页）。也可比较后面第 541 页，注释 55。——B. 罗莫金

方。吉尔吉斯人崇拜火，实行火葬，他们住在帐篷里，从事狩猎活动。弗里人也起源于吉尔吉斯人，居住在吉尔吉斯人的东部，没有和其他的吉尔吉斯人相融合。他们食人肉、残忍；其他吉尔吉斯人不懂他们的语言；他们就像野人一样生活。吉尔吉斯哈干所在的城市被称为克米赤肯特。克西姆人也起源于吉尔吉斯人，他们生活在山里，他们有帐篷，猎取毛皮、麝香和胡图角等。还有另外一个起源于吉尔吉斯人的民族，其语言与葛逻禄人接近，但服饰却与基马克人相像。无论哪一支吉尔吉斯人都既没有农村也没有城市，除了哈干居住的地方以外，所有的吉尔吉斯人都住在帐篷里。

这里记载的吉尔吉斯人要比《唐书》中记载的吉尔吉斯人野蛮得多。在这种情况下，可能中国的史料更可靠一些。中国人说吉尔吉斯人与其他人都保持着和平往来关系，而波斯作者则说他们和所有的邻居都处于敌对状态，这两种说法之间的差别尤其引人注意。中国人也证实吉尔吉斯人有举行火葬的习俗，而且中国人还说吉尔吉斯人在尸体火化一年后把剩下的骨头埋入地下。与突厥人不同的是，他们在举行葬礼时并不剺面。[1] 关于火化，加尔迪齐补充说，根据吉尔吉斯的观念，火是最纯洁的自然现象，它能清除任何污浊，所以用火来为亡者清除污垢和罪孽。与其他吉尔吉斯人不同的是，弗里人把死者搬到山里，把他们放在树上，直至其自行腐烂为止。至于唯一的一个吉尔吉斯城市或村落的名称，其中文转写（亚金夫译作密的支，绍特译作密的支塔）使人联想到波斯文献中的密基赤肯特（最后一个音节是伊朗词，经常被附加于城市和村落名字的后面，如阿赫西肯特、喷赤肯特等）。

10 世纪的作者阿布·杜列夫把吉尔吉斯人的生活描述得更好一些。对吉尔吉斯人的记载成了这位作者游记中的一部分，毫无疑问这是一部杜撰的游记，其中有许多地理上的自相矛盾之处，阿布·杜列夫没能以他所描写的那种方式来拜访人民。很可能，他从来就没有拜访

[1]“与突厥人不同的是，他们在举行葬礼时并不剺面”这句话在第二版中没有，并且也没有说明这句话是被（手稿的）作者删掉了还是被第二版的编辑删掉了。——B. 罗莫金

过他们，只是把从书中引用的资料作为自己亲眼所见的事实，但在他的史料当中也有一些是可信的。他在描写吉尔吉斯人的时候说他们的饮食很简单，通常吃的就是米和除骆驼肉之外的各种肉类。他们有祈祷
495 用的房子，有自己的文字。他们行事审慎，他们从不自己灭灯，而是让其自行熄灭。他们有在祈祷时使用的韵文。吉尔吉斯国家盛产麝香，一年中有3个节日，他们的旗帜是绿色的。他们面向南进行祷告。他们崇拜行星中的土星和金星。把火星看做是灾星。吉尔吉斯人那里有很多猛兽。他们还有一种每到夜晚便发光的石头，所以夜里甚至可以不用点灯。他们的物品只用这种石头制作。只有他们拥有用这种石头制造出来的东西。他们的国王关心臣民的生活，而他们也服从国王的领导，在国王面前只有年龄超过40岁的人才能坐下。

有意思的是该书提到了吉尔吉斯的文字，《唐书》中也谈到了这种文字，说吉尔吉斯人的“语言文字与回鹘人完全相同”[1]。这里说的并不是当时刚刚在回鹘人中传播、后来又被蒙古人所借用的字母，而是一些更古老的文字，由于鄂尔浑碑铭的发现才找到了解读这种文字的钥匙。从叶尼塞河流域出土的大量铭文中可以看出吉尔吉斯人了解这种文字，学术界在知道有鄂尔浑铭文之前很早就知道有叶尼塞铭文，但只有在发现了鄂尔浑河的历史铭文之后才开始对叶尼塞铭文进行研究，鄂尔浑铭文第一次给学术界提供了研究这种神秘文字所需的资料。拉德洛夫试图对叶尼塞铭文进行解读。几乎所有的铭文都是墓志铭，其中没有历史资料，也没有吉尔吉斯这个词，只是因为根据历史文献记载，吉尔吉斯人曾生活在叶尼塞河流域，所以拉德洛夫认为大部分碑铭都是吉尔吉斯人的。值得注意的是无论哪一块碑铭上都没有日期，虽然吉尔吉斯人采用的是动物纪年，虽然《唐书》中说吉尔吉斯人的纪年以12年为一循环，分别用12种动物的名称来表示。据此阿贝尔·雷米萨在1820年倾向于认为是吉尔吉斯人自己发明了以动物纪年的方法。字母的形状表明其产生于比鄂尔浑碑铭更早的时期，由此拉德洛

〔1〕比较比丘林《中亚古代民族资料汇编》，Ⅰ，第446页。——Б.加富罗夫

夫认为叶尼塞碑铭属于7世纪，而且多半属于7世纪下半叶。在一份碑铭中谈到逝者7岁时到中国皇帝那里去过，拉德罗夫认为这不可能发生在648年之前，根据《唐书》记载，648年吉尔吉斯向中国派出了第一个使团。C. E. 马洛夫断言（1926年2月28日在巴库突厥学代表大会上的报告）叶尼塞文物的“年代甚至比在鄂尔浑—色楞格斯克发现的文物还要早两三百年”[1]，这一说法是比较令人怀疑的。 496

像任何墓志铭一样，叶尼塞碑铭也为判断民族的理念和信仰提供了某些资料，但在铭文及其译文的新修订本出版之前恐怕难以对这种资料进行科学的利用。毫无疑问，吉尔吉斯人信仰萨满教，阿布·杜列夫所说的祈祷和韵文就属于这种宗教。像其他突厥人一样，吉尔吉斯人用“甘”这个词来表示萨满巫师，在叶尼塞铭文中（以及鄂尔浑铭文中）没有遇到过这个词，但《唐书》在谈到吉尔吉斯人时引用了这个词。值得注意的是，尽管吉尔吉斯人与佛教徒（吐蕃人）和穆斯林都保持着贸易联系，但却没有任何关于佛教或伊斯兰教在吉尔吉斯人中传播取得成就的记载。

从吉尔吉斯人国家出口到穆斯林国家的商品中，最值钱的大概是麝香。海路贸易和陆路贸易之间的竞争可能对该商品以及远东国家出口的其他商品的交易有影响。在这方面，海路贸易的发展使吉尔吉斯人遭受了损失。众所周知，现在麝香主要是通过海路从中国港口尤其是上海运出。10世纪地理学家伊本·豪卡尔说，价格最高质量最好的麝香是吐蕃和吉尔吉斯的麝香，显然这是经陆路运来的。但更早些时候（891年进行写作）的地理学家雅库比认为吐蕃的麝香是最上等的麝香（他没有提到吉尔吉斯的麝香），次之是粟特（泽拉夫善河流域）的麝香，中国的麝香只能排在第三位，并补充说在中国的麝香中最好的是从黄埔（广州）湾出口的。后来在由中国运往亚丁的商品中提到了麝香。

吉尔吉斯人还有自己的金属制造业，这个行业不依赖于对外贸易，

[1]关于叶尼塞和鄂尔浑碑铭的日期和语言，现在参见马洛夫《古突厥文字古迹》；巴特马诺夫《古突厥文字中的叶尼塞碑铭语言》。——B. 罗莫金

吉尔吉斯人的金属制造业可能是承自于很久以前居住在叶尼塞河流域的属于古老青铜文明时代的居民，迄今为止还无法确定这些居民所属的民族类型及其明确的生活年代。吉尔吉斯人很久以前就知道铁。[1]《唐书》中说吉尔吉斯人用铁给女王[2]制作武器，从前这是他们给突厥人的贡品。吉尔吉斯人称铁为"迦沙"[3] кяса(Kja-sa)。绍特认为这个词与萨莫耶德人的词汇 kues、vese、jesea 相似，但他指出这个词也可能与阿尔泰人的jas一词("铜"的意思)以及克曼人(波洛韦次人)的jas
497 ("黄铜"之意)同源。要解决吉尔吉斯人以及突厥人对金属的认知问题必须要对属于该问题的语言学资料进行更详细的比较。拉德洛夫根据当地的民间传说认为阿巴坎河和叶尼塞河的坟墓是吉尔吉斯人的，他在那里发现了更晚些时候的铁器时代的物品。

毫无疑问，吉尔吉斯人的文明发展程度要高于其北面和东面的邻居，我们在中文和穆斯林史料中都发现了一些对他们邻人的记载。前面援引的图曼斯基手抄本谈到了居住在吉尔吉斯人东面的弗里人，甚至说他们是吃人的野人。加尔迪齐的著作也为我们提供了弗里人及其与吉尔吉斯人关系的某些详情，根据他的说法从吉尔吉斯汗的大帐到弗里人的居住地区有 3 个月的路程。弗里人被描写成住在沼泽中的野人，如果把他们赶出沼泽，他们就会像被捞出水的鱼一样。如果他们中有人沦为吉尔吉斯人的俘虏，他就会绝食并利用一切机会逃跑。

据其他某些史料记载，在吉尔吉斯人的东边居住的是昆人和凯人(或坎人)，但通常不读昆的音，而是读作库里。很可能这就是弗里人(在阿拉伯字母中 к 和 ф 很容易被混淆)。与中文史料进行比较之后，我们感到还是应该读作库里。我们看到《唐书》和鄂尔浑碑铭都提到了骨利干人，根据《唐书》记载，骨利干人居住在贝加尔湖附近。更晚

〔1〕叶尼塞河吉尔吉斯人物质文明史上的某些问题及其社会和国家发展史，参见基谢廖夫《南西伯利亚古代史》及他的《6—10 世纪叶尼塞河吉尔吉斯人的社会和国家》。——B. 罗莫金

〔2〕第一版和第二版都是这样写的，可能是由于疏忽。《唐书》中没有提到任何"女王"(比较比丘林《中亚古代民族资料汇编》，第 2 版，Ⅰ，第 352 页)。——Ю. 布列格利

〔3〕现代音译为 цзяша。——Б. 加富罗夫

些时候的中国史书(《元史》,蒙古人历史)中说库利人[1]住在安加拉河附近,14 世纪初的波斯史学家拉施特·阿德金在提到住在贝加尔湖附近地区的这个民族时称之为库里人。13 世纪初的作者奥菲记载说库里人(或昆人)遭到了自己东方邻居凯人的进攻,所以向西迁徙,赶走了原来居住在这里的人,在这些人当中没有提到吉尔吉斯人,奥菲的所有叙述被马尔克瓦尔特赋予重大的意义(根据马尔克瓦尔特的观点,上面提到的基马克人的衰落就与这次迁徙有关),但却很少得到其他史料的证实。

这位奥菲记载说,有一个吉尔吉斯人沿叶尼塞河向下航行,试图弄清楚这条河流向哪里,这一记载虽然毫无疑问具有神话传说的色彩,但却生动有趣。根据奥菲的记载,有 4 条河在吉尔吉斯人的国家里汇合成一条河,4 条河在合流之后便流淌在黑暗的山岭和洞穴之中。一位吉尔吉斯人坐着小船沿河向下游行使,他连续走了 3 昼夜都没有看见光亮、星星、月亮和太阳,最后他来到了一个宽阔的平原上,下了船。听到马蹄声后,他爬到树上观察是谁来了。出现了 3 位个子(他们的身 498
高几乎与梭镖的长度相当)很高牵着狗骑马的人,这些狗的大小不亚于牛。看到这位吉尔吉斯人后,他们很可怜他,让他从树上下来并骑到自己的一匹马上以免被狗咬死,之后把他带到自己的帐篷里给他吃食,他矮小的身材令他们吃惊,似乎他们从未见到过这样的人。最后他们指给他回家的道路。谁也不知道他们是谁来自哪个民族。这段叙述提醒人们叶尼塞河在流经米努辛斯克之前是一条山涧小河,之后又从阿钦斯克县边界流向克拉斯诺亚尔斯克。

在回鹘人失败和吉斯吉斯国家强盛之后不到 100 年,这个强国便灭亡了。10 世纪初,中亚东部的统治权转到了蒙古起源的契丹人手中[2],他们参与政治生活已经有几百年了,7 世纪契丹人就加入了反对重新建立的突厥-奥古兹人汗国的联盟,他们由东面向共同的敌人发

[1]现代译音为骨利人 гули。——Б. 加富罗夫

[2]现代学者对契丹人的起源及其语言性质的观点,参见前面第 48 页,注释 2。——Б. 加富罗夫

起进攻。现在契丹人的首领(他名字的中文译音为阿保机[1],或 Apo-ki)征服了中国北部地区,917 年称帝,创立了辽朝。契丹人从来也没有控制"中原帝国",仅仅控制着帝国的北部,但是契丹人的名字却以各种形式为从蒙古到印度和西欧的许多民族所采用,他们用此来表示远东的文明古国,俄文中的"中国"一词便来源于契丹。

辽朝的创立者不仅占据了中国的一些文明区域,而且还在 924 年进军蒙古,来到了位于鄂尔浑河上的从前回鹘人首都的遗址,阿保机参观了上面带有前可汗铭文的石碑,并亲自立了一块新碑(没有保存下来)。显然,在此之前契丹人打败了吉尔吉斯人,虽然在迄今为人所知的史料中可能没有关于这次胜利的直接记载。契丹人向[2]甘州城的回鹘统治者提出了重返以前回鹘在鄂尔浑河上的领地的建议,从这一建议中可以看出,他们试图重新在蒙古恢复吉尔吉斯国家强盛前的秩序。回鹘统治者好像回答说,自回鹘人离开蒙古已经过去十代人了,这显然是过于夸张了,实际上吉尔吉斯人打败回鹘人才80年,还不
499 到三代人。但这段时间已经足可以让新领地上的回鹘人适应农耕和城市生活了,他们不想再返回蒙古的游牧地了。

在拉德洛夫的书中说,吉尔吉斯汗 970 年才回到自己从前在叶尼塞河上的大帐,这种说法是通过里特尔从克拉普罗特那里借用来的(那里有明显的错字或笔误:670 年)。绍特在自己的史料中可能没有找到这一时间,他不知道克拉普罗特是从哪里知道这一时间的。关于契丹人在 924 年进军鄂尔浑河的记载使人们对吉尔吉斯人能在 970 年前坚守蒙古或者哪怕是蒙古的部分地区产生了怀疑。

吉尔吉斯人是最后一个统治蒙古的突厥民族,在他们被打败后蒙古就形成了今天这样的民族特点。向回鹘人提出的建议表明,契丹人并没有有意识地要把突厥人逐出蒙古,将他们的土地分给自己的亲族——蒙古人。但是,在回鹘人拒绝重返故地后,再也没有其他的突厥

〔1〕А-бао-цзи。——Б. 加富罗夫

〔2〕手抄本中删掉了"9 世纪离开的"。——Б. 加富罗夫

人能在蒙古定居，蒙古起源的民族正是利用了没有突厥人这一机会。很可能吉尔吉斯人东边的邻居弗里人（或库里人）就是蒙古人。图曼斯基手抄本中的记载就证明了这一点，其中说“弗里人”的语言其他吉尔吉斯人不懂。马赫穆德·喀什噶尔对不讲突厥语的民族进行了一些记载，遗憾的是这些记载并不十分清晰，其中也没有迹象表明他本人对遥远的东北部国家有所了解。马赫穆德·喀什噶尔把吉尔吉斯人列入讲纯粹突厥方言的民族之中这一点是正确的，但却认为他们居住在极遥远的东北部。根据他的说法，非突厥语的民族坎人和鞑靼人则住在更靠西一些的地区。但同时又说鞑靼人生活在乌图根，这是一条在鄂尔浑碑铭中经常被提到的山脉（铭文的作者认为这里是突厥人真正的故乡），可能相当于杭爱山脉。[1] 11 世纪这里居住着鞑靼人（在成吉思汗时代以及以后人们就一直这样称呼现在的蒙古人），这再清楚不过地证明自鄂尔浑碑铭时代以来该地区居民成分所发生的变化。我们只有 12 世纪末和 13 世纪初也就是成吉思汗时代有关居民分布情况的比较准确的资料。这一时期在叶尼塞河上游地区吉尔吉斯人的正南面甚至居住着蒙古起源的卫拉特人，卫拉特人的语言与成吉思汗蒙古人
的语言只存在着方言上的差别。中国史料记载说从“奥伊拉到吉尔吉 500
斯”，可能也就是从卫拉特人的中心区域到吉尔吉斯人的南部边界，有 5 天的路程。在这里突厥语和蒙古语两种语言发生了一些融合，这可以从拉施特·阿德金的叙述中看出来，他说构成叶尼塞河上游地区的河流被称为塞基兹木伦（八河），在蒙古词木伦 мурэн（河流）前面加上了突厥语的数词。众所周知，现在居住在这里的是深受蒙古人影响的突厥人。在现代地图上的河流名称中也有蒙古语名称，其中之一叶比乌苏在拉施特·阿德金的著作中已经被使用。

虽然吉尔吉斯人在蒙古统治的时间并不长，但蒙古人至今还保留

---

〔1〕比较波塔波夫《关于古突厥乌图根的新资料》，第 111 页。这里提供了有关该问题的文献并提出了一种假设，根据这种假设在当地（图瓦）的居民那里不久以前一座神圣（神秘）山脉还被称为乌图根，在现在的地图上这条山脉的名称为枯胡泰加（在叶尼塞河的发源地之一比伊赫姆河的上游）。——B. 罗莫金

着对吉尔吉斯人的记忆,可能这是因为吉尔吉斯人是在蒙古人占领这一地区之前最后一个在蒙古生活和占据过统治地位的民族。整个西蒙古差不多直至鄂尔浑河地区的古墓都被称作是“吉尔吉斯人”的坟墓,其中也包括那些并不属于吉尔吉斯人而属于他们之前的居民——回鹘人和其他民族的坟墓。拉姆斯泰特提到过色楞格河和鄂尔浑河之间的“吉尔吉斯人”的坟墓,这些坟墓位于一块带有铭文的古迹附近,铭文
501 中记载的是8世纪一位回鹘可汗统治时期的状况。

4 10世纪之后的叶尼塞河吉尔吉斯人

在经历了短暂的强盛之后，吉尔吉斯人在5个多世纪的时间里只在自己最初的故乡萨彦岭以北的叶尼塞河流域被提到过[1]。除了与成吉思汗帝国形成有关事件的记载之外，几乎没有任何关于当时吉尔吉斯人与其他民族关系状况的资料。

可能，他们的宿敌——继续占据包括哈剌霍加城和别失八里城在内地区的回鹘人利用了吉尔吉斯人的衰弱。在981年和984年之间，有一位中国使者王延德（不是来自契丹，而是来自于宋王朝所在的南部中国）来到了回鹘人那里。他称吉尔吉斯人和样磨人以及葛逻禄人一样都是臣服于回鹘人的民族。伯希和注意到一个事实，这3个民族在奥菲的著作中都被提到了，但其中只说样磨人和葛逻禄人居住在吉尔吉斯人的西部，书中还说基马克人是吉尔吉斯人的北方邻居，由此可以看出，奥菲是受了更早时期书面记载的影响。王延德在书中是否说过叶尼塞吉尔吉斯人臣服于回鹘人，这一点从伯希和的著作中看不出来。很有可能，这里说的是吉尔吉斯人丧失了我们从图曼斯基手抄本中得知的那些在东突厥斯坦取得的成就。

再一次提到吉尔吉斯人的是波斯历史学家志费尼（13世纪），他在叙述部分契丹人西迁的历史时提到了吉尔吉斯人，这部分契丹人是在契丹国家被满洲起源的女真人征服后西迁的，女真人消灭了北部中国的辽朝（916—1125年），建立了一个新的王朝金国（1125—1234年）。西迁的契丹人成功地建立起了一个幅员辽阔的帝国，中国人称这个帝国为“西辽”。在伊斯兰史料中这个帝国的统治者，从其创始者开始便

〔1〕比较下面第512页，注释3和注释4；第513页，注释6。——B.罗莫金

被尊称为古儿汗。[1] 在许多中国和伊斯兰著作中对契丹人向西迁徙
502 以及他们在中亚西部的征服活动都有记载，但对契丹人或按照穆斯林对他们的称呼哈剌契丹人与吉尔吉斯人之间的冲突却只有志费尼进行过阐述。

志费尼谈到，古儿汗离开自己的国家时，一种说法是总共只带了一支 80 人的军队，另一种说法是带了一支人数众多的军队。当哈剌契丹人靠近吉尔吉斯人的边界时，开始对居住在边界地区的部落进行袭击，于是这些部落奋起反击。哈剌契丹人不得不继续西行[2]来到了叶密立也就是今天的塔城地区，他们在这里建起了一座城池，在志费尼时代这座城池只剩下了废墟。许多突厥人和其他民族前来归附，他们的人数达到了 4 万户，不能继续停留在叶密立，于是不得不继续迁徙，来到了穆斯林城市巴拉沙衮（在楚河上）。他们在这里支持当地的汗反对敌视他的游牧民，但后来又剥夺了他的汗位并攫取了他的城市。巴拉沙衮成为幅员辽阔的哈剌契丹帝国的中心，这个帝国的疆界在志费尼的书中并不十分清晰，也不能十分准确地确定其中所引用的地理名称的发音。可能，古儿汗帝国的北部疆界抵达克穆河流域的一个地区，关于这条河下面还将谈到。在占据了巴拉沙衮之后，哈剌契丹人还占领了喀什噶尔以及和田，随之便派军队去进攻吉尔吉斯人以报前仇。他们夺取了别失八里城。此后又派军进攻费尔干纳和马维兰纳尔，也就是突厥斯坦。志费尼的记载没有年代日期，他提到的某些历史事件的日期可以根据其他史料来确定。哈剌契丹人第一次远征费尔干纳及其毗邻地区的时间是最精确的，说希吉拉历 531 年拉马丹月（1137 年 5—6 月）他们在苦盏打败了撒马尔罕汗的军队。因而，对吉尔吉斯人的征伐发生在此前不久。根据中国史料记载，契丹人的西迁在他们的国家彻底灭亡之前、在女真人占领北京（1120 年）之后就已经开始了。西迁的契丹侨民的首领是王朝的成员，中国人称之为大石，有时这个名字被

---

[1]关于古儿汗的封号，参见前面第 50 页和注释 9、10、11。——Б. 加富罗夫

[2]在志费尼的文中（参见《世界征服者史》，卡兹维尼版，Ⅱ，第 87 页）没有“向西”的字样。——В. 罗莫金

附上辽朝皇帝的姓氏——耶律，所以在中国史料中西辽帝国创始人[1]的名字为耶律大石。在北京陷落后，手拿武器的大石被俘，但后来他在继续进行军事行动期间充当了女真人的向导，由此而获得了宽恕，此事发生在 1121 年。此后他很快便逃得无影无踪。1124 年，女真人听说， 503
他在北部地区某处自立为王，他的国家由北部和南部两部分组成。1129 年有关大石在北部地区获胜的更详细的消息从东蒙古传来。1130 年哈剌霍加的回鹘人抓获了大石的一个手下，并把他交给了女真人。1144 年这些回鹘人给女真人送来贡赋并告知大石已经死去，但他的臣民居住在离他们回鹘人不远的地方。

汉学家布列特施奈德从金朝历史(《金史》)中摘录的这些记载，在辽朝历史(《辽史》)和伊斯兰史料中都得到了一些印证。伊斯兰史料记载第一位古儿汗死于希吉拉历 537 年拉马丹月(1143 年 1—2 月)。马尔克瓦尔特论证说耶律大石宣布称帝的时间是 1124 年 2 月 21 日。根据志费尼的叙述可以得出结论，哈剌契丹人在叶密立积蓄力量是在与吉尔吉斯人发生冲突之后，因而他们与吉尔吉斯人的冲突应该是在 1121 年以后到 1124 年之间发生的。至于为了报复吉尔吉斯人而采取的军事行动，根据志费尼的说法，可能与《金史》中所谈到的那些回鹘人的行为有关，尤其是与 1130 年的事件有关。志费尼在谈到对吉尔吉斯人的征伐时，只说哈剌契丹人夺取了回鹘人的别失八里城，而没有夺取吉尔吉斯人的城池。显然，吉尔吉斯人参与了在回鹘人居住地区所发生的事件，但从志费尼的记载中看不出这种参与的结果如何。关于西辽王朝或其竞争对手金国向吉尔吉斯人地区即叶尼塞河流域扩张的情况，也没有可靠的史料。回鹘人在 12 世纪有时臣服于辽朝，有时臣服于金国。他们在 1209 年臣服于成吉思汗是由于发生了反对古儿汗的起义并杀死了他的代表。顺便提一下，在叙述吉尔吉斯人臣服于成吉思汗时对该民族与哈剌契丹或女真人的关系只字未提。

我们在拉施特·阿德金的著作(众所周知，拉施特·阿德金著作

[1]手抄本中写的是“西辽皇帝”。——A. 别列尼茨基

的这部分已经出版并由贝勒津翻译过来)和中国的《元朝历史》(《元史》)中发现了对12世纪末和13世纪初吉尔吉斯人国家状况的记载,中国人把蒙古人在他们那里建立的王朝称为元朝。《元史》中的资料为许多汉学家所引用,尤其是为绍特、布列特施奈德、巴拉第以及其他人所引用。根据拉施特·阿德金的说法,组成一个国家的两个部分是吉尔吉斯和克穆-克穆齐克河流域。拉施特·阿德金没说吉尔吉斯人国家的哪一部分是由克穆-克穆齐克构成的。《元史》对此的记载则
504 自相矛盾,其中说谦州〔1〕地区在吉尔吉斯人国家的东南部,同时又在克穆河即叶尼塞河的西面。拉施特·阿德金在叙述1218年蒙古人的远征时提到在吉尔吉斯人的国家有一条河叫做克穆-克穆齐克河,当时这条河被冰雪覆盖着。1223年,中国隐士长春真人来到阿尔泰山附近时,在那里听说从他所在的地方往西北走1000多里(约500俄里)〔2〕就到了谦谦州地区〔3〕。不管怎样,谦谦州地区是吉尔吉斯人所居住地域的南部和西南部而不是东南部。

根据拉施特·阿德金的说法,东北部和东部的安加拉河和色楞格河是吉尔吉斯人属地的边界,乃蛮人的属地(西蒙古最强大的民族)在南部,从色楞格河到额尔齐斯河,库里人、拔野古人、土默特人和拜鲁克人的领地在贝加尔湖附近的巴尔古津图库姆地区,巴尔古津河和巴尔古津地区一直保留着这一名称。

除了谦州和安加拉以外,在《元史》中还提到了3个与吉尔吉斯国家有关的地区:乌斯、撼合纳和益兰州〔4〕(州这个词在汉语中就是普通名词中“区域”的意思)。乌斯地区在吉尔吉斯以东和谦河(克穆河、叶尼塞河)以北,得名于另外一条河流,可能指的是乌斯河。再向东一点便是撼合纳地区,克穆河流经这里并由此开始穿过两个山口。冬季这里使用雪橇。关于益兰州只是说它得名于一条大蛇(突厥语益兰就是

〔1〕现代音译为 Цяньчжоу。——Б. 加富罗夫

即蒙古语中的克穆-克穆齐克,现在的图瓦。——译者

〔2〕约300俄里(1里大致相当于1/3公里)。比较前面第27页,注释11。——В. 罗莫金

〔3〕Цяньчяньчжоу。——Б. 加富罗夫

〔4〕现代音译为 Иланьчжоу。——Б. 加富罗夫

"蛇"的意思),这个地区的位置靠近哪里还无法确定。

《元史》还提到吉尔吉斯人起源于40个姑娘的传说,该传说产生[1]的依据是吉尔吉斯这个词来源于柯尔克(40)和克孜(少女)[2]。《元史》把吉尔吉斯人描写成是一个人数很少的民族,他们好像总共只有9000户,这一记载未必属实。[3] 这一时期吉尔吉斯国家的文明发 505
展程度要高于吉尔吉斯强国时代,这表明在此期间吉尔吉斯人与文明民族的交往并没有中断。根据拉施特·阿德金的说法,在吉尔吉斯人的国家中有许多游牧人口,但也有许多城池和乡村。《元史》记载说,吉尔吉斯人不是熟练的农民,但他们也有小麦。长春真人谈到谦谦州时说那里"产良铁,多青鼠,亦收禾麦。有许多中国工匠居住在那里,他们纺织绫罗锦绮"。最后这一句话令人感到惊奇,从中可以看出过去运往吉尔吉斯人国家的纺织品,现在已经能在其本国加工了,虽然不是由当地居民加工的。蒙古人还在成吉思汗时代就促进了这些地区农耕文明的发展,长春真人1221年在阿尔泰山听说山北有一座城池,该城是回鹘基督徒镇海根据蒙古人的委托建立的,城中建有粮仓。可能,当时由于军事行动蒙古无法从中国获得粮食,需要由土壤肥沃的米努辛斯克地区供应粮食。

12世纪末和13世纪初发生的与成吉思汗崛起及其与竞争对手之间斗争相关的事件,对吉尔吉斯人的命运产生了影响。1199年(羊年),被成吉思汗及其当时的同盟者克烈人王罕(克烈人也是蒙古人,

---

〔1〕手抄本中写的不是"产生"而是"解释"。——A. 伯恩斯塔姆

〔2〕B. B. 巴托尔德所提到的这种解释在以后的传说中也遇到过,并且在一些19世纪流传下来的版本中,有的说吉尔吉斯人的男性祖先是一条神奇的赤红色的狗(克孜勒泰加),有的说吉尔吉斯人的先祖在湖中洗澡时受孕于神奇的浪花等等。《元史》中记载的是另外一种说法,说吉尔吉斯人"起源于40个汉地(中国)姑娘与乌斯男人的婚配,根据这一含义这块土地得名吉尔吉斯"(E. И. 克恰诺夫的译文;比较彼得罗夫《吉尔吉斯人迁徙天山史论》,第101页)。由于提到了乌斯男人,所以《元史》中还介绍了居住在吉尔吉斯人东面的乌斯人的情况。书中说,乌斯人得名于乌斯河,他们崇拜河神,向其祭祀牺牲,认为乌斯河神是自己的祖先。——B. 罗莫金

〔3〕根据克恰诺夫的译文可以对《元史》中提到9000户吉尔吉斯人之处作出另外一种解释,按照这种解释吉尔吉斯部落是分散居住的,所以应该把这9000户看做是不与其他吉尔吉斯人住在一起的那一部分人。参见彼得罗夫《吉尔吉斯人迁徙天山史论》,第101页以下)。——B. 罗莫金

是乃蛮人的东部邻居)击溃的乃蛮人逃到了克穆－克穆齐克河地区。1206年,成吉思汗彻底打败了乃蛮人(克烈人在此之前已被成吉思汗打败逃亡南部),自称为整个蒙古的首领。乃蛮人的主体及其同盟者蔑儿乞部西逃至额尔齐斯河以外,但《元史》中记载说,蔑儿乞部的首领脱脱别乞春天(大概是1207年)来到了克穆河,他沿河(可能河上结满了冰)走了几天来到吉尔吉斯人的国家(纥里迄斯)并"控制了他们所有的5个部落"。可能情况并非如此,蔑儿乞人只是经过吉尔吉斯人的国家,并没有在这里停留。成吉思汗就在1207年(兔年)向吉尔吉斯人派去了使者要求他们归顺。吉尔吉斯人当时已经没有可汗,他
506 们的首领被尊称为伊难,某些突厥民族这样称呼他们的王储。[1] 不管怎么说,伊难这一尊号的地位低于可汗的尊号。[2] 拉施特·阿德金在谈到这一封号时说得并不清楚(文中有遗漏)。可能有两个吉尔吉斯伊难——也迪伊难和斡鲁思伊难。成吉思汗派使臣来到了两位伊难那里,两人都表示臣服并一起派出了回访的使团。一种说法吉尔吉斯使者为两人,另一种说法吉尔吉斯使者为三人。他们携带着一只白眼睛的海东青(可能两位伊难中只有一位献出了海东青)。据《元史》记载,吉尔吉斯人有黑海东青和白海东青。

这样,吉尔吉斯人最初未经战斗便归顺了蒙古人,但在1218年(豹年)他们之间仍然发生了战争。当时起来反对蒙古人的是居住在贝加尔湖附近的民族——土默特人和拜鲁克人。[3] 因为他们是吉尔吉斯人的邻居,所以成吉思汗要求吉尔吉斯人派军镇压起义。吉尔吉斯人不仅没有履行这一要求,反而自己也发动了反对蒙古人的起义。成吉思汗派长子术赤汗统帅军队前往镇压吉尔吉斯人的反抗。蒙古先头部队的首领不花赶跑了吉尔吉斯人后经八河返回(显然,说的是卫拉特

[1]参见《土库曼人和土库曼史资料》,Ⅰ,第219页。——B.罗莫金

[2]关于吉尔吉斯人和其他突厥语民族所使用的伊难(__ йинал __ йанал)这一术语的资料汇编以及这一问题的史料和文献,参见阿布尔哈齐《土库曼世系》,科诺诺夫版,第95－96页,注释118。——B.罗莫金

[3]"一个居住在巴尔古津图库姆和拜鲁克的土默特部落发动了起义。"(拉施特·阿德金《史集》,苏联科学院东方学研究所版译本,Ⅰ,第1册,第151页)——B.罗莫金

人地区八河中的一条河），随后术赤本人来到这里，他越过被冰雪覆盖的克穆－克穆齐克河（叶尼塞河）[1]，征服吉尔吉斯人之后返回。

在13世纪的一部名为《蒙古秘史》（汉语称作《元朝秘史》，俄文译本由巴拉第翻译）的蒙古勇士史诗中对蒙古征服吉尔吉斯人持另一种说法。这种史料把术赤的进军说成是在1207年，认为吉尔吉斯人表示归顺就是由这次进军引起的。根据其中的叙述，术赤经过卫拉特人的国家并将其驯服，当他来到吉尔吉斯人的国家时，“吉尔吉斯人的统治者——也迪伊难率部归降，并献上白隼、白马和黑貂”。征服了其他的森林民族之后，术赤携带着吉尔吉斯人的万夫长（万人队的首领）、千夫长、森林民族的王子以及隼、马、貂回到了父亲那里。

天山吉尔吉斯人仍然保留着对术赤汗的记忆，有关术赤的传说可能是表明他们曾经居住在叶尼塞河的唯一迹象，他们自己对叶尼塞河已经没有任何印象了。[2] 根据拉德洛夫听到的传说，吉尔吉斯人没有 507
汗，所以他们请求大汗（也就是成吉思汗）派自己的儿子术赤来当他们的汗。术赤当时还是一个小男孩儿，沿途陷入了库兰（野驴）群中并被它们带走。“阿克萨克（跛脚）库兰术赤汗”是吉尔吉斯人的第一位也是最后一位大汗。这一与术赤名字有关的传说所反应的可能是很久以前失传的突厥诗歌的内容，诗歌中似乎表达了成吉思汗在自己的儿子术赤死后的悲伤之情：“就像失去自己幼仔的库兰一样（在遭猎人追捕时），我也和自己的孩子分别了；就像跑散的鸭群一样，我也与自己英勇的儿子失散了。”

据我们所知，吉尔吉斯人没有参加蒙古人的征服活动，也没有成为术赤后裔所建立的将蒙古帝国西部囊括在内的国家的组成部分。与蒙古和中国一样，吉尔吉斯人的国家成为成吉思汗幼子拖雷的封地，拖雷继承了自己父亲本土的禹儿惕，而他的3位兄长在成吉思汗在世时获

〔1〕术赤“穿过结了冰的色楞格河和其他河流，占领了吉尔吉斯人的［地区］”（拉施特·阿德金《史集》，苏联科学院东方学研究所版译本，Ⅰ，第1册，第123页）。——B. 罗莫金

〔2〕没有必要为了说明天山吉尔吉斯人保留着对术赤的记忆而推测他们的祖先恰好在当时居住在叶尼塞河，尤其是只居住在那里，因为涉及中亚和中央亚细亚许多突厥部族的事件都与术赤有关。——B. 罗莫金

得了被征服的西部领土作为封地。拖雷死于1233年,此后其封地的最高统治权便转移到了他的寡妻唆鲁禾帖尼(克烈公主,基督徒)的手中,唆鲁禾帖尼死于1252年。

不清楚17世纪希瓦汗阿布尔哈齐的叙述所依据的是何种史料[1],他叙述的细节带有明显的传说色彩,但却可能起源于一个真实的历史事件。根据这一叙述,唆鲁禾帖尼派3位伯克率领1000人乘船来到了安加拉河入海口所在的国家,许多大河在这里汇入安加拉河(显然,这里说的是被视为安加拉河支流的叶尼塞河入海口)。这里有一座大城池阿剌黑臣[2]和许多村落,有游牧人口,他们的马个头很大尤其是身上带有花斑彩(阿拉 ала)。城池附近有银矿,所有的器皿和用具都是银质的。伯克们受命如果有可能的话就洗劫阿剌黑臣,如果没有可能就带回关于它的信息。过了一段时间之后,总共有300人返回,他们告知此前关于阿剌黑臣的一切传闻都是真的。他们在那里夺取了许多白银,但后来又扔掉了自己的船,因为乘船逆流而上是不可能
508 的,许多人是由于那里恶劣和炎热的(!)气候而死去的。[3]

阿兰一词用于表示马的时候,当然相当于汉语中的驳马。这两个词在14世纪中国编纂家马端临的著作中同时被提到了,但他却没有谈及蒙古人针对这个王国的军事行动。如果蒙古人确实到过叶尼塞河口,那么这次远征只有在吉尔吉斯人的帮助和参与下才能完成。

志费尼在叙述由1251年拖雷长子蒙哥汗继承王位而引起的纷争时也提到了吉尔吉斯人,他说蒙哥汗向各处派出军队,同时也向吉尔吉

---

[1]史料是拉施特·阿德金的《史集》,参见苏联科学院东方学研究所版译本,Ⅰ,第1册,第102页。——B.罗莫金

[2]在拉施特·阿德金的著作中谈到了名为阿剌夫辛(阿剌黑臣)、阿都坛、忙古和巴剌兀儿难的地区(参见拉施特·阿德金《史集》,苏联科学院东方学研究所版译本,Ⅰ,第1册,102页)。——B.罗莫金

[3]阿布尔哈齐汗《突厥世系》,杰梅宗版,Ⅰ,第44页。在拉施特·阿德金的著作中写道:"这支军队中有300多人没有返回,留下的人都死于瘴气和潮湿。"(苏联科学院东方学研究所版译本,Ⅰ,第1册,第102页)——B.罗莫金

斯人区域以及克穆－克穆齐克派出了一支由穆吉诺颜[1]统帅的2万人的军队。蒙哥的继承人是他的弟弟忽必烈，忽必烈首次巩固地确立了蒙古人在整个中国的统治。根据《元史》记载，忽必烈在1270年任命中国人刘好礼为吉尔吉斯断事官，他住在益兰州，通过从中国吸引工匠的手段促进了当地文明水平的提高。这样一来，正如我们看到的那样，长春真人在1223年就已经听说的吉尔吉斯的中国手工业在蒙古人统治时期获得了进一步的发展。关于忽必烈的统治还需要说明的是在1293年也就是他去世前一年，他把一部分吉尔吉斯人迁到了满洲的那颜[2]。

有记载称蒙古帝国时代吉尔吉斯人曾向西南方也就是他们现在居住地的方向迁徙，如果真是这样的话，这些说法将具有更重要的价值，但却没有任何资料能证明这一点。里特尔和沿用了他的说法的拉德洛夫断言，在1259年经过中亚的中国人常德曾谈到过天山山脉的吉尔吉斯人，但常德并没有作过这样的记载。在到达哈剌契丹（也就是楚河）之前，常德路过玛阿河流域，这里的人们冬天把马套在雪橇上，就此他写道："有人说，吉尔吉斯人不是用马而是用狗来拉雪橇。"由此可以看出，常德仅仅听说吉尔吉斯人是一个处于遥远北方的民族，他自己却并没有见过他们，也没有经过他们的国家。

在13世纪欧洲的旅行家中，普兰诺·卡尔平尼（1246年）提到过"克尔吉斯 кергис"民族，但可能这个名称指的不是吉尔吉斯人而是切尔克斯人。他在叙述南俄以及与穆斯林交界地区的行动时谈到了反对"克尔吉斯"的行动。另一位旅行家鲁布鲁克（1253—1254年）所提到的"乞儿乞思 Керкис"人和国家则明显地指的是吉尔吉斯人。他说这个国家"地处北方，森林密布"。在另一处谈到"那里连一座城镇也没有"的北方民族时，提到了一个"擅长培育牲畜的民族，这个民族叫做乞儿乞思"，那里还提到了踏着滑雪板跑的兀哏该人，兀哏该人就是拉 509

〔1〕亚克诺颜 Йеке-нойон（率领2土绵人马）——根据志费尼文，卡兹维尼版，Ⅲ，第54页。——В. 罗莫金

〔2〕现代音译为乃颜 Найянь。——Б. 加富罗夫

施特·阿德金著作中与吉尔吉斯人的东方邻居库里人、拔野古人和土默特人一起被提到的乌梁海人。显然,有关吉尔吉斯人是野蛮民族的夸张言论传到了鲁布鲁克那里,但不管怎么说他记载的只能是叶尼塞河吉尔吉斯人的情况,我们在他那里没有发现任何关于同期生活在更南部地区的吉尔吉斯人的记载。

虽然有记载表明中国的物质文明已经在吉尔吉斯人中取得了成果,但却没有任何资料表明那种在蒙古帝国以及更早些时候便在蒙古和中国取得巨大成就的宗教已经渗透到吉尔吉斯人中。在成吉思汗从主要的蒙古民族乃蛮人、克烈人和蔑儿乞人当中崛起之前,这里流传的是基督教。同时成吉思汗蔑儿乞部妻子的兄弟则有一个穆斯林的名字贾迈勒·霍加,也就是说他很有可能是一位穆斯林。虽然吉尔吉斯人与这些民族相邻,但没有任何资料表明基督教或伊斯兰教已经渗透到他们中间。

14 和 15 世纪的作者可能根本没有提及吉尔吉斯人,我只在一部 15 世纪的佚名历史著作中看到了对吉尔吉斯人的偶然记载,我在研究兀鲁伯的名为《伊斯坎杰尔的佚名著作》一文中提到了该著。[1] 那里谈到了术赤后裔中统治锡尔河下游(14 世纪)的东方支脉的一位汗,说他被从自己的汗国驱逐后,在吉尔吉斯人的国家和阿尔泰山游荡了两年半。[2] 把阿尔泰山与吉尔吉斯人的国家并列提起的说法使我们认
510 为,这里指的就是叶尼塞河的吉尔吉斯人。[3]

〔1〕这部著作的作者已经由 B. B. 巴托尔德在 1927 年考证出来,他就是穆因·阿德金·纳坦济。——Ю. 布列格利

〔2〕《金帐汗国历史资料汇编》,Ⅱ,第 130 页。——Б. 加富罗夫

〔3〕阿尔泰山与天山东部相距不远。——B. 罗莫金

只有到了16世纪才第一次[1]提到位于现居住地的吉尔吉斯人[2],并且正如我们将要看到的那样,没有任何资料表明他们是如何、什么时候来到那里的。[3] 511

〔1〕可能吉尔吉斯的名称在过去的几个世纪中已经在天山和七河流域流传开来。参见后面第512页注释4,第513页注释6。——B.罗莫金

〔2〕B.B.巴托尔德没有考虑到吉尔吉斯这个术语的含义有可能发生变化。尤其要与阿布尔哈齐的说法相比较。他说:其起源和奥古兹汗有关的“真正的”吉尔吉斯人“现在剩下的已经不多”,蒙古和其他部落开始把自己称作吉尔吉斯人(阿布尔哈齐《突厥世系》,杰梅宗版,Ⅰ,第51页;Ⅱ,第43页)。从《巴达亚特塔瓦里赫 Бадаи ат-таварих》(17世纪的著作)中可以看出,吉尔吉斯(قرقز)一词在蒙兀儿斯坦可以当普通名词使用,表示“山民”之意(苏联科学院亚洲民族研究所手抄本,B 2304,第255a)。——B.罗莫金

〔3〕吉尔吉斯人的祖先是什么时候、从哪里来到现在吉尔吉斯人所占据的土地上的?这仍然是一个尚未解决的有争议的问题。在关于吉尔吉斯人民族起源的会议上(伏龙芝,1956年11月),与会者没有就吉尔吉斯人的祖先是从哪里来到天山的问题达成共识,他们只限于作出一个结论:吉尔吉斯民族的主体或者其主要组成部分之一起源于中亚(参见《吉尔吉斯民族考古勘察队丛刊》,第3卷,1959年)。天山吉尔吉斯人可能不是与叶尼塞河而是与阿尔泰山首先是南阿尔泰山有着最广泛的“民族和历史文化联系”(参见阿布拉姆佐《吉尔吉斯人与阿尔泰山民族的族源学联系》)。——B.罗莫金

5 16和17世纪的天山吉尔吉斯人

我在1898年发表于《七河流域纪念文集》上的《七河流域历史概论》中搜集了关于天山吉尔吉斯人的资料。主要的史料是米尔扎海达尔在16世纪40年代编写的著作《中亚蒙兀儿史——拉失德史》(波斯文,第二部分是在1541—1544年间完成的,早于第一部分)。关于后一个时期天山吉尔吉斯人的情况阐述最多的是研究喀什噶尔历史的著作,其中主要是马赫穆德·丘拉斯的著作,该著也是波斯文,写于伊斯梅尔汗统治时期(1670—1682年)。在编写《七河流域历史概论》的时候,我还不知道这部著作。

最初只有伊犁河以北的地区被称为七河流域(哲台苏),到了俄罗斯人统治时期这一名称才被运用于伊犁河以南的山区[1]。至于这一山区及其居民在蒙古统治时期的命运如何几乎没有任何记载。该山区成为蒙古人在中亚所建立的国家的组成部分,14世纪初成吉思汗次子察合台的后裔最终确立了在这个国家中的统治地位。察合台的名称既被运用于国家本身,也被运用于构成国家军事力量的游牧民以及在察合台汗丧失了政权之后在这个国家中获得高度发展的中亚标准语。有一位察合台汗——也先不花在这个山区的伊塞克湖畔建立了冬季驻牧地,他统治的时间很可能是从1309年到1318年。这一驻牧地像也先不花的夏季驻牧地一样,遭到了统治中国和蒙古的大汗(拖雷的后裔)的洗劫。14世纪40年代察合台汗国分裂为西(包括突厥斯坦的老文明地区,连同布哈拉、撒马尔罕和其他城市在内)、东两个独立的国家。

[1]在16世纪的著作《历史汇编》中,天山中部和南部被称作"蒙兀儿山"(كوه موغال)。参见阿赫西坎季《历史汇编》,塔吉尔贾诺夫版摘录本,第37页a。——B.罗莫金

察合台的名称为西部国家及其居民所保留，虽然察合台裔的汗（真的或者是假的）依然统治着东部地区。从14世纪到16世纪初统治西部 512
国家的是帖木儿和他的后裔，后来政权转移到从西面迁移到这里的乌兹别克人手中。东部国家的居民自称蒙古人，或者按照中亚发音称蒙兀儿人，他们把自己的国家称作蒙兀儿斯坦。蒙兀儿斯坦的南部由从费尔干纳东部边界到吐鲁番的中国突厥斯坦构成，北部是巴尔喀什湖以东的草原。在《中亚蒙兀儿史——拉失德史》中把蒙兀儿斯坦某些地方的边界向北移得更远，因为连额尔齐斯河也被列入了蒙兀儿斯坦的河流中。在南部，喀什噶尔文明区域并没有总是被划入蒙兀儿斯坦，就如我们将看到的，书中常常谈到从喀什噶尔到蒙兀儿斯坦或从蒙兀儿斯坦到喀什噶尔。

伊塞克湖以南的七河流域，连同从费尔干纳到库车和且末[1]在内的中国突厥斯坦地区是曼格兰苏别地区的组成部分，这一地区属于突厥化了的蒙古杜格拉特部落（众所周知，现在有一个哥萨克部落就带有这个名称，叫做杜拉特）。《中亚蒙兀儿史——拉失德史》的作者本身就出身于杜格拉特的统治家族，他确信他的祖先是从察合台那里领有曼格兰苏别地区的。

杜格拉特伯克和蒙古汗一起与帖木儿进行了顽强的战争，对帖木儿入侵的详细记载流传到了今天，但无论是在这些记载中，还是在关于兀鲁伯以及帖木儿其他后裔远征的记载中，都没有提到吉尔吉斯人。[2] 在叙述1503/1504年冬天所发生的事件时，首次提到了吉尔吉斯人。[3] 这一年的冬天，蒙古汗艾哈迈德在阿克苏城死去，他的儿子曼苏尔继承了他的汗位。曼苏尔的兄弟苏丹·哈利尔与他为敌，他离

---

〔1〕第1版中写的是赫尔钦 Герчен。——B. 罗莫金

〔2〕在关于帖木儿远征蒙兀儿斯坦的史料中提到了布尔加奇部落，这个部落是吉尔吉斯人的组成部分。参见彼得罗夫《吉尔吉斯人迁徙天山简史》，第42页。阿赫西坎季《历史汇编》，塔吉尔贾诺夫版摘录本，第56页6、57页6。——B. 罗莫金

〔3〕在17世纪完成的马赫穆德·本·韦利的著作中，“吉尔吉斯部落”这一术语是在描写15世纪中叶在七河流域发生的事件时与卡尔梅克部落同时被提到的。该著写作依据的是更早的史料，但这些史料没有流传到今天。参见艾哈迈多夫《15世纪吉尔吉斯政治史研究》，第31页。——B. 罗莫金

开曼苏尔逃往蒙兀儿斯坦，在那里归附了吉尔吉斯人，吉尔吉斯人在当地被认为是“野蛮的狮子”，他们推举他做了自己的首领。后来曼苏尔的另一位兄弟苏丹·赛义德也来到了这里，此前他住在哲台肯特，哲台肯特在费尔干纳东部边缘，位于通往亚西山口的路上。1508 年，兄弟二人被曼苏尔汗打败，苏丹·哈利尔逃往当时已经属于乌兹别克人的费尔干纳，苏丹·赛义德在几经周折后于同年逃到喀布尔。1511 年，当乌兹别克人一度被波斯人和受到波斯人支持的帖木儿的后裔巴卑尔赶出撒马尔罕和其他地区时，苏丹·赛义德被巴卑尔派往费尔干纳，后
513 来他从这里征服了中国突厥斯坦。

至于吉尔吉斯人，曼苏尔汗将他们带到焉耆和吐鲁番，吉尔吉斯人被指控为蒙兀儿斯坦所发生的所有骚乱的肇事者，大部分人被杀。只有一小部分幸运地逃回蒙兀儿斯坦。曼苏尔汗本人也迫于杜格拉特人的压力回到焉耆和吐鲁番。属于杜格拉特人的米尔扎阿布·伯克尔当时(1480—1514 年)统治着喀什噶尔，在他统治的后期，他的军队统帅米尔·瓦利把蒙古人和吉尔吉斯人赶出了蒙兀儿斯坦和阿克苏。吉尔吉斯人后来获准到伊塞克湖南部地区游牧。显然，这是那些成功地从焉耆和吐鲁番的曼苏尔汗那里逃生的人。

根据海达尔的观点，吉尔吉斯人属于那种与蒙古人同样的民族，他们与蒙古人分离只是由于他们经常发动反对蒙古汗的起义。此外，蒙古人皈依了伊斯兰教，而吉尔吉斯人仍然信奉多神教，这也引起了他们彼此之间的敌视。后一种说法并不完全准确，我们将发现有一个一度担任吉尔吉斯首领、出身于吉尔吉斯民族的人名字就叫做穆罕默德。但根据其他史料的记载，当时以及在此后很长一段时间内，吉尔吉斯人都不被认为是伊斯兰教徒。显然，他们从外表上看不像穆斯林。由此可以得出结论，虽然 15 世纪蒙古汗致力于推行伊斯兰教，尤其是在 1416 年死去的马哈麻汗曾强迫其臣民带上穆斯林的头巾，但他们并没有把手伸向吉尔吉斯人。当时曾用往头上钉钉子的方式来惩罚那些不服从命令的人。同时后来吉尔吉斯人居住的那些地方也是马哈麻汗的领地，恰特尔湖北岸的塔什拉巴特就是他建造的。

米尔扎海达尔对有关吉尔吉斯人到来的情况一无所知，显然他认为他们很久以前就生活在他认识他们的地方，至少从蒙古人到来之时起他们就住在那里。虽然在对帖木儿远征的记载中根本没有提到吉尔吉斯人[1]，但研究“突厥部落和民族成分问题”的作者 H. A. 阿里斯托夫依然坚信，“因为根据《中亚蒙兀儿史——拉失德史》这个民族在 16 世纪初可能就作为土著人占据着天山西部，所以毫无疑问，卡拉吉尔吉
斯人（14 世纪）从前就生活在现在的地方”[2]。阿里斯托夫还继续往 514
前走，竭力证明从前天山西部的居民从乌孙人开始[3]就属于吉尔吉斯人，根据他的观点，乌孙人“公元前 3 世纪就在唐努乌拉山和天山东部之间”游牧“……被匈奴征服的乌孙人大约在公元前 2 世纪中叶从这里迁往天山西部”。[4] 阿里斯托夫认为乌孙人“真正的民族名称”“一直都是吉尔吉斯人”。

尽管完全缺乏 16 世纪以前天山西部吉尔吉斯人的资料，但有一个事实却与这些观点相对立，这就是：这些吉尔吉斯人在 16 世纪被认为是没有接受伊斯兰教和穆斯林文明的异教徒。由这一点可以得出结论，16 世纪吉尔吉斯人出现在天山西部与吉尔吉斯强国时代所发生的那些事件无关，当时吉尔吉斯人的影响确实已经到达天山西部。可能，

---

〔1〕比较前面第 512 页，注释 3。——B. 罗莫金

〔2〕阿里斯托夫所提出的吉尔吉斯人很久之前就居住在天山的推测，现在已经部分为天山吉尔吉斯人在 16 世纪就存在的传说以及《中亚蒙兀儿史——拉失德史》中所说的 16 世纪前天山吉尔吉斯人的民族成分具有稳定性这一点所证实。根据这些传说，苦盏山中的吉尔吉斯人是在塞尔柱人桑贾尔时代由 40 个古兹（гыз）构成的（参见阿赫西坎季《历史汇编》，塔吉尔贾诺夫版摘录本，第 18 页 a－6），根据这一史料，16 世纪前天山吉尔吉斯人的民族成分具有稳定性（参见阿布拉姆佐《吉尔吉斯北部吉尔吉斯居民的民族构成》，第 11 页），这也证明了阿里斯托夫的推测。——B. 罗莫金

〔3〕阿里斯托夫提出的吉尔吉斯人是乌孙人直接后裔的观点所依据的论据并不可靠。古人类学资料已经证明天山居民的民族成分曾经发生变化，尤其是在公元 1100 年前半期，所以他现在已经对自己的观点产生了动摇。但绝对否定吉尔吉斯祖先与乌孙祖先之间有任何关系也为时尚早。——B. 罗莫金

〔4〕在阿里斯托夫的著作中提出了由乌孙人构成的叶尼塞河吉尔吉斯人迁往天山的假设。《关于突厥诸部落、部族的部落组成及其人口情况札记》，第 17 页，23－26 页；《以世系谱传说、现存氏族划分、氏族标印以及历史资料和人类学研究为基础，弄清大帐汗国吉尔吉斯哥萨克和卡拉吉尔吉斯人民族成分的尝试》，第 60－61 页。——Б. 加富罗夫

在吉尔吉斯人失去了强大的国势以后,无论哪一部分吉尔吉斯人都没有留在西南部。在中亚的蒙古人皈依伊斯兰教的时代,吉尔吉斯人还在这里的可能性微乎其微。更合乎情理的是,吉尔吉斯人参加了他们南部邻居——异教徒卫拉特人或卡尔梅克人的西征。[1] 从《中亚蒙兀儿史——拉失德史》中和某些其他的史料中可以看出,卡尔梅克人入侵蒙兀儿斯坦是从15世纪20年代开始的,15世纪70年代当卡尔梅克人洗劫了蒙兀儿斯坦返回自己的故乡之后,这种入侵曾暂时停止。只有当曼苏尔汗被排挤到焉耆和吐鲁番之后,他才重新与卡尔梅克人开战。可能,某些吉尔吉斯部落也参加了卡尔梅克人的活动,在卡尔梅克人离去后,这些吉尔吉斯人留在了西部,留在了天山,虽然史料中根本没有谈到这一点。

1514年,苏丹·赛义德汗成功地占领了喀什噶尔并消灭了米尔扎阿布·伯克尔的政权。在这场斗争中吉尔吉斯人穆罕默德为他出了很多力,为此他从汗那里得到了珍贵的礼物作为奖赏,并被派往蒙兀儿斯坦,在这里所有的吉尔吉斯人都听命于他。穆罕默德开始侵袭突厥斯坦、塞兰和塔什干。在征伐突厥斯坦的过程中,他俘虏了乌兹别克王子阿卜杜拉,阿卜杜拉是当时统治撒马尔罕的库奇昆奇汗之子,但他又把
515 王子释放了。苏丹·赛义德汗对穆罕默德的行为表示愤怒,并在1517年秋天进攻吉尔吉斯人。在《中亚蒙兀儿史——拉失德史》的另一个地方记载说,汗作为一个穆斯林想惩罚洗劫了穆斯林城市的吉尔吉斯人。穆罕默德在巴尔斯坎温河汇入伊塞克湖的河口处被击溃,他本人被俘并被带往喀什噶尔,汗在初冬来临之前返回这里。

稍早些时候这些乌兹别克领地(塞兰、塔拉斯和塔什干周围)遭到了哥萨克汗卡西姆的入侵,他的冬季驻牧地在卡拉塔尔河。从这里可以得出结论,吉尔吉斯人一度通过武力或协议(史料中没有谈到这一点)的方式将自己的游牧地推进到哥萨克的地区,强大的卡西姆汗此

---

[1]B. B. 巴托尔德的设想暂时还没有被证实。专门研究吉尔吉斯与卫拉特之间相互关系的著作也没有完全搞清这一问题,彼得罗夫《吉尔吉斯人迁徙天山史论》。——B. 罗莫金

时仍然健在(他死于 1518 年)。与吉尔吉斯人不同,哥萨克人出身于成为穆斯林的乌兹别克人,在脱离乌兹别克汗阿布海尔(死于 1468 年)并寻求蒙古也先不花汗(1431—1462 年)的庇护之后,他们来到了楚河流域。所以,哥萨克人与吉尔吉斯人之间最初没有任何共同之处,虽然后来这两个民族曾经历了一段共同的政治生活。

苏丹·赛义德汗倾向于派自己的侄子——苏丹·哈利尔之子巴巴·苏丹到蒙兀儿斯坦(1508 年在其父亲被害的时候,这位王子还是一个婴儿),这个主意是王子的老师——霍加阿里·巴哈杜尔给汗出的。但当霍加死去之后(虽然拥有宗教的尊号,但他依然过度饮酒),1522 年汗便把自己的儿子拉希德(就是阿卜杜勒·拉希德)派往蒙兀儿斯坦,取代了巴巴·苏丹。和他一同前往的还有已被释放并重新成为自己民族领袖的穆罕默德。他成功地把大部分吉尔吉斯人笼络到自己的麾下,但 1524 年哥萨克汗塔希尔(卡西姆的侄子)来到了吉尔吉斯人的地域。塔希尔起初寻求与拉希德结盟,他在科奇卡尔河[1]拉希德的大帐中受到了接待,他把自己的妹妹嫁给了拉希德。但后来他们又分道扬镳了,因为塔希尔成功地说服一部分吉尔吉斯人站到了自己一边。穆罕默德被指控与哥萨克人交往,重新被带到喀什噶尔。在苏丹·赛义德汗死(1553 年)后,他又获释,但不知道他是否回到了自己的人民那里。吉尔吉斯人成了塔希尔汗的臣民,他们甚至比那些因为塔希尔汗残忍而离开他的哥萨克人更忠于塔希尔汗。一部分没来得及归附塔希尔的吉尔吉斯人被蒙古人带到了阿特巴什。1526 年,蒙古人离开天山并掳走了 10 万头吉尔吉斯绵羊,由此这次行动被称为“绵羊行动”(кой черики),就像由于同样的原因 1866 年 4 月 5 日穆尔扎拉巴特事件在 19 世纪被称为“绵羊事件”(在罗曼诺夫斯基的率领下,俄罗斯人截获了一批绵羊)一样。1527年春天,塔希尔来到阿特巴什,把吉尔吉斯人连同被蒙古汗留下的马群一起从那里带走。 516

继承父亲汗位的拉希德汗(很可能他的统治时间是从 1533 年到

---

[1]科奇科尔河。——Б. 加富罗夫

1559年或1560年)试图恢复蒙古人在喀什噶尔以北山区的统治,但却没有获得持久的成就。1537年或1538年哥萨克汗图古姆——塔希尔的弟弟被他击溃,与图古姆一同被杀的还有37位哥萨克苏丹。米尔扎海达尔在此几年之后便写道,所有的哥萨克人毫无剩余地完全被消灭了。拉希德把自己的儿子阿卜杜勒·利亚季夫留在了蒙兀儿斯坦,但此后蒙古人很快便被卡西姆之子——哥萨克和吉尔吉斯汗哈克·纳扎尔击溃。根据马赫穆德·丘拉斯的叙述,王子阿卜杜勒·利亚季夫本人受伤被俘,在胜利者的大帐中受到了恭敬的接待,但他很快就因伤而逝。不久幸运又重新降临到拉希德汗一边,有人(一位喀什噶尔作者)记载说,拉希德汗与塔什干的瑙鲁兹·艾哈迈德汗结成同盟在阿尔特什击败了哈克·纳扎尔,并且汗本人连同6名“携带旗帜的王公”一起被杀,此后哥萨克人再也没有使用过旗帜。一位乌兹别克作者(17世纪,巴尔赫人)也提到了后一事实,根据他的说法哥萨克人的首领是另外一个人(布达什汗,塔希尔的弟弟),战斗也发生在另一个地方(在伊塞克湖)。他还说,胜利者截获了9面旗帜。根据另一种史料记载,拉希德汗远征伊塞克湖,在那里与塔什干瑙鲁兹·艾哈迈德汗会面发生在951/1544—1545年,而在其他叙述中没有说明日期。马赫穆德·丘拉斯对哈克·纳扎尔在与拉希德汗的战争中死亡一事的叙述略有不同。根据他的说法,汗在远征前和自己的宗教领袖穆罕默德·谢里夫一起拜谒了几个圣地,尤其是拜访了喀什噶尔第一位穆斯林汗萨图克博格拉的陵墓,然后他开始征讨哥萨克人和吉尔吉斯人,走了3个月,才在叶密立遇到敌人,他在那里经过猛烈攻击夺取了敌人设防的阵地,并且俘虏了哈克·纳扎尔汗和其他王公(秋里亚)。根据汗的命令,所有的人都被处死(拉希德的这一举动与哈克·纳扎尔汗打败阿卜杜勒·利亚季夫之后那种宽宏大量的做法相比不太光彩)。拉希德汗在叶密立待了3天,从那里带走了7面旗帜,此后哥萨克汗再也没有旗帜了。在来自丘斯特的费尔干纳圣者卢特富拉(这位圣人死于979/1571—1572年)的传记中也提到了布达什汗失败和死亡一事,根据这一史料,布达什汗是在967/1559—1560年入侵乌兹别克突厥斯坦时战死的。

但是，无论是哥萨克人还是吉尔吉斯人都没有因这次失败而长期一蹶不振。1558年到过突厥斯坦的英国人詹金森听说，哥萨克人当时再次威胁着塔什干，吉尔吉斯人则威胁着喀什噶尔。从这些言论中可以看出，在哈克·纳扎尔死去之后，哥萨克人和吉尔吉斯人再也没能组成一个统一的国家。总而言之，据我们所知这两个民族从那时候开始就再也没有在一个汗的统治下团结起来。517

除了喀什噶尔以外，费尔干纳也遭到了吉尔吉斯人的侵袭。在上面提到的谢赫卢特富拉的传记中提到，吉尔吉斯人在一次侵扰阿赫西肯特地区时抢走了属于德尔维希僧的绵羊，但后来又把绵羊归还他们并向他们表示了歉意，吉尔吉斯人说他们自己对"宗教人士"所怀有的尊敬并不比费尔干纳穆斯林所怀有的尊敬少。像其他的谢赫一样，谢赫卢特富拉也关注在草原居民中传播伊斯兰教的问题。他的学生，哥萨克人穆罕默德不仅在哥萨克人当中活动，而且也在吉尔吉斯人当中进行活动。[1] 在现代之前，这种出身于德尔维希僧的传道者来到草原上，在他们的影响下游牧民与其说变成了接受伊斯兰教教义和教规的穆斯林，毋宁说是变成了谢赫的个人崇拜者，他们把谢赫视作是献身者和有灵者。

虽然曾一度在一个政权之下被联合起来，但吉尔吉斯人在16世纪下半叶并没被认为是像哥萨克那样的穆斯林。奥斯曼土耳其人塞菲论中亚的著作写于1582年，根据他的说法，哥萨克人是哈尼夫派穆斯林，但吉尔吉斯人既不是"卡菲尔，也不是穆斯林"。像米尔扎海达尔一样，塞菲认为吉尔吉斯人与蒙古人同源。吉尔吉斯人生活在难以到达的地方，在敌人进攻的时候他们就把自己的家眷迁往大山深处，他们自己则扼守通道。他们能用毒石唤来雪和严寒，这使得敌人无法支配自己的手脚从而遭到失败。他们把死者的尸体盛放在棺材里，把棺材放

〔1〕关于卢特富拉另一位学生——谢赫霍加·伊斯哈克（马赫杜米·阿扎姆之子）在吉尔吉斯人中传播伊斯兰教的活动以及与此相关的一些前穆斯林时期吉尔吉斯人信仰的新资料，参见沃罗热伊金娜《16世纪吉尔吉斯人前伊斯兰时期的宗教信仰》。——B.罗莫金

在高高的树杈上(此说可能是从更早些时候关于叶尼塞河吉尔吉斯人的记载中借用来的)。吉尔吉斯人没有国王(汗)只有伯克,他们的伯克被称为卡什卡(这是一种在卡尔梅克人那里经常遇到的封号)。[1]

甚至在17世纪用波斯文写作的乌兹别克史学家马赫穆德·伊本·韦利也说吉尔吉斯人是卡菲尔。这些吉尔吉斯人数量为12000户,在希吉拉历1045年的赖哲卜月(从1635年12月11日到1636年1
518 月9日)经卡拉特来到希萨尔。他们以12个头目为首(显然每100户有1个头目),这12位头目于下一个月也就是舍尔邦月(从1月10日到2月7日)在巴尔赫受到了乌兹别克汗的接待,从前他们是在无信仰、迷茫和无知中过活(显然,在到达乌兹别克人的国家后他们成为穆斯林)。大概,吉尔吉斯人定居卡拉特是与这一事件有关的,至今还有一部分吉尔吉斯人生活在这里。有这样一个传说:虽然现在卡拉特的吉尔吉斯人为数不多(根据最新资料,吉尔吉斯人的数量为8000人多一点,而塔吉克人的数量为173488人,也就是说吉尔吉斯人总共只占4%)[2],但这个地方长期以来属于吉尔吉斯人,只是不久前才被塔吉克人占领。

马赫穆德·丘拉斯还谈到了17世纪吉尔吉斯人和蒙古人之间发

---

〔1〕卡什卡的封号可能起源于突厥语,因为用蒙古语和卡尔梅克语无法对这一封号作出解释(这是Б.И.潘克拉托夫的结论,我们利用了他的观点)。关于卡什卡一词在突厥语中的意义,参见拉德洛夫的词典(《突厥方言词典试编》,Ⅱ,第394－395页)。在史诗《玛纳斯》晚些时候的版本中,卡什卡一词被用来表示“军事长官”。在费尔干纳的钦察人和天山北部的吉尔吉斯人中间有一个氏族部落名称叫做“七卡什卡”。“伊特卡什卡”是5支费尔干纳钦察人中的1支(纳利夫金《浩罕汗国简史》,第155页),“热季卡什卡”是吉尔吉斯苏勒图部7个分支的集合名称(参见阿布拉姆佐《吉尔吉斯北部吉尔吉斯居民的民族构成》,第31页,第24－25页表格)。根据《历史汇编 يتی قشقه》的记载,7卡什卡是阿克·帖木儿·钦察7个儿子的后裔,他们骑着7匹额头带有白斑的灰马离开(كبود قشقه هفت اسب)。阿克·帖木儿的住地被认为是库兰,至于“7卡什卡人”,则说他们与卡尔卡拉(玛纳斯的祖父,根据该史料提到的史诗版本是伊利·玛纳斯的名称)同源(از يك نسل)。参见阿赫西坎季《历史汇编》,塔吉尔贾诺夫版摘录本,第56页6;苏联科学院亚洲民族研究所手抄本,第85页。——B.罗莫金

〔2〕塔吉克人关于卡拉特吉尔吉斯人的传说,参见基斯利亚科夫《卡拉特史概论》。关于帕米尔和帕米尔地区居住在塔吉克苏维埃社会主义共和国境内的吉尔吉斯居民的民族学著作目录,参见舍尔斯托比托夫等《苏联吉尔吉斯坦史学史概论(1918—1960年)》,第51－52页,注释6,以及第47页,注释1和3。——B.罗莫金

生的一些冲突。在穆罕默德汗死亡(约 1610 年)后喀什噶尔发生骚乱期间,一支由 5000 名吉尔吉斯人构成的队伍在蒂列克·比伊和巴伊·布塔·卡拉率领下发动了对乌什和阿克苏的袭击。在进攻过程中他们之间发生了分裂,蒂列克带领 2000 人,巴伊·布塔·卡拉带领 3000 人。巴伊·布塔·卡拉被帖木儿苏丹(穆罕默德汗的孙子)的军队击溃,损失了 2000 人,剩下的 1000 人将剑袋挂在脖子上来到苏丹那里表示驯服。蒂列克也带着礼物来到了苏丹那里并向苏丹道歉。苏丹原谅了所有的人并将其释放。这是在穆罕默德汗死后不久发生的事情,因为苏丹是从吉尔吉斯人那里才得知自己祖父死亡消息的。根据另一种史料记载,吉尔吉斯人洗劫了乌什,之后在扬吉阿尔特山口被蒙古人追上。

蒙古人和吉尔吉斯人之间新的冲突发生在 17 世纪 20 年代,这是在阿卜杜勒·利亚季夫汗统治时期,他的诨号是阿纳克汗(死于 1037/1627—1628 年)。吉尔吉斯人洗劫了沙赫纳兹村,汗派出军队追击他们,但他们将这支队伍诱入埋伏圈中使之遭受了巨大的损失。

17 世纪 30 年代初期在喀什噶尔发生内讧期间,吉尔吉斯人向其中的一位汗位继承人——马赫穆德·苏丹提供了帮助,马赫穆德·苏丹就是后来的克雷奇汗。

在阿卜杜拉汗的长期统治史上(1048/1638—1639到1080/1669—1670)有好几次提到了吉尔吉斯人。在自己统治的初期,汗对奥什发 519
动了一次成功的征伐,在返回的路上吉尔吉斯人向汗发起了追击,虽然没有赶上汗的队伍,但却在别什布伊纳克使一些蒙古首领遭受了巨大的失败。吉尔吉斯人对乌什和阿克苏的进攻被成功地击退了。在下一年,汗征讨位于阿克赛的吉尔吉斯人,吉尔吉斯人的首领是蒂列克的儿子科伊萨雷和约尔·布尔达。这次征讨行动被称为阿克赛远征(Аксай черики)。可能远征没有获胜,因为关于这次远征的结果没有任何记载。在此之后吉尔吉斯人重新发动了进攻并击溃了蒙古人的军队,后来他们自己也遭受了失败,但仍然威胁着汗的统治,只是由于其兄弟易卜拉欣的英勇才把汗从吉尔吉斯人的威胁中解救出来。接下来又谈到了阿卜杜拉对安集延的两次远征，其中的一次获得了成功，另一次则以失败而告终。吉尔吉斯人参加了第二次远征。

当汗成功地恢复了国家的安定时，不安定的因素只剩下了吉尔吉斯人。汗按照高官的建议决定铲除他们（显然，这里说的是在汗的国家中担任公职的吉尔吉斯人），总共有将近1万人被杀。在这里还谈道，吉尔吉斯人被称作蒙兀儿斯坦森林中的狮子（这一说法是从《中亚蒙兀儿史——拉失德史》中借用的），但同时又说他们背信弃义。在叙述汗对阿特巴什和阿克赛的下一次远征时只提到了卡尔梅克人，大概那里已经没有吉尔吉斯人。虽然对吉尔吉斯人大开杀戒，但汗还是感到需要重新吸引他们到自己这里服务，于是他们在喀什噶尔和阿克苏又重新获得了巨大的影响力。如果他们与什么人产生纠纷的话，虽然是小事，汗也允许他们杀死对方并夺取其财产。在汗的儿子们努尔·阿德金和约尔巴尔斯进行斗争期间（在父亲健在时），在汗的身边有一位吉尔吉斯人丘马克·伯克[1]。1680年前后汗来到了麦加，当时他的大部分随从人员都是吉尔吉斯人。他派200名吉尔吉斯人去追击反对父亲并在父亲离开的一年间统治喀什噶尔的约尔巴尔斯。在17世纪80年代发生新骚乱期间，吉尔吉斯人占领了喀什噶尔，还一度占领了莎车，但后来又被迫撤出。他们重新占领这些地方的企图最终以失败而告终。

在此以后，喀什噶尔和中亚的统治权很快便转到了卡尔梅克人（卫拉特人）手中。在卡尔梅克史上，在叙述1683年秋天发生的事件时谈到了与布鲁特人的冲突，卡尔梅克人把吉尔吉斯人称为布鲁特人。卡尔梅克人与叶尼塞河流域的吉尔吉斯人也打过交道，俄罗斯人在17世纪初来到了叶尼塞河流域，由此我们再一次获得了叶尼塞河吉尔吉斯人的某些资料，关于他们在14、15和16世纪的命运，据我们所知迄
520 今为止还没有任何一种历史史料对其进行过任何记载。

〔1〕可能是丘巴克·伯克。——B. 罗莫金

6　17 世纪的叶尼塞河吉尔吉斯人

在根据中央和西伯利亚档案文献出版的资料以及根据这些资料所撰写的研究成果中，有许多是研究俄罗斯人征服西伯利亚其中包括征服叶尼塞河吉尔吉斯人历史的。在叶尼塞河上俄罗斯的利益与卫拉特国家的利益发生了冲突，所以研究 17 世纪吉尔吉斯人的命运是与研究俄罗斯－卫拉特的关系联系在一起的。正如从不久前（1921 年）科特维奇教授的研究成果《17 和 18 世纪俄罗斯与卫拉特人往来档案文献》中所看到的，与这一问题相关的资料可能还远未搞清楚。格拉尔德·弗里德里希·米勒的著作《西伯利亚王国及其所发生的一切事件概述》（1750）是最早的和最有价值的西伯利亚征服史研究成果之一。最新的历史研究成果是一种论叶尼塞河吉尔吉斯人的专著——H. 科兹明教授的《哈卡斯人》（1925）。[1]

叶尼塞河吉尔吉斯人当时没有形成一个国家。H. 科兹明教授研究成果当中的资料表明，主要的吉尔吉斯公国有 4 个：图比公国（图巴河沿岸，克拉斯诺亚尔斯克县和叶尼塞河左岸到阿巴坎河之间）、耶泽尔公国（叶尼塞河左岸从阿巴坎河到巴捷涅夫斯基岭以北）、阿勒泰尔公国（耶泽尔公国的西面和西南面）、阿勒泰萨尔公国（耶泽尔公国的北部和东北部）。[2] 根据对伊万·佩特林使团的有关记载，从托木斯克到吉尔吉斯人的土地"快行需要 10 天"，从吉尔吉斯人地界到阿巴坎河需要 6 天，从阿巴坎河到克姆奇克河需要 9 天，从克姆奇克河到大湖即乌布西湖要 3 天。在佩特林之前，1616 年瓦西里·秋梅涅茨和伊

〔1〕新研究成果有：巴赫鲁申《17 世纪叶尼塞河吉尔吉斯人》；波塔波夫《（18—19 世纪）哈卡斯人历史学和民族学简论》，以及他的《哈卡斯民族的起源和形成》。最近出版的叶尼塞河吉尔吉斯人资料汇编之一是：努罗夫《关于叶尼塞吉尔吉斯人的主要史料简述》。——B. 罗莫金

〔2〕科兹明《哈卡斯人》，第 77 页以下。——Б. 加富罗夫

万·彼得罗夫也曾经过吉尔吉斯人的土地。涅梅克大公(佩特林写的是涅梅伊)被认为是整个吉尔吉斯人国土的首领,他是从自己父亲那
521 里继承了这一权力。在涅梅克之下有“两个最优秀的小王公诺姆恰和科拉”。在吉尔吉斯人地界后面是“塔本人的领地”[1]。根据秋梅涅茨的说法,这里“还是那片吉尔吉斯大地,只不过他们独立地生活着,而贡品要呈给吉尔吉斯大地和阿尔滕王”,这里指的是当时西蒙古的统治者土默特人阿勒坦汗。伊万·佩特林只用了“半天的时间”就从吉尔吉斯人的领地也就是从涅梅克的大帐来到阿勒坦汗领地的边界。

综上所述,在科兹明书中所谈到的4个公国中,图比公国被认为独立于其他3个公国之外并有着自己独特的生活。从秋梅涅茨的叙述中可以看到图比人的文明发展程度要低于其他的吉尔吉斯人,他们既没有牛,也没有羊,“只有马和鹿”。俄罗斯人认为整个吉尔吉斯土地上的最高王公是阿勒泰尔大公。如同我们将要看到的,最早与俄罗斯人交往的诺姆恰是阿勒泰萨尔大公,因而也是科拉－耶泽尔大公。当时吉尔吉斯人的整体文明水平也不高,远远低于13世纪。据说,吉尔吉斯人“以渔猎为生,进行箭射战,他们有许多马和牛,但不种谷物”。文明水平的降低可能是与在蒙古帝国时代繁荣起来的商队贸易的衰落有关。

还在叶尼塞斯克(1618年)和克拉斯诺亚尔斯克(1627年)建立之前,吉尔吉斯人就曾为了与俄国人谈判而来到建于1604年的托木斯克。一说是在1606年,另一说是在1608年,吉尔吉斯王公诺姆恰和科切巴伊带着自己的随从人员来到了托木斯克,他们在发了誓之后被释放,但把“诺姆恰的妻子和科切巴伊的儿子”留在托木斯克做人质(并且诺姆恰的妻子阴谋反对科切巴伊)[2]。诺姆恰受命“前往阿尔滕王那里并前往中国”,但他后来没有履行这一使命,而科切巴伊则要“让吉尔吉斯王公:诺颜、科姆卡和奥布赉臣服于沙皇”。很快就发生了决

[1]即图比公国。——译者

[2]她抱怨说科切巴伊、诺颜和卡什卡这些王公“不服从她丈夫诺姆恰……”,参见科兹明《哈卡斯人》,第52页。——B.罗莫金

裂,新任托木斯克军政长官没收了诺姆恰妻子的貂皮大衣,由此诺姆恰感到很“痛心”,甚至成了俄罗斯的敌人并以进攻臣属于俄罗斯的丘雷姆鞑靼人来表达自己的敌视。与吉尔吉斯人的战争开始了,这场战争只是因为谈判而一度中止。根据Г. Ф. 米勒的说法“无论俄罗斯方面作出多大的努力,都不能完全征服吉尔吉斯人”。

1614年吉尔吉斯人向托木斯克县发动了进攻,1615年俄罗斯人对吉尔吉斯人领地的第一次讨伐遭到了失败。但是瓦西里·秋梅涅茨和伊万·彼得罗夫在1616年,伊万·佩特林在1618年被允许经过吉尔吉斯人的领地毫无障碍地前往蒙古,并且根据佩特林的报告,涅梅克大 522
公当时已经成为“沙皇宠信之人”。在秋梅涅茨之前托木斯克军政长官在1616年还派了一位商人瓦西里·阿纳宁带着翻译卢卡来到吉尔吉斯人那里。阿纳宁派吉尔吉斯王公科拉去见阿勒坦汗。在秋梅涅茨和彼得罗夫返回的时候,这位科拉派自己的使者连同阿勒坦汗的两位使者和他们一起前往莫斯科。阿勒坦汗当时拒绝了吉尔吉斯人关于向他们提供帮助的请求,并向俄国人承担义务平息不安分的吉尔吉斯人。所以,吉尔吉斯人感到必须臣服。在佩特林使团从中国返回的时候,吉尔吉斯人便派出使者与阿勒坦汗的使者一同于1619年到达托博尔斯克,1620年到达莫斯科,1620年10月才把他们从托木斯克送回“吉尔吉斯边界”。

在此之后由于阿勒坦汗战胜了卫拉特人,他的地位迅速得到了巩固,因此他停止了与俄国人的谈判并同意接受吉尔吉斯人为自己的臣民,吉尔吉斯人又重新向俄罗斯边界发动了进攻。俄罗斯军政长官与吉尔吉斯人之间的谈判大部分是直接进行的。有一次俄罗斯人通过一些布哈拉商人从中斡旋,这些商人希望恢复和平以保障能进行安全贸易。由于军政长官背信弃义的行为吉尔吉斯人终止了谈判,为谈判而来到托木斯克的吉尔吉斯科拉王公被扣留在那里,后来“被折磨致死”。

1630年,当阿勒坦汗与卫拉特人之间的战局变得对后者有利时,局势重新发生了变化。1634年,阿勒坦汗被迫翻越萨彦岭来到叶尼塞河和阿巴坎河,并加入俄罗斯国籍。他试图按照俄国人的愿望运用自己对吉尔吉斯人的影响来调和他们与俄罗斯人之间的关系。但是为此目的而来到的喇嘛并没取得成就(1635 年)。吉尔吉斯人甚至转向了卫拉特人一边,当时卫拉特人的首领是巴图尔,他在 1635 年接受了珲台吉的尊号(俄罗斯人称之为"孔塔伊沙")。还在 1633—1634 年就来到库兹涅茨克的阿勒泰萨尔大公别赫捷涅伊加入了卫拉特国籍。

吉尔吉斯人不得不因寄希望于卫拉特人的帮助而感到扫兴。巴图尔还在 1641 年和 1643 年便将吉尔吉斯人称为自己的臣民,但当恢复元气的阿勒坦汗重新向吉尔吉斯人征收贡赋时,巴图尔却并没有给他们实际的帮助。1648 年,这位别赫捷涅伊大公加入了俄罗斯国籍。1652 年,吉尔吉斯人的领地遭到了阿勒坦汗和他儿子洛扎的入侵。这一次吉尔吉斯人到克拉斯诺亚尔斯克请求援助,俄国人只是在谈判中答应给他们帮助,但这就足以迫使阿勒坦汗退却了。阿勒坦汗在活着的时候便把权力交给了洛扎,洛扎打算恢复与吉尔吉斯人和俄罗斯人之间的战争,起初他取得了成绩并想进攻托木斯克,但阿勒坦汗死亡的
523 消息传来后,他不得不返回以保证不致失去自己个人的领地。

17 世纪 60 年代,局势变得对俄国人有利。在巴图尔死后(1653 年)卫拉特人的政治统一和强大一度被削弱,1666 年珲台吉僧格本人同意加入俄罗斯国籍,在这一年洛扎派人来到托木斯克请求援助。但此时,在 17 世纪的吉尔吉斯人中第一次也是最后一次出现了一位强有力的人物,这就是诺姆恰的孙子(伊舍伊的儿子)伊列纳克,他"威胁克拉斯诺亚尔斯克、阿钦斯克、库兹涅茨克、托木斯克、坎斯克乃至叶尼塞斯克和乌金斯克(下乌金斯克)长达 20 多年(他死于 17 世纪 80 年代中期或下半期)"[1]。他没有成为自己民族哪怕是其中一部分人的独立首领。从一开始他便被视为洛扎的臣民,俄国人要求洛扎交出伊列纳克。当洛扎被打败并沦为卫拉特人的俘虏后,吉尔吉斯人便臣服于

[1]科兹明《哈卡斯人》,第 63 页。也参见波塔波夫的《哈卡斯民族的起源和形成》,第 45 页以下。——B.罗莫金

珲台吉，起初臣服于僧格（死于1671年），后来臣服于他的弟弟和继承人噶尔丹。在噶尔丹统治时期，卫拉特人的国家又成为一个强大的游牧国家。

卫拉特人的国家几乎是唯一一个同时与叶尼塞河吉尔吉斯人和天山吉尔吉斯人打交道的国家。就目前所知的情况来看，无论是卫拉特人自己还是到过卫拉特人国家的欧洲人和俄罗斯人，都没有对这两部分吉尔吉斯人进行过任何对比。据悉，这两部吉尔吉斯人之间没有任何交往，尤其是没有任何协议。17世纪80年代与天山吉尔吉斯人打仗的噶尔丹17世纪70年代曾在叶尼塞吉尔吉斯人的土地上从自己的敌人手中逃脱。噶尔丹及其继承人的主要斡耳朵在伊犁河谷，距天山吉尔吉斯人的领地比距叶尼塞吉尔吉斯人的领地更近。噶尔丹努力与俄罗斯人和平相处，他请求托木斯克和克拉斯诺亚尔斯克军政长官不要惊扰吉尔吉斯人，并劝阻吉尔吉斯人使之不要攻击俄罗斯村落。他并没有总是成功地实现后一目的，1673年和1674年，吉尔吉斯人甚至在卫拉特人的协助下向俄罗斯领土发动了进攻。1678和1683年伊列纳克在自己那里接待了俄罗斯使团。1684年他准备同时进攻托木斯克、叶尼塞斯克和克拉斯诺亚尔斯克。但这时他的使者从莫斯科返回，进军没能进行。另一位王公尚特科的最后一次进攻发生在1691—1692年，他往往被当做是伊列纳克的盟友。

在俄罗斯档案资料中保留着关于伊列纳克使团1684年来到莫斯科的卷宗，那里有一封伊列纳克“卡尔梅克信”的原件和译本。也有另 524
外一些记载表明，吉尔吉斯人在与俄罗斯的交往中使用了卫拉特人的语言和字母，虽然卫拉特人自己经常使用俄罗斯人更容易理解的鞑靼语，有时甚至使用波斯语。根据科特维奇教授的研究，俄罗斯宫廷只有在1696年与卫拉特人的通信中才首次“使用卡尔梅克语而不是鞑靼语进行回复”。显然，当时吉尔吉斯人还没有自己的文字。

1703年秋，俄罗斯人得到消息说：“有2500名卡尔梅克人来到了吉尔吉斯人的土地上，他们把所有的吉尔吉斯人都赶到自己那里，现在吉尔吉斯人的土地上连一个吉尔吉斯人都没有了。”起初人们不相信这一消息，但后来却得到了证实。由此不仅像 В. В. 拉德洛夫这样 19 世纪的学者，而且像 Г. Ф. 米勒这样 18 世纪的学者都认为，所有的吉尔吉斯人或者说几乎所有的吉尔吉斯人离开了自己的故土，新居民来到了他们的土地上，这是因为当时俄罗斯人已经占领了边区。根据米勒的观点，吉尔吉斯人当时“完全离开了西伯利亚”。另一些学者其中包括科兹明教授则认为，只有一部分人被带走了，而且就是这部分人当中也有许多后来又回来了，因此现在这里的居民成分依然同 17 世纪时的居民成分一样。根据科兹明教授的观点，现在居住在吉尔吉斯人故土上的居民——“米努辛斯克鞑靼人”（俄罗斯人这样称呼他们）或“哈卡斯人”（革命后他们决定这样称呼自己），应该被认为是“土著人，当然这里指的只是现代知识界中已经习惯的这一术语的相对含义”。[1]

不管怎样，叶尼塞吉尔吉斯人作为一个民族已经不存在了，甚至当地的传说也把这一事实解释为吉尔吉斯人的绝大部分已经从肉体上消失了。拉德洛夫在萨加吉尔吉斯人即留在叶尼塞河流域的吉尔吉斯人的后裔中听到一个传说，根据这一传说卫拉特人派了一支军队到吉尔吉斯人的领地上收税，这支军队连同其长官都被吉尔吉斯人消灭了。由于一年没有得到有关这支队伍的任何消息，珲台吉派出了一支由哥萨克布鲁特人（卫拉特人把吉尔吉斯人称为布鲁特人；卫拉特人以及援引他们做法的俄罗斯人把哥萨克人称作“哥萨克布鲁特人”，即哥萨克吉尔吉斯人）组成的 1000 人的军队，他们的首领从吉尔吉斯人那里没有打探出到底是谁消灭了卫拉特人的军队，于是便把所有的吉尔吉斯人都掳到了珲台吉那里，只剩了几个事先藏起来的人。拉德洛夫转述的另一种传说把吉尔吉斯人被掳走的原因归结为一位为卡尔梅克民族自由而战的著名战士阿睦尔撒纳（18 世纪 50 年代），1757 年他逃往俄罗斯领地获救，同年在托博尔斯克死于天花。当然这一传说与事实不符。根据瓦利哈诺夫的说法，在鄂木斯克州西伯利亚吉尔吉斯人[2]

[1]科兹明《哈卡斯人》，第 88 页。

[2]哈萨克人。——Б. 加富罗夫

管理局的档案中有一份文件，其中谈到1746年夏天有12名“吉尔吉斯－卡尔梅克人”[1]携妻带子来到了乌斯季卡缅诺戈尔斯克。根据这些人的说法，数量为3000户的吉尔吉斯人（根据科兹明的说法为2500户，文献中为“503户”）“在50年前或更早的时候”被3个卡尔梅克宰桑[2]杜哈尔、桑德克、沁宾带走了（根据另一种记载，这3位宰桑是：祖卡尔、桑德克和本别，根据科兹明所引用的文件记载为——沁比利[3]），走在前头的队伍是500人，卡尔梅克人“强行把他们带走，但没有经过战斗”。当地居民认为阿巴坎的陵墓是吉尔吉斯人的，并且还流传着一个传说，英勇的吉尔吉斯人在这里与自己的敌人进行了战斗并将阵亡者埋在此地。在研究陵墓的时候，拉德洛夫确信这种传说是不真实的。在陵墓中有时会发现妇女和儿童的骨骼，如果陵墓是为了埋葬战斗中的死者而在战场上挖掘的，就不能发生这种情况，没有任何其他描述战斗情形的资料。一位最新的研究者——拉德洛夫的学生C.Д.迈纳加舍夫（后来在国内战争中牺牲）在阿巴坎河下游的卡钦人中发现了一支吉尔吉斯人，并且他还援引了一些诗歌，根据他的观点这些诗歌证明从前吉尔吉斯部落曾经占据着辽阔的地域，诗中说：“在40个光荣的盆地中哪一个不埋葬着吉尔吉斯人的遗骸，在40片生长于山峰的白桦林中哪一片没被吉尔吉斯人的斧子触及过。”这些诗歌明显表达了为一个曾经强大的民族的消亡而忧伤的情感。 525 526

[1]关于新疆的“吉尔吉斯－卡尔梅克人”，参见阿布拉姆佐《中华人民共和国柯尔克孜族》。——B.罗莫金

[2]蒙古官号，为汉语“宰相”的译音。——译者

[3]参见科兹明《哈卡斯人》，第85页。——Б.加富罗夫

7 18和19世纪的天山吉尔吉斯人[1]

被卫拉特人从叶尼塞河带走的吉尔吉斯人后来生活在哪里，关于这一问题还没有确切的史料。根据1746年到达乌斯季卡缅诺戈尔斯克的"吉尔吉斯—卡尔梅克人"的说法，他们"被送往乌尔加河"，向当时(1727—1745年)统治那里的珲台吉噶尔丹策零纳贡。乌尔加河被理解为珲台吉在伊犁河附近的驻牧地。这样，从叶尼塞河被掳走的吉尔吉斯人可能就住在与其天山亲族相距非常近的地方。但是没有任何资料表明天山吉尔吉斯人知道此事，也没有任何资料表明某些来自叶尼塞河的吉尔吉斯人当时来到了天山。

在温科夫斯基大尉关于他的使团在1722—1724年访问卫拉特人的见闻录和该著出版者Н. И. 韦谢洛夫斯基教授所作的前言、注释、附录(《俄罗斯皇家地理学会民族学分会论丛》，第10卷，第2册，1887)以及出版者所附的波兹涅耶夫教授的信件中，都搜集了许多有关卫拉特强国及其与吉尔吉斯人关系的信息。利用这些和其他资料有一定的难度，因为在18世纪专门名词的含义开始变得不再清晰。除了真正意义上的吉尔吉斯人以外，人们开始把哥萨克人也称为吉尔吉斯人。从米勒的引文来判断，俄罗斯文献中这种错误是在1734年的《圣彼得堡公报》中首次出现的。但是1721年9月卫拉特使者博罗库尔干与大臣戈洛夫金伯爵谈判时，在翻译使者的回复时就遇到了"吉尔吉斯哥萨克人"这个术语。在温科夫斯基关于自己使团的见闻录中也有好几次谈到了"哥萨克人"和"哥萨克斡耳朵"，没有附加"吉尔吉斯"一词，但同时他又时而把哥萨克人称为吉尔吉斯人。比如，在叙及卫拉特人和

[1]第一版中的标题是："卡尔梅克强国衰落之前的天山吉尔吉斯人"。——A. 伯恩斯塔姆

俄罗斯人1716年在额尔齐斯河上的战斗时，他说："孔塔伊沙（珲台吉）把吉尔吉斯人和帖连吉特人都扣留在自己那里，不让他们离开自己。"1723年8月在与温科夫斯基进行谈判的时候，珲台吉策旺拉布坦抱怨说："我们生活在鄂毕河上的臣民吉尔吉斯人现在已经被从那里驱逐，他们受到了来自库兹涅茨克和克拉斯诺亚尔斯克的欺侮。" 527

如果这里说的是哥萨克人的话，那么在天山吉尔吉斯人和叶尼塞吉尔吉斯人游牧区之间的整个地域都是哥萨克人的游牧区，起初卫拉特人错误地把吉尔吉斯的名称（或者卫拉特人称之为"布鲁特"）运用于哥萨克人，接着俄罗斯人也犯了同样的错误，其原因大概就在于此。

温科夫斯基按照卫拉特人的说法，把真正的天山吉尔吉斯人称为布鲁特人。有人告诉他布鲁特人"在图斯克尔湖周围游牧"，在温科夫斯基的日志以及附于日志的地图中这样称呼伊塞克湖。与温科夫斯基同时代的珲台吉策旺拉布坦（17世纪末继位）"控制了被称为布鲁特的民族，布鲁特人在图斯克尔湖周围游牧，该湖与哥萨克人的斡耳朵毗邻"。布鲁特人大约有5000帐，能提供约3000名"良兵"。[1] 在地图上布鲁特人的位置在伊塞克湖以西的地区，温科夫斯基只到过湖以东秋普河和贾尔加兰河附近地区，从他没有提到布鲁特人这一点来判断，他在那里没有看到布鲁特人。在列纳特的所谓地图上（实际上是1733年列纳特带走的一幅卡尔梅克人的地图），布鲁特人位于锡尔河以南的费尔干纳地区。[2] 可能，吉尔吉斯人被卫拉特人赶出了天山，在1758年卫拉特强国被中国人摧毁后他们才返回那里。看来，这次迁移即从费尔干纳返回天山保留在了吉尔吉斯人的记忆中，他们认为费尔

---

〔1〕温科夫斯基《十八世纪俄国炮兵大尉新疆见闻录》，第187页。——Б.加富罗夫

〔2〕在利用地图上的这一标识论证吉尔吉斯人是被卫拉特人从天山赶走的推测时，В.В.巴托尔德没有考虑到在列纳特所带走的地图上，只有卫拉特国家境外的民族被标注了名称，目的可能是为了说明与其相邻的国家有哪些。在卫拉特国家的本土没有标注任何民族名称。实际上正如巴托尔德所熟悉的重要史料——温科夫斯基的见闻录、中国和喀什噶尔学者的记载以及吉尔吉斯民间传说所表明的那样，大部分吉尔吉斯人被从今天的吉尔吉斯北部赶到了费尔干纳地区，但是在卫拉特国家的领土上，至少在伊犁河地区和天山仍然留下了一部分吉尔吉斯（布鲁特）部落。——В.罗莫金

干纳[1]就是自己的故乡，对自己从前的迁徙全然不知。

18 世纪在卫拉特强国衰落之前，喀什噶尔吉尔吉斯人的数量增加起来，一部分吉尔吉斯人即钦察部落经库车河（显然是来自于天山）来到了和田。[2] 最后几位卫拉特统治者之一达瓦齐——阿睦尔撒纳（18
528 世纪 50 年代）的兄弟和竞争者[3]要求将他们交出。这一要求遭到了拒绝，并且吉尔吉斯人参加了一位喀什噶尔霍加萨迪克从和田发动的对莎车的征讨。在接下来所谓白山派和黑山派霍加的内讧中，吉尔吉斯人既作为当地人也作为“安集延人”也就是费尔干纳人参与其中，其首领为某个库巴特米尔扎[4]。

中国人征服了东突厥斯坦之后，天山和帕米尔的吉尔吉斯人承认自己为中国臣民。1816 年，他们支持阿訇济亚·阿德金在塔玛什雷克或塔什巴雷克发动的反清起义，这里后来成为喀什噶尔吉尔吉斯人的中心，这些吉尔吉斯人属于图兰吉尔钦察氏[5]。塔什巴雷克位于喀什噶尔西南亚曼尼亚尔河或称盖孜河山口附近。1858—1859 年到过喀什噶尔的瓦利哈诺夫除了知道住在塔什巴雷克地区附近的图兰吉尔钦察氏吉尔吉斯人以外，不知道还有其他的中国吉尔吉斯臣民，虽然他已经提到了吉尔吉斯的主要部族之一琼巴盖什部。琼巴盖什人住在喀什西北的山中。根据科尔尼洛夫 1900 年提供的资料，从东北部的库车到

---

[1]在 16 世纪形成的传说中就说吉尔吉斯民族起源于和费尔干纳盆地毗邻的山中。参见前面第 513 页，注释 6。——B. 罗莫金

[2]参见穆罕默德·萨迪克·喀什噶里《和卓传》，萨拉赫丁诺娃译本摘录，第 107－108。——B. 罗莫金

[3]Г. E. 格鲁姆－格尔日迈洛在对巴托尔德著作所写的书评中指出，达瓦齐不是阿睦尔撒纳的兄弟。参见格鲁姆－格尔日迈洛《国家地理学会通报》，第 66 期，第 1 分册，第 181 页。——B. 罗莫金

[4]库巴德比伊（原文如此。——译者）是吉尔吉斯库什丘（库术）部落的首领，他在费尔干纳盆地的政治事件中发挥了显著的作用，18 世纪 50 年代初他支持浩罕比伊伊尔达纳，但后来离开了他（参见瓦利多夫《18 世纪费尔干纳史的某些资料》，第 106－107 页）并参加了喀什噶尔的军事行动。瓦利多夫运用穆罕默德·萨迪克·喀什噶里著作中的资料，首次指出库巴德比伊参与了这些军事行动。关于此现在参见穆罕默德·萨迪克·喀什噶里《和卓传》，萨拉赫丁诺娃译本摘录，第 3 页以下。关于吉尔吉斯库什丘部落的从前以及与这个部落有关的传说和谱系，参见阿布拉姆佐《吉尔吉斯北部吉尔吉斯居民的民族构成》。——B. 罗莫金

[5]更准确地说是托鲁阿伊盖尔钦察氏。——B. 罗莫金

西南部的桑株河上游,在喀什噶尔的许多地方都有吉尔吉斯人,人数有4.3万人。这些吉尔吉斯人中的一部分"是不久以前在浩罕汗国独立的最后时期(众所周知,浩罕汗国灭亡于1876年)从费尔干纳移居此地的"。[1] 喀什噶尔县的大部分吉尔吉斯人属于琼巴盖什部(有超过2000帐)。根据拉德洛夫的说法,琼巴盖什人虽然生活在喀什噶尔以西,但他们起初却是浩罕汗国的臣民(瓦利哈诺夫也持此观点)。科尔尼洛夫没有提到图兰吉尔钦察部。在波克罗夫斯基和斯托戈夫关于马尔格兰阿赖河的论文中提到钦察人中有一支图鲁艾盖尔人(枣红马),说他们是在浩罕阿利姆汗统治时期也就是18世纪末或19世纪初从"浩罕省的卡拉布拉克迁移来的,并定居于克孜勒苏河谷上游的外克谢克地区"。该文被附在《1911年费尔干纳州统计概览》之中。据传在古代(17世纪)只有一支琼巴盖什人生活在马尔格兰阿赖河地区。 529

1897年,俄罗斯对费尔干纳一州的吉尔吉斯人或按照当时的称呼叫做卡拉吉尔吉斯人进行了统计调查,确认他们的人数为201579人(在其他地区卡拉吉尔吉斯人或者按照19世纪对他们的另一称呼"野石吉尔吉斯人"与哥萨克人[2]一起被称为"吉尔吉斯人")。值得注意的是,按照《1911年费尔干纳州统计概览》,吉尔吉斯人的数量要少得多,总共只有81669人,其中60835人在纳曼干县,18379人在安集延县。

七河州的吉尔吉斯人最多。在卫拉特强国衰落之后,他们又重新占领了纳伦河、楚河上游和伊塞克湖支流上游的山区[3],在俄罗斯统治时期,这一地区是比什凯克县和普尔热瓦利斯克县(卡拉科尔)的组成部分。有一小部分吉尔吉斯人(大约有5万人)生活在锡尔河州奥利

[1]科尔尼洛夫《喀什噶尔或东突厥斯坦》,第233页。——Б.加富罗夫

[2]哈萨克人。——Б.加富罗夫

[3]一部分吉尔吉斯部落,根据书面史料(参见前面第527页,注释3)和他们自己的传说,在卫拉特国家最强大的时期仍然留在了这个山区。——В.罗莫金

耶阿塔县[1]。在18世纪下半叶[2]吉尔吉斯人遭到了哥萨克中帐汗国[3]阿布赉汗(死于1787年)的进攻。阿布赉“在一次公开的战斗中使卡拉吉尔吉斯人遭受惨败并将他们的地域抢劫一空”。19世纪无论是费尔干纳的吉尔吉斯人还是费尔干纳东北山区的吉尔吉斯人都被认为是浩罕汗的臣民。一些吉尔吉斯人感到接受俄国的保护可能更有利一些,于是承担起了护送俄罗斯商队前往喀什噶尔的义务。居住在伊塞克湖东岸和特克斯河之间的吉尔吉斯人最东边的布谷(鹿)部与俄罗斯人交往的时间早于其他部落。[4] 1814年比伊希拉里之子科伊奇伯克来到了西伯利亚总督格拉泽纳普那里(西伯利亚后来的西西伯利亚总督治所在托博尔斯克)并获得了“大尉的官衔、一枚金质奖章和一把因协助商队通过而奖给的马刀”。[5] 1824年,在《西伯利亚吉尔吉
530 斯人章程》颁布2年后,喀山鞑靼人法伊祖拉·塞富林、塞米巴拉金斯克商人C.波波夫的店员即住在塞米巴拉金斯克的伊希姆小市民Б.А.皮连科夫和哥萨克苏丹加利·阿季列夫身边的帖连吉特人维孙巴伊·舒库罗夫劝说布谷部落3个氏族(吉尔丹[6]、阿雷克图库姆、比利亚克[7])的比伊承认自己是俄罗斯臣民并为此而派出了一个代表团。代表们要求允许他们去见最高统治者,但他们只在塞米巴拉金斯克和鄂木斯克受到了接待。他们在鄂木斯克从1825年1月5日待到5月25日,后来起程返回,舒宾中校率哥萨克队伍一直将其护送到卡拉塔尔河,从这里到伊塞克湖则由纽哈洛夫少尉率领的60名哥萨克护送。西贝尔施泰因医生和他们在一起,他可能是第一部《野石吉尔吉斯人简

---

〔1〕主要在塔拉斯谷地及其附近的山区。——B.罗莫金

〔2〕根据瓦利哈诺夫的资料,阿布赉在1770年进攻吉尔吉斯人(布鲁特人)并在汇入楚河的克孜勒苏河和沙姆西河附近击溃了他们的联军。参见瓦利哈诺夫《瓦利哈诺夫文集》,第5页。关于这一时期吉尔吉斯人的资料,参见И.安德烈耶夫《吉尔吉斯哥萨克中帐汗国简史》。——B.罗莫金

〔3〕哈萨克中玉兹。——Б.加富罗夫

〔4〕18世纪80年代初期吉尔吉斯萨雷巴盖什部落首领“阿佳卡巴特尔”(阿特克)的使者来到了俄罗斯。——B.罗莫金

〔5〕H.孔申《1824年的卡拉吉尔吉斯代表团》,第76页,注释。——Б.加富罗夫

〔6〕在吉尔吉斯语中的发音为哲尔金。——B.罗莫金

〔7〕在吉尔吉斯语中的发音为别列克。——B.罗莫金

史》的作者，这本书后来是否出版，如果没有出版的话手稿是否还保存着，我就不知道了。[1] 在国籍方面走得最远的是比利亚克氏族，他们甚至请求俄罗斯派军镇压袭击商队的抢劫者。当时比利亚克人的首领可能还是以前曾到过俄国的科伊奇伯克。他的兄弟阿尔加扎就是代表团的成员之一，不知为什么鄂木斯克当局更偏爱吉尔丹氏族，他的代表阿利姆伯克获得了最高的奖赏——一枚镶在安德烈绶带上的金质奖章和一把刻有他名字的军刀。阿利姆伯克的父亲亚纳拉克[2]·库特林得到了一枚镶在亚历山大绶带上的金质奖章。另外两个氏族的代表阿尔加扎和阿基姆伯克也得到了同样的奖赏。科伊奇伯克在致总督的信中表示了不满，因为他的兄弟阿尔加扎收到的是与其他代表"相同的礼物"。总督在回信中答应要赠给阿尔加扎"最好的礼物"。[3] 据悉，这一诺言并未被履行。阿尔加扎的兄弟尤努斯和阿吉巴伊提出的奖给他们每人一枚金质勋章（奖给科伊奇伯克一把军刀）的请求也没有得到满足，阿雷克图库姆的代表阿基姆伯克的父亲——乌利占巴伊·特列乌别尔金也没有获得奖赏。

在这一叙述中（被1900年《谢米帕拉金州纪念文集》所引用，第4册）完全没有遇到过吉尔吉斯人（与哥萨克人不同）特有的"马那普"[4]一词。很想知道在西贝尔施泰因的札记中是否有这个词。[5] 531
在我所掌握的资料中是在叙述哥萨克苏丹克尼萨雷·卡西莫夫之死时首次遇到马那普一词的，这位苏丹发动了反对俄罗斯的起义，自立为

[1]手抄本后来被发现，并于1936年由M.П.维亚特金出版。参见西贝尔施泰因《西贝尔施泰因医生旅行札记》。——B.罗莫金

[2]可能正确的写法是：亚帕拉克 Япалак，在吉尔吉斯语中的发音为贾帕拉克 Джапалак。——B.罗莫金

[3]参见H.孔申《1824年的卡拉吉尔吉斯代表团》，第72－76页。——B.罗莫金

[4]大牧主之意。——译者

[5]西贝尔施泰因在自己的旅行札记中也没有使用马那普这个术语，他把吉尔吉斯领袖称为比伊。可能在1824年西贝尔施泰因到达吉尔吉斯布谷部落所在的伊塞克湖时，马那普一词在该部落中已经不再使用或者很少使用。参见阿布拉姆佐《吉尔吉斯北部吉尔吉斯居民的民族构成》，第32页。——B.罗莫金

汗,1847年在与吉尔吉斯人的武装冲突中被杀。[1] 布金人的西邻萨雷巴盖什部落的马那普占泰·卡拉别科夫和乌尔曼[2]·尼亚佐夫参与了这一事件,并把此事通知了俄罗斯人。占泰获得了一枚金质勋章和一封嘉奖信作为奖赏,后者除了获得一枚金质勋章和一封嘉奖信之外还获得了一件镶着金边的长衫作为奖赏。鞑靼毛拉加林·雅库博夫和哥萨克苏丹鲁斯捷姆·阿布法伊佐夫充当了俄罗斯人和吉尔吉斯人之间的中间人,后者是在与吉尔吉斯人战斗时背弃克尼萨拉(克尼萨拉的儿子艾哈迈德在自己的札记中写道:鲁斯捷姆"据说在与卡拉吉尔吉斯人的战争中站到了他们一方,但不知道这一点是否可信",这份札记是根据克尼萨拉另一个儿子萨迪克即西迪克的说法编写的)的。乌尔曼还请求赐给自己的儿子温别特·加利即温别特·阿里奖赏(金质勋章,如果可以的话还有一把镀金马刀),但他可能没有得到这一奖赏。同时乌尔曼还告知钦察人(来自浩罕汗国)来到奥利耶阿塔要求吉尔吉斯人驯服,并说自己决定拒绝这一要求,甚至他决定不惜为此而转移到伊犁河的北部(俄罗斯人一边)。最后,他提到了喀什噶尔霍加向吉尔吉斯人提出的帮助他们反对中国人的请求(当时在喀什噶尔发生了所谓的"七霍加暴动")。在回信中,俄罗斯边界官员预祝乌尔曼在与钦察人的斗争中取得成就,并请求不要干涉中国的事务,因为俄罗斯与中国之间保持着友好的关系。1848年底哥萨克大帐汗国[3]警官弗兰格尔男爵向前往鄂木斯克的哥萨克苏丹马梅尔——鲁斯捷姆之子提供了装备,他是与吉尔吉斯使者萨塔伊一起前往鄂木斯克的,与他们同行的还有一名鞑靼人加林和一名哥萨克(俄国人)。

19世纪60年代,有人对拉德洛夫谈起了马那普的问题,说马那普是18世纪在吉尔吉斯人那里出现的。根据他们的叙述,萨雷巴盖什部

〔1〕1770年哈萨克汗阿布赉起兵反对吉尔吉斯领袖,根据家族传说了解此事经过的瓦利哈诺夫(1835—1865年)在叙述此次进军时使用了马那普这一术语来称呼吉尔吉斯领袖。参见瓦利哈诺夫《瓦利哈诺夫文集》,第5页以下。——B.罗莫金

〔2〕吉尔吉斯语中的发音为奥尔蒙 Ормон(尼亚兹伯克之子)。——B.罗莫金

〔3〕哈萨克大玉兹。——Б.加富罗夫

落的一位比伊名字叫做马那普[1]，他成了自己部落的首领，他死后所有的比伊都被称为马那普。拉德洛夫本人似乎不相信这一说法。 532

在1897年A.塔雷津(比什凯克县长)所写的论文中也说，马那普一词是由萨雷巴盖什人传给其他吉尔吉斯人的，当时有许多马那普，一个男性居民为3955名的禹儿惕当中有1231个马那普。当然，这里包含马那普的所有亲属，而不包含从属于马那普的人民群众。后者被统称为布哈拉 бухара(阿拉伯名称为弗卡拉 фукара，突厥语发音为布卡拉 пукара，是法基尔 факир“穷人”一词的复数形式[2])。布哈拉与其马那普同属一个氏族。哥萨克人那里的所谓“非贵族出身者”也叫这个名(布卡拉 пукара)，他们与“贵族出身者”或被认为是成吉思汗后裔的苏丹相对立。由此可见，吉尔吉斯人的马那普也是一种类似哥萨克人苏丹或者“贵族出身者”的贵族阶层，虽然在吉尔吉斯人那里没有“贵族出身者”和“非贵族出身者”之别。

1886年，A.H.维什涅戈尔斯基[3]搜集了一些关于马那普起源的资料，他曾根据州长格罗杰科夫的委托前往奥利耶阿塔县草原。可能维什涅戈尔斯基在吉尔吉斯人那里从未听说过布哈拉或者布卡拉一词，也没有听说过马那普起源于萨雷巴盖什部落的说法。人们只是告诉他，马那普是“许许多多比伊中最好的人”[4]。他们中没有一人出身于成吉思汗的后裔(看来在吉尔吉斯人那里没有这样的后裔)。那些具有“勇气和智慧”的人才能成为马那普，他们在暴动的时候充当首领。其余马那普中那些杰出者往往成为率领人民进行对外战争的领袖，“他们不是选举产生，但如果进行选举的话，人们也会选他们”[5]。当时在奥利耶阿塔县共有8位马那普及其族人。

---

[1]根据对吉尔吉斯世谱的推算，萨雷巴盖什领袖马那普生活于17世纪。——B.罗莫金

[2]天山以南到印度河之间各山地部落和部族中处于卑贱地位的社会阶层和族群被称为“法基尔”(复数形式为弗卡拉 фукара)。参见M.安德烈耶夫《胡夫谷地(阿姆河上游)的塔吉克人》，第1册，第36页和第45页注释；贝娄《总报告》，第81－82页。——B.罗莫金

[3]维什涅戈尔斯基是格罗杰科夫著作《锡尔河州的吉尔吉斯人和卡拉吉尔吉斯人》的真正作者，州长以自己的名义出版了该书，关于这位真正的作者，参见前面第306页。——B.罗莫金

[4]格罗杰科夫《锡尔河州的吉尔吉斯人和卡拉吉尔吉斯人》，第6页。——Б.加富罗夫

[5]格罗杰科夫《锡尔河州的吉尔吉斯人和卡拉吉尔吉斯人》，第6页。——Б.加富罗夫

俄罗斯军队第一次到“外伊犁”地区“勘察”是在 1852 年，1854 年便占领了这一地区，并且建立了韦尔诺耶堡垒，后来被称为韦尔内市（现在的阿拉木图）。1855 年拥有 10000 帐人口的布谷部落的最高马那普布兰巴伊或布拉姆巴伊表示归顺俄罗斯人。布兰巴伊死于 1858 年初，也就是哥萨克人[1]乔坎·瓦利哈诺夫按照俄罗斯政府的委托经过外伊犁地区或者按照官方的说法称之为阿拉套地区到达喀什噶尔的 3 个月之前，在另外一个地方，这位瓦利哈诺夫又指出布兰巴伊死亡的时间是 1857 年。

瓦利哈诺夫非常详细地提供了关于“野石”吉尔吉斯人、他们的部落划分以及各部落之间相互关系的资料。像蒙古人一样，吉尔吉斯人
533 分为两翼——右翼（恩 он）和左翼（索尔 сол），右翼人口要多得多，左翼只占有吉尔吉斯人领地的最西边，也就是塔拉斯附近的地区。由此可以得出结论说，吉尔吉斯人在判断方位时是面向北而立的，而不是像古突厥人那样面向东而立，也不像蒙古人那样面向南而立。右翼又分为 2 个部——额德格纳[2]和塔盖[3]。规模最大的塔盖部又分为彼此“相近但却经常处于敌对状态”的 7 个部落：布谷、萨雷巴盖什（黄驼鹿）、苏尔图[4]、萨亚克、切里克、琼巴盖什（大驼鹿）和巴斯瑟兹。[5]

---

[1]哈萨克人。——Б. 加富罗夫

[2]吉尔吉斯语中的发音为额吉基纳 адигине。——В. 罗莫金

[3]根据我们现在所搜集到的民族学资料，右翼除了有塔盖和额德格纳之外，还有蒙古什和蒙古多尔（参见阿布拉姆佐《吉尔吉斯北部吉尔吉斯居民的民族构成》，第 5 页）。根据《历史汇编》中所记载的 16 世纪的世系谱传说，奥图兹·奥古尔（右翼始祖阿克·奥古尔之子）的后裔有 4 个儿子：塔盖·巴哈杜尔、卡拉巴盖什、蒙戈库什和额吉纳。此外，萨尔瓦斯·伯克·布尔加奇（阿克·奥古尔之子）的后裔——他的 6 个儿子坎戈德、克德尔沙、多洛斯、焦奥·克谢克、泰伊特和博斯通从族源学上看也与右翼有关。他们创立了与其同名的 6 个部落，这 6 部后来因形成了一个独立的“伊奇吉利克”集团而闻名。参见罗莫金《有关（16—19 世纪）费尔干纳和浩罕汗国历史的某些史料》，第 13 页。——В. 罗莫金

[4]吉尔吉斯语中的发音为苏勒图 солто。——В. 罗莫金

[5]吉尔吉斯语中的发音为巴瑟兹 басыз。根据最新资料，琼巴盖什和巴瑟兹属于左翼，而由塔盖后裔所组成的部落，除了瓦利哈诺夫列举的这些以外，还包括热季格尔、凯季克、巴伦、苏穆伦、巴盖什、阿济克以及与布谷部接近的特内姆谢伊特和与萨亚克部接近的切基尔萨亚克（参见阿布拉姆佐《吉尔吉斯北部吉尔吉斯居民的民族构成》，第 5 页）。在《历史汇编》中指出塔盖后裔组成了 5 个部落：萨雷巴盖什、萨亚克、苏勒图、布吉（布谷）和亚德加尔（热季格尔）。参见罗莫金《有关（16—19 世纪）费尔干纳和浩罕汗国历史的某些史料》，第 13 页。——В. 罗莫金

只有在伊塞克湖南岸拥有耕地的布谷人被认为是俄罗斯的臣民，布谷人的夏季牧地在特克斯河和克根河上游一带。萨雷巴盖什人住在布谷人以西，在萨雷巴盖什人以西的比什凯克附近[1]以及再往西一些是苏尔图人，由于苏尔图人离浩罕的主要堡垒（虽然其中只有500名驻防军）比什凯克比较近，所以他们先于其他吉尔吉斯人臣属于浩罕人。但同时，瓦利哈诺夫又说苏尔图人是最残暴的。萨亚克部落住在更南面的纳伦河和朱姆加尔河上游，切里克部落生活在伊塞克湖以南的“天山高原”，琼巴盖什人我们已经知道生活于喀什噶尔西北部。最后2个部落非常贫穷。巴斯瑟兹部落生活的准确地域还无法确定[2]：可能在费尔干纳，那里也有额德格纳人的耕地。根据拉德洛夫的说法，右 534
翼只有6部之别：布谷、萨雷巴盖什、苏勒图（苏尔图）、埃迪格纳（额德格纳）、琼巴盖什和切里克。他根本没有提到巴斯瑟兹部，至于萨亚克部他说这是埃迪格纳部的8个氏族之一，虽然在稍后一点儿的地方，拉德洛夫自己又把萨亚克部与切里克部并列起来作为一个独立的部落。塔雷津提到了作为一个独立的氏族或部落的萨亚克部。拉德洛夫认为，埃迪格纳部和切里克部还保留着浩罕国籍。

根据阿里斯托夫的观点，“萨雷巴盖什”部和“琼巴盖什”部的名称中带着吉尔吉斯人曾生活于萨彦岭的痕迹，因为天山不养驼鹿。值得注意的是，在拉德洛夫的词典中根本没有列出表示“驼鹿”之意的“巴盖什”一词。吉尔吉斯人从中国人那里借用来的表示“大”的“琼”[3]这个词也没有被列出来。

塔雷津认为在俄罗斯征服时代，苏尔图氏的大马那普占加拉奇拥

---

〔1〕比什凯克从1926年起被称为伏龙芝城，现在是吉尔吉斯苏维埃社会主义共和国的首都。当地居民把比什凯克城称为比什科克（پشکک），例如，参见尼亚兹·穆罕默德《费尔干纳统治者史》，第215页。关于这一名称起源的传说之一，参见泽姆利亚尼岑《塞米巴拉金斯克简史及其贸易》，第85页。——B.罗莫金

〔2〕现在已经根据C.M.阿布拉姆佐和Я.P.温尼科夫在1953—1955年吉尔吉斯民族考古勘察队工作期间所搜集的资料，把吉尔吉斯人所有民族集团的分布区域都绘制在地图上。出版的地图目录，参见舍尔斯托比托夫等《苏联吉尔吉斯坦史学史概论（1918—1960年）》，第48页，注释2。——B.罗莫金

〔3〕琼戈。——Б.加富罗夫

有600帐人口，萨雷巴盖什人的大马那普占泰拥有700帐人口，萨亚克氏的大马那普拥有500帐人口。拥有人口不足100帐的马那普被认为是小马那普。除了臣民之外，马那普还拥有奴隶（库尔 кул）。在为死者缴付解冤钱的时候，除了牲畜之外，还要献出奴隶。“大马那普”的名位（在瓦利哈诺夫的著作中，在同一处还遇到了“阿加马那普”这一术语）并不是固定不变的。在同一个部落中经常有几个马那普彼此进行竞争。例如，在萨雷巴盖什人中间除了占泰以外，乌尔曼也要求拥有最高权力，他甚至自立为汗。[1] 塔雷津认为来自乌尔曼的进攻是导致布谷人加入俄罗斯国籍的主要原因。[2] 苏丹扎尔涅克是布谷人首领的说法似乎不大可信，因为吉尔吉斯人没有苏丹。俄罗斯于1856春根据布谷人的请求向他们那里派出了由霍缅托夫斯基少校率领的军队（哥萨克军队），乔坎·瓦利哈诺夫和未来的研究者 П. П. 谢苗诺夫（后来的谢苗诺夫·天山斯基）都在这支队伍当中。军队在草原上走了2个月后抵达伊塞克湖。他们在托克马克附近的吉尔金巴希与萨雷巴盖什人发生了冲突。吉尔吉斯人的首领是马那普特列乌卡贝尔。在冲突中有40名吉尔吉斯人被打死，其中包括5名马那普。一些吉尔吉斯人被俘，这些俘虏后来被阿拉套地区长官Г. А. 科尔帕科夫斯基释
535 放，他是应另一位萨雷巴盖什马那普萨乌拉姆巴伊·胡多亚罗夫之请将其释放的，后者为此而来到了韦尔内。

1859年，在卡斯捷克山口附近建立卡斯捷克先头堡是俄罗斯在征服吉尔吉斯地区的过程中所采取的进一步举措。同年秋，吉尔吉斯人和浩罕人向这一堡垒发动了进攻，1860年再次发动进攻。俄罗斯人在击退了他们的进攻后，对敌人展开追击，并在贾兰艾盖尔将其击溃。此后俄罗斯人向楚河进军，占领并摧毁了托克马克和比什凯克。但这一

[1]贾姆格尔奇诺夫在《奥尔蒙汗时代的吉尔吉斯人》一书中对这一时期与奥尔蒙汗有关的事件进行了研究。——B. 罗莫金

[2]促使布谷人和其他吉尔吉斯部落加入俄罗斯国籍的原因，参见贾姆格尔奇诺夫《吉尔吉斯归附俄罗斯》。与这一问题相关的其他著作（主要是贾姆格尔奇诺夫和乌先巴耶夫的著作），参见舍尔斯托比托夫等《苏联吉尔吉斯坦史学史概论（1918—1960年）》，第54－55页，注释1和3。——B. 罗莫金

胜利并不具有决定性的意义，虽然浩罕人新发起的进军未获胜利，虽然他们在乌尊阿加奇遭到了失败[1]，但比什凯克还是在1861年被他们夺回[2]，俄罗斯人最终于1862年才占领这座城市，并且这一次受俄罗斯人支配的吉尔吉斯人也参加了反对浩罕人的军事行动。吉尔吉斯人对浩罕政权不满的原因在于：第一，是由于费尔干纳萨尔特移民的到来（在俄国人彻底摧毁浩罕堡垒之后，吉尔吉斯人"把萨尔特人的村落视为旷野，将其变成了游牧地，以至于这些村落现在几乎没有留下什么遗迹"）。第二，是由于浩罕总督横征暴敛。拉德洛夫指出浩罕人向吉尔吉斯人征收3种税，(1)丘留克扎克特，每帐收取1头羊；(2)阿拉尔扎克特，每50头牲畜收取1头(2%)；(3)从农民那里征收的哈拉志，每座谷仓征收3只羊（在喀什噶尔，从事农耕的吉尔吉斯人交纳的哈拉志为收成的1/15）。此外，还时而从每帐征收军役税，税额为1梯拉（金币）或3只绵羊。

1862年发生的事件对一部分吉尔吉斯人与浩罕决裂并转向俄罗斯人一边具有决定性的意义。这一年，有一个吉尔吉斯代表团来到塔什干请求帮助他们反对俄罗斯人，萨雷巴盖什马那普占泰之子沙布丹——后来被认为是绝对忠于俄罗斯的人，就在这个代表团当中。当时在塔什干的是胡德亚尔汗，他在杀死自己的兄弟马拉汗之后刚刚（时间很短）重新登上汗位。胡德亚尔汗给了沙布丹以满意的答复。但因家族事务而与另外一个萨雷巴盖什氏族——捷米尔布拉特氏族发生争执的占泰却不顾这些，他来到了韦尔内，声称他的特纳伊氏族加入俄罗斯国籍，并请求帮助他对付捷米尔布拉特人。他的请求得到了满足，捷米尔布拉特人和特纳伊人一起被合并到俄罗斯。沙布丹不知道父亲与俄罗斯人之间的往来，他离开塔什干来到了比什凯克新任浩罕总督拉赫梅图拉（阿塔伯格[3]，1860年任比什凯克总督，后来到塔什

[1]1860年10月30日。——Б.加富罗夫

[2]比什凯克城堡（比什科克）1860年11月为浩罕人夺回（参见尼亚兹·穆罕默德《费尔干纳统治者史》，第216－217页）。——В.罗莫金

[3]封建领主的尊号。——译者

536 干)那里。因为父亲投敌,沙布丹在比什凯克被投入监狱,他成功地从那里逃走,此事更加强了占泰与俄罗斯人之间的关系。

与此同时,苏尔图人发动了反对拉赫梅图拉的起义。他们的主要马那普,正如我们所看到的,是占加拉奇。他年老之后,便由强有力的拜塔克(或拜特克)·科纳耶夫接替了他的位置,后者的儿子在比什凯克拉赫梅图拉那里供职并受到他的压制,拜塔克便把拉赫梅图拉请到自己这里并背信弃义地将其杀死,此后他派自己的兄弟到韦尔内请求让苏尔图人加入俄罗斯国籍。这些事件可能是促使科尔帕科夫斯基同年出兵的主要原因,这次出兵的结果是重新并彻底夺取了比什凯克,并占领了整个外伊犁河地区。

为使伊塞克湖西南的山区脱离浩罕汗国并将其并入俄罗斯国土,1863 年采取了一些措施。浩罕人在这里的主要据点是纳伦河上的库尔特卡堡垒,此外还有同名的纳伦河支流上的朱姆加尔堡垒。"为了勘察从外伊犁河地区通往喀什噶尔的道路",向这里派出了一支"喀什噶尔"军队。这支队伍由普罗岑科大尉率领,于 1863 年 5 月,初从卡斯捷克出发,经博阿姆峡谷[1]来到伊塞克湖,从伊塞克湖穿过克扎尔特山口抵达朱姆加尔河,又由朱姆加尔河绕过松克尔湖来到库尔特卡。两座堡垒未经抵抗便宣布投降。在更早些时候,为了不向俄国人屈服,乌尔曼(显然,他当时已经不在人世)之子温别特·阿里便与部分萨雷巴盖什人(叶先库尔部[2])一起来到了纳伦河。现在他加入了普罗岑科大尉的队伍,后来把这支队伍所取得的成就归功于自己。1865 年 5 月,他致信切尔尼亚耶夫说:"我归附了戴着眼镜的大尉,和他一起为白沙皇征服了朱姆加尔和库尔特卡土岗(要塞)。"实际上他暗地里给军队带来了危害,他的兄弟摧毁了松克尔湖附近的一座邮局,其中有一份普罗岑科占领库尔特卡的报告。在返回的路上,队伍在他的后方与起义的萨雷巴盖什人和萨亚克人发生遭遇战,也与此有关。3000 名吉

[1]现代苏联地图上就是这样标的。正确的写法是博奥姆峡谷。——B.罗莫金

[2]埃先库尔。——Б.加富罗夫

尔吉斯人在伊克恰特[1]被击退。队伍返回伊塞克湖并从那里去增援克根军队，那一年克根军队在中国边界活动并与中国人发生了几次武装冲突，其中包括在吉尔吉斯领地上的卡拉卡拉[2]也与中国人发生了冲突，1862年拉德洛夫拜访布谷人时曾到过这里。当时有4个布谷人氏族臣服了中国，其中包括与俄罗斯打过交道的阿雷克图库姆氏族， 537
正如我们所看到的，早在1824年的时候，普罗岑科军队的行动并没有产生持久的意义，被俄国人所摧毁的库尔特卡要塞（朱姆加尔要塞也是一样）后来又被浩罕人重建起来。科尔帕科夫斯基还在1865年2月从韦尔内写信说，浩罕的库尔特卡要塞“对所有在锡尔河上游、纳伦河和科奇科尔河游牧的吉尔吉斯氏族都产生了影响，激起他们反对我们并向阿利姆库尔的军队（当时浩罕汗国的摄政王）提供大量的物质财富”。

1864年9月25日签订的《中俄勘分西北界约记》解决了与中国之间的边界纠纷，但此后东部边界的安宁又由于穆斯林掀起了反对中国统治的起义而遭到破坏。1863年起义爆发于喀什噶尔，1864年蔓延到伊宁边区，有几次一些吉尔吉斯人其中包括那些被认为是俄罗斯臣民的吉尔吉斯人参加了起义。在1865年2月科尔帕科夫斯基的那份报告中谈到，“布谷人尤其是在特克斯河游牧的布谷人只期待着斯维亚托戈尔的霍加率队前来，以便向他们表示自己的忠心并准备捐献自己的财产”。但是也有一些吉尔吉斯人请求俄国帮助镇压穆斯林起义者。1864年秋，科尔帕科夫斯基在伊塞克湖时，有两个“野石吉尔吉斯奇里克[3]氏族的德高望重者”前来拜访他，带来了“大马那普”图尔杜克的信。马那普抱怨起义者的行为，说他们以苛捐杂税来压迫吉尔吉斯人并使用武力驱使图尔杜克本人来到“喀什噶尔”城下，所以他请求“保护加入了俄罗斯国籍的奇里克氏族”。科尔帕科夫斯基答复说，由于秋天已经来临山口被积雪封闭，所以不可能“派军去保护几乎就在

〔1〕埃基恰特。——Б. 加富罗夫

〔2〕第2版中写的是：卡尔卡拉 Каркара。——Б. 加富罗夫

〔3〕切里克 черик。——Б. 加富罗夫

喀什噶尔城下游牧的奇里克人”。他建议他们“离开发生起义的地区”前往纳伦河。当时奇里克人不可能接受这一建议，没有采取任何保护他们的措施，他们所面临的仍然是1865年时的那种局面。

当然，与浩罕人战争的结局对决定吉尔吉斯人的命运具有最重要的意义。早在1864年初，局势就变得极不稳定了。由于塔什干总督发表呼吁保证完全宽恕杀害拉赫梅图拉的行为，所以有一部分以占加拉奇为首的苏尔图人和部分以温别特·阿里为首的在纳伦河游牧的萨雷巴盖什人又臣服了浩罕汗国。大部分以拜特克为首的苏尔图人和萨雷巴盖什人拒绝向浩罕人缴纳泽卡特，并继续与阿拉套地区长官保持联系。占加拉奇在这一年死去，他的儿子乔潘巴伊也从塔什干总督那里
538 得到了授予他苏尔图氏族大马那普头衔的封诰。但是那些仍然是俄国臣民的马那普被认为是不可靠的。苏尔图马那普科库姆及其儿子柴伯克是“占加拉奇和拜特克”的亲属，他们参加了进攻臣属于俄罗斯的吉尔吉斯人[1]的行动，1864年2月拜特克的兄弟萨特尔甘也参加了这一进攻。吉尔吉斯人洗劫了杜拉托夫（哥萨克）[2]乡近50个阿乌尔，他们“俘虏了妇女和儿童，焚毁了帐篷”。马那普是如此不可靠，以至于“以掩护大小克宾河峡谷勘察队为借口”率200人来到托克马克的布塔科夫中校采取狡猾手段将一些有影响力的苏尔图和萨雷巴盖什马那普召到托克马克自己这里来，被召来的马那普中包括拜特克，之后“以一个体面的借口”将其扣留并带往韦尔内。

但是由于俄罗斯人准备向奥利耶阿塔进军（我们都知道，这座城市在1864年6月4日被切尔尼亚耶夫夺取），认为需要通过缓和的行动来吸引吉尔吉斯人站到自己一方，所以被扣留的吉尔吉斯人在作了令人放心的保证之后很快便被释放回到自己的亲人那里。其中的一些人，如拜特克、科尔丘和温别特·阿里的亲戚门德，或者亲自参加了俄罗斯军队，或者让自己的儿子或至亲参加了俄军。就连被哥萨克（杜

---

[1]哈萨克人。——Б.加富罗夫

[2]哈萨克。——Б.加富罗夫

拉托夫乡)抓获的带着塔什干总督颁发的封诰的乔潘巴伊也被释放了,他获释时身着象征荣耀的长衫。这些措施达到了目的。占加拉奇的孩子和博奇卡伊[1]·卡纳耶夫(后者拥有从阿什帕拉河上游到梅尔克河之间的耕地)向切尔尼亚耶夫表示驯服。但切尔尼亚耶夫不得不在塔拉斯河上游和卡拉布拉河与敌对的马那普打交道,其中一位是萨拉姆萨克,他召集了200名武装的吉尔吉斯人。不管怎么说,这次进军巩固了俄罗斯对吉尔吉斯人的统治。在比什凯克一些"以前俄罗斯长官从未见过"的比伊来到了俄罗斯军队那里。1864年8月,切尔尼亚耶夫写道"奥利耶阿塔与韦尔内之间的交通完全得到了保障",虽然在比什凯克和托克马克之间发生了古巴尔少尉死亡的事件,他是在草地上漫不经心地睡着时被在附近耕地上劳作的5名"野石埃金奇"[2](农民)杀死的。

我们看到,虽然1864年取得了成就,但1865年阿利姆库尔又得到了库尔特卡吉尔吉斯人的支持,总而言之浩罕人得到吉尔吉斯人帮助的可能性并没有被排除,如同浩罕人重新发动进攻特别是从南部发动进攻的可能性并没有被排除一样。1865年1月托克马克堡垒长官报告说,有大批浩罕人正在向伊塞加塔河上游移动,沿路"洗劫吉尔吉斯人的阿乌尔,抢夺他们的马匹"。3月份,人们担心阿利姆库尔会经沙姆西山口进攻楚河谷地。1月切尔尼亚耶夫写道,俄罗斯人的左翼(南翼)"居住着卡拉吉尔吉斯人,他们是最野蛮的部落,作为他们的同族,阿利姆库尔在他们当中比在大帐吉尔吉斯人(哥萨克人)当中更能获得同情"。这种担心并没有得到证实,还在阿利姆库尔败死(5月9日)和塔什干陷落(6月15日)之前,俄罗斯就获得了大量新的吉尔吉斯臣民。3月萨亚克部落马那普奥斯曼·鲁斯库尔伯克请求允许他以及"他控制的1万帐人"加入俄罗斯国籍,这一要求获得了最高恩准,但外交部对此却有些不满。在6月5日副大臣给奥伦堡总督的信中说, 539

[1]在吉尔吉斯语中的发音为博什科伊 Бошкой。——B. 罗莫金

[2]在第一版和第二版中写的是"шенчи",显然这是错字。——B. 罗莫金

但愿"我们不会因接收这个部落加入俄罗斯国籍而背弃那些已经成为指导方针的关乎我们边界以及在中亚进一步行动的原则,因为背弃这些原则可能会引起最有害的后果"。6月,在征服塔什干之前(作者甚至反对进行这种征服,虽然这里谈到必须使锡尔河一线成为俄罗斯领土的边界)副大臣写了一份秘密备忘录,其中说"除了奇尔奇克河上游和经过乌尔塔克陶的朱姆加尔河断崖附近的少量人以外,浩罕人可以从那里组织反对我们的山地战争,所有北方的卡拉吉尔吉斯人(也就是费尔干纳和喀什噶尔吉尔吉斯人以外的所有吉尔吉斯人)都加入了俄罗斯国籍"。同年,在占领塔什干以后,就不存在这些例外情况了。由于在副大臣的信中表达了高级官员的一种情绪,所以当切尔尼亚耶夫凭借自己的权力允许那些申请加入俄罗斯国籍的马那普到俄罗斯境内游牧时,奥伦堡总督(克雷扎诺夫斯基)甚至表示了自己的不满之意。这些马那普包括:朱姆加尔河游牧的"图鲁克利、沙门[1]、科丹、拜捷莱和贾马纳克氏族的野石吉尔吉斯"马那普及其1000帐人以及在外卡拉布拉河游牧的"博吉什(巴盖什)"氏族的马那普萨雷姆萨克及其150帐人。切尔尼亚耶夫允许在朱姆加尔河附近游牧的马那普越过科奇卡尔河,尤其是这些地方当时还没有被任何人占有。结果后来从温别特·阿里开始,萨雷巴盖什的布鲁克奇[2]或伊先库尔[3]氏族的马那普也提出了这样的请求。1866年,他们的要求得到了满足。1866年
540 10月,奇里克吉尔吉斯人的马那普从科克沙尔前来,由于他们遭受喀什噶尔阿古柏伯克和接受了喀什噶尔国籍的温别特·阿里的压迫,所以他们请求允许他们"进入塔兰恰河或者纳伦河上游游牧"。最终确认整个纳伦河边区归俄罗斯所有是在1867年建立了纳伦河要塞之时。那时"穷困潦倒"的温别特·阿里重返俄罗斯领地,定居在普尔热瓦利斯克(当时叫做伊塞克湖)县。

塔雷津认为1865年布鲁克奇氏族并入俄罗斯领地标志着对吉尔

---

〔1〕在手抄本中从前还补充了一句话:"在别处写的是沙满"。——A.伯恩斯塔姆

〔2〕在吉尔吉斯语中的发音为博鲁克丘 борукчу。——B.罗莫金

〔3〕在吉尔吉斯语中的发音为埃先库尔 эсенгул。——B.罗莫金

吉斯人的最终征服。可能,这一年在吉尔吉斯人与俄罗斯人之间发生了最后一次武装冲突,如果不是最后一次也是最后几次中的一次(不十分清楚,塔雷津谈到的波尔托拉茨基上校与温别特·阿里在阿特巴什的那场战役是何时发生的)。由于获悉一些吉尔吉斯人准备在春天参加穆斯林起义者在喀什噶尔的行动,所以科尔帕科夫斯基命令“阿克苏河的军队在那里扣留影响比较大的马那普”——当然,像1864年一样,是“打着冠冕堂皇的旗号”。但是游牧于萨尔贾斯(萨雷贾斯)河谷的比伊苏安伯克在5月试图迁往喀什噶尔游牧,派去追赶他的一小股军队在萨尔贾斯河上游追上了他并劝他返回俄罗斯领地,苏安伯克“利用人数上的优势”,逮捕了这些人,“没收了他们的武器弹药,将其捆绑起来殴打了一顿之后,便继续前进了”。得知这一情况之后,特克斯军队长官派出更强大的力量前往追赶苏安伯克,他们成功地救出俘虏并将苏安伯克本人抓获。就在这一年,从前吉尔吉斯人所具有的好战性又因另一理由而表现出来。全体萨雷巴盖什人骑上战马手持武器反对俘虏了马那普秋列格尔德之子的萨亚克人。但是俘虏由于俄罗斯当局的坚持而被释放,因此预防了一场冲突。

塔雷津还援引了有关吉尔吉斯人在臣服俄罗斯人之后分布情况的资料。从总体上看,每一个部落都保持了自己从前的领地。生活在最西部的仍然像以前一样是由马那普拜特克和科尔恰控制的苏尔图氏族,从卡拉巴尔特到比什凯克的土地属于前者,从比什凯克到伊塞加塔河的土地属于后者。萨亚克部落(其马那普的名字没有被提到)像从前一样占据着从亚历山大岭到纳伦河的土地。伊塞克湖两岸和楚河谷地东部仍由萨雷巴盖什人占领,并且被认为比较可靠的占泰得到了战略地位比较重要的从库捷马尔特和博阿姆峡谷到卡拉库努兹和沙姆西山口的地区。不太可靠的马那普秋列格尔德被留在了克格迪河。后 541
来,这些吉尔吉斯人被迁到了“亚历山大岭东南坡和卡拉科尔以及卡奇卡尔河谷”地区,因为“需要用他们在楚河谷地的土地来安置俄罗斯定居村落”。其他吉尔吉斯人在90年代末仍然留在60年代的居住地。塔雷津只谈到了比什凯克县的吉尔吉斯人,从拉德洛夫搜集的资料中可以看出布谷人仍然居住在伊斯克湖东岸到特克斯河一带，他们中的一部分从这里迁徙到伊宁边区，当时这里形成了一个穆斯林苏丹国，众所周知该国1871年才被俄罗斯人占领。

拉德洛夫在1869年访问了萨雷巴盖什人和苏尔图人，这时距征服并最终绥靖其地“也就5年的时间”(kaum 5 Jahre)。他可以不带卫队到处游览，无论在哪里都没有遇到敌对情绪。吉尔吉斯人比他们的北方邻居(哥萨克人)更容易顺应俄罗斯的管理。与哥萨克人不同，吉尔吉斯人当时不是分成一个一个的小阿乌尔，而是整个氏族居住在一起，有时一个氏族的帐篷在河岸上绵延20多俄里。在每一座帐篷前都立着一支哥萨克人所没有的长矛。有一部分人从事农耕，他们的耕地耕作得比哥萨克人的耕地还要精细。

我们知道，拉德洛夫记录下来的吉尔吉斯课文特别是史诗，构成了其《突厥部落民族文学范例》的第五部分。在吉尔吉斯史诗中经常提到诺盖人，可能就连主要的英雄玛纳斯也被塑造成诺盖人(他属于萨雷诺盖人)[1]，这就使我们推测到诺盖人的史诗对吉尔吉斯人产生了

〔1〕拉德洛夫持此观点。瓦利哈诺夫把玛纳斯称为“诺盖人的统治者”，在20世纪说唱演员奥罗兹巴科夫那里，玛纳斯被塑造成诺戈伊汗的孙子，诺戈伊汗是“整个玛纳斯汗家族的始祖”(参见日尔蒙斯基《民族英雄史诗》，第305页)。根据16世纪《历史汇编》中所叙述的《玛纳斯》的版本，玛纳斯是卡尔卡拉(قره‌قره、قرقره)的孙子，卡尔卡拉是伊尔(人民)玛纳斯所属的部落的始祖，这位始祖的名字也用于表示该部落即民族的名称。伊尔玛纳斯也被称作钦察玛纳斯，并且这些钦察人被确定为是卡尔卡拉钦察人以及卡尔卡拉詹捷钦察人(阿赫西坎季，塔吉尔贾诺夫版摘录本，第61页a)。伊尔玛纳斯的所在地是卡拉基什拉克(同上，第34页6，第35页a-6，第37页a等；参见索引)——可能是冬季驻牧地。为了反击焦洛伊卡尔梅克人(卡尔马坎人)对其人民的进攻，玛纳斯在卡拉基什拉克和塔拉斯河上游以及恰特卡尔河一带活动(同上，第37页6，第38页a)。在现代地名录中哈萨克斯坦的卡拉吉斯塔克河附近依然保留了卡尔卡拉的地名，梅尔克以南卡拉吉斯塔尔河的上游被吉尔吉斯岭与塔拉斯河(卡拉科尔河和乌奇科绍伊河)上游分割开来。《历史汇编》中指出卡尔卡拉钦察人与詹基卡什卡人(与乌利马斯·库兰有关，乌利马斯·库兰是与卡尔卡拉和卡拉基什拉克毗邻的地区)同源。关于詹基卡什卡人，参见前面第517-518页，注释12。——B.罗莫金

影响。还不清楚这种影响是通过什么途径产生的。[1] 根据塔雷津的 542
话来判断，虽然吉尔吉斯人经常与俄罗斯当局通信，但他们的文字正如料想的那样很少得到传播："在整个楚河边区只有一名萨尔特文书。"与此不同，1886 年维什涅戈尔斯基听说"在奥利耶阿塔县的每一个卡拉吉尔吉斯乡都有 1 至 4 所由富人经办的学校(礼拜寺小学)"[2]。

我们看到俄罗斯政权起初对马那普表示认可。比如，据塔雷津证实，公文"都被下发给萨雷巴盖什人的大马那普占泰·巴特尔"。1864 年 12 月，瓦利哈诺夫指责俄罗斯当局授予"微不足道、以虚伪而著称的"萨伦伯克[3](或萨雷姆伯克)"阿加马那普"的称号，但是从前吉尔吉斯人并没有贵族，只有少数像乌尔曼和布鲁姆巴伊(或布拉姆巴伊，布兰巴伊)这样凭着自己的个人品质获得了统治地位的人，并且前者勇敢，后者则天资卓越。任命一个微不足道的人担任总马那普之后，俄罗斯人就"把一个非常设的职务提升为一个常设的爵位"，这一举动使他们自己招致了其他马那普(布谷人穆拉德·阿里和波利·卡拉伊)的反对，他们"不是离开我们，而是离开了萨雷姆伯克"。[4] 我不知道这里指的是塔拉斯谷地[5]卡拉布拉河上那位切尔尼亚耶夫曾与之打交道的萨拉姆伯克قرقره、قره‌قره或萨雷姆伯克，还是塔雷津提到的马那普萨乌拉姆巴伊·胡多亚罗夫，他曾在 1868 年担任县长的初级助理，1897 年还健在，那时他只是"特纳耶夫乡一位受人尊敬的老人"(出身于萨雷巴盖什人)。

---

〔1〕哈萨克学者 Ч. 瓦利哈诺夫是第一位研究《玛纳斯》的学者，他断定吉尔吉斯系列史诗《玛纳斯》与哈萨克诺盖人的史诗之间存在着联系，并为研究两者之间的联系开了先河。现在 B. M. 日尔蒙斯基为研究这一问题做了许多工作，关于他在这一领域所取得的总体成果，参见他的著作《民族英雄史诗》，第 303－307 页。最近也发现了一些关于吉尔吉斯部落主要是塔拉斯地区的吉尔吉斯部落与诺盖人之间的人种联系方面的新资料(参见阿布拉姆佐《1954 年吉尔吉斯苏维埃社会主义共和国野外民族学研究的初步总结》)。——B. 罗莫金

〔2〕格罗杰科夫《锡尔河州的吉尔吉斯人和卡拉吉尔吉斯人》，第 251 页。——Б. 加富罗夫

〔3〕这里谈的是扎尔佩克或萨尔佩克(博罗姆巴伊的侄子，即他兄弟的儿子)。——B. 罗莫金

〔4〕瓦利哈诺夫《瓦利哈诺夫文集》，第 512 页。——Б. 加富罗夫

〔5〕正如 C. M. 阿布拉姆佐所指出的，在塔拉斯谷地上的是萨雷姆萨克·达德哈。——B. 罗莫金

无论如何,马那普的权势很快便走到了尽头,根据 1867 年暂行条例(后来为1886年条例所取代),由选举产生的比伊与马那普比伊和
543 非马那普比伊具有同等的权力。[1]

研究首先成为俄罗斯帝国居民后来才成为苏联居民的吉尔吉斯民
547 族的命运,并不是本书的任务。[2]

---

〔1〕A. H. 伯恩斯塔姆公正地指出,俄罗斯政府的一些司法限制并没有消除马那普在吉尔吉斯人中所享有的特权地位。参见巴托尔德《吉尔吉斯人历史概论》,第 2 版,第 9 页(伯恩斯塔姆序言)。——B. 罗莫金

〔2〕关于资本主义发展时代和社会主义时期吉尔吉斯历史的研究状况,参见舍尔斯托比托夫等《苏联吉尔吉斯坦史学史概论(1918—1960 年)》,第 60 – 74 页和第 75 – 128 页。那里(在注释中)有关于这些时期史料的文献索引和研究成果索引。——B. 罗莫金

土库曼民族历史概论

绪 论

本书由于写作的时间有限，当然没有包括有关以前土库曼民族的全部资料，要做到这一点可能需要几代人的努力。我的目的仅仅在于向土库曼斯坦的文化工作者提供他们所没有的或者在目前的条件下他们自己无法搜集到的那些关于土库曼人历史的综合资料。我对按照现代历史学的要求来阐述事实关注得最少，所有这些都是将来的事。我认为不搜集事实资料、不对这些资料进行批判性的检验，便试图根据事先确定的原则来描绘历史生活的画面，这是毫无益处的。我所编写的简史属于一种预备性的工作，在该领域中还没有进行过这样的工作，要完成广泛的科学任务不进行这种工作是不可思议的。就这方面而言它将在多大程度上达到目的，未来将予以证明。[1] 548

---

〔1〕在这本著作问世之后又出版了大量综合研究土库曼民族历史或研究其中某些专题的成果。在出版的史料中特别重要的是摘自9—19世纪阿拉伯、波斯和突厥文献的俄文译本或转述本——《土库曼人和土库曼史资料》，Ⅰ—Ⅱ，以及由A.H.科诺诺夫出版的(1958年)阿布尔哈齐《土库曼世系》一书的书评及译本。其他的出版物参见以下著作的参考文献索引。综合性的著作有：(1)《8—19世纪土库曼民族和土库曼斯坦历史概论》(参考文献：第368－404页)；(2)罗斯利亚科夫《土库曼斯坦历史概论》；(3)卡雷耶夫、罗斯利亚科夫《土库曼斯坦历史概论》；(4)《土库曼苏维埃社会主义共和国史》，第1卷，第1－2册，第2卷(参考文献：第1卷，第2册，第403－486页)；(5)《中亚和哈萨克斯坦的民族》，Ⅱ，第7－153页；(6)布列格利《19世纪花剌子模的土库曼人》(参考文献：第383－395页)。——Ю. 布列格利

1　前伊斯兰时期

土库曼人的名称是在公元10世纪下半叶[1]的穆斯林文献即地理学家马克迪西的著作中首次出现的。在描述当时中亚穆斯林领地的边界地带时，有两处提到土库曼人。[2] 11世纪的作者马赫穆德·喀什噶尔认为，整个这一地区的中心是伊斯菲扎布城，也被称作"白城"和"塞兰"。[3] 伊斯菲扎布可能位于奇姆肯特以东今天的塞兰镇，虽然16世纪的一位作者认为伊斯菲扎布位于"塔什干和塞兰之间"。[4] 在伊斯菲扎布如同在19世纪的奇姆肯特和现在的阿雷斯火车站附近一样，有两条道路在这里交会，一条是西北向的从咸海沿锡尔河逆流而上的道路，另一条是东北向的从楚河谷地沿亚历山大岭[5]北坡而行的道路。这两条道路沿线有些地区承认居住在布哈拉的萨曼王朝埃米尔的最高权力，这些地区直接隶属于伊斯菲扎布统治者，后者不缴纳任何赋税，只是每年给布哈拉送来4个达涅克(2/3个迪尔亨姆，也就是不到20戈比)、1把扫帚和其他礼物以示臣服。[6]

在描述伊斯菲扎布西北地区时，在谈论了扫兰城之后，马克迪西最后谈到了巴拉赤，他说巴拉赤是"一座小城，小城的城墙已经遭到破

---

〔1〕根据B.A.利夫希茨的推测，土库曼人(trwkkm'n)一词可能应该与穆格山上的一份粟特文书(Б-1)读法相同，这些文献属于公元8世纪前25年。参见利夫希茨《穆格山的粟特文书》，第179页，注释4。——Ю.布列格利

〔2〕马克迪西《诸国知识的最好分类》，第274页和275页。

〔3〕马赫穆德·喀什噶尔《突厥语词典》，Ⅲ，第133页。

〔4〕巴托尔德《突厥斯坦灌溉史论》，第144页。

也参见伊万诺夫《论老塞兰的历史地貌》；马松《老塞兰》。——Ю.布列格利

〔5〕现在的名称是吉尔吉斯岭。——Б.加富罗夫

〔6〕巴托尔德《蒙古人侵时期的突厥斯坦》，第Ⅱ册，第218页(本版，第1卷，第270页。根据B.辛兹的说法，经典银迪尔亨姆的重量[在中世纪早期]为2.97或2.82克；参见辛兹《质量和重量》，第2页。——Ю.布列格利)。

坏,聚礼清真寺在集市的中间”。接下来作者又回头介绍伊斯菲扎布并开始描述从那里通往东北部的道路。排在第一位的是大城市“别鲁科特,它和巴拉赤都是反对土库曼人的边界城堡,土库曼人现在由于害怕穆斯林军队已经皈依了伊斯兰教,其城墙已遭到破坏”。作者继续描写这条道路上的其他城市,在梅尔克之后直接提到了“一座不大的小城奥尔都,土库曼人的国王住在那里,他继续给伊斯菲扎布统治者送来礼物。城墙带有护城河,宫殿建在卫城中”。 549

根据马克迪西的著述只能对巴拉赤、别鲁科特和奥尔都城的位置作出大致的判断。在其他史料中可能没有这些名称。生活在马克迪西以前时代的地理学家,像伊斯塔赫里把伊斯菲扎布地区说成是两个突厥民族——古兹人(在阿拉伯人那里经常写作古兹人 гузз,真正的突厥名称为奥古兹人)和葛逻禄人之间的分界线。在中亚从里海到伊斯菲扎布穆斯林属地的邻居是古兹人(奥古兹人),从伊斯菲扎布到费尔干纳包括费尔干纳在内穆斯林的邻居是葛逻禄人。[1] 由此可以得出结论,马克迪西把奥古兹人和葛逻禄人都看成是土库曼人的组成部分。马赫穆德·喀什噶尔的观点有利于这一结论。[2] 在把土库曼人这一术语主要运用于奥古兹人的同时,他在另一个地方还谈到了葛逻禄人:“他们是突厥部落,游牧人口,独立于奥古兹人之外。他们也是土库曼人。”可能志费尼[3]在论述哈剌契丹人1130年占领楚河谷地的巴拉沙衮城时也使用了土库曼一词,他说出身于“阿弗拉西阿布家族”即哈拉汗王朝的当地汗臣服于哈剌契丹人,并且根据哈剌契丹古儿汗的命令,这位汗不再被称作“伊利克汗”而是被称作“伊利克土库曼”。在志费尼著作的某些手抄本中以及在根据志费尼著作而编写的一些史料的手

〔1〕尤其参见伊斯塔赫里《道里邦国志》,第290页。

〔2〕马赫穆德·喀什噶尔《突厥语词典》,Ⅰ,第56页和393页;Ⅲ,第304页。此外,在一个地方(Ⅰ,第80页)还提到“葛逻禄土库曼人”。

〔3〕关于志费尼的叙述,参见巴托尔德《七河流域历史概论》,第30页(参见前面第49-50页)。

抄本中有“土库曼的读者”[1],但并非在所有这样的文献中都采用这一读法。在志费尼原文的印刷版[2]中读作突尔干 туркан(“突厥人”一词的波斯文复数形式),而不是读作土库曼,而且甚至没有说明还有其他的读法。在道森的译文中[3]也采用了这种读法,译者是这样转述志费尼话语的:“il depouilla le descendant d' Effrassiyab de son titre de khan , ne lui donnant que celui d' Ilk Turkan , ou de chef des Turcs 。”我认
550 为这样的解释歪曲了此事的含义。这里谈的不是以一种封号取代另一种封号,而是把从前的汗罢黜为一个普通人,就如同 1211 年成吉思汗命令不许再把自愿归顺蒙古人的葛逻禄人首领像从前那样称作阿尔斯兰汗而称作“阿尔斯兰萨尔塔克塔伊即塔吉克”一样。[4]

后来土库曼人的名称只用来称呼奥古兹人,作为一个民族的名称奥古兹这一术语逐渐地完全为土库曼所取代。当奥古兹民族还在蒙古时,就使用奥古兹这个词。土库曼一词是在西部首次出现的。[5] 该词在出现于穆斯林文献之前,就已经为中国人所知,但中国人只是把它当做一个遥远的西部国家的名字。从最初一批中国旅行家西行之时起(公元前 2 世纪),中国人就根据一些记载知道有一个奄蔡国,后来这个奄蔡国也被称为阿兰聊,也就是起源于伊朗的游牧民族亚斯人或阿兰人的国家。希腊人知道顿河河口和里海附近的亚斯或阿兰人[6],中国人所知道的阿兰人可能是咸海附近的阿兰人,当时他们的游牧地能

---

[1]例如,在 Г. 奥佩尔特翻译的密尔宽德的著作中(奥佩尔特《牧师约翰》,第 132 页);在阿布尔哈齐的《突厥世系》中,杰梅宗版,Ⅰ,第 49 页,Ⅱ,第 50 页。

[2]《世界征服者史》,卡兹维尼版,Ⅱ,第 88 页。

[3]道森《蒙古历史》,第 1 卷,第 442 页。

[4]拉施特·阿德金《史集》,贝勒津版,Ⅰ,原文,第 171 页。志费尼著作相应之处,卡兹维尼版,Ⅰ,58 页,没有谈及此事的细节。

[5]奥古兹和土库曼这两个术语之间的相互关系以及关于土库曼人的民族起源问题,参见雅库鲍夫斯基《8—10 世纪土库曼人的民族起源问题》;罗斯利亚科夫《土库曼人和奥古兹人》(后一篇文章,基本上是根据《土库曼人和土库曼史资料》Ⅰ写成的)。——Ю. 布列格利

[6]特别是比较斯特拉波,第 506 页。

够到达那里。[1] 后来,伏尔加河以东已经没有阿兰人了。[2] 公元374年匈奴人渡过了伏尔加河之后开始进攻阿兰人。[3] 中国人当时所知道的阿兰人国家的名称还有粟伊或粟特[4],根据已故汉学家夏德的观点,该名称就是索格达克或粟格达克。[5] 突厥人这样称呼泽拉夫善河流域的粟特人居住区及其民族,粟特人曾在中亚商队贸易史上发挥了重要的作用,他们在由自己的领地前往中国的沿线上建立了一系列商业殖民地。[6] 在阿兰人的国家中,地理名词粟格达克可能也作为一个民族学术语被使用,迄今为止在克里木的南岸还存在着名叫粟达克最初叫做粟格达克[7]的村落就证明了这一点。在公元8世纪中国百科 551
全书《通典》中谈到,在公元5世纪与中国有贸易和政治往来的粟伊人或粟特人的国家也被称作特拘梦。夏德[8]由此得出结论说,土库曼人是被匈奴人征服的阿兰人的后裔,并提出确认这一事实将有助于搞清土库曼民族的世系谱。在现代,人们认为土库曼民族之所以具有长头这种显著特征是因为"融合了游牧伊朗长头部族的成分"。还在1896年阿里斯托夫就提出了这种观点[9],现在Л. В. 奥沙宁正在进行这方面的人类学研究[10]。

11世纪突厥人自己已经没有土库曼人及其名称起源的准确资料

---

[1]巴托尔德《从古代到17世纪关于咸海和阿姆河下游的资料》,第20页以下。

[2]11世纪比鲁尼提到了阿兰人,他说"阿兰人和阿斯人的氏族"居住在咸海和里海之间的某个地方,但比鲁尼的记载大概属于更早的历史时期。参见沃林《古花剌子模史》,第192-196页。——Ю. 布列格利

[3]提耶尔《阿提拉历史》,第1卷,第18页。

[4]Сутэ。——Б. 加富罗夫

[5]夏德《伏尔加河地区的匈奴人》,第265页。

比较后面第814页,注释7。——Б. 加富罗夫

[6]巴托尔德《论粟特语和吐火罗语》,第32页以下。

[7]粟格达克的名称还在13世纪就已经被使用了(《有关塞尔柱人历史文献汇编》,第3卷和第4卷索引)。

[8]夏德《伏尔加河地区的匈奴人》,第263页以下。

[9]《关于突厥诸部落、部族的部落组成及其人口情况札记》,第177页。

[10]《土库曼人千年之久的长头及其产生的可能途径》;《关于土库曼人起源于西徐亚-萨尔马特人假说的一些补充资料》。

同时参见这位作者较晚期的著作《关于土库曼人民族起源问题的人类学资料》;《土库曼部落的人类学构成及土库曼民族的起源》。——Ю. 布列格利

了，只存在着一些明显不实的词源学资料，但它却证明那时土库曼人在外形上就已经与其他突厥人不同了。我们在马赫穆德·喀什噶尔那里发现了这种词源学资料的最早版本[1]。如同许多适用于中亚地区的其他传说一样[2]，这里所叙述的也是与亚历山大·马其顿的名字有关的传说。亚历山大·马其顿在征服撒马尔罕之后发动了反对突厥王的战争，这位突厥王就住在后来产生巴拉沙衮城的地方，也就是住在楚河谷地。得到亚历山大越过锡尔河的消息之后，突厥王带领自己的军队向东转移，与他们同行的还有他所有拥有驮载牲畜的臣民，有22个人及其家庭掉队了，这22个人便是奥古兹氏族的祖先。正当他们动摇不定，不知道自己应该是徒步随行还是留在原地时，有2个携家带口背着自己财产追赶军队行踪的人遇到了他们，这些人已经疲惫到了极点。于是在相遇时，他们便向其询问应该怎么办，那些人建议他们留在家里并且告诉他们说亚历山大不会在一个地方停下来，而是会继续前进，所以在他离开后他们便可安居乐业。这一建议用突厥语表述是：卡剌赤 Калач。卡剌赤的意思似乎是："等一等，留下来，留在自己原来的住地"[3]。由此这2个人的后裔便形成了分为2个部落的哈剌赤人 халадж。当亚历山大看到这些人的时候，他发现他们身上有突厥人的特征，其中包括在牲畜身上打有烙印，并用波斯语谈论过他们：土库曼涅德 Турк маненд（他们像突厥人），所以土库曼[4]的名字便留给了他
552 们的后代。奥古兹或土库曼氏族本身为24个，但后来2个哈剌赤氏族分离出去，便剩下了22个，这22个氏族的名称在马赫穆德·喀什噶尔那里已经被列举出来。

在这一叙述中，卡剌赤 калач 或哈剌赤 халадж 这一词汇的起源特

---

〔1〕马赫穆德·喀什噶尔《突厥语词典》，Ⅲ，第304页以下。

〔2〕比较加尔迪齐关于伊塞克湖上的巴尔斯罕城起源的传说：巴托尔德《1893—1894年中亚科学考察报告》，第113页。

〔3〕应当注意到，马赫穆德·喀什噶尔（《突厥语词典》，Ⅰ，第38页）指出，语气词 адж 是用来加强命令语气的，其阿拉伯译文 Кал адж 的意思是："一定要留下来！"——B. 米诺尔斯基

〔4〕土库曼可能是阿拉伯形式，其中长音 a 表示的应该是突厥语的重音在最后一个音节上。——B. 米诺尔斯基

别令人迷惑不解。据我们所知,突厥词根 ач 并不具有这里所赋予它的那种含义。我们知道 ач 一词的另外 2 个含义,在此基础上形成了其他 2 种词源学传说,传说中讲的是关于奥古兹人的神秘祖先——奥古兹汗的事。其中的一种词源学传说存在于一份未署名的摘录中,这是用回鹘字母写成的手抄本,另一种是在拉施特·阿德金的著作中。根据第一种传说[1],奥古兹汗在路上看见了一座带有金房顶、银窗户的房屋,房屋关着门没上锁,于是他便把自己的一个战友留在那里并命令他:"留下,打开门。"按照拉施特·阿德金的说法[2],在远征伊斯法罕返回的路上有一个因家庭琐事而掉队的人使奥古兹汗非常生气,奥古兹汗对他说:卡剌赤(挨饿去吧!)。无论是拉施特·阿德金,还是其他作者都没有把哈剌赤与奥古兹人联系起来。拉施特·阿德金在列举 24 个奥古兹氏族时并没有把哈剌赤人算在内。阿拉伯地理学家们认为,哈剌赤人越过阿姆河的时间要早得多,还在 10 世纪的时候他们就已经越过了阿姆河,并且他们"自古以来"就居住在阿富汗南部。[3] 后来一部分哈剌赤人移居到波斯,在那里他们一部分人讲波斯方言,一部分人讲土库曼方言。由此,德黑兰以西和萨瓦以北的地区就从他们那里得名"哈剌吉斯坦"[4]。

据我们所知,哈剌赤人只在西部被提到,在蒙古发现的突厥铭文中常常遇到奥古兹的名字。[5] 在一份以 8 世纪一位突厥可汗或汗的名

---

[1]《福乐智慧》,拉德洛夫版,Ⅰ,第 12 页。

也参见谢尔巴克《奥古兹人的传说》,第 49 - 50 页。——Ю. 布列格利

[2]《史集》,贝勒津版,Ⅰ,原文,第 24 页以下。

[3]巴托尔德《伊朗历史地理概论》,第 49 页,以及巴托尔德《哈剌赤人》(《伊斯兰教百科全书》,Ⅱ,第 939 页)。

也参见《世界境域志》,米诺尔斯基译本,第 347 - 348 页。——Ю. 布列格利

[4]B. Ф. 米诺尔斯基的说法(私人信件中)。

参见米诺尔斯基《土耳其方言》。——B. 米诺尔斯基

[5]有人多次尝试对碑铭进行翻译和解释。比较俄文版的铭文:拉德洛夫、梅利奥兰斯基《科绍 - 柴达木的古突厥碑铭》;梅利奥兰斯基《阙特勤碑铭》。从时间上看最后一种碑铭是由现在已故的 B. 汤姆森翻译的(汤姆森《旧土耳其的墓志铭》)。

俄罗斯最近出版的这些铭文(卢尼文,音标和译文)是由 C. E. 马洛夫翻译的(《古突厥文献遗迹》、《叶尼塞河突厥文献》、《蒙古和吉尔吉斯的古突厥文献遗迹》)。——Ю. 布列格利

义撰写的铭文中，汗把奥古兹人或字面意思为“九姓奥古兹”（显然当
553 时奥古兹人分为9个氏族）的托库兹－奥古兹人称作是自己的人民。托库兹－奥古兹人反对可汗的起义被说成是一件极不寻常的事情，当起义发生时，天地都陷入惊恐之中。在其他地方汗把自己的人民称为突厥人，把自己称为突厥人的可汗。有时“突厥人”和“奥古兹人”是并列使用的。由此可以得出这样的结论：这些词都被运用于同一个民族，奥古兹人就是公元6世纪在从中国边界到波斯和拜占庭边界的领土上建立了辽阔游牧帝国的那个突厥民族。碑铭中那些“突厥人”和“奥古兹人”并列的地方从语法上可以按照汤姆森的观点解释为：“突厥人和奥古兹人”。碑铭不懂得相当于我们所使用的连接词“и”这种语法形式。当谈论几个民族的联合行动时，就把他们的名称并列起来彼此之间不加任何连接语气词或前置词。但是如果在8世纪的蒙古，突厥人是独立于奥古兹人、葛逻禄人等之外的民族，那么这个民族很快便消失得无影无踪了。阿拉伯地理学家们已经开始把“突厥人”一词作为一个集合名词，用于称呼一些彼此之间在语言方面有亲缘关系的民族。那时已经不存在一个就叫做突厥人的独立民族了。随着西突厥汗国的衰落，“突厥人”作为一个政治名词大概在740年前后已经不再被使用了，西突厥汗国的最后几位领袖出身于突骑施人。10世纪时已经成为穆斯林的突厥可汗在喀什噶尔和巴拉沙衮重新出现之后，立即又开始把自己和自己的民族称为突厥人，这个王朝究竟出自于哪一个突厥民族依然是一个有争议的问题。[1] 根据这一点至少可以从大体上承认“突厥人”一词是一个政治术语，“奥古兹人”是一个民族术语。碑铭中类似“我的突厥人，我的人民”这样的表达方式也表明了这一点。“突厥人”一词当时指的还不是现代意义上的全体突厥人。根据其碑铭来判断[2]，奥古兹可汗在蒙古的继承者——回鹘可汗（从744年起）并没

---

〔1〕哈拉汗王朝出自于葛逻禄人。参见普利查克《哈拉汗王朝争端》，第21－22页；同上，Von den Karluk。——Ю. 布列格利

〔2〕主要的碑铭属于808—821年，其中大部分史料是用中文写的（沙畹、伯希和《专著》，Ⅱ，第180页）；更早期的突厥语碑铭（8世纪）是由拉姆斯泰特出版的（2个维吾尔人的刻有日耳曼最古老文字的墓志铭）。

有把自己称为突厥人，中国人是对的，他们既没有把“突厥人”的术语（汉语音译为 тукюе[1]）用于回鹘人，也没有用于吉尔吉斯人。最初生活于蒙古东北部的奥古兹人在向西部迁徙时也把“突厥人”一词带到了那里，只有阿拉伯人才开始用该词来表示具有特定语言类型的民 554
族。[2] 10 世纪的作者马苏迪根据当时或者过去语言是与政权相一致的特点，把他所知道的世界上的所有居民划分为 7 种民族，这 7 种民族按顺序排列分别为：(1)波斯人；(2)迦勒底人或与之同源的民族，其中包括阿拉伯人；(3)古希腊人和与之有政治联系的民族，其中包括斯拉夫人和法兰克人；(4)利比亚人，其中包括埃及人；(5)突厥人；(6)印度人；(7)中国人。[3]

在保存于蒙古的碑铭中，奥古兹和托库兹－奥古兹这两个词用于表示同一种意义。[4] 根据阿拉伯地理学家的术语，奥古兹人和托库兹－奥古兹人是不同的民族，他们生活在不同的地区。奥古兹人如同我们所看到的，毗邻从里海东岸到伊斯菲扎布的穆斯林领地，托库兹－奥古兹人生活在现在中国突厥斯坦库车以东，他们居住的中心在吐鲁番附近。[5] 根据 13 世纪史学家伊本·阿尔·阿西尔的说法[6]，奥古兹人曾经是托库兹－奥古兹人的组成部分，他们在哈里发马赫迪时代(775—785 年)脱离他们独立出来。

根据中国史料的记载，840 年以后被吉尔吉斯人赶出蒙古的回鹘人居住在阿拉伯人所说的托库兹－奥古兹人生活的地区，他们在 866 年占领了吐鲁番附近的地区。由此可以得出一个结论：阿拉伯史料中

---

〔1〕更正确的写法是：туцзюе。——Ю. 布列格利

〔2〕关于突厥一词的起源及其含义的各种假设，参见科诺诺夫《试析突厥术语》；也参见阿布尔哈齐《土库曼世系》，科诺诺夫版，第 81 页（注释 21）。——Ю. 布列格利

〔3〕马苏迪《箴规篇》，第 77－84 页；关于突厥人见第 83 页。

〔4〕这一点在暾欲谷碑铭中表现得尤为明显，汤姆森对其译文进行了纠正（《旧土耳其的墓志铭》，第 162 页以下）。

〔5〕特别注意比较我在《1893—1894 年中亚科学考察报告》中所提到的加尔迪齐标明的路线，第 116 页；阿拉伯地理学家也记载说，从穆斯林在费尔干纳领地的边界到托库兹－奥古兹人地区的起点有 30 天的路程（巴托尔德《论前蒙古时期突厥斯坦的基督教》，第 14 页，那里使用的是旧的现在已经不再使用的读音通古兹古雷）。

〔6〕《全史》，托恩伯格版，第 11 卷，第 117 页。

的托库兹－奥古兹人与中文史料中的回鹘人是同一种人[1]，学者们已经把这一观点当做一个完全可以证明新结论的事实。譬如，И. 马尔克瓦尔特[2]指出了一个事实，9世纪的地理学家伊本·霍尔达德别赫在其著作中提到了吐鲁番附近地区的托库兹－奥古兹人，该著的出版者德·胡耶认为伊本·霍尔达德别赫著作这一版本的时间比较早，属于850年之前，但与德·胡耶观点不同，他认为该版本的时间不会早于866年。实际上通古兹古兹人（托库兹－奥古兹人）的名称在此年代之
555 前很久就已经出现在阿拉伯史料中了。在第一本阿拉伯地理著作穆罕默德·霍列兹米的著作中（无论如何该著都属于9世纪上半叶[3]），把托勒密[4]所说的两种西徐亚人中的第一种——西部西徐亚人的领土等同于"突厥人的领土"，把第二种——东部西徐亚人的领土等同于"通古兹古兹人的领土"。历史学家塔巴里[5]谈到了205/820—821年通古兹古兹人对乌斯鲁沙纳的入侵，我们都知道从苦盏到吉扎克包括泽拉夫善河上游地区是乌斯鲁沙纳的组成部分。[6] 图伦就出身于通古兹古兹人，他是后来成为统治埃及的图伦王朝的祖先，当时统治撒马尔罕的萨曼王朝埃米尔努赫·伊本·阿萨德把他派到了哈里发马蒙的宫廷中。[7] 很可能，图伦在希吉拉历205年的进攻中被穆斯林俘获。马尔克瓦尔特[8]本人引用了死于869年的贾希兹的叙述，从中可以看到贾希兹所知道的通古兹古兹人并不是不久前才来到这里的外来移

---

[1]比如，伯希和的断言（沙畹、伯希和《专著》，Ⅱ，第307页）

[2]马尔克瓦尔特《概述》，第390页。

[3]1926年汉斯·V. 穆日克根据唯一一种手抄本出版了霍列兹米的著作《诸地形胜 Китаб сурат ал-ард》，早在1895年纳利诺就已经对这种手抄本进行了研究（阿尔－霍列兹米）。纳利诺认为这一著作是在马蒙统治时期（813—833年）完成的，并且不晚于210/826—827年，但是其中已经提到了在836年才建立的萨马拉城（米兹卡版第301号）。

[4]霍列兹米《诸地形胜》，第1600－1601号。

[5]塔巴里《诸先王与诸王的历史》，Ⅲ，第1044页。

[6]巴托尔德《突厥斯坦灌溉史论》，第136页以下。

比较前面第189页注释29。——Б. 加富罗夫

[7]马克里济《埃及志》，维也特版，Ⅰ，第313页，此处错误地把努赫说成是布哈拉总督。众所周知，布哈拉只有在874年才归转入萨曼王朝统治之下（巴托尔德《蒙古人侵时期的突厥斯坦》，第2册，第230页[本版，第1卷，第281页。——Б. 加富罗夫]）。

[8]马尔克瓦尔特《概述》，第91页以下。

民，而是很久以前就生活在东突厥斯坦的民族。其中说，起初通古兹古兹人的势力胜过葛逻禄人，虽然他们在数量上不及葛逻禄人，但是在接受了摩尼教之后他们失去了自己好战的品质。因为提到葛逻禄人所以清楚地表明，这里谈的是东突厥斯坦的历史事件，而并非像马尔克瓦尔特所认为的那样谈论的是回鹘人与吉尔吉斯人之间在蒙古进行的斗争。

无论是中国史料还是西方史料都没有给我们提供十分清晰的民族迁徙的资料，这些迁徙可能引发了突厥人在 6 世纪征服了从中国到波斯和拜占庭边界地区的领土，8 世纪突厥人在东部被回鹘人打败，在西部被阿拉伯人打败，突厥帝国最终瓦解。我们根据拜占庭史料了解到，6 世纪伏尔加河以西地区也是突厥帝国的组成部分。576 年[1]与拜占庭人决裂后突厥人包围并夺取了基梅里斯基博斯普尔城（刻赤），但 590 年那里又重新被拜占庭占领。[2] 大概 625 年首次被提到的可萨汗
国是突厥人在这一地区暂时获得胜利的政治遗产。这些事件可能没有 556
产生民族学方面的影响。8 世纪和 9 世纪，伏尔加河中游和下游地区处于彼此之间有亲缘关系同时在语言上又与突厥人有区别的可萨人和保加利亚人的统治之下[3]，只是在 9 世纪末和 10 世纪初佩彻涅格人重新把纯粹的突厥成分带到了现在的南俄草原。

就其后果来看，可能在波斯边界的军事行动影响更大。萨珊王朝的波斯国王们在杰尔宾特附近以及里海以东、朱尔占河以北地区建起了长城。[4] 626 年，可萨人突破杰尔宾特一线，还在 6 世纪的时候，波斯人便放弃了朱尔占河一线并将其国家的防线移到阿斯特拉巴德西南部地区，他们在那里建起了新的从海滨到山脉的长城，相传这是在库思

---

〔1〕关于此参见沙畹《文件》，第 239 页。

〔2〕A. 瓦西里耶夫《克里木的哥特人》，Ⅱ，第 183 页以下，此处把这些资料错误地运用于可萨人，并创造了一个术语“突厥可萨人”。

〔3〕尤其有说服力的是伊斯塔赫里《道里邦国志》，第 225 页。

〔4〕根据塔巴里的说法（《诸先知与诸王的历史》，Ⅰ，第 895 页；内耳德克译本，第 158 页），这些长城是在佩罗兹（457—484 年）时代建立的，在库思老一世时代（531—579 年）又重新修复。

老·阿努希尔万一世(531—579年)统治时期建造的。[1] 在有关阿拉伯人717年征服朱尔占河地区的记载中提到了当地的王公苏尔,他是季希斯坦城[2](现在的马什哈德·伊·米斯里扬遗址)的统治者(德赫干)。他的后裔带有苏利的封号,他们在阿拔斯哈里发国家的文化史上发挥了一些作用。在其中一位后裔的传记中,即死于857年的诗人易卜拉欣·伊本·阿尔·阿巴斯·阿斯·苏利的传记中,有一些关于这个家族起源的资料。[3] 其中谈到,苏尔是突厥人,他和他的兄弟菲鲁兹是朱尔占地区(或古尔干,朱尔占河沿岸地区)的统治者,虽然他们自己出身于突厥人,但却皈依了祭司的宗教(拜火教)并且行为举止就像波斯人一样。在塔巴里的著作中把苏尔一词作为一个地理名称。因为阿拉伯字母 сад 常常被转用为 ч 这个音,于是马尔克瓦尔特[4]在这里看到了一个突厥词 чоль——"沙子"(更准确地说应该是"草原,沙漠")之意,并且他援引内耳德克[5]的说法,也认为这个词是一个突厥部落的名称。这样一来按照他的观点,突厥人苏尔在这里就错误地变成了突厥 чоль 部落的首领。[6] 大概很可能这里所说的是在
557 蒙古的突厥碑铭中常常遇到的封号啜[7] чур。阿拉伯人未必把字母 сад 放在硬元音前面,况且还有另一种(通过字母 шин)表示 ч 音的方式。在他的叙述中大概还有另外一个不准确的地方:717年阿拉伯人

---

[1]伊本·鲁斯塔《珍品集》,德·胡耶版,第150页。关于这两座目前遗迹尚存的长城,比较巴托尔德《突厥斯坦灌溉史论》,第34页。

[2]塔巴里《诸先知与诸王的历史》,Ⅱ,1320页;拜拉祖里《诸国征服史》,第336页;那里提到沿着朱尔占的北部边界有一段砖墙。

朱尔占的苏利家族带有伊朗的封号纳哈佩特 нахапет(阿拉伯语复数形式为纳哈比扎 нахабиза),参见伊本·伊斯芬迪亚尔,布朗译本,第106页。——B.米诺尔斯基

[3]他们的起源可能与《诗歌集》中记载的易卜拉欣·苏利的生平一样,参见《诗歌集》,Ⅸ,第21页。作者阿布尔·法拉季·伊斯法哈尼死于967年。

在原文的索引中写的是易卜拉欣·本·阿尔·阿巴斯……本·苏利(صولي)。——Ю.布列格利

[4]Marquart, *Eransahr*, S. 51.

[5]塔巴里《诸先知与诸王的历史》,内耳德克译本,第123页,注释2。

[6]Marquart, *Eransahr*, S. 73.

[7]在里海西岸,这一封号可能反映在杰尔宾特的亚美尼亚名称 Чол 中。——B.米诺尔斯基

与之打交道的苏尔或许并不是率领突厥人征服朱尔占河两岸地区的那个人。如果突厥人是在萨珊国家衰落之后来到这里的，那么他们可能不会接受拜火教。不管怎么说，我们在此看到了一个在伊斯兰教之前伊朗文明影响突厥人的罕见例子。

在对717年事件的叙述中只谈到了突厥人，而没有提到独立的突厥民族。可以推测，里海以东的草原还在6世纪就已经被突厥人占领，因为突厥人与萨珊波斯的冲突就发生在这一时期，古兹人或阿拉伯地理学家笔下的奥古兹人就是这些突厥人的后裔，他们迁居西部与伊本·阿尔·阿西尔所说的8世纪托库兹－奥古兹人的分裂无关。

一些阿拉伯关于"通古兹古兹人"即托库兹－奥古兹人的资料是与中国关于沙陀突厥人的资料相吻合的。[1] 沙陀这一名称的意思是"草原"，人们这样称呼独立于西突厥国家的突厥部落，西突厥国家的中心在楚河谷地，而他们则居住在现在中国突厥斯坦最东部的巴里坤湖附近。这个部落的突厥名称用汉语表示就是处月，很有可能这就是我们上面提到的 чоль 一词。[2] 与吐蕃人的冲突迫使沙陀突厥向更西边迁移，他们来到了现在的古城附近，这里在中世纪是别失八里城，在蒙古的突厥碑铭中曾提到过该城。沙陀突厥的王公于712年在此城中安顿下来。9世纪初吐蕃人又把他们从那里挤走，迫使他们来到中国，9世纪末他们在中国参加了镇压威胁唐王朝安全的叛乱。10世纪从沙陀突厥人中产生了3个王朝[3]，这3个王朝在中国不大的一个区域中——河南省[4]统治了不太长的时间（这3个王朝一共统治了28年的时间，923—951年）。阿拉伯作者也谈到了9世纪中国的叛乱以及镇压叛乱的情况，并且他们把中国人归之于沙陀突厥人的那种作用归

〔1〕比丘林《中亚古代民族资料汇编》，Ⅰ，第452页以下；沙畹《文件》，第96页以下。

〔2〕这种解释值得商榷。П. 伯希和试图恢复炽俟的名字。Э. 普列伊布莱克教授认为还是恢复处古利 чунгуль 的名字比较好，他引证了一个依附于库车维吾尔人部落的中文名字，这个部落的名称是处月或处云，比较汉密尔顿《关于手稿本身》，第152页。——В. 米诺尔斯基

〔3〕沙畹《文件》，第272页。

〔4〕纪年和地理详情，参见 Arendt, *Synchronistische Regententabellen*, Ⅱ, S. 158sq.; Ⅲ, S. 116sq.

558 功于托库兹－奥古兹人。[1] 这种巧合可能是阿拉伯人将托库兹－奥古兹人归为沙陀突厥人的最早记载。大概阿拉伯人既不知道这些突厥人被吐蕃人排挤走的事，也不知道吐蕃人又被回鹘人排挤走的事，所以当回鹘人已经占领了相应的区域之后，他们继续根据书面史料谈论“通古兹古兹人”。11 世纪下半叶的作者马赫穆德·喀什噶尔不是根据著作，而是根据对中亚的亲自了解来完成自己著作的，所以他只知道回鹘人，而不知道通古兹古兹人。另一方面，11 世纪的作者伊德里希[2]和 13 世纪的作者穆巴列克沙赫·梅尔韦鲁迪[3]根据著作谈到了通古兹古兹人，而这些记载毫无保留地完全是过去的资料。

无论从前奥古兹民族在东亚的作用如何，这个民族在 8 世纪和 9 世纪的历史事件发生之后越来越集中于西部，集中于前亚文明世界的边缘地带，后者在11世纪注定要遭到奥古兹人或者土库曼人（只有西
559 方人这样称呼他们）的入侵。

[1]尤其是马苏迪《黄金草原》，I，第 288 页、302 页以下。

[2]《诸国风土志》，热别尔译本，I，第 490 页及下一页。

[3]罗斯《谱系》，第 406 页以下，在此甚至把回鹘文字也说成是通古兹古兹文字。

2　塞尔柱帝国形成前的奥古兹人(土库曼人)

我们看到从朱尔占河河口到现在的奇姆肯特城奥古兹人都是哈里发国家属地的邻居。至于奥古兹人的游牧区向北延伸到多远，阿拉伯人当然不可能准确地知道。伊斯塔赫里[1]认为奥古兹人的土地与其北方邻居——基马克人的土地之间的界限似乎在伊蒂尔河(伏尔加河)上游，即按照阿拉伯人的地理概念是卡马河下游，这一说法引起了极大的怀疑。922 年春，伊本·法德兰[2]在从花剌子模前往伏尔加河保加利亚人国家的路上，只在乌斯秋尔特高原钦科河下游处发现了奥古兹人。大概，在恩巴河以东地区已经没有奥古兹人了，伊本·法德兰在这里遇到了巴什基尔人的先头部队。

奥古兹人没有汗。突厥汗国的传统在东部为托库兹－奥古兹人(或回鹘人)所延续，在西部为可萨人所延续。奥古兹人的首领像其东方邻居葛逻禄人的首领一样，带有一个比较寻常的封号叶护[3]，在蒙古的突厥碑铭中也遇到了这一封号，发音为贾护[4]。马赫穆德·喀什噶尔说 j 这个字母在奥古兹人和钦察人的词首转变成了 дж，虽然此处是把这一语言学特点当做突厥人与土库曼人之间相互区别的特点来谈的[5]，而钦察人未必能算作是土库曼人。奥古兹人的"王"即叶护生活在锡尔河下游地区或者说至少冬天是在锡尔河下游度过的。扫兰城是

[1]伊斯塔赫里《道里邦国志》，第 222 页。

[2]瓦利多夫《马什哈德手抄本》，第 244 页。

[3]瓦利多夫《马什哈德手抄本》，第 245 页。

[4]关于此也可比较巴托尔德《历史意义》，第 16 页(比较前面第 36 页。——Б. 加富罗夫)。

[5]马赫穆德·喀什噶尔《突厥语词典》，Ⅱ，第 253 页。

伊朗萨曼王朝在锡尔河领地上的边境城市[1]，锡尔河从这里经奥古兹人的草原流向河口。萨曼王朝军队没能到达这一地区，但穆斯林商人
560 却来到了这里。10世纪[2]，这里出现了一些建在奥古兹人国家并臣服于奥古兹人政权的穆斯林城市，也就是由来自穆斯林地区的移民而不是由萨曼王朝的征服行动建立的城市。其中主要的是名为"新村"的城市（阿拉伯语叫做阿尔-卡里亚塔尔-哈吉萨，波斯语叫做德黑纳乌，后来突厥语称作扬吉肯特）。它距河岸有1法尔萨赫（6至7公里）远，距咸海有2天的路程，距花剌子模有10天的路程，距法拉勃（奥特拉尔）有12天的路程。现在确定它的位置就在占肯特遗址。冬天奥古兹人的"王"居住在这里。可能在那个地区[3]还有两座规模较小的城市，其中一座是詹德，大致相当于距现在克孜勒奥尔达约30公里的图马尔-乌特库尔遗址[4]，詹德曾经有过一段时间的辉煌（甚至有时把咸海叫做詹德湖）。另一座在10世纪之后再也没被提到，甚至连它的名字也不能确定了。这些城市是由文明的外来人建立的，他们的存在并不能证明城市生活已经在奥古兹人自身当中传播开来。[5] 但马赫穆德·喀什噶尔在谈到距萨曼国家边界不远的另一座城市苏格纳克（现在的苏纳克库尔干遗址）时则指出，它是"奥古兹人的城市之一"。[6] 阿拉伯地理学家们没有提到苏格纳克（或瑟格纳克），但在10世纪佚名的波斯地理学家那里（在所谓的图曼斯基手抄本中）可能把

---

[1]巴托尔德《蒙古入侵时期的突厥斯坦》，第2册，第178页（本版，第1卷，第234页。——Б.加富罗夫）。

[2]伊本·豪卡尔《诸地形胜》，第393页。

[3]关于这个地区，比较巴托尔德《突厥斯坦灌溉史论》，第149页以下。

[4]根据С.П.托尔斯托夫的观点，克孜勒奥尔达西南120公里的占卡拉遗址就相当于詹德（参见托尔斯托夫《追踪古花剌子模文明的足迹》，第60-61页）。对城市的概述参见托尔斯托夫《古兹人的城市》，第57-71页。——Ю.布列格利

[5]С.П.托尔斯托夫在与В.В.巴托尔德争论的时候，根据他认为可以与语言学和民族学资料以及某些文字史料相对比的考古学资料得出结论说，在奥古兹人那里占统治地位的是定居或者半定居的"畜牧渔业农耕"综合经济，他们有大型的设防常住居留地——"城市"（参见托尔斯托夫《古兹人的城市》）。对С.П.托尔斯托夫观点的某些反驳参见А.Ю.雅库鲍夫斯基《8—19世纪土库曼民族和土库曼斯坦历史概论》，第40页。——Ю.布列格利

[6]马赫穆德·喀什噶尔《突厥语词典》，Ⅰ，第392页。

它等同于苏纳赫，说苏纳赫是“法拉勃（奥特拉尔）地区的一座非常富庶的小城，那里向各地出口优质的弓箭”。[1] 在河更上游一点的萨曼国家领地上居住的是皈依了伊斯兰教的奥古兹人和葛逻禄人中那些“和顺的突厥人”（图曼斯基手抄本中的说法）。可能休特肯德城是他们聚居的中心，这也是锡尔河左岸的一个富庶的居留地，其遗址至今还清晰可见。关于休特肯德城，图曼斯基手抄本中说居住在那里的许多突厥人都皈依了伊斯兰教，因而那里也有异教徒。在那里的锡尔河两 561
岸也有游牧的突厥人，数量约有 1000 帐，他们在那里获得牧场。他们皈依了伊斯兰教并承担起义务保护萨曼领土边界免遭信仰异教的自己同族人的侵略。锡尔河对奥古兹人具有怎样的意义，可以从马赫穆德·喀什噶尔的话中看出来，他说无须作进一步的判断，奥古兹人所说的“河流”（乌古兹）就是锡尔河，因为他们的城市就在这条河上。在河流的两岸还生活着来自他们民族的游牧民。[2] 城市与游牧民的这种对比表明，有一部分奥古兹人已经转入城市生活[3]，虽然在图曼斯基手抄本中完全肯定地说奥古兹人那里连一座城市也没有[4]。

在利用阿拉伯地理文献的时候由于其书写的特点以及与此相关的纪年不明，所以产生了一些困难。例如，虽然我们知道一位是 10 世纪的作者，而另一位是 11 世纪的作者，但也不应该由此断定说第二位作者所叙述的历史事件发生在第一位作者所叙述的历史事件之后。几乎所有的作者都是利用书籍来进行写作的，但他们并不注明自己的史料来源也不确定史料的时间，往往在 11 世纪的著作中利用的是比 10 世纪著作中更早的史料。有一些纪年更明确但数量不多的历史学家和旅行家的叙述流传到了今天。譬如说根据记载[5]，呼罗珊的统治者阿卜杜拉·伊本·塔希尔（830—844 年）派自己的儿子和未来的继承人塔

〔1〕《世界境域志》，第 24 页 6 以下。

〔2〕马赫穆德·喀什噶尔《突厥语词典》，Ⅰ，第 58 页。

〔3〕在马赫穆德·喀什噶尔那里（《突厥语词典》，Ⅰ，第 364 页）扫兰也被说成是奥古兹人的城市。

〔4〕《世界境域志》，第 18 页 6。

〔5〕拜拉祖里《诸国征服史》，第 431 页。

希尔去反对奥古兹人,关于此次征伐的结果只是说,塔希尔到达了此前任何人也没有到达的地方。大概,这些行动发生在今天土库曼的西部,因为季希斯坦(现在的马什哈德·伊·米斯里扬)和阿弗拉瓦(现在的克孜勒阿尔瓦特)拉巴特即边界要塞是在阿卜杜拉·伊本·塔希尔时代建立的。[1] 阿卜杜拉·伊本·塔希尔的行动可能达到了目的,他建立的要塞在11世纪的事件发生之前成功地完成了自己的使命。但是在这一段边界上与奥古兹人的贸易远不及在花剌子模和锡尔河的边界
562 贸易活跃,因为史料对此缄默不语。根据图曼斯基手抄本的记载,在克孜勒阿尔瓦特附近根本没有耕地,粮食是从由阿特拉克河引水灌溉的马什哈德·伊·米斯里扬附近地区和涅萨附近(靠近阿什哈巴德)获得的。[2]。

如果这里谈的只是保护文明地域免遭游牧人口侵略的话,那么在锡尔河上与游牧人口之间的斗争则是由于文明逐渐向北向河的下游扩张而引起的。阿拉伯人起初在这里实行的是防御政策,尽管采取了一系列向草原深处进军的行动,但哈里发国家的边界地区仍然在塔什干附近地区,并且为了保卫奇尔奇克文明地带免受游牧人口的侵扰,从锡尔河岸到山岭建起了一道长墙。[3] 可能这一防御线并不总是能坚守得住。191/806—807年拉菲·伊本·列伊斯发动了反抗中亚阿拔斯王朝的起义,塔巴里提到在起义的参加者中间有一位"沙什(人们当时这样称呼塔什干地区)统治者及其突厥臣民"。[4] 由此可以得出结论,

---

〔1〕巴托尔德《突厥斯坦灌溉史论》,第34页和40页。

正如C.A.沃林在对拜拉祖里著作相应段落译文所做的注释中所指出的(《土库曼人和土库曼史资料》,Ⅰ,第78页,注释3),文中的 العوريه 一词与其说应该读作阿尔古兹亚(古兹人),倒不如说应读作阿尔古里亚(古里人),因为古兹用阿拉伯文写不带字母 вав—— غز。因此更合乎情理的推测是这里谈的是向古尔(在现在的阿富汗)进军一事,而不是反对古兹人。——Ю.布列格利

〔2〕《世界境域志》,第29页6。其中说在拉巴特中只有一种水源。19世纪的情况也是如此。(巴托尔德《突厥斯坦灌溉史论》,第41页)

〔3〕巴托尔德《突厥斯坦灌溉史论》,第143页;以及他的《蒙古入侵时期的突厥斯坦》,第2册,第173页(本版,第1卷,第229页。——Б.加富罗夫)。

〔4〕塔巴里《诸先知与诸王的历史》,Ⅲ,第712页;巴托尔德《蒙古入侵时期的突厥斯坦》,第2册,第205页(本版,第1卷,第258页。——Б.加富罗夫)。

奇尔奇克的文明地带一度转到了突厥人手中,如果情况如此的话,那么这可能是在希吉拉历 190 年阿拉伯人中爆发起义的时候发生的,希吉拉历 189 年和 190 年还用安格连〔1〕附近的银矿冲制了货币,这里是哈里发国家的铸币厂之一。〔2〕 看来哈里发在沙什的权力很快便被恢复了,在任命萨曼王朝四兄弟担任马维兰纳尔统治者时,其中的一人得到了沙什。〔3〕 840 年采取了进一步的行动——征服伊斯菲扎布,并且在这种情况下谈到了在葡萄园和耕地周围建长土堤的问题〔4〕,也就是采取防御措施巩固征服来的土地。我们知道,后来在伊斯菲扎布存在过一个突厥王朝,但这个王朝依附于萨曼王朝。这位统治者是否是奥古兹人,我们不得而知。

关于进一步的行动,只有伊斯塔赫里〔5〕叙述了大军进军沙夫加尔(在现在突厥斯坦附近)的情形,在这次远征中有一支4000人的军队
迷路了,几天后才得以返回大部队。远征是在纳斯尔·伊本·艾哈迈 563
德统治时期发生的,有两位萨曼王朝的统治者叫这个名字,其中一位是 9 世纪(864—892 年)的统治者,另一位是 10 世纪(914—943 年)的统治者。这一叙述既可以指这一位,也可以指另一位。叙述的事件发生在第一位纳斯尔·伊本·艾哈迈德时期更合乎情理。〔6〕 远征的目的是什么以及这一目的是否达到,还不清楚。

奥古兹人的"王"或叶护并不是自己人民的实际统治者,追求政治

---

〔1〕起初称作阿亨格兰。——B. 米诺尔斯基

关于它的位置,参见巴托尔德《蒙古入侵时期的突厥斯坦》,第 2 册,第 172 页(本版,第 1 卷,第 228 - 229 页。——Б. 加富罗夫)。

〔2〕马尔科夫《皇家埃尔米塔日的伊斯兰财产清单》,第 33 页,第 551 和 532 号。

〔3〕巴托尔德《蒙古入侵时期的突厥斯坦》,第 2 册,第 215 页(本版,第 1 卷,第 267 页。——Б. 加富罗夫)。

〔4〕巴托尔德《突厥斯坦灌溉史论》,第 144 页。

〔5〕伊斯塔赫里《道里邦国志》,第 291 页;伊本·豪卡尔《诸地形胜》,第 330 页;巴托尔德《蒙古入侵时期的突厥斯坦》,第 2 册,第 268 页(本版,第 1 卷,第 317 页。——Б. 加富罗夫)。

〔6〕伊斯塔赫里在文中提到埃米尔纳斯尔时说他已经死去,并且作者声称,他是从一个参加远征的人那里得知这一消息的。如果这些话同伊斯塔赫里的大部分记载一样是来自巴尔希的叙述的话,那么这里指的只能是第一位纳斯尔,因为第二位纳斯尔活得比巴尔希长。如果在这里我们与伊斯塔赫里本人交谈,也会对这一问题产生争议,伊斯塔赫里在另一个地方(第 144 页)谈论第二位纳斯尔统治的话语促使人们认为他的统治在此前就已经结束了。

上的统一对10世纪的奥古兹人而言就如同对19世纪的土库曼人一样几乎是一种不能接受的想法，在这方面伊本·法德兰的观察[1]和图曼斯基手抄本的评论[2]使人产生了完全相同的印象。根据图曼斯基手抄本，"由于彼此之间不能和睦相处"，每一个奥古兹部落都有一个特别的首领。根据伊本·法德兰的说法，叶护能够把自己的代理人或副手派到一些地方，这种代理人被称作库杰尔金 кудеркин（可能在其他史料中没有遇到过这个词）。此外，在伊本·法德兰曾经过的那个地方还设有一个特殊的军队长官。他的父亲当时还健在，是伏尔加河保加利亚国王的亲属（父亲或者妻兄）。[3] 由于这个人的庇护，阿拉伯人顺利地穿过了奥古兹人的长墙，否则的话，按照伊本·法德兰的说法，奥古兹人就会对他们进行抢劫或者甚至杀死他们。但是与其说事情是按照这些长官的命令解决的，倒不如说是由奥古兹人彼此商量解决的，此外，对长者的尊敬也起了一些作用。

奥古兹人给伊本·法德兰留下的印象是富裕的游牧民族，如同后来的土库曼人一样，他们拥有数量庞大的绵羊群。有一些富人拥有绵羊的数量达到10万只。绵羊是奥古兹草原出口到穆斯林地区的主要物品，并且最活跃的贸易是在花剌子模的一些边境点上进行的。在和平时期，奥古兹人来到（显然是带着牲畜）位于阿姆河右岸距咸海有1天路程的帕拉特勤城[4]，或者来到古尔干奇（现在的库尼亚乌尔根
564 奇）[5]。如同在游牧人口与定居部族之间发生贸易往来的各地一样，这种贸易对游牧民而言尤其需要，所以他们自己把畜群赶到文明区域的边界地点，而不是等到这些地区的商人到他们的草原上来。自然，这种贸易正如伊斯塔赫里所言只有在和平时期才能进行。贸易往来常常

[1]瓦利多夫《马什哈德手抄本》，第244页以下。

[2]《世界境域志》，第18页6。

[3]奥古兹人的首领把保加利亚国王称为自己的萨赫尔，这个词的含义与女儿的丈夫和姐妹的丈夫一样。

[4]在阿拉伯音译中字母 ф 和 б 之间的滑动指向的是字母 п。比较《阿拉伯舆地丛书》索引，Ⅳ。

[5]伊斯塔赫里《道里邦国志》，第303页下面。

由于游牧人口侵袭文明区域或者文明区域向草原腹地进军而中断，后者主要是为了掠夺突厥奴隶[1]，当然，由于游牧人口彼此之间也经常发生战争，所以也可通过贸易的方式获得奴隶。在和平时期，会用船载着粮食顺锡尔河而下运往“新村”。[2]

突厥部族的迁徙一部分是由于游牧人口竭力要征服文明区域的土地引起的，一部分是由于游牧人口彼此之间争夺牧场而引起的，关于这种迁徙我们所拥有的资料少得可怜。例如，伊斯塔赫里说突厥人“在不久前”占领了此前一直荒无人烟的锡亚赫库赫半岛（“黑山”，波斯名称，现在叫做曼格什拉克半岛）。突厥人之所以移居那里是因为他们与奥古兹人之间发生了冲突。[3] 很可能这里指的是奥古兹部落彼此之间的斗争，占领曼格什拉克半岛的突厥人也是奥古兹人。突厥人在那里为自己找到了水源和牧场。此外，他们还夺取在曼格什拉克半岛沿岸遇险船只的货物，这个半岛沿岸有激流。这样一来，后来对里海贸易具有重要意义的曼格什拉克半岛在10世纪时就只能成为沿海航行船只的危险根源。

哈里发国家的突厥邻居可能逐渐受到了穆斯林文明的影响并皈依了伊斯兰教。在一则最古老的关于伊斯兰教在喀什噶尔传播的神话中说，突厥人喜欢穆斯林商队运来的商品，如贵重的纺织品和糖，后来便在此基础上了解了伊斯兰教。[4] 可能在其他地方也发生了这种情况。10世纪，伊斯兰教在奥古兹人中的传播经历了一个漫长的过程。922年，伊本·法德兰在奥古兹人中发现了异教徒的葬礼，这种葬礼曾经在8世纪的蒙古突厥人那里盛行过。在陵墓上矗立着一些雕像，雕像的数量是根据死者生前杀死敌人的数量来确定的，相信这些人在那个世界上将继续为死者服务。[5] 人们不靠近病人，为生病的富人安置一个 565

---

〔1〕例如，马克迪西《诸国知识的最好分类》，第285页下面。

〔2〕伊本·豪卡尔《诸地形胜》，第393页。

〔3〕伊斯塔赫里《道里邦国志》，第219页。

也比较别克兰《世界书》，博尔谢夫斯基版，第39页（第17页a）。——Ю. 布列格利

〔4〕巴托尔德《蒙古入侵时期的突厥斯坦》，第1册，第131页。

〔5〕巴托尔德《论突厥人和蒙古人的葬礼问题》，第64页。

帐篷，在死亡之前或恢复健康之前他应一直躺在那里，生病的穷人或者奴隶则直接被扔到草原上。人们给死者（显然只是富裕的死者）穿上衣服带上武器放入深深的坟墓中，坟墓建得像住宅一样。还为他们摆放一些物品，然后把坟墓填平，上面修建一座黏土拱门。[1] 为了悼念死者要杀100到200头牲畜，把头颅、皮和尾巴悬挂在树上，相信死者将骑着这些动物到另一个世界上去。伊本·法德兰见到过一位奥古兹王，他的尊号叫做库丘克伊难（小伊难），他皈依了伊斯兰教，但后来却又回归尊崇偶像崇拜的宗教。

当然除了伊斯兰教传播之外，在草原上还有其他宗教也在传播，特别是基督教，但是有关这方面的记载却非常模糊。13世纪的作者扎卡良·卡兹维尼[2]把奥古兹人说成是基督教徒[3]，在他们的北部邻居基马克人的国家有一座山崖，山崖上面明显带有一个在此处叩头的人所留下的双脚和膝盖的痕迹，还有一个孩子的双脚以及驴蹄的痕迹。奥古兹人对这些痕迹顶礼膜拜，认为这是耶稣留下的痕迹，显然是把它们当成了逃往埃及的神话来对待的。正如马尔克瓦尔特所指出的[4]，关于这些痕迹和奥古兹人崇拜这些痕迹的记载我们在比鲁尼[5]（11世纪初）那里找到了更早的说法，但是那里既没有谈到奥古兹人的基督教，也没有说这是耶稣留下的痕迹，因此有可能对崇拜痕迹的解释是卡兹维尼自己或者是他的一位前辈杜撰出来的。可能人们对这些痕迹的崇拜与基督教的传说完全无关，而是由某种令人诧异的自然现象引起的，因为按照图曼斯基手抄本的说法，奥古兹人从总体上看崇拜所有他们认为杰出的和不可思议的东西。就像在比鲁尼著作的其他一些地方比如在谈到俄罗斯人的地方一样，在提到祭司或巫师时立即就谈起

〔1〕关于突厥陵墓上面的建筑，可以参见巴托尔德《论突厥人和蒙古人的葬礼问题》，第57页以下。

〔2〕巴托尔德《论前蒙古时期突厥斯坦的基督教》，第18页。

〔3〕关于奥古兹人的基督教问题，比较 خریستیانلغی احمد زکی ولیدی، اوغوزلرک 。——Ю. 布列格利

〔4〕马尔克瓦尔特《克曼人》，第101页。

〔5〕比鲁尼《过去世代的遗迹》，扎哈乌译本，第264页。

了对“医生”的崇拜。

根据传说，奥古兹人逐渐向南部迁移并征服伊朗是与伊斯兰教在锡尔河下游地区取得的成就有关，但是关于伊斯兰教在锡尔河下游地区所取得的成就没有什么清晰和详细的记载。无论如何，我们在这里看到的不是为了一个共同的军事目的而组织起来的民族联盟，而是某些群体的分散行动，这种分散的行动以臣服于除阿拉伯半岛之外的整个前亚而告终，如果不是臣服于土库曼民族，那么也是臣服于由土库曼民族建立的王朝。 566

关于这一王朝的起源及崛起，伊本·阿尔·阿西尔[1]作了最详细的阐述。历史学家通常根据其祖先塞尔柱的名字把这一王朝称作“塞尔柱王朝”，塞尔柱是图卡克（按照突厥南部的发音叫做杜卡克）之子。图卡克一词的意思似乎是“新葱”。在伊本·阿尔·阿西尔的原文中不是读作 джадид（新）而是读作 хадид（铁）。大概有一个神话就是从这里产生的，神话中说塞尔柱有一个外号叫“铁弓”（帖木儿亚伊雷格）。[2] 在某些记载中[3]，塞尔柱父亲的名字与传说中的一位贤人洛克曼的名字一样，《古兰经》中提到了这位贤人（第 31 章）。15 世纪[4]，编撰塞尔柱家族史的作者把这两个传说合成一个，称塞尔柱的父亲为洛克曼·杜卡克。[5] 根据伊本·阿尔·阿西尔的说法，杜卡克流露出了对伊斯兰教的好感，并且当奥古兹叶护集结军队进攻穆斯林地区时，他与奥古兹叶护发生了争论。叶护与图卡克之间的冲突达到了白热化的程度，但是后来他们又和解了，图卡克留在了叶护那里。他的儿子塞尔柱也赢得了叶护的好感并获得了休巴希（军队首脑）的封

---

〔1〕《全史》，托恩伯格版，Ⅸ，第 321 页及下一页。

〔2〕在《伊斯兰教百科全书》第 4 卷中是这样写的，第 222 页。

〔3〕比如在穆罕默德·侯赛因那里，第 17 页（关于这一著作，参见巴托尔德《论君士坦丁堡和开罗图书馆中的某些东方手抄本》，第 115 页以下）。在拉文迪那里也是这样说的，参见《塞尔柱王朝史》，伊克巴尔版，第 88 页。

〔4〕B. A. 戈尔德列夫斯基在《“关于君士坦丁堡的突厥文集”札记》中引用了有关作者名字的传说，第 1 页，注释。巴兵戈《历史学家》，第 9 页，第 3 期。

〔5〕拉文迪《塞尔柱王朝史》，突厥译本，第 34 页。

号。在马赫穆德·喀什噶尔的著作中塞尔柱也带有这一封号。[1] 叶护的妻子唆使丈夫重新反对塞尔柱,塞尔柱便同自己的追随者一起从异教徒地区来到了伊斯兰教地区,皈依了伊斯兰教,定居在詹德附近,成为穆斯林与异教徒突厥人进行斗争的同盟者。他赶走了叶护的收税人,并把穆斯林从叶护的赋税之下解放出来。这时伊列克(博格拉汗哈伦·伊本·穆萨)之子哈伦[2]占领了萨曼王朝国家的一部分地区,萨曼王朝向塞尔柱求助,塞尔柱派自己的儿子阿尔斯兰去他们那里,在他的帮助下萨曼王朝收复了自己的领地,此后阿尔斯兰回到自己父亲那里。塞尔柱活了107岁,他死在詹德并葬在那里。

根据这里所叙述的历史事件的发生年代可以准确地判断出博格拉汗占领布哈拉的时间以及他后来撤退的时间。博格拉汗是在992年5月占领布哈拉的,同年8月17日萨曼王朝埃米尔努赫·伊本·曼苏尔
567 重新进入布哈拉。[3] 伊本·阿尔·阿西尔所说的给予萨曼王朝的帮助并没有为其他史料所证实。最早谈论这些事件的历史学家乌特比[4]只说在博格拉汗撤退的时候奥古兹人袭击了他的队伍。也可以发现伊本·阿尔·阿西尔的叙述与14世纪历史学家哈姆达拉赫·卡兹维尼的叙述在年代上是相互矛盾的(不涉及哪一种叙述更接近真相的问题)。按照伊本·阿尔·阿西尔的说法,塞尔柱992年后死于詹德,而哈姆达拉赫·卡兹维尼则说[5],塞尔柱的儿子们(显然是在自己的父亲死后)是在375/985—986年来到萨曼王朝的领地并定居在布哈拉地区努尔村附近的。不管怎么说,奥古兹人与詹德居民之间的和睦相处并没有持续多久。历史学家贝哈基在叙述1034年发生的事件时

---

〔1〕马赫穆德·喀什噶尔《突厥语词典》,Ⅰ,第397页。

〔2〕关于他的出身,见巴托尔德《蒙古入侵时期的突厥斯坦》,第2册,第269页,注释5。

本版,第1卷,第318页,注释4。博格拉汗哈伦是苏莱曼之子,而不是穆萨之子,他的全名是阿布·穆萨·阿尔·哈桑(哈伦)布·苏莱曼(参见普利查克《哈拉汗王朝》,第25–26页)。——Ю.布列格利

〔3〕巴托尔德《蒙古入侵时期的突厥斯坦》,第2册,第271页以下(本版,第1卷,第320页以下。——Б.加富罗夫)。

〔4〕乌特比《亚米尼史》,Ⅰ,第176页。

〔5〕《胜利书节选》,布朗版,原文,第434页。

就已经谈到当时詹德的统治者沙赫·梅利克(关于他的出身没有任何记载)和塞尔柱的后裔之间存在着由来已久的矛盾和不共戴天的仇恨。[1]

伊本·阿尔·阿西尔说,塞尔柱身后留下了3个儿子:阿尔斯兰、米凯尔和穆萨。米凯尔死于与异教徒的斗争,只有在他死后他的儿子吐格利尔拜格·穆罕默德和恰格雷拜格·达乌德才移居努尔。关于两兄弟与博格拉汗的关系,关于吐格利尔拜格如何被博格拉汗背信弃义地俘虏又被达乌德解救出来,完全不可能继续按照年代来叙述。

更合乎情理的是11世纪初当萨曼王朝的僭王蒙塔西尔为维护自己王朝的权力而与突厥征服者进行无望斗争[2]的时候,塞尔柱的后裔参与了这些事件。根据11世纪两位历史学家乌特比[3]和加尔迪齐[4]的叙述,在呼罗珊的行动失败后,蒙塔西尔于1003年从阿比韦尔德来到了奥古兹人那里,但很遗憾没有明确地说出奥古兹人生活在哪里。根据加尔迪齐的说法,他们的首领是叶护。他皈依了伊斯兰教并与蒙塔西尔建立了姻亲关系。根据历史学家拉文迪的记载[5],塞尔柱之子 568
穆萨的名字叫叶护,可能这里所说的就是他[6],因为在奥古兹人归附蒙塔西尔之后再也没有谈论渡过阿姆河的问题,而是直接谈论向撒马尔罕进军的问题,所以可能这里所说的就是住在努尔附近的奥古兹人。

---

〔1〕贝哈基《贝哈基历史》,莫尔列伊版,第836页。

把解释贝哈基和伊本·阿尔·阿西尔的资料与阿布尔哈齐所引用的突厥传说进行对比的尝试,参见托尔斯托夫《古兹人的城市》,第91-93页;也比较普利查克《覆灭》,第407页。根据O.普利查克的说法,沙赫·梅利克是奥古兹叶护之子,在皈依了伊斯兰教之后他的名字叫做阿里(参见下面第568页,注释58)。——Ю.布列格利

〔2〕关于斗争的过程参见巴托尔德《蒙古人侵时期的突厥斯坦》,第2册,第282页以下(本版,第1卷,第330页以下。——Б.加富罗夫)。

〔3〕乌特比《亚米尼史》,Ⅰ,第335页以下。

〔4〕《记述的装饰》,剑桥手抄本,第113页a以下。

〔5〕《塞尔柱王朝史》,伊克巴尔版,第87页。

〔6〕正如O.普利查克指出的,B.B.巴托尔德把这一记载归为穆萨·本·塞尔柱的观点是不正确的,他的封号是佩护而不是叶护。根据普利查克的观点詹德沙赫·梅利克的父亲是皈依了伊斯兰教的奥古兹叶护,他的穆斯林名字叫做阿里。与萨曼王朝联姻说明了他的儿子沙赫·梅利克是一位典型的萨曼王朝的库尼亚(阿布尔·法瓦里斯)。参见普利查克《覆灭》,第406-407页。但比较Cahen,*JA*,t.CCXLⅡ。——Ю.布列格利

关于给蒙塔西尔的帮助,乌特比说奥古兹人向来忠于萨曼家族。事件的过程促使我们认为游牧人口通常只是希望利用机会攫取战利品。蒙塔西尔在奥古兹人的帮助下在泽拉夫善河地区取得了胜利,但他没能占领撒马尔罕。奥古兹人在胜利之后立即撤退,他们把战利品运到了自己的游牧地,并带走了18位被俘获的敌方首领。奥古兹人拒绝把这些俘虏交给蒙塔西尔,从一开始他们就打算获取赎金,后来蒙塔西尔得到消息说,奥古兹人想利用战俘与敌人订立和约。蒙塔西尔带领700名战士(其中有300名骑兵、400名步兵)离开了奥古兹人,他们在达尔干附近渡过阿姆河,河上结了冰,为了能让马在冰面上通过,他们在河面上铺上了干草。奥古兹人在后面追击蒙塔西尔,但是没有越过河。乌特比说是过河的危险阻挡了他们,加尔迪齐则说是他们脚下的冰裂开了,他们都死了。蒙塔西尔此后再也没尝试过依靠奥古兹人。

萨曼王朝在中亚的领地转到了突厥王朝手中,伊斯兰历史学家通常把这个王朝称作"阿弗拉西阿布王朝"。在俄罗斯学术界,从B. B. 格里戈里耶夫[1]时期开始就根据这一王朝最初一位领袖的外号[2]把该王朝称作"哈拉汗王朝"。在哈拉汗王朝的国家中,氏族制度的原则以及与此相关的诸侯分封体系比其他绝大多数游牧国家还要强大。某些地区的统治者更换得非常快,以至于无论根据书面资料还是根据硬币都无法确定哈拉汗王朝的统治时代年表。要解决与王朝世系有关的
569 问题也是如此困难。[3]

还没有完全弄清楚11世纪初塞尔柱的后裔曾到过他那里的哈拉汗王——阿里特勤[4]的出身。历史学家贝哈基引用了维齐尔梅伊门季对伽色尼王朝苏丹马苏德所说的话(1032年),其中谈到阿里特勤在

---

〔1〕格里戈里耶夫《哈拉汗王朝》。

〔2〕哈拉一词在哈拉汗王朝的封号中(哈拉哈干,哈拉汗)的意思是"主要的"、"伟大的"。参见Pritsak, *Qara*。——Ю. 布列格利

〔3〕哈拉汗国家的政治史概要和这个王朝的世系,参见普利查克《哈拉汗王朝》(这里有一份关于哈拉汗王朝史料和文献的书刊简介);关于晚期的哈拉汗王朝(从12世纪中叶开始),也参见达维多维奇《中亚哈拉汗王朝年表和世系谱中的钱币学资料》。——Ю. 布列格利

〔4〕他是布哈拉第一位征服者博格拉汗阿尔·哈桑(哈伦)之子。有关他的详细资料,参见普利查克《哈拉汗王朝争端》,第218-224页。——Ю. 布列格利

马维兰纳尔已经30年了[1]，这可能有些夸张。关于阿里特勤和塞尔柱后裔的关系，伊本·阿尔·阿西尔也引用了一些不能为其他史料所证实的细节。其中谈到了几次武装冲突，但是根据其他资料，直到阿里特勤本人1034年去世之前并没有发生任何冲突。1025年伽色尼王朝苏丹马赫穆德远征阿里特勤并迫使他逃往草原，此前萨曼王朝在伊朗的遗产转移到了这位伽色尼王朝的苏丹手中，并且他还在1017年征服了花剌子模。在阿里特勤那里任职的奥古兹人的首领是塞尔柱的儿子阿尔斯兰，他的穆斯林名字叫做伊斯拉伊尔。他被俘之后，根据马赫穆德的命令被送往印度，囚禁在要塞中并死在那里。塞尔柱帝国的历史学家们以及在他们影响之下的伊本·阿尔·阿西尔把马赫穆德的行为描写成背信弃义的行动。说马赫穆德邀请伊斯拉伊尔到自己这里来，并背信弃义地抓住了这位轻率地来到他那里的奥古兹首领。[2] 而在此前的加尔迪齐那里[3]则是另外一种说法。他在叙述了马赫穆德与哈拉汗王朝的首领卡德尔汗优素福会面的情形之后[4]，谈到了阿里特勤逃往草原一事。同时，马赫穆德得知伊斯拉伊尔·伊本·塞尔柱藏在一个地方，于是派人将其带来，然后伊斯拉伊尔被送往加兹纳，又从那里被送往印度。

在叙述奥古兹人与马赫穆德及其继承人的关系时，加尔迪齐首次把奥古兹人称作土库曼人，在记载11世纪初的历史事件时他像乌特比一样只使用了古兹这一术语。贝哈基把奥古兹人叫做土库曼人，但伊本·阿尔·阿西尔则仍然只谈"古兹人"。从伊本·阿尔·阿西尔的言论中可以得出结论，马赫穆德和阿尔斯兰（伊斯拉伊尔）一起抓获了已经归顺了他的奥古兹人，他们一部分被消灭，一部分被安置在呼罗珊

[1]巴托尔德《蒙古入侵时期的突厥斯坦》，第2册，第297页（本版，第1卷，第344页。——Б.加富罗夫）。

[2]拉文迪的叙述（《塞尔柱王朝史》，伊克巴尔版，Ⅱ，第87页以下）尤其令人难以置信，他的叙述对后来波斯的历史学家产生了重大的影响。

[3]《记述的装饰》，剑桥手抄本，第125页6。

[4]关于这次会见，参见巴托尔德《蒙古入侵时期的突厥斯坦》，第2册，第298页以下（本版，第1卷，第344页以下。——Б.加富罗夫）。

的一些地方。拉文迪甚至迫使伊斯拉伊尔说他似乎拥有数十万人。相反，从加尔迪齐[1]的叙述中可以看出一部分奥古兹人对塞尔柱家族充
570 满了仇恨，因此他们有可能惩罚伊斯拉伊尔。土库曼人的首领们来到马赫穆德那里向他抱怨自己的埃米尔“也就是塞尔柱的后裔”，并请求允许他们4000户（家）移居呼罗珊。他们竭力使苏丹相信，他们将给他的臣民及他本人带来好处：他们赶来的羊群可以供居民食用，苏丹也会由于他们的到来而补充自己的军队。苏丹答应在塞拉赫斯、阿比韦尔德、费拉瓦（克孜勒阿尔瓦特）附近的草原上拨给他们牧场。但图斯总督、埃米尔阿尔斯兰·贾西布劝马赫穆德不要犯这种错误，劝他作出一个决定：或者消灭土库曼人，或者砍掉他们每一个人的大手指，让他们不能放箭。[2] 马赫穆德认为这一建议惨无人道，但是过了一段时间之后，他大概把与土库曼人作战的任务委托给了阿尔斯兰·贾西布，并且伊本·阿尔·阿西尔把土库曼人发动起义的原因解释成苏丹官僚横征暴敛，他们不但夺取了土库曼人的财产而且还夺取了他们的子女。加尔迪齐[3]只是谈到涅萨、阿比韦尔德和费拉瓦城的居民们抱怨土库曼人的行为。但在此之前土库曼人已经强大起来，以至于阿尔斯兰·贾西布对付不了他们，大概只有苏丹本人能反对他们。土库曼人遭到了失败，他们一部分被赶到了季希斯坦和巴尔汉，另有一小部分（伊本·阿尔·阿西尔[4]在一个地方说是有2000帐，在另一个地方说有2000名士兵）来到了克尔曼，又从这里来到了伊斯法罕，此后到11世纪40年代中期以前，他们成功地在波斯进行抢掠活动并继续西行，来到了美索不达米亚、库尔德斯坦和亚美尼亚的城市。

从那个时代起，哈里发国家地区与其打交道的3支奥古兹人或土库曼人之间便彼此区别开来：一支叫塞尔柱人，一支叫巴尔汉人，第三支叫伊拉克人（伊拉克，众所周知是古巴比伦帝国的阿拉伯名称）。

---

〔1〕《记述的装饰》，剑桥手抄本，第125页6以下。

〔2〕伊本·阿尔·阿西尔（《全史》，托恩伯格版，Ⅸ，第313页下面）和加尔迪齐都是这样说的，《记述的装饰》，剑桥手抄本，第126页a。

〔3〕《记述的装饰》，剑桥手抄本，第128页a。

〔4〕《全史》，托恩伯格版，Ⅸ，第266和324页。

1035年,当塞尔柱的孙子们请求马赫穆德之子——苏丹马苏德把涅萨城和费拉瓦城地区让给他们时,顺便提一下,他们保证"巴尔汉、季希斯坦、花剌子模边界和阿姆河两岸地区不再出现暴乱者,并将伊拉克和花剌子模的土库曼人赶走"[1]。后来吐格利尔拜格在致西部统治者的信中把迁到西部的奥古兹人称作自己的仆从,说他们是在自己与伽色尼王朝发生战争和花剌子模事件发生时离开他的,并且他表示相信这些人最终会回到他的麾下。[2] 571

"伊拉克"奥古兹人的行动仅仅是一些毫无组织的侵略活动,并且对政治史的进程没有产生直接的影响,因此尽管这种侵略活动仍在继续而且波及的地区非常辽阔,但伊本·阿尔·阿西尔仍然把其比作是迅速散开的夏天乌云。[3]

在马赫穆德时期被赶到巴尔汉山区的土库曼人,在马苏德时期获准返回呼罗珊,但同时马苏德在1031年又下令委任的呼罗珊和西波斯总督抓捕奥古兹人的首领,其中主要是亚格穆尔。他们全部被杀(根据伊本·阿尔·阿西尔的说法[4],他们共有50多人),这一事件引起他们的儿子在1033年发动起义,他们因自己的父亲被杀而对穆斯林充满了仇视。[5] 马苏德为镇压起义而采取了严厉的措施。伊本·阿尔·阿西尔谈到了死刑、砍掉双手和双脚,幸免于难的人继续向雷伊前进以便与在他们之前到达那里的人会合。根据伊本·阿尔·阿西尔的说法,只有从这个时候起才产生了"伊拉克奥古兹人"这一术语。

塞尔柱的孙子们在1025年以后仍然留在阿里特勤那里,他在马赫穆德离去后又重返布哈拉,并且在1034年死去之前一直是整个这一地区的统治者,虽然1032年在马苏德统治时期曾发动了反对阿里特勤的

[1]贝哈基《贝哈基历史》,莫尔列伊版,第583页。
[2]伊本·阿尔·阿西尔《全史》,托恩伯格版,Ⅸ,第275页。
[3]伊本·阿尔·阿西尔《全史》,托恩伯格版,Ⅸ,第277页。
[4]伊本·阿尔·阿西尔《全史》,托恩伯格版,Ⅸ,第267页。
[5]贝哈基的话(《贝哈基历史》,莫尔列伊版,第460页)。

远征[1]，这次征伐是根据马苏德的命令由花剌子模沙赫（花剌子模总督）阿尔通塔什完成的。与此同时，塞尔柱的孙子们尽管知道自己叔叔的命运，但依然没有断绝与伽色尼王朝的联系。每年他们都到花剌子模过冬，阿尔通塔什答应在那里拨出一些地方给他们及其畜群使用。[2] 阿尔通塔什（死于1032年）的儿子和继承人哈伦对他们更友好，他于1034年摆脱了苏丹马苏德的控制。就在这一年与阿里特勤的儿子们发生争执的塞尔柱的孙子们来到了他那里，哈伦把阿姆河右岸舒拉汉[3]附近的土地拨给他们，并承诺当他们在那里遭到自己不可调和的敌人——詹德统治者沙赫·梅利克进攻时支持他们。土库曼人从花剌子模继续前进，1034年谈到他们出现在梅尔夫、塞拉赫斯、阿比韦尔德和巴德吉斯（在阿富汗西北部地区）[4]，还谈到土库曼人（可能是另外一些留在阿里特勤儿子那里的土库曼人）入侵卡巴狄安和铁尔梅
572 兹，说他们渡过了阿姆河，并在沙普尔干附近被打败[5]。然而只有1035年当哈伦在伽色尼王朝政府的唆使下被处死之后，土库曼人才离开了花剌子模，并且有1万人骑马来到了涅萨，他们从那里通过呼罗珊新总督阿布尔·法兹尔·苏里请求苏丹马苏德将涅萨城和费拉瓦让给他们。致苏里的信[6]是以叶护[7]、吐格利尔和达乌德三兄弟的名义起草的。同时苏里以自己的名义通知苏丹，以前来到涅萨的土库曼人和许多“花剌子模人、塞尔柱人”对外来人很不客气，甚至不让他们

[1]关于此次远征，参见巴托尔德《蒙古人侵时期的突厥斯坦》，第2册，第312页以下（本版，第1卷，第357页以下。——В.加富罗夫）。

[2]贝哈基《贝哈基历史》，莫尔列伊版，第583页。

[3]贝哈基《贝哈基历史》，莫尔列伊版，第856页。

[4]贝哈基《贝哈基历史》，莫尔列伊版，第535页。

[5]贝哈基《贝哈基历史》，莫尔列伊版，第543页。

[6]信的全文在贝哈基的著作中（《贝哈基历史》，莫尔列伊版，第582页以下）。

[7]佩护（或拜护、比护）。在新的俄文贝哈基译本中（A. K.阿伦茨译本，第416页等）到处写的也是叶护，虽然译者本人指出原文中写的只是 ايىغو（贝哈基《贝哈基历史》，阿伦茨译本，第662页，注释100）。这是吐格利尔和达乌德（塞尔柱之子）的叔叔，而不是他们的兄弟，他的名字叫阿尔斯兰（佩护是他的封号；比较 Cahen, *JA*, t. CCXLⅡ）。比较本版第1卷，第370页。——Ю.布列格利

停留[1]。虽然土库曼人自身之间发生了这样的纷争，但这一年他们还是成功地击溃了派来反对他们的军队，并且其中一位被俘的官员甚至在和约签订后还被扣留在他们那里。[2] 条约是在 1035 年 8 月末签订的，而且土库曼人现在获得的利益比他们起初所要求的还要多。吐格利尔得到了涅萨，叶护得到了费拉瓦，达乌德得到了季希斯坦。三人都被称为德赫干，人们把从里海沿岸到喀什噶尔与伊朗接壤的整个突厥世界的突厥首领称作德赫干。[3] 当时打算，让三兄弟中的一人到苏丹的宫廷中生活（显然是作为人质），前提是苏丹前往巴尔赫和他们感到自己安全时（条约是在尼沙普尔与土库曼王公的使者签署的，而不是与他们本人签署的）。兄弟三人当时都留在涅萨。[4] 573

条约所确立的关系并没有持续多久，还在 1036 年初就开始传来了土库曼人（塞尔柱人以及归附他们的伊朗奥古兹人）进攻阿富汗西北部和塞拉赫斯的消息。[5] 很快土库曼人反对苏丹马苏德军队的所向披靡的军事行动又开始了。关于呼罗珊地区统治权的问题只有在 1040 年 5 月坚塔干（在梅尔夫和塞拉赫斯之间）附近的战斗中才获得了最终的解决[6]，但是在此之前的 1037 年，梅尔夫已经冲制了带有达

---

〔1〕此处贝哈基说得并不十分清楚，可以作出各种解释。原文（加尼、菲亚兹版，第 470 页）是这样的：آمدند وترکمانان که آنجا بودند ودیگر فوجی از خوارزمیان سلجوقیان سلجوقیان وینالیان سواری ده هزار از
ایشان‌را پیش خود برپای داشتند ونشاندند ومحل آن ندیدند جانب مرو بنسا。《土库曼人和土库曼史资料》（A. A. 罗马斯克维奇主编）第 1 卷第 246 页中的译文从总体上看与巴托尔德对此处的转述是相吻合的。在 A. K. 阿伦茨的译本中是这样写的："塞尔柱的后裔让到达那里的土库曼人和许多其他花剌子模人站在自己面前，不让他们坐下，认为这样不合适"（贝哈基《贝哈基历史》，阿伦茨译本，第 416 页）。B. Ф. 米诺尔斯基对原文的解释是："苏里通知说，1 万名塞尔柱人和伊难人经梅尔夫来到了涅萨，但当地的土库曼人和花剌子模塞尔柱人（塞尔柱花剌子模人？）不给他们居住之地"（参见巴托尔德《中亚史研究四种》，第 3 卷，第 107 页，脚注 1）。——Ю. 布列格利

〔2〕指的是霍加阿里·米凯尔（贝哈基《贝哈基历史》，莫尔列伊版，第 600 页），在加尔迪齐那里（《记述的装饰》，剑桥手抄本，第 135 页 a）写的是侯赛因·伊本·阿里·伊本·米凯尔。在 1050 年前后写作的加尔迪齐对此（第 135 页 б）补充道："迄今为止他仍留在他们那里。"

〔3〕关于季希斯坦的德赫干参见前面第 556 页；关于喀什噶尔的德赫干，参见巴托尔德《蒙古入侵时期的突厥斯坦》，第 2 册，第 252 页（本版，第 1 卷，第 301 页。——Б. 加富罗夫）。

〔4〕贝哈基《贝哈基历史》，莫尔列伊版，第 610 页以下。

〔5〕贝哈基《贝哈基历史》，莫尔列伊版，第 618 页。

〔6〕巴托尔德《蒙古入侵时期的突厥斯坦》，第 2 册，第 321 页（本版，第 1 卷，第 365 页。——Б. 加富罗夫）。

乌德名字的硬币，1038年在尼沙普尔冲制了带有吐格利尔名字的硬币。[1] 从前的“德赫干”现在自称“王中王”，并且这一封号在他们最初冲制的硬币上是以波斯词沙汉沙赫的形式出现的，后来它为阿拉伯词汇苏丹所代替，从前国王的封号——阿拉伯词梅利克和波斯词沙赫开始被应用于称呼诸侯。塞尔柱苏丹几乎使整个穆斯林亚洲都臣服于自己。在这种情况下，锡尔河上的那些地区（他们是从那里来的）对他们而言就没有太大的意义了。苏丹阿尔普·阿尔斯兰（1063—1072年）只是1065年在西部夺取了轰动一时的胜利之后才来到锡尔河并征服了詹德和扫兰。[2] 由于感到自己更像是伊斯兰国王而不是突厥国王，所以塞尔柱苏丹们不再过多地关注自己帝国的边疆地区，也不阻碍其他突厥民族——钦察人占领自己边陲的部分地区。塞尔柱苏丹对整个奥古兹人的命运根本漠不关心，很可能甚至不知道当1065年阿尔普·阿尔斯兰在锡尔河上采取行动时，奥古兹人已越过多瑙河入侵了
574 巴尔干半岛。

〔1〕伊本·阿尔·阿西尔《全史》，托恩伯格版，第9卷，第327页以下。年代是依据贝哈基的《贝哈基历史》改正的，莫尔列伊版，第676页以下。

〔2〕巴托尔德《蒙古人侵时期的突厥斯坦》，第2册，第334页（本版，第1卷，第376页。——Б.加富罗夫）。

3 从11世纪末到蒙古入侵前

由于塞尔柱帝国的形成，奥古兹或土库曼民族对伊斯兰世界而言就具有了在中世纪任何其他一个突厥民族所不具备的那种意义。由此它引起了相对较多的关注，我们发现在伊斯兰文献中比较详细地列出了奥古兹人的氏族和部落。而关于其他任何一个突厥民族我们都没有这样的资料。

奥古兹民族的世系表流传到我们今天的是两种互不相同的版本。第一种是在马赫穆德·喀什噶尔的著作中[1]，第二种在拉施特·阿德金的著作中[2]。第一种直到最近还依然完全不为人所知，第二种则经常被使用，顺便提一下，早在15世纪塞尔柱王朝历史的作者就已经运用这份世系表了。[3]

我们看到根据马赫穆德·喀什噶尔的说法，奥古兹人最初有24个氏族，但是其中2个（没有说出它们的名称）是脱离了奥古兹人的哈剌赤人，所以在他那个时代奥古兹氏族为22个，他分别列举出了这22个氏族的名称。至于这些氏族名称的起源，他只是说每一个氏族都带有相应氏族祖先的名字。根据拉施特·阿德金的说法，奥古兹人从古代到他生活的时代一直都有24个氏族，并且它们都起源于奥古兹人的祖先奥古兹汗。他有6个儿子，每一个儿子又有4个儿子，这些子孙的名字就是起源于他们的氏族的名称。这24个名称中每一个名称的普通意义都被列举出来。其中21个名称与马赫穆德·喀什噶尔所列举的相应名称吻合，所不同的只是马赫穆德·喀什噶尔使用的是更古老的语言学形式。这些名称如下（以马赫穆德·喀什噶尔的排列顺

[1]马赫穆德·喀什噶尔《突厥语词典》，Ⅰ，第56页以下。

[2]《史集》，贝勒津版，Ⅰ，原文第32页以下。

[3]拉文迪《塞尔柱王朝史》，突厥译本，第21–25页。

575 序为例）：

马赫穆德·喀什噶尔：	拉施特·阿德金[1]：
克内克 Кынык	克内克 Кынык
凯厄格 Кайыг	凯厄 Кайы
巴尤杜尔 Баюндур	巴尤杜尔 Баюндур
伊韦或耶韦 Иве или Йиве	耶韦 Йиве
萨古尔 Салгур	萨鲁尔 Салур
阿弗沙尔 Афшар	阿夫沙尔 Авшар
拜格基里 Бектили	拜格基里 Бекдили
比克久兹 Бюкдюз	比克久兹 Бюкдюз
巴亚特 Баят	巴亚特 Баят
亚兹格尔 Язгыр	亚济尔 Язьр
艾缪尔 Эймюр	艾缪尔 Эймюр
卡拉比留克 Кара-бюлюк	卡拉艾弗里 Кара-эвли
阿尔卡比留克 Алка-бюлюк	阿克尔艾里 Алкыр-эвли
伊格捷尔 Игдер	耶格捷尔 Йигдер
乌列吉尔或尤列吉尔 Урекир или Юрекир	乌列吉尔 Урекир
图特尔加 Тутырга	图图尔加 Дудурга
乌拉约德鲁格 Ула-йондлуг	乌拉约特雷 Ула-йонтлы
秋克尔 Тюкер	久克尔 Дюкер
佩彻涅格 Печенег	比赤涅 Биджне
朱瓦达尔 Джувалдар	扎乌杜尔 Джавулдур
詹卜尼 Джебни	切卜尼 Чебни

在拉施特·阿德金那里只有最后3个氏族名称的排列顺序与马赫穆德·喀什噶尔的排列顺序一样，两位作者对其他氏族的排列顺序没有任何共同之处。马赫穆德·喀什噶尔所列举的最后一个氏族的名称

[1]马赫穆德·喀什噶尔使用的是元音符号，我们在这里写的都是拉施特·阿德金的发音，如果正字法与此不矛盾的话。

即第 22 个氏族的名称是察鲁克鲁格 джаруклуг 或恰鲁克鲁格 чаруклуг[1](作者可能没有把 дж 和 ч 的发音区别开来),在拉施特·阿德金那里没有类似的名称。拉施特·阿德金引用了 3 个在马赫穆德·喀什噶尔那里所没有的名称,这 3 个名称分别为:亚伊厄雷 яйырлы、卡雷克 карык 和卡尔肯 каркын。两位作者都列举了每一个氏族的标印(标印这个词只在拉施特·阿德金那里出现过),这些标印是用来给自己氏族的牲畜打标记的。根据拉施特·阿德金的说法,标印是用于防止财产纠纷的。马赫穆德·喀什噶尔在文中所描述的标印与拉施特·阿德金文中所描述的标印有着本质的差别。马赫穆德·喀什噶尔的说法更令人信服,这不仅是因为这个版本更为古老,而是因为 576 它源于 1266 年附有作者签名的一个很好的表格。可能,塞尔柱王朝所起源的克内克氏族的印戳保存在早期塞尔柱苏丹的硬币上(与马赫穆德·喀什噶尔所描述的印戳相似)。拉施特·阿德金引用了一些在马赫穆德·喀什噶尔那里所没有的其他资料。我们只是从拉施特·阿德金的叙述中了解到奥古兹人在伊斯兰时代还存在着图腾崇拜的遗俗。每一个氏族都崇拜一种鸟,氏族的成员不能碰也不能吃这种鸟,人们使用恩衮 онгун 或乌伊贡[2] уйгун 一词来表示这种图腾。此外,还规定了在举行公共宴会时哪一个氏族有权吃哪一部分肉(在这种情况下没有突厥术语)。无论是恩衮还是肉都不分为 24 份,而只是根据奥古兹汗有 6 个儿子的事实分成 6 份,每 4 个氏族分得 1 份。马赫穆德·喀什噶尔和拉施特·阿德金都没有谈及各个氏族的地理分布情况。

从 11 世纪下半叶到 14 世纪初,语言的演变在多大程度上是由两位作者所列举的名称在正字法中的差异决定的?这一问题尚有争议。

---

〔1〕显然,这一氏族的名称与生活在喀什噶尔巴尔丘克城(现在的马拉尔巴希)察鲁克或恰鲁克部落的名称有关。比较马赫穆德·喀什噶尔《突厥语词典》, I ,第 318 页。

〔2〕发音参见拉德洛夫《突厥方言词典试编》, I ,第 1645 页,这里也说在中亚这个词还表示“标印”的意思。在民族学文献中,采用的是具有另外意义的蒙古词恩贡 онгон。比较波塔宁《西北蒙古概论》,第 4 分册,第 93 页以下。

关于土库曼人的图腾崇拜,参见托尔斯托夫《土库曼人图腾崇拜和外婚制的残余》。——Ю.布列格利

马赫穆德·喀什噶尔能按照他自己的读音而不是按照奥古兹人的读音写出一些名称。从他自己所引用的突厥语及其方言的资料中可以看出,当时已经存在着一些构成南部群体方言特点的语音现象:浊辅音代替了清辅音(д代替了т),硬喉音(г)在词中和词尾脱落等等。[1] 由此可见,土库曼语的词汇构成与更东部方言之间的差别当时已经达到了几乎与现在同等的程度。对于历史学家而言,被奥古兹人从中亚带到西方同时还不为中亚突厥人所知的文化词汇尤其具有特别的意义。那时就已经出现了图格拉 тугра 一词,后来把奥斯曼苏丹的图章称作图格拉。在塞尔柱帝国由 тугра 这个词还形成了形容词图格莱 туграи[2]——"图章保管人"之意,11 世纪帝国的一位总是与维齐尔一起被提到的主要大臣就被称为图格莱。[3] 马赫穆德[4]引用图格拉
577 тугра 这个词的时候使用的是图格拉格 туграг 的形式,并且他补充说:"在奥古兹语中人们这样称呼国王的图章,突厥人不知道这一词汇,我也不知道它的起源。"但紧接着在另一个地方[5]又用图格拉格 туграг 一词来表示另外一种意义:"人们这样称呼国王在行军出发(在其他地方还写道:'或者奔赴战场')当日赐给自己军队的每一匹战马,在战事停止后这些战马要归还给他。"接下来还对此补充说:"加盖了印章的书信用奥古兹语也这样称呼。"其他突厥人(和后来的蒙古人)所使用的含义相近的封诰 ярлык 一词还不为奥古兹人所知。[6]

由于专有名词匮乏而且其含义不明确,所以要弄清奥古兹人的氏族部落制度就像弄清任何其他游牧民族的氏族部落制度一样困难。我在研究兀鲁伯[7]时援引了一些使用各种不同的术语来表示同一意义的例子,未必在任何地方、任何时候都遵奉拉德洛夫词典[8]中根据艾

[1]马赫穆德·喀什噶尔《突厥语词典》,Ⅰ,第 32 和 35 页。
[2]例如本达里,豪次姆版,第 132 页以下。
[3]尼扎姆·阿尔·穆里克《治国策》,舍费尔版,原文,第 137 页。
[4]马赫穆德·喀什噶尔《突厥语词典》,Ⅰ,第 385 页。
[5]马赫穆德·喀什噶尔《突厥语词典》,Ⅱ,第 217 页。
[6]马赫穆德·喀什噶尔《突厥语词典》,Ⅲ,第 31 页。
[7]巴托尔德《兀鲁伯和他的时代》,第 24 页。
[8]拉德洛夫《突厥方言词典试编》,Ⅰ,第 1697 页(在兀鲁思词条下)。

哈迈德·韦菲克·帕沙词典所引用的那种含义明确的术语。在那里的各种术语中有一个用于表示最小分度单位的词汇波伊 бой，这个词在相应的地方并没有被单独引用，据我所知，在现在通用的土库曼语中也没有这个词汇。在马赫穆德·喀什噶尔那里[1]用它来表示奥古兹人分成大的部落，该意义还为15世纪《塞尔柱王朝史》的作者所知。[2]关于波伊之间的相互关系在马赫穆德·喀什噶尔那里没有任何记载，拉施特·阿德金也没有谈到马赫穆德·喀什噶尔所说的全体奥古兹人在军事上划分为右翼（在马赫穆德·喀什噶尔时代[3]用一个特殊的词汇萨格 car 而不是突厥词恩格 онг 来表示"右"的含义）和左翼，或者按照另一种说法划分为布祖克 бузук 和乌丘克 учук[4]，布祖克和乌丘克各由12个部落构成，并且布祖克部落的地位要略高一筹。但是塞尔柱王朝所赖以起源的克内克部落却像据传曾一度成为全体奥古兹人首领的萨鲁尔（萨古尔）部落一样，参加了乌丘克的部落。伊本·阿尔·阿西尔[5]也提到，在前蒙古时期全体奥古兹人分为布祖克部落和乌丘克部落。在拉施特·阿德金那里这些词被解释成"折 578
断的"和"3支箭"。传说奥古兹汗的儿子有一次发现了1支金弓和3支金箭，他们问父亲应如何分配这些东西。奥古兹汗把弓折为3段分给了3个年长的儿子，3个小儿子每人分得1支金箭。在另一个属于蒙古时代但并非穆斯林版本的关于奥古兹汗的传说中也叙述了这件事，差别在于这里所说的是金弓和银箭，并且补充说奥古兹汗以前

---

〔1〕马赫穆德·喀什噶尔《突厥语词典》，Ⅲ，第103页；比较Ⅱ，第218页。此处所使用的阿拉伯词汇卡比拉 кабила 和巴吞 батн 像突厥术语一样含义也不明确；比较《突厥语词典》，Ⅰ，第56页，在这里卡比拉 кабила 的概念包括全体奥古兹人民。

在阿克科应鲁时代（1476年）波伊 бой 这个术语的一些狭义的含义，参见米诺尔斯基《民事和军事评论》，第164页。——B. 米诺尔斯基

〔2〕拉文迪《塞尔柱王朝史》，突厥译本，第27页。

〔3〕马赫穆德·喀什噶尔《突厥语词典》，Ⅰ，第69页；Ⅲ，第114页。

〔4〕可能是波祖克 бозук 和乌巧克 уч-ок，前者的意思是"由折断的［弓］构成"，后者的意思是"由3支箭构成"（参见后面）。——B. 米诺尔斯基

〔5〕《全史》，托恩伯格版，Ⅺ，第54页。

在梦中见到过这支弓和这些箭。[1]

奥古兹人当然意识到自己在突厥民族中间具有特殊的地位。炽俟[2](现在哲台苏地区的突厥民族之一[3])一词,根据马赫穆德·喀什噶尔的说法,是用来表示从阿姆河到"上游"中国或真正的中国即南部中国[4]的所有突厥人,10世纪以及10世纪以后南部中国还处于本民族的宋王朝统治之下,而北部中国已经为异族所征服。起初在其他史料中提到的一座离塔拉兹(塔拉斯或奥利耶阿塔)不远的小城叫做炽俟[5],这座小城似乎是由亚历山大建立的,经常遭到自己邻居奥古兹人的袭击,这种敌对状态在马赫穆德·喀什噶尔时代也就是11世纪下半叶还继续存在。

值得注意的是,在塞尔柱帝国时代广泛流传的关于突厥人世系谱传说中没有奥古兹的名字,有炽俟的名字。在中世纪的伊斯兰世界像基督教世界一样,世系谱的概念包含在圣经传说之中。穆斯林比犹太人和基督徒更明确地认为诺亚的3个儿子是旧大陆3种人类——白种人、黑种人和黄种人的祖先,并且黄种人除了肤色之外还有其他特征:面部宽阔、眼睛不大。[6] 亚费特是这些民族的祖先,而且最早来到这里的除了突厥人以外,只有斯拉夫人和圣经中的神话民族歌革人和玛各人。还在19世纪一些欧洲学者就常把亚费特说成是突厥人的祖

579 先[7],他们提议把"古突厥语"称作"亚费特语"。被认为是亚费特后裔的民族当时不是作为文明的创造者而是作为文明的破坏者进行活动

---

〔1〕《福乐智慧》,拉德洛夫版,Ⅰ,第13页;原文,第242页以下。

也参见新俄文译本:谢尔巴克《奥古兹人的传说》,第57-61页。根据这一版本,不是奥古兹汗梦见了弓和箭,而是他的谋臣乌卢格·图鲁克梦见了弓和箭。——Ю.布列格利

〔2〕这一发音是由马赫穆德·喀什噶尔所引用的伪造的词源学(波斯语中炽俟的含义为:"这是什么黏土")规定的,《突厥语词典》,Ⅰ,第330页。

〔3〕比较巴托尔德《七河流域历史概论》,第16页以下(参见前面,第58页以下。——Б.加富罗夫)。

〔4〕关于3个宋王朝,即上游的宋朝、中游的宋朝和下游的宋朝,参见马赫穆德·喀什噶尔《突厥语词典》,Ⅰ,第378页。

〔5〕巴托尔德《1893—1894年中亚科学考察报告》,第15页以下。

〔6〕塔巴里《诸先知和诸王的历史》,Ⅰ,第223页。

〔7〕迪耶兹《回忆录》,第1卷,第165页。

的，因此可以断言亚费特的后裔没有什么优点可言。当然不能这样谈论塞尔柱苏丹的臣民。12 世纪，在塞尔柱帝国从事写作的佚名波斯作者[1]把亚费特的 2 个“聪明的”儿子图尔克和可萨作为例外，只是说其他人一无是处。这位作者说图尔克有 4 个儿子：图捷利[2]、炽俟、巴尔斯罕和伊剌克，3 个年幼的儿子分别是炽俟人（可能是除奥古兹人以外的全部游牧突厥人）、巴尔斯罕人（伊塞克湖东南部巴尔斯罕城的居民，他们有自己独特的方言[3]）和伊剌克人（安格连谷地的文明区域被称为伊剌克，大概当时这一地带已经突厥化了）的祖先。至于图捷利的后裔则缄口不言，显然认为他就是奥古兹人的祖先。后蒙古时期的作者们利用了这些传说，他们把这些传说与蒙古人统治时代形成的传说融为一体。帖木儿历史（15 世纪）的作者谢里夫·阿德金·亚兹迪[4]说出了图尔克 4 个儿子的名字，但接下来的叙述却有些模糊，又谈起了亚费特本人，称阿布扎（无论是这个名字还是其他的名字在手稿中写的都是五花八门）是他的儿子，拉施特·阿德金[5]认为他就是亚费特。在拉施特·阿德金和谢里夫·阿德金·亚兹迪那里，卡拉汗之子奥古兹汗都是阿布扎汗的后裔，只是在谢里夫·阿德金·亚兹迪那里世系谱更加复杂，后代的数量也更多而已。根据拉施特·阿德金的说法，阿布扎汗有一个儿子叫吉布·巴库伊，卡拉汗就是吉布·巴库伊的一个儿子。谢里夫·阿德金·亚兹迪认为卡拉汗是蒙兀儿汗之子。蒙兀儿和鞑靼儿是孪生兄弟，他们是蒙古人和鞑靼人的祖先。他们和吉布·巴库伊之间还有两代人。在其他与奥古兹汗完全无关的世系谱中也谈到了奥古兹民族的起源问题。根据这种世系谱梅宁格（或明格）是亚费特的 7 个儿子之一，他的儿子叫古兹，“所有突厥民族中

[1]巴托尔德《蒙古人侵时期的突厥斯坦》，第 1 册，第 19 页。

[2]通格？——B. 米诺尔斯基

[3]马赫穆德·喀什噶尔《突厥语词典》，Ⅲ，第 182 页。

[4]《胜利之书》，第 22 页 6 以下。

[5]《史集》，贝勒津版，Ⅰ，原文，第 13 页下面。

最差的民族”古兹人就起源于他。[1] 相反,拉施特·阿德金[2]承认世界上所有的土库曼人都是奥古兹汗24个子孙的后裔。并且他还对此补充说,“土库曼”的名称从前没有,奥古兹人和其他突厥民族一样都被称作“突厥人”,只有当他们来到马维兰纳尔和伊朗之后,“由于那些地区水和空气”的作用,他们虽然不完全但却在某种程度上变得像塔
580 吉克人了,所以才被称为土库曼人即类似突厥人的人。

按照拉施特·阿德金的说法[3],土库曼人总是准确地知道自己的某个国王或埃米尔出身于哪个氏族。统治伊朗和图兰将近400年(实际上要少得多)并征服了从埃及到中国辽阔地域的塞尔柱苏丹们出身于克内克氏族。

但是土库曼民族在其所建立的帝国中的地位如何,史料中没有明确的记载。突厥的波斯著作翻译家拉文迪确定,在苏丹桑贾尔时代(1157年)严格地遵守着奥古兹人的习俗。例如,右翼的总伯克必须从凯厄和巴亚特部落任命,左翼的总伯克必须从巴尤杜尔和佩彻涅格部落任命。[4] 但在波斯原文中却没有任何类似的记载。[5] 由于有了管理塞尔柱帝国近30年(1064—1092年)的维齐尔尼扎姆·阿尔·穆里克的著作,我们才拥有了关于11世纪末这个帝国制度的相当详细的资料。这本著作中有一章(第26章)是写土库曼人的。说土库曼人是国家的负担,但因土库曼人为王朝作出了贡献并且与塞尔柱王朝有亲缘关系,所以又不得不顾及他们的利益。尼扎姆·阿尔·穆里克建议挑选1000名年轻的土库曼人将其编入宫廷古利阿姆(近卫军),并且要逐渐使他们养成为宫廷服务的习惯,以便他们能适应与人相处的环境消除从前独处的习俗。在必要的情况下,可以按照这种方式组建一支5000人或10000人的队伍,给他们提供古利阿姆的装备,目的是使他

[1]《胜利之书》,第22页6。

[2]《史集》,贝勒津版,Ⅰ,原文,第26页。

[3]《史集》,贝勒津版,Ⅰ,原文,第39页。

[4]拉文迪《塞尔柱王朝史》,突厥译本,第72页。

[5]拉文迪论桑贾尔苏丹著作的原文于1866年由舍费尔出版(《东方的新融合》,第31-47页)。比较伊克巴尔版,第167-174页。

们能够从这个强国中获得好处:国王将受到赞美,他们也感到满意。[1]且不说只有少数人能够享有这种措施所带来的益处,即使参加了“宫廷古利阿姆”这支大部分由买来的奴隶组成的苏丹近卫军也未必能满足土库曼人的要求。大概,苏丹找到了把波斯农业人口和城市人口从毗邻的游牧人口这种“负担”下解放出来的更现实的途径,他把土库曼人派往塞尔柱帝国的边界地区,让他们在那里与拜占庭人和格鲁吉亚人进行圣战。只有这样才可以解释小亚细亚和阿塞拜疆为什么逐渐被突厥化了。

土库曼人参加了塞尔柱王朝的所有征服活动,也参加了塞尔柱王朝灭亡后形成的阿塔伯格(人们这样称呼年幼的塞尔柱王子的监护人,后来他们成了独立的统治者)王朝的所有征服活动。1164 年,叙利 581
亚阿塔伯格努尔·阿德金·马赫穆德派军队前往埃及,当时这支军队中就有土库曼人。这支军队的首领之一库尔德人萨拉赫·阿德金·优素福(萨拉丁)控制了埃及、叙利亚和的黎波里,并创建了阿尤布王朝,古兹人参加了他对非洲的远征,其中有一些人去了统治北非和西班牙南部的阿尔摩哈德王朝的埃米尔阿布·优素福·雅库布(1184—1199年)那里任职。古兹人的一位埃米尔沙班在西班牙被赐予了大片庄园,年收入为 7000 第纳尔(达 35000 卢布)。总起来说,古兹人在阿尔摩哈德王朝中具有很高的地位。[2] 在统治埃及和叙利亚的阿尤布王朝灭亡后形成的马木留克国家中有土库曼人。15 世纪的埃及作者扎希里[3]——说出了居住在从加沙到迪亚伯克尔一带的土库曼部落,但他没有谈到每一个部落分别住在什么地方。在这些部落的名称中有乌奇奥赫鲁和布兹奥赫鲁(在某些南部突厥方言中用 x 代替了 к)这样的名词。在扎希里所列举出来的部落中具有政治意义的只有一个,这就是伊本杜尔加迪尔部落(阿拉伯语祖尔卡德尔的突厥发音)。奥斯曼人占领依附于马木留克的杜尔加迪尔在小亚细亚东部的领地以及马拉

[1]尼扎姆·阿尔·穆里克《治国策》,舍费尔版,原文,第 94 页。
[2]阿卜杜勒·瓦希德·马拉科希《阿尔摩哈德王朝史》,多扎版,第 210 页。
[3]哈利尔·阿兹·扎希里,第 105 页。

什城和阿里比斯坦城，是导致马木留克与奥斯曼苏丹之间发生战争的原因之一，这场战争以马木留克国家的衰落而告终。[1] 在从 14 世纪下半叶到 16 世纪初期这 100 多年的伊斯兰世界王朝历史上，"土库曼人"一词我们只遇到过一次，这一时期正是土库曼"黑羊"王朝和"白羊"王朝国家统治的时代。[2] 前者产生于巴哈尔鲁部落[3]，后者产生于在马赫穆德·喀什噶尔那里已经提到的古老的巴尤杜尔部落。可能在土库曼人的白羊王朝时代产生了一系列与一位歌手和族长的名字——科尔库特有关的故事，他是民族智慧的传播者和保存者。在这些故事中所有土库曼人的领袖都是巴尤杜尔汗。众所周知，关于科尔库特的传说也流传于土库曼本土，但在学术文献中对此却只作了暗
582 示[4]，没有进行过搜集整理这些传说的尝试[5]。

在纳迪尔沙赫(1736—1747 年)之前，伊斯兰国家的历史中有许多独立的出身于土库曼人的国王被提到，纳迪尔沙赫出身于马赫穆德·喀什噶尔所说的阿弗沙尔部落。但是出身于土库曼人的国王的崛起与土库曼民族整体的生活关系不大。法尔斯的萨古尔王朝[6](1148—1287 年)是阿塔伯格建立的王朝之一，但是从历史资料中看不出这个王朝与萨古尔部落(现在的萨洛尔人或萨雷尔人)有什么关系。根据某些历史学的观点，在这种情形下应该把萨古尔一词理解为王朝创始人的名字而不是部落的名字。但从 14 世纪历史学家哈姆达拉赫·卡

---

〔1〕巴托尔德《哈里发和苏丹》，第 373 页。比较 Mordtmann, *Dhul-Kadr*(《伊斯兰教百科全书》，I)。

〔2〕伦普里《伊斯兰王朝》，第 214 页以下，第 302 页。

〔3〕布朗《波斯文学史》，第 3 卷，第 399 页。

〔4〕图曼斯基 *По поводу "Китаби Коркуб"*，第 272 页(引用了艾尔萨利毛拉的叙述)。萨莫伊洛维奇教授出版了(索引之一，第 41 页以下)在图曼斯基译文中漏掉的 1 首科尔库特为纪念萨洛尔·卡赞而写的诗。

也参见阿布尔哈齐《土库曼世系》，科诺诺夫版，原文，第 66－67 页。——Б. 加富罗夫

〔5〕1942—1943 年土库曼语言学家阿塔·拉赫曼诺夫在土库曼北部的乔多尔部落搜集了关于科尔库特的传说(他记录下了 8 首诗歌)，但是阿塔·拉赫曼诺夫的笔记没有发表。努尔穆拉德·艾先穆拉多夫把其中的 2 首诗歌写进了帖金人的马雷中，但也没有发表。(这些信息是 Б. А. 卡雷耶夫教授向我们提供的)。——Ю. 布列格利

〔6〕伦普里《伊斯兰王朝》，第 145 页。

兹维尼[1]的叙述中可以看出，在他生活的时代并没有关于萨古尔王朝起源的准确记载。

古兹人作为一个民族是在苏丹桑贾尔（1118—1157年）统治后期登上历史舞台的，而且他们发动了反对苏丹的起义，俘虏了苏丹（1153年）并将其扣留了3年，直至1156年苏丹才成功地逃往铁尔梅兹，并从那里返回梅尔夫，次年死于梅尔夫。[2] 战胜了苏丹之后，古兹人洗劫了梅尔夫、尼沙普尔以及呼罗珊的其他一些城市，一直到赫拉特长墙前他们才停止了前进的脚步。[3]

这些古兹人分为布祖克部和乌丘克部，由此可以得出结论说，虽然这里谈的是整个土库曼民族，但实际上指的仅仅是阿富汗北部巴尔赫地区的一小支古兹人，而且这些古兹人没有和塞尔柱的后裔一起来到伊朗，他们留在马维兰纳尔，在此前不久才被其他民族——葛逻禄人排挤走。[4] 布祖克部的首领科尔库特·伊本·阿卜杜勒·哈米德和乌丘克部的首领杜杜·伊本·达迪克（根据官方资料是杜杜·伊本·伊斯哈克·伊本·希兹尔，可能杜杜父亲的伊斯兰名字是和突厥名字连在一起的）被称为是古兹人的“埃米尔”。在一份写于1156年的文件中，花剌子模沙赫阿特瑟兹提醒杜杜伯克说，他这位花剌子模沙赫经常在花剌子模殷勤招待古兹人。[5] 显然他们是到那里过冬的，如同在11世纪阿尔通塔什统治时代一样。 583

我们对这两位主要古兹首领的命运一无所知。古兹人在苏丹桑贾尔死后继续保持着对一些呼罗珊城市其中包括梅尔夫的统治权，在梅

---

[1]哈姆达拉赫·卡兹维尼《胜利之书》，布朗版，原文，第503页。

[2]详情参见K. A. 伊诺斯特兰采夫的文章以及我在《俄国皇家考古协会东方分会论丛》第20卷上发表的论文（伊诺斯特兰采夫《历史和传说中的科尔库特》；巴托尔德《苏丹桑贾尔与古兹人》）；巴托尔德《蒙古入侵时期的突厥斯坦》，第2册，第352页以下（本版，第1卷，第393页以下。——Б. 加富罗夫）。

[3]拉文迪《塞尔柱王朝史》，伊克巴尔版，第183页。

[4]伊本·阿尔·阿西尔《全史》，托恩伯格版，第11卷，第116页以下。

[5]巴托尔德《蒙古入侵时期的突厥斯坦》，第1册，第28页。

尔夫当星期五聚礼的时候要诵念已故桑贾尔的名字[1]，也就是说不承认任何活着的统治者。就像突厥斯坦和波斯其他为争权夺利而自相争斗的民族一样，古兹人在12世纪也让位于花剌子模沙赫的王朝，这个王朝一度在伊斯兰世界的东部占据统治地位，但同样被12世纪的蒙古
584 入侵所摧毁，随着蒙古人的入侵，中亚和前亚的历史翻开了新的一页。

[1]巴托尔德《蒙古入侵时期的突厥斯坦》，第2册，第359页（本版，第1卷，第399页。——Б.加富罗夫）。

4　13—16 世纪

历史学家对蒙古征服活动的叙述就像所有对战争事件的详细记载一样，包含着珍贵的地形学、地理学和民族历史学资料。其中会谈到，蒙古人经过哪些地方和哪些城市（而且在描述围攻城市的过程时要谈到一些地形细节），是怎样经过的，他们与哪些民族和哪些部落发生了冲突，在哪里发生了冲突。这些信息尤其珍贵，因为在10世纪之后也就是伊斯兰地理文献的黄金世纪之后，我们已经没有描述前蒙古时期伊斯兰地区和城市的详细资料了。

蒙古、帖木儿和帖木儿帝国统治时代是历史文献在某种程度上也是地理文献丰富的时代，但只在伊朗如此。在这个时代无论是金帐汗国还是中亚都没有产生其著作能流传到下一代的历史学家。我们是在中亚的乌兹别克人那里首次看到当地重要的历史文献的。如此一来，土库曼人就要比其他人幸运得多。我们了解前蒙古时代土库曼氏族的名称，但对其他任何一个突厥民族我们却没有这方面的信息，在乌兹别克汗国时代也是一样，花剌子模汗阿布尔哈齐（生活于1603—1663年）在1660年[1]写了一部关于土库曼人的历史专著[2]，而其他无论哪一个突厥民族都没有类似的专著。的确，在利用这部著作的时候必须十分小心，因为阿布尔哈齐如果不算他所引用的拉施特·阿德金的

〔1〕鼠年（阿布尔哈齐《土库曼世系》，图曼斯基译本，第19页）；那里注明的是伊斯兰教历1071年（1660—1661年），在末尾（第74页）又注明是伊斯兰教历1071年（1659—1660年）。〈图曼斯基译本所注明的第二种情况有错误：原文中两处写的都是1071年。参见阿布尔哈齐《土库曼世系》，科诺诺夫版，第78页。——Ю. 布列格利〉

〔2〕该著原本至今也没有出版。出版了A. 图曼斯基的俄文译本（阿什哈巴德，1897年）。

书评和新俄文译本已经出版，参见阿布尔哈齐《土库曼世系》，科诺诺夫版。——Б. 加富罗夫

这些资料一部分被收录在阿布尔哈齐稍晚所写的关于全体突厥人的巨著中（《突厥世系》，杰梅宗版）。

585 史料的话，仅仅是根据口头叙述来进行著述的。

在阿布尔哈齐时代，土库曼人记得（可能现在依然记得）自己来自于锡尔河沿岸。在阿布尔哈齐那里有一种表达方式叫做“后面”（阿尔卡塔拉夫），根据俄罗斯译者的说法[1]，“中亚的突厥民族使用这个词来表示某个民族所赖以起源的地域。土库曼人认为锡尔河沿岸就是自己的发祥地。”在成吉思汗之前还并不是所有的土库曼人都离开了锡尔河沿岸。当1220年初成吉思汗占领锡尔河左岸休特肯德城下游的泽尔努克城时，“这些地方的一位土库曼向导”（他非常了解这里的道路情况）指给蒙古人一条新的从那里通往布哈拉地区努尔城的道路，此前他们还从未走过这条路。[2] 在锡尔河下游，蒙古人与土库曼人之间的关系则具有另一种特点。在这里作战的蒙古军队在成吉思汗长子术赤的率领下占领了詹德，从那里派出一支小部队夺取了扬吉肯特，从扬吉肯特派出一支由1万名“游牧的土库曼人”组成的队伍前往花剌子模。这支队伍的首领是蒙古统帅塔伊纳尔，他让自己的副手留下来统帅土库曼人，自己大概带领蒙古力量继续前进了。土库曼人发动了起义并杀死了自己的蒙古长官。得知这一情况后，塔伊纳尔撤回后将大部分土库曼人处死，那些逃亡幸免的人来到了梅尔夫和阿穆耶（察尔周）。[3]

在现在土库曼的边界地区，亚济尔部落（正如我们所看到的，在马赫穆德·喀什噶尔那里写的是亚兹格尔部落，大概在当时所使用的语言中已经没有г这个音了）具有特殊的意义，它是土库曼部落中唯一一个在12和13世纪就已经定居于固定地区的部落。亚济尔人很多，以

---

〔1〕阿布尔哈齐《土库曼世系》，图曼斯基译本，第19页。

在中世纪同现在一样，阿尔卡一词在绝大多数中亚突厥语中都表示与基布拉相对的“北”方。图曼斯基在其译文中所依据的史料还不为人所知，巴托尔德引用了他的译文。参见阿布尔哈齐《土库曼世系》，科诺诺夫版，第88页。——Ю.布列格利

〔2〕志费尼《世界征服者史》，卡兹维尼版，Ⅰ，第77页以下；巴托尔德《蒙古入侵时期的突厥斯坦》，第2册，第439页（本版，第1卷，第475页。——Б.加富罗夫）。关于泽尔努克的位置，还参见巴托尔德《突厥斯坦灌溉史论》，第146页。

〔3〕志费尼《世界征服者史》，卡兹维尼版，Ⅰ，第69页以下。

至于有人把其视为一个特殊的民族。伊本·阿尔·阿西尔[1]就提起过"亚济尔突厥人"。

1160年,花剌子模沙赫伊尔·阿尔斯兰的一部分军队进攻亚格穆尔汗为首的"亚济尔突厥人",并打败了他们,他们中的许多人被杀。亚格穆尔向"呼罗珊古兹人"求援,并和他们一起攻打季希斯坦王公艾塔克,亚格穆尔认为他是花剌子模人入侵的罪魁祸首。艾塔克跑到了马詹德兰沙赫那里请求帮助,后者带着由生活在阿别斯库附近(在朱 586
尔占河口)的"库尔德人、杰列姆人、突厥人和土库曼人"组成的大部队出发了。在距季希斯坦不远处双方发生了冲突。马詹德兰军队已经连续5次迫使"古兹和亚济尔突厥人"逃跑。在战线的右翼是艾塔克。由于感到无法打败马詹德兰的核心部队,"古兹突厥人"便发动了对艾塔克的攻击,艾塔克逃跑并引发马詹德兰军队也随之逃亡。损兵折将的马詹德兰沙赫返回了自己的首都萨里。战场附近的商人埋葬了近7000名死者。艾塔克逃往花剌子模并留在了那里。战斗结束后,古兹人(再也没有谈到"亚济尔人")立即猛攻拿下季希斯坦并在1161年1月洗劫了季希斯坦,他们"摧毁了朱尔占(朱尔占河沿岸地区),将这里的居民驱散到各地"。之后他们回到了呼罗珊。

根据13世纪作者穆罕默德·别克兰(地理学著作[2]《世界书》)的说法,"亚济尔是突厥部落,他们来到了巴尔汉及其山区。曼格什拉克的一个部落归附了他们,呼罗珊的另一个部落也归附了他们。后来

---

[1]《全史》,托恩伯格版,第11卷,第171页以下。比较巴托尔德《蒙古入侵时期的突厥斯坦》,第2册,第359页(本版,第1卷,第398页。——Б.加富罗夫)。

[2]关于该著作,参见巴托尔德《蒙古入侵时期的突厥斯坦》,第1册,第81页以下;第2册,第37页。

本版,第1卷,第83页。关于该著更详细的情况,参见原文影印版序言:别克兰《世界书》,博尔谢夫斯基版。——Ю.布列格利

他们的人数增多力量加强，便离开那里迁到了沙赫里斯坦[1]和费拉瓦[2]境内，之后又定居于塔克城堡。现在他们由以下几部构成：纯亚济尔部、曼格什拉克部和波斯部（парси）"[3]。

亚济尔是一块特别的领地，13世纪辛杜汗在这里统治了11年，他排斥了自己的兄弟奥马尔汗并想弄瞎他的双眼，这一命令没有被执行。但在其兄弟的整个统治时期，奥马尔汗一直都在装瞎。辛杜汗死后，花剌子模沙赫穆罕默德的母亲图尔干[4]可敦把亚济尔合并到了花剌子模，因为最后一位统治者与亚济尔部落之间有姻亲关系，王后本人就出身于该部落。奥马尔汗提出了自己的要求，但没有成功，由于自己的坚忍无比他获得了萨布尔汗的绰号。1220年，当图尔干可敦从花剌子模出逃时由奥马尔汗陪同，根据皇后的命令他被处死在亚济尔地区的边
587 界上。[5]

阿布尔哈齐指出了亚济尔人居住的地方。根据他的说法亚济尔人来到了呼罗珊，在杜伦城附近生活了很多年，由于这一原因杜伦又被称为亚济尔人的禹儿惕。一些亚济尔人住在杜伦附近的山区从事农耕，现在他们被称为卡拉塔什雷人。[6] 根据最新资料，卡拉达什雷人（一

---

〔1〕关于沙赫里斯坦，参见巴托尔德《突厥斯坦灌溉史论》，第40页（在涅萨以北1法尔萨赫也就是6至8公里处，离阿什哈巴德不远）。

〔2〕现在的克孜勒阿尔瓦特（也参见巴托尔德《突厥斯坦灌溉史论》，第40页）。

根据考古学研究可以确定，中世纪的费拉瓦相当于现在克孜勒阿尔瓦特西北20公里处的帕拉乌古城。参见利特文斯基《南土库曼斯坦综合考古考察队第五分队1947年工作报告》。——Ю. 布列格利

〔3〕《世界书》，原文和译文由图曼斯基提供，载《俄国皇家考古协会东方分会论丛》，第9卷，第303页。

也参见《土库曼人和土库曼史资料》，Ⅰ，第349页。——Б. 加富罗夫

〔4〕正确的读法是捷尔肯 Теркен；比较本版第1卷，第400页注释4。——Ю. 布列格利

〔5〕涅谢维《苏丹贾拉勒丁史》，Ⅰ，第39页。

〔6〕阿布尔哈齐《土库曼世系》，图曼斯基译本，第58页。图曼斯基，《俄国皇家考古协会东方分会论丛》，第9卷，第302页；关于亚济尔人也比较阿布尔哈齐《土库曼世系》，图曼斯基译本，第38页，其中说："也有一位国王出身于亚济尔人，在亚济尔人附近还有一些小部落。"可能在拉施特·阿德金那里也有这样的记载，但"亚济尔"一词在手抄本中漏掉了（拉施特·阿德金《史集》，贝勒津版，Ⅰ，原文，第39页）。

也参见拉施特·阿德金，苏联科学院东方学研究所版译本，Ⅰ，第1册，第90页。——Б. 加富罗夫

般在突厥斯坦南部发音时用 д 代替 т）是“一个规模很大的土库曼部落，该部落居住在伊利亚林地区”。[1] 此外，还提到在察尔周以下阿姆河杰瑙地区[2]的卡拉达什雷人。卡拉达什雷人在 18 世纪末和 19 世纪初被帖金人从阿哈尔赶走。[3]

应该对阿布尔哈齐的话进行这样的补充：“杜伦”的名称在这一地区（现在离巴哈尔靳火车站不远的一处遗址）的地理学中出现得比亚济尔的名称要晚。关于杜伦可能第一次是在叙述帖木儿 1384 年远征时提到的。[4] 亚济尔人在被他们占领的地方只找到了一座塔克城堡。历史学家志费尼在一个地方把这座城堡称作“亚济尔人的塔克”[5]。后来“塔克”这一名称消失了，只剩下了亚济尔这个名称。14 世纪的作者哈姆达拉赫・卡兹维尼说亚济尔是一座中等规模的城市，其周围盛产粮食。[6]

在论述亚济尔人的迁徙问题时不得不因曼格什拉克半岛生活资料的匮乏而感到惋惜。伊斯塔赫里对突厥人占领曼格什拉克并抢劫在半岛沿岸遇难的货船这些情况进行过叙述，对此我们在前面作过介绍。12世纪，这里曾经是另外一种生活景象，出现了一块特殊的伊斯兰领地，这块特殊的伊斯兰领地与锡尔河上的詹德一起，被认为是穆斯林世 588

〔1〕《布哈拉和花剌子模的领土和居民》，第 2 册，第 104 页。

〔2〕《布哈拉和花剌子模的领土和居民》，第 2 册，第 237 页。

〔3〕阿卜达斯・萨塔尔・卡迪《帖金人战役书　19 世纪的土库曼史诗》，第 91 页。

关于卡拉达什雷人向花剌子模的迁移以及他们在那里的分布区域，参见布列格利《19 世纪花剌子模的土库曼人》，第 31 页。——Ю. 布列格利

〔4〕谢里夫・阿德金・亚兹迪《胜利之书》，加尔各答版，Ⅰ，第 382 页；巴托尔德《突厥斯坦灌溉史论》，第 41 页。

根据考古资料判断，杜伦这个地方的村落至少从 9 世纪就已经存在。参见利特文斯基、莫什科娃《塔克－亚济尔、杜伦研究》，第 296 页。——Ю. 布列格利

〔5〕志费尼《世界征服者史》，卡兹维尼版，Ⅰ，第 120 和 122 页，出版者使用的读音不正确。

〔6〕哈姆达拉赫・卡兹维尼《胜利书节选》，布朗版，原文第 159 页，译文第 155 页（读音也不正确）。

还在 16 世纪初，洪德米尔就提到过亚济尔（参见《土库曼人和土库曼史资料》，Ⅱ，第 47 页）。正如考古学研究所确定的，塔克－亚济尔城位于现在巴哈尔靳西北 20 公里处的谢赫尔伊斯拉姆古城。关于亚济尔城和杜伦城的历史及其考古研究情况，参见利特文斯基、莫什科娃《塔克－亚济尔、杜伦研究》。——Ю. 布列格利

界的边界地区之一，也是与卡菲尔人作战的根据地之一。离海不远，大概就在海边，有一座坚固的堡垒矗立在“花剌子模、萨克辛和俄罗斯地域之间”。从雅库特[1]的话中可以看出，当时存在着一条在10世纪时没有被提到的从俄罗斯经伏尔加河口和曼格什拉克半岛到花剌子模的商路，在12世纪和12世纪以后莫斯科公国利用过这条商路。关于萨克辛的地理位置问题仍然存在着争论。但是唯一一位到过萨克辛的穆斯林学者加尔纳吉（12世纪）的说法[2]促使我们认为，这座城市位于伏尔加河口附近，而且它对贸易的意义就如同10世纪的伊蒂尔和从14世纪时开始的阿斯特拉罕一样。在12世纪唯一一个能够想到占领这条商路主要据点的国家就是花剌子模。花剌子模沙赫阿特瑟兹成功地征服了曼格什拉克，他大概在那里遇到了顽强的抵抗。一位生活在花剌子模的阿拉伯诗人对阿特瑟兹说：“你为了考验曼格什拉克突降闪电，它的居民因此而死。”[3]1138年，苏丹桑贾尔一度成功地战胜了阿特瑟兹并征服了花剌子模。在一份记载这一胜利的文件中[4]谈到，苏丹责备花剌子模沙赫未征得苏丹的同意就让曼格什拉克和詹德的穆斯林和宗教战士流了血。花剌子模沙赫以公开起义来对这一指责作出回应。但在1133年也是以苏丹桑贾尔的名义写给巴格达维齐尔的信中却完全赞成花剌子模沙赫从詹德（显然，詹德已经在他的统治之下）向突厥斯坦深处进军的行为。[5] 阿特瑟兹在经历失败后一度丧失了詹德，后来（1152年）又重新征服了它。[6] 至于他对曼格什拉克的统

---

〔1〕雅库特《地理辞典》，Ⅳ，第670页$_{11}$。

〔2〕原文：加尔纳吉《（1131—1153年）阿布·哈米德·阿尔·加尔纳吉东欧和中欧行记》，费兰版，尤其是第115页。比较韦斯特伯格（《论文集》，第291页）和马尔克瓦尔特（《克曼人》，第56页）的观点。

可能萨克辛只是萨伊格辛的缩写，在伏尔加河口，伊本·霍尔达德别赫提到过此地。——B. 米诺尔斯基

也参见后面第706页，注释11。——Б. 加富罗夫

〔3〕雅库特《地理辞典》，Ⅳ，第670页。

〔4〕巴托尔德《蒙古入侵时期的突厥斯坦》，第1册，第44页。

〔5〕巴托尔德《蒙古入侵时期的突厥斯坦》，第1册，第37页。

〔6〕巴托尔德《蒙古入侵时期的突厥斯坦》，第1册，第41页以下；第2册，第351页以下（本版，第1卷，第392页。——Б. 加富罗夫）。

治是否稳定我们没有这方面的资料。后来在花刺子模沙赫的文件中有好几次提到曼格什拉克是他们的属地。[1] 当从蒙古人那里逃脱的花刺子模沙赫穆罕默德1220年底死于阿别斯库附近的岛上时，他的儿子们便从那里来到了曼格什拉克，当地居民给他们弄来了马匹[2]，至于当时半岛上是否有城堡则没有谈到。 589

根据加尔纳吉的说法[3]，花刺子模沙赫阿拉·阿德·道利亚（可能指的是阿特瑟兹）在40年中（没有一位花刺子模沙赫能统治这样长的时间）竭力要征服萨克辛，显然他没有获得成功。萨克辛只是在1229年被蒙古人占领。也可以从俄罗斯编年史中得出这一结论[4]，其中谈到幸免于难的“萨克辛人和波洛韦次人”逃到了保加利亚人那里。因此这里的萨克辛人被视为是一个特殊的民族。韦斯特伯格[5]认为这些人就是有着另外名称的可萨人。马尔克瓦尔特[6]援引加尔纳吉引自扎卡良·卡兹维尼的话[7]说，萨克辛城处于40个古兹部落的统治之下，但在现在出版的加尔纳吉的原文中却没有这些话。因此萨克辛城居民的民族起源仍然是一个没有解决的问题。

在叙述1220年蒙古人在梅尔夫附近的军事行动时提到了土库曼人。[8] 此前不久被任命为梅尔夫城维齐尔的巴哈·阿尔·穆里克在蒙古人逼近时去了亚济尔的塔克城堡，又从那里来到了马詹德兰，他在马詹德兰归附了蒙古人并在他们的帮助下占领了梅尔夫。他不在的时候，起初是土库曼人不花占领了梅尔夫，他以前是苏丹的马夫，他所依靠的既有“那些边界地区的土库曼人”，也有其他从蒙古人那里逃出来

[1]巴托尔德《蒙古人侵时期的突厥斯坦》，第1册，第34页和79页。

[2]巴托尔德《蒙古人侵时期的突厥斯坦》，第2册，第466页（本版，第1卷，第499页。——Б. 加富罗夫）。

[3]《（1131—1153年）阿布·哈米德·阿尔·加尔纳吉东欧和中欧行记》，费兰版，第88页。

[4]《拉夫连季编年史》，第430页。

[5]韦斯特伯格《论文集》，第291页。

[6]马尔克瓦尔特《克曼人》，第56页、102页、111页（Anm. 3）。

[7]扎卡良·卡兹维尼《宇宙志》，Ⅱ，第402页，下面。

[8]茹科夫斯基《外里海边区的古迹老梅尔夫遗址》，第48页以下。主要史料：志费尼《世界征服者史》（卡兹维尼版，Ⅰ，第119页以下）。

的士兵。后来在1221年又由前梅尔夫维齐尔穆吉尔·阿尔·穆里克占领了梅尔夫。不花不得不臣服于他,虽然“城里的土库曼人和士兵”有7万多人。当穆吉尔·阿尔·穆里克期待着蒙古人进攻时,梅尔夫的前统治者伊赫季亚尔·阿德金从当时已被蒙古人占领的阿穆耶(察尔周)来到了这里。他在梅尔夫加入到“另一伙土库曼人当中”,他们选他为自己的首领。此外,还从呼罗珊来了一支2000人的军队,“土库曼人和苏丹的突厥人”也随之而来。穆吉尔·阿尔·穆里克与伊赫季亚尔·阿德金分道扬镳。土库曼人想占领城市,但由于穆吉尔·阿尔·穆里克采取了措施,他们没能成功。土库曼人来到了河边(可能是阿姆河),从那里对梅尔夫附近地区发动了进攻。在一次进攻中,蒙古人遇到了一支由1.2万名士兵组成的土库曼军队并给他们设置了埋伏。后来这种命运也降临到7万多人的土库曼主力身上。[1] 在1222
590 年梅尔夫及其附近地区发生混战期间[2],有一个叫阿尔斯兰的人一度攫取了梅尔夫的统治权。当梅尔夫发生的事件传到涅萨时,土库曼人塔赤·阿德金·奥马尔·伊本·马苏德召集了一群自己同部落的人从那里来到了梅尔夫,梅尔夫的居民自愿归附了他。他招募了1万人的军队统治了6个月,除了梅尔夫以外,他还占领了阿比韦尔德和哈拉坎[3],并派军前往上穆尔加布河袭击那里的蒙古人辎重车队。塔赤·阿德金也决定占领由当地王朝的一位后裔——努斯列特·阿德金·哈姆扎·伊本·穆罕默德统治的涅萨。在围攻期间,巴列万(可能指的是库什·特勤·巴列万,他一度统治过梅尔夫,后来逃往朱尔占河)从亚济尔赶来支援被围者。同时被围者也发动了突然袭击,在战斗中塔赤·阿德金被打死。此后穆尔加布河沿岸地区最终转到了蒙古人手中,他们摧毁了梅尔夫城。

在叙述花剌子模沙赫穆罕默德统治时期发生的事件时也谈到了亚

---

〔1〕志费尼《世界征服者史》,卡兹维尼版,Ⅰ,第125页。

〔2〕巴托尔德《蒙古入侵时期的突厥斯坦》,第2册,第485页(本版,第1卷,第516页。——Б.加富罗夫);志费尼《世界征服者史》,卡兹维尼版,Ⅰ,第131页以下。

〔3〕离梅尔夫不远;比较巴托尔德《突厥斯坦灌溉史论》,第60页以下。

济尔和亚济尔土库曼人。[1] 当尼沙普尔总督克孜里起义的参加者在1208年确信自己的事业没有获胜的希望时,便召集了一次会议商议如何摆脱这种局面。其中有一个"来自亚济尔的土库曼人"建议他们向亚济尔方向进发,占领这一地区的要塞,在那里进行自卫。他自告奋勇在其他人之前来到那里并以狡猾手段占领了其中的一个要塞。然而他的狡猾行为并未获得成功。亚济尔的居民知道他的意图,将其扣留并给他带上枷锁押到苏丹那里。从这一叙述中可以看出,在亚济尔地区有好几座要塞,但是在描写征伐和迁徙事件提到亚济尔时通常把它作为一个前往另一个地区时只需经过而无须停留下来的地方。当花剌子模沙赫穆罕默德的母亲图尔干可敦在蒙古入侵时期离开花剌子模的时候,就是经过亚济尔和季希斯坦[2]来到马詹德兰的。当成吉思汗的小儿子拖雷受命征服呼罗珊时,他率军夺取了梅尔夫、尼沙普尔和赫拉特,夺取其他呼罗珊城市其中包括亚济尔[3]的任务被委托给了另外的蒙古军队。当一度被花剌子模沙赫贾拉勒丁赶出波斯的蒙古人在1 230年重返呼罗珊时,在向他们投降的城市中就有亚济尔,这些城市有一些是自愿投降的,有一些是被迫投降的。[4] 591

在蒙古统治时代,有一部分土库曼人除了往西走到前亚地区以外,还分布在所有3个由蒙古人在穆斯林地区建立的主要国家中,这3个国家分别是:金帐汗国或成吉思汗长子术赤后裔的国家、波斯或旭烈兀(拖雷之子)后裔的国家和最高统治权在14世纪转移到成吉思汗次子察合台后裔手中的中亚。可能非常清晰地标明这些国家之间疆界的唯一史料就是一幅1331年的中国地图。[5] 根据这幅地图季希斯坦和梅尔夫属于波斯,呼罗珊北部和乌尔根奇(现在的库尼亚乌尔根奇)以及

---

〔1〕志费尼《世界征服者史》,卡兹维尼版,Ⅱ,第71页以下;巴托尔德《蒙古入侵时期的突厥斯坦》,第2册,第388页(本版,第1卷,第425页。——Б.加富罗夫)。

〔2〕在志费尼那里(《世界征服者史》,卡兹维尼版,Ⅱ,第199页)只提到季希斯坦;在涅谢维那里提到的是亚济尔,《苏丹贾拉勒丁史》,Ⅰ,第39页。比较前面第586页。

〔3〕志费尼《世界征服者史》,卡兹维尼版,Ⅰ,第118页。

〔4〕志费尼《世界征服者史》,卡兹维尼版,Ⅱ,第219页。

〔5〕参见《长春真人西游记》,卡法罗夫译本;布列特施奈德《东亚资料中的中世纪研究》,第2卷。

从河口到扫兰的锡尔河沿岸属于察合台国家。关于蒙古时代的波斯我们了解的资料比较多,甚至有关于波斯地理状况的详细记载,这就是1339年哈姆达拉赫·卡兹维尼的著作[1],但在这本著作中根本没有谈到土库曼人,“土库曼”这个词本身也只在谈论一个“土库曼村庄”的地方(季希土库曼或土库曼肯季,现在的土库曼彻)遇到过,这个村庄位于阿塞拜疆,在由苏丹尼亚通往大不里士的路上。从总体上看,当时生活在今天土库曼斯坦以西的土库曼人在史料中经常被谈到。其中对土库曼民族历史具有普遍意义的是13世纪阿拉伯地理学家伊本·赛义德[2]在谈到小亚细亚土库曼人时所说的话:“他们制作的土库曼地毯行销各个国家。”看来这是东方作者第一次提到土库曼地毯[3],应当认为小亚细亚土库曼人是从中亚把这种手艺带到这里来的。

从672/1273—1274年到过锡尔河巴尔奇肯特(或巴尔钦雷戈肯特)的中亚作者贾迈勒·卡尔希的叙述中,我们得知当时那里还有土库曼人。[4] 只不过当时这个词还没有阿拉伯语的复数形式(таракима),就如同在现在的高加索一样,这里的土库曼人指的主要不是民族学上意义上的土库曼人,而是日常生活层面上的土库曼人,人

592 们把最贫穷和最没有文化的游牧居民称作土库曼人[5]。

当蒙古国在波斯的统治衰落时,在现在突厥斯坦的边界地区出现了琼古尔巴尼部落(可能是土库曼人的)[6]的领地,这个部落的首领是阿尔贡·沙赫,他因在克勒特要塞的建筑活动而闻名。[7] 除了克勒特

[1]《心灵的快乐》,列·斯特莱治版,I。

[2]引自阿布尔·菲达(《地理书》,雷诺、德克莱版,第379页)。

[3]马可·波罗的记载大致也相当于这一时期(《马可·波罗游记》,米纳耶夫译本,第27页)。

[4]巴托尔德《蒙古人侵时期的突厥斯坦》,第1册,第151页。

[5]关于锡尔河土库曼人的命运,参见莫什科娃《土库曼人、卡拉卡尔帕克人和乌兹别克人氏族部落构成中的某些共同因素》,第142页以下。——Ю.布列格利

[6]这一点是可疑的。Дж.вн-г.рбан大概是个蒙古名:дзаун гурбан,“左[翼]三[部]”之意。这些统治者的家族显然与呼罗珊的卫拉特统治者阿尔贡阿哈有亲缘关系。参见我在《伊斯兰教百科全书》上发表的论文Tus。——B.米诺尔斯基

[7]巴托尔德《伊朗历史地理概论》,第63页。

以外,图斯、库昌、阿比韦尔德、涅萨和梅尔夫绿洲也都是他的领地[1],在梅尔夫绿洲上的梅尔夫遭到破坏后,马罕就成了这里的主要村落,现代梅尔夫城就位于这里。[2] 在他之后其领地被他的两个儿子穆罕默德伯克和阿里伯克瓜分,穆罕默德伯克年龄稍长,但阿里伯克因与帖木儿进行了斗争所以威望更高。在1362年前后,帖木儿在穆尔加布河被土库曼人俘获,在马罕被阿里伯克监禁了62天。后来他被释放,但却没有得到一粒粮食,"马罕的一位土库曼富人"——桑贾里部落的首领穆巴列克沙赫帮他摆脱困境,为此穆巴列克沙赫及其后裔在帖木儿的国家中受到特殊的尊敬。[3] 后来桑贾里部落的代表被说成是帖木儿的朋友。[4] 阿里伯克1382年被帖木儿打败来到了费尔干纳,次年死在那里。他与帖木儿的战争使自己身后声名显赫,以至于在15世纪初呼罗珊的北部地区被称为"阿里伯克的呼罗珊"[5]。但是在土库曼人的历史传说中既没有谈到阿里伯克、琼古尔巴尼部落,也没有谈到桑贾里部落以及居住在布哈拉附近地区也被划归为"突厥斯坦土库曼人"的阿尔贡部落。[6] 593

---

〔1〕巴托尔德《伊朗历史地理概论》,第70页。

〔2〕巴托尔德《突厥斯坦灌溉史论》,第61页。

〔3〕巴托尔德《兀鲁伯和他的时代》,第15页以下。

〔4〕谢里夫·阿德金·亚兹迪《胜利之书》,加尔各答版,Ⅰ,第126页。

B. B. 巴托尔德在此(以及他在这里所引用的著作《兀鲁伯和他的时代》中)对这一事件的叙述不十分准确。帖木儿和埃米尔侯赛因与土库曼人的冲突不是发生在穆尔加布河,而是发生在阿姆河中游布哈拉州的一个地方,冲突发生后帖木儿和侯赛因来到了马罕,他们在马罕被贾乌尼库尔巴尼(琼古尔巴尼)兀鲁思的哈基姆哈吉伯克抓获(参见谢里夫·阿德金·亚兹迪《胜利之书》,加尔各答版,Ⅰ,第65-66页、68-70页;穆因·阿德金·纳坦济,奥滨版,第120-121页;比较《土库曼人和土库曼史资料》,Ⅰ,第512-513页)。在哪里也没有谈到穆巴列克沙赫是"桑贾里部落"的首领;只是穆因·阿德金·纳坦济在一个地方(奥滨版,第121页)提到他是"马罕的一位土库曼富人",在另一个地方(奥滨版,第213页)又说他是"马罕的一位族长"。哪里也没有提到"桑贾里"是一个土库曼部落的名称,只有谢里夫·阿德金·亚兹迪在一个地方(《胜利之书》,加尔各答版,Ⅰ,第126页)使用了桑贾里安一词。——Ю. 布列格利

〔5〕巴托尔德《兀鲁伯和他的时代》,第58页以下。

〔6〕巴托尔德《兀鲁伯和他的时代》,第129页。道列特沙赫《诗人回忆录》,布朗版,第364页。

阿尔贡部落是起源于蒙古的部落,不是原本意义上的土库曼部落的组成部分。可能在当时的史料中,土库曼这一术语有时运用得宽泛一些。——Ю. 布列格利

关于土库曼部落的起源，在阿布尔哈齐那里引用了一些传说，虽然这些传说明显具有神话的性质。如同所有的神话一样，在这些叙述中也有许多纪年上的矛盾。阿布尔哈齐自己也注意到了自己史料在纪年方面的不准确性。[1] 萨洛尔人（或萨雷尔人）的部落被赋予了重要的地位，从这个部落中产生了一系列其他的部落。根据这些神话传说[2]，土库曼人的国家从锡尔河延伸到阿姆河，并从阿姆河延伸到穆尔加布河，一度处于阿里汗的统治之下，阿里汗自己住在扬吉肯特。他的儿子沙赫·梅利克因为品行不端引发了起义，起义的领导人是吐格利尔，沙赫·梅利克被杀死。此后阿里汗也很快死去。在土库曼部落中开始产生纷争，大部分土库曼人逃散到各个国家去了。留在"锡尔河口和阿姆河上"的土库曼人宣布吐格利尔为汗，在吐格利尔之后和塞尔柱之前还有好几位汗。许多土库曼部落来到了曼格什拉克，其中就有萨洛尔人。一部分萨洛尔人，总数为1万帐，来到了呼罗珊并从这里到了伊拉克和法尔斯。当这些地区归附苏丹梅利克沙赫之后，金戈利伯克氏族的人们来到苏丹那里，告诉他说他们的祖先来自于土库曼，并与苏丹建立了亲缘关系。有一部分萨洛尔人后来来到了曼格什拉克，这些萨洛尔人的首领是奥古尔吉克。他在伊拉克与巴尤杜尔部落发生了冲突，所以带着1000帐人口经舍马哈来到了克里木，从克里木越过伏尔加河来到了亚伊克河，他在这里与康格雷人的汗乔克拖雷发生了争执。乔克拖雷夺取了奥古尔吉克700帐人口。奥古尔吉克带领剩下的300帐人口来到了曼格什拉克，在那里待了3年，后来大概为了躲避自己的敌人继续逃亡，来到了巴尔汉山区。奥古尔吉克两个年长的儿子（奥古尔吉克像奥古兹汗一样共有6个儿子）之一成为约穆特人[3]的祖先，大概他就是艾尔萨利（在世系谱中遇到的名字是阿尔萨利别伊）[4]，另一个成了"内萨洛尔人"（伊奇吉萨洛尔）的祖先。阿布

---

〔1〕《土库曼世系》，图曼斯基译文，第62页以下。

〔2〕《土库曼世系》，图曼斯基译文，第55页以下。

〔3〕俄罗斯人所采用的"约穆德 иомуд"的发音无论在哪一种东方文献中都没有遇到。

〔4〕在原文中写的是艾尔萨利伯克。——Ю. 布列格利

尔哈齐还引用了另外一个神话传说[1]，根据这则神话，萨洛尔人的祖先是萨洛尔·卡赞，他大概生活于先知死后300年[2]，与佩彻涅格人打过仗。有一个佩彻涅格人强奸了萨洛尔·卡赞的母亲，她由此生下了一个儿子伊列克，伊列克之子阿雷克雷是"内萨洛尔人"的祖先。谢赫凯末尔·阿德金·霍列兹米传记的作者贾尼·马赫穆德·吉赤杜瓦尼在16世纪也谈到曼格什拉克有"内"萨洛尔人和"外"萨洛尔人。从 594
他的叙述中可以看出，内萨洛尔人居住在海边，外萨洛尔人居住在他们以东由花剌子模前来的路上。[3] 居住在土库曼南部的萨洛尔人也分为"内"萨洛尔和"外"萨洛尔，并且根据阿布尔哈齐的叙述[4]可以判断出最西部的萨洛尔人即"呼罗珊"萨洛尔人被称为内萨洛尔；铁克部、萨雷克部、约穆特部属于外萨洛尔人。关于铁克人和萨雷克人的起源，《世系谱》[5]里说他们的祖先是一个叫托伊·图特马兹的萨洛尔人。

在《世系谱》中还列举了一些土库曼部落，但这些部落不是纯粹的土库曼人，而是"归附来的土库曼人"。这些部落一部分是由于金帐汗贾尼伯克统治时期（1341—1357年）发生的事件而产生的。贾尼伯克派一个回鹘人桑科雷辛到土库曼人那里担任总督。在土库曼人的怂恿下，他的奴隶阿亚兹在贾尼伯克在世的最后一年杀死了他。阿亚兹留在了土库曼人当中，从他那里产生了"整个埃斯基人"[6]。阿布尔哈齐说艾尔萨利人的祖先艾尔萨利巴伊生活的时代远远早于贾尼伯克时代，因为与14世纪金帐汗同时代的艾尔萨利人的酋长称艾尔萨利巴伊为自己的曾祖父。[7] 另一方面，谢赫谢里夫·霍加即生活在14世纪

[1]阿布尔哈齐《土库曼世系》，图曼斯基译本，第65页以下。
[2]阿布尔哈齐《土库曼世系》，图曼斯基译本，第63页。
[3]巴托尔德《突厥斯坦考察报告（1902年夏）》，第208页。
[4]《突厥世系》，杰梅宗版，Ⅰ，第209页以下；Ⅱ，第223页以下。
[5]阿布尔哈齐《土库曼世系》，图曼斯基译本，第67页。
[6]阿布尔哈齐《土库曼世系》，图曼斯基译本，第67页。
[7]阿布尔哈齐《土库曼世系》，图曼斯基译本，第82页。

初的《穆英阿尔穆里德 Муин ал-мурид》[1]一书的作者被称为是与艾尔萨利巴伊同时代的人。

艾尔萨利巴伊与“伊拉克国王”也就是波斯的蒙古汗发生了冲突，被他们杀死。他美丽的女儿玛玛比克被从伊拉克派来的科马伯克掳走，成了他的妻子，但后来她与科马伯克生了一名奴隶后又被送回土库曼人那里。这位奴隶生了儿子希兹尔、阿里、伊克伯克和卡什加，他们获得了自由，在乌兹博伊谷地从事农业生产，阿姆河当时流经那里，他们周围聚集了很多人。由希兹尔和阿里产生了黑济尔埃里部落，库特拉尔和阿里艾里部落的一部分以及莫古里奇克部落的一部分，伊克伯克的后裔被称作库尔人(奴隶)，库尔人分为两部——库拉尔和察合台库拉尔，后者起源于帖木儿帝国时代从察合台阿儿剌氏部[2]逃往到土库曼人那里定居的流亡者。卡什加的后裔被称为卡拉耶利人(黑多姆
595 内耶人)，他们比其他人贫穷，他们的土地不适合农耕。

在乌兹博伊河上还形成了底维吉部落，即“赶骆驼的人”。根据阿布尔哈齐的说法[3]，贾尼伯克汗得知巴尔汉是一个“养骆驼的好地方”，所以就派了30户人家到那里去养骆驼，当时从乌尔根奇到阿斯特拉巴德的整个土库曼都是他的领地。被派到巴尔汉的这些人得名“底维吉人”。在别儿提死后(1359年)金帐汗国发生纷争时，土库曼人攫取了汗的骆驼并对底维吉人进行了抢劫，底维吉人被迫从事捕鱼业，后来与卡拉耶利人融合。结果卡拉耶利人变成了穷人，而底维吉人成了多数。卡拉耶利人和底维吉人的首领——“好汉”哈利尔与居住在巴尔汉的艾尔萨利人签订了条约，他从他们那里得到土地，自己承担义务交出收成的一半和捕鸟的套索，并答应每年上缴一定数量的鸟。阿布尔哈齐对此补充道，在他那个时代哈利的后裔被称为塔戈萨卡雷。

在自己的另一部大部头著作中，阿布尔哈齐提供了许多关于土库

[1]阿布尔哈齐《土库曼世系》，图曼斯基译本，第68页。这本书的手抄本在安卡拉。关于此书，参见 احمد زکی ولیدی، خوارزمده یازیلمش اثرلر، ص۳۱۵–۳۲۰。书籍编写的时间为713年拉马丹月，即1313年12月或1314年1月(《土库曼世系》，图曼斯基译本，第320页)。

[2]关于该部落参见巴托尔德《兀鲁伯和他的时代》，第9页。

[3]《土库曼世系》，图曼斯基译本，第71页以下。

曼人与花剌子模乌兹别克人斗争的资料，花剌子模乌兹别克人的汗认为土库曼人是自己的臣民。我们只在对 16 世纪乌兹博伊谷地生活状况的记载中找到了各部落地理分布的详细资料，当时阿姆河流经这里。阿布尔哈齐[1]把从皮什加赫到海的河两岸划分为 3 个部分。从皮什加赫到卡雷基奇特（居住的是阿达克雷黑济尔部落），从卡雷基奇特到巴尔汉山区的西部生活的是阿里艾里部落，从这里到河口生活的是底维吉部落。所有的部落都被称为乌奇艾尔（3 个部落），并向花剌子模汗缴纳收成的 1/10。除此之外，还从底维吉人和阿里艾里人那里收取牲畜税，阿达克雷黑济尔部落要向汗提供努开尔（亲兵或近卫军）。[2]

如同我在另一个地方[3]所阐明的，在距河床以南乌尔根奇（也就是库尼亚乌尔根奇）有一昼夜距离的一片洼地叫做皮什加赫[4]，来自库尔特什方向的洼地向乌尔根奇延伸汇聚到这片洼地之中。《世系谱》中提到库尔特什洼地（译作格尔季什）[5]是希兹尔居住的地方，黑济尔埃里部落从希兹尔这里得名。卡雷基奇特的名称只在这一个地方遇到过。[6] 阿达克雷黑济尔部落显然是黑济尔埃里部落的一部分，大 596
概居住在阿达克要塞附近，阿达克要塞很有可能距乌兹博伊河出萨雷卡梅什盆地之处不远。[7]

阿布尔哈齐在提及土库曼人与花剌子模汗苏菲扬的冲突时谈到了这一切。在帖木儿及其后裔之后中亚的统治权转移到了出身于金帐汗

---

〔1〕《突厥世系》，杰梅宗版，Ⅰ，第 207 页；Ⅱ，第 221 页以下。

〔2〕《突厥世系》，杰梅宗版，Ⅰ，第 210 页以下；Ⅱ，第 225 页。

在希瓦汗国用努开尔一词来概指士兵，其中包括在封建民兵组织中的士兵。——Ю. 布列格利

〔3〕巴托尔德《从古代到 17 世纪关于咸海和阿姆河下游的资料》，第 93 页以下。

〔4〕现在叫做皮什格（或皮什科）洼地，在中世纪早期的森吉巴巴要塞遗址以西。——Ю. 布列格利

〔5〕阿布尔哈齐《土库曼世系》，图曼斯基译本，第 69 页。

〔6〕卡雷基奇特渡口在乌兹博伊河中游亚内扎和达瓦里洼地之间。参见科斯《乌兹博伊河床及其起源》，第 60 页、63 页。——Ю. 布列格利

〔7〕巴托尔德《突厥斯坦考察报告（1902 年夏）》，第 186 页。

С. П. 托尔斯托夫认为阿达克就是位于达里亚雷克灌溉系统下游萨雷卡梅什以东布坚陶高地旁的阿克卡拉遗址。参见托尔斯托夫《追踪古花剌子模文明的足迹》，第 313 – 314 页。——Ю. 布列格利

国的外来人——乌兹别克人手中。乌兹别克汗昔班尼战胜了帖木儿帝国建立了辽阔的国家，这个国家包括塔什干、费尔干纳、布哈拉和撒马尔罕，此外还包括花剌子模和呼罗珊。但1510年昔班尼在梅尔夫附近与沙赫伊斯梅尔的战斗中身亡，沙赫伊斯梅尔出身于阿塞拜疆突厥人[1]并创立了什叶派新波斯国家。昔班尼征服的所有土地一部分被转移到已经沦为沙赫伊斯梅尔附庸的帖木儿帝国手中，一部分被直接并入波斯，但为时很短，乌兹别克人很快便重掌政权，并且这一次形成了两个彼此独立的汗国，一个在撒马尔罕和布哈拉，另一个在花剌子模。花剌子模汗国大概建立于1511年。[2]

在乌兹别克征服者统治下的花剌子模不是一个团结统一的国家。政权在整个汗家族的手中，汗家族的成员被称为"苏丹"。家族中年龄最大的一个代表带有汗的封号，但他对苏丹的控制权是极其微弱的。家族中某一代表人物在其他人中所发挥的作用最主要是由其个人的品质决定的，常常发生这样的情况，即一个并没有汗封号的人实际上比他同时代的汗拥有更大的权力和影响。

阿布尔哈齐关于汗家族成员控制花剌子模各地区的早期详细资料从时间上看属于苏菲扬汗时代。阿布尔哈齐所引用的汗统治的年表本身包含一些遗漏和不清楚的地方，但是正如我在其他地方所确定的那样，苏菲扬汗的短暂统治时期不管怎么说都是在1525年到1535年之间。[3]

乌尔根奇直属于苏菲扬汗。花剌子模的其他地区在苏丹们中间划分，并且除了阿姆河灌溉的区域（苏博尤，即"河的方向"）之外，丘连达戈山和科佩特达戈山沿线地区（塔戈博尤，即"山的方向"）也属于花剌子模汗。生活在曼格什拉克、阿姆河沿岸（可能主要是乌兹博伊河沿岸）、巴尔汉和季希斯坦[4]（马什哈德·伊·米斯里扬）的土库曼人也

---

[1]沙赫伊斯梅尔是阿尔德比谢赫的后裔，但他却像他的祖父和父亲一样受到阿塞拜疆和亚美尼亚土库曼部落的支持。——B. 米诺尔斯基

[2]巴托尔德《花剌子模》，第976页。

[3]巴托尔德《从古代到17世纪咸海和阿姆河下游的资料》，第92页。

[4]阿布尔哈齐《突厥世系》，杰梅宗版，Ⅰ，第206页；Ⅱ，第220页。这里有进一步的论述。

是他的臣民。苏菲扬汗与巴尔汉的土库曼人确切地说是与艾尔萨利部落之间发生了冲突。这些土库曼人起初同意向汗缴纳赋税（泽卡特），但后来他们杀死了汗派来的40名收税官。苏菲扬汗派兵征讨艾尔萨利部落及其与他们结成同盟的呼罗珊萨洛尔人。土库曼人逃往距离巴尔汉以北有3天路程的丘塔克避难，阿布尔哈齐到过丘塔克几次，对这一地区非常了解。它是一块四面环山的高地（削壁平顶山），并且只有一条狭窄的小路通往那里，只容一匹托着货物的骆驼通过。大概，通过对这一地方的考察可以判断出在现代地图上丘塔克相当于什么地方。根据阿布尔哈齐的说法这个天然的要塞只有一个不足之处，这就是缺水，否则它就能成为反对任何敌人的坚固屏障。由于缺水土库曼人不得不在几天之后派自己的阿克萨卡尔去和乌兹别克人谈判，并且去找苏菲扬汗的兄弟阿卡塔伊（阿布尔哈齐的曾祖父）说情。结果双方约定，土库曼人为每一个被杀死的收税官缴纳1000只绵羊，其中艾尔萨利部落和呼罗珊萨洛尔人大概各缴纳16000只，其余的8000只绵羊由帖金人、萨雷克人和约穆特人提供，他们合起来被称为“外萨洛尔人”。第二年，汗派来了自己的收税官（别拉特达尔），征收了约定的所有绵羊，但后来开始每年都征收同等数量的赋税，阿布尔哈齐说，这种做法一直持续了几代人。[1]

为此，阿布尔哈齐又谈到了从其他土库曼人那里征收绵羊作为贡赋的问题。那时确定了一种习俗，根据这一习俗在约定征收的绵羊之外，还要缴纳10%给汗的伙房，所以人们便把作为贡赋的绵羊分为别拉特绵羊（人们把收取赋税的单据称为别拉特）和伙房绵羊。“内萨洛尔人”缴纳16000只绵羊，此外再向汗的伙房交1600只绵羊，哈桑埃里部落（阿布尔哈齐只在这里提到了该部落）也缴纳同等数量的赋税，该部落由伊格德尔和恰乌杜尔氏族[2]构成，这两个氏族缴纳的相应绵羊

[1]阿布尔哈齐《突厥世系》，杰梅宗版，Ⅰ，第210页上面；Ⅱ，第224页。

[2]现在“丘杜尔”部落也被称为埃谢埃里部落（可能就是哈桑埃里部落）。伊格德尔被认为是丘杜尔的一部分（《布哈拉和花剌子模的领土和居民》，第2册，第103页）。

关于丘多尔和伊格德尔部落及其在花剌子模的分布情况，参见布列格利《19世纪花剌子模的土库曼人》，第29－31页，第38页。——Ю. 布列格利

数量分别为12000只和1200只，其余的小部落分别缴纳4000只和400
598 只。阿拉巴奇部落(阿布尔哈齐也只在这里提到了它)[1]缴纳4000只和400只，乔克列人分别缴纳12000只和1200只。关于从乌兹博伊谷地从事农耕的土库曼部落那里收取赋税的情况参见前面。[2]

不仅汗从土库曼人那里征收赋税，而且其他的王子们也从土库曼人那里征收赋税。阿布尔哈齐在叙述接下来几年[3]发生的事件时，提到杜伦的统治者穆罕默德·加齐苏丹派自己的别拉特达尔(收税官)到居住在乌兹别伊谷地的土库曼人那里收税。

布哈拉汗吾拜都拉(1533—1540年)利用花剌子模乌兹别克人之间的骚乱于1538年控制了花剌子模。在占领乌尔根奇之后吾拜都拉将乌兹别克人从那里迁走，但没打扰萨尔特人和土库曼人。他们被列入非伊斯兰教徒[4]，也就是定居的农业居民之中。因此，不仅在乌兹博伊谷地有转入农耕的土库曼人，就是在乌尔根奇附近当时也有转入农耕的土库曼人。在另一个地区即朱尔占河地区，土库曼人同时与花剌子模乌兹别克人和波斯政府打交道。当时波斯军队是由另一些人也就是阿塞拜疆土库曼人构成的，萨非王朝就是从他们当中产生的。

---

[1]关于现代的阿拉巴奇人群体参见《19世纪花剌子模的土库曼人》，第105页(在阿姆河右岸，图尔特库尔州)。

关于阿拉巴奇人，也参见Г. 马尔科夫《北部土库曼人形成史概论》，第95－96页。——Ю. 布列格利

[2]我们引用阿布尔哈齐著作中谈论从土库曼部落那里征收赋税情况的译文，他写道："哈桑伊里部落缴纳16000只别拉特绵羊和1600只伙房绵羊。其中的12000只由伊格德尔和恰乌杜尔人缴纳，4000只由小部落提供。阿拉巴奇部落缴纳4000只别拉特绵羊的赋税和400只伙房绵羊。乔克列部落缴纳12000只别拉特绵羊的赋税和1200只伙房绵羊。阿达克雷部落缴纳12000只别拉特绵羊的赋税和1200只伙房绵羊。还有3个居住于阿姆河两岸的土库曼部落(乌鲁克)从事农耕。他们被称为"三部落"(乌奇艾尔)。来自黑济尔伊里部落或 خضر اداقلیسی نینک اد'قلیسی 的阿达克雷人、阿里艾里人和底维吉人要缴纳收成的1/10(德赫耶克)。也从底维吉人和阿里艾里人那里征收牲畜作为赋税。阿达克部落(阿达克伊里部落)要承担努开尔义务(原文参见阿布尔哈齐《突厥世系》，杰梅宗版，Ⅰ，第210－211页)。这样，阿布尔哈齐把从事畜牧业的阿达克雷部落与从农牧业的部落——"来自黑济尔伊里部落的阿达克雷"或"阿达克"人区别开来。也比较莫什科娃《土库曼民族和土库曼历史概论》，第183页。——Ю. 布列格利

[3]阿布尔哈齐《突厥世系》，杰梅宗版，Ⅰ，第214页；Ⅱ，第230页。

[4]阿布尔哈齐《突厥世系》，杰梅宗版，Ⅰ，第223页。在译文中(Ⅱ，第239页)没有这种表达方式。

在波斯历史上居住在朱尔占河和阿特拉克河之间的土库曼人作为一个特殊的群体分离出来,他们被称为“萨音汗部落”即金帐(萨音汗——绰号拔都)或伊卡[1]土库曼人,也就是说他们大概是沿海土库曼人。根据波斯历史学家伊斯坎杰尔·穆希的说法[2],这些土库曼人在花剌子模王子金·穆罕默德反对吾拜都拉的斗争中曾给他以帮助。阿布尔哈齐说[3],金·穆罕默德来到了乌兹博伊谷地的土库曼人那里,找到阿达克雷黑济尔部落,向他们保证在胜利之后使他们成为塔尔汗,也就是免纳赋税与乌兹别克人完全平等。在土库曼人的帮助下, 599
金·穆罕默德成功地赶走了布哈拉人。不知道他的承诺是否兑现。但不管怎样,在他的兄弟阿里苏丹(死于 1565 年[4])统治时期又重新向土库曼人征收绵羊作为赋税。阿布尔哈齐说[5],阿里苏丹军队中的每一个步兵都可以得到 16 只绵羊,并且这项开支一部分来自于从土库曼人那里征收的赋税,另一部分来自于袭击呼罗珊所缴获财富的 1/5。

伊斯坎杰尔·穆希[6]叙述了 957/1550 年土库曼人反对阿斯特拉巴德当局起义的经过。土库曼人向不久前被任命为阿斯特拉巴德总督的沙赫·维尔德·苏丹敬献了礼物。一位年轻漂亮的土库曼人阿巴伯克引起了苏丹的注意,阿巴伯克是奥赫鲁部落的首领,阿布尔哈齐说他是奥克雷或奥克雷乔克列部落(显然指的是乔克列部落的分部)的首领[7],人们开始以侮辱阿巴伯克的口气来谈论此事。阿巴伯克离开阿斯特拉巴德,突然回到自己的部落杀死部落的长官(达鲁古)沙特尔·伯克(显然这个人是由波斯政府任命的)。沙赫·维尔德·苏丹在试

---

[1]比较正确的写法是:亚卡 йака。——Ю. 布列格利

[2]伊斯坎杰尔·穆希《阿拔斯世界装饰者史》,第 80 页。作者本人是土库曼人。

[3]《突厥世系》,杰梅宗版,Ⅰ,第 225 页;Ⅱ,第 241 页。

[4]日期:《突厥世系》,杰梅宗版,Ⅰ,第 246 页;Ⅱ,第 264 页。根据循环纪年法这一年是牛年;阿布尔哈齐所标注的希吉拉历日期(976 年)不够准确,应当是 973 年,在伊斯坎杰尔·穆希那里标明的也是 973 年,《阿拔斯世界装饰者史》,第 84 页上面。

[5]《突厥世系》,杰梅宗版,Ⅰ,第 243 页以下;Ⅱ,第 261 页。

[6]伊斯坎杰尔·穆希《阿拔斯世界装饰者史》,第 82 页以下。

[7]乔克列人的这种氏族并不为人所知。关于奥克雷(奥赫鲁)部落,参见布列格利、纳吉普《新版土库曼史重要史料》,第 172 页。——Ю. 布列格利

图镇压起义时被杀。962/1555 年来了一支新的沙赫军队,阿巴逃往花剌子模向阿里苏丹求援,阿里苏丹答应了他的请求,但后来却后悔自己来到这里,所以与波斯人签署了和平协议返回花剌子模。紧接着,谈到了沙赫军队主帅——卡尔扎人库科切·苏丹之死,此外还说阿巴在此之后变得更加不驯服,于 965/1557—1558 年进攻阿斯哈拉巴德,由此可以看出,这一叙述并未完全反映事件的真实过程。阿巴进攻阿斯哈拉巴德引起了波斯军队的远征,伊斯坎杰尔·穆希和阿布尔哈齐[1]对波斯军队的行动大致进行了同样的描述,这次远征的结果是波斯人在朱尔占河岸与乌兹别克人和土库曼人的战斗中惨遭失败,乌兹别克人和土库曼人的首领分别是阿里苏丹和阿巴伯克。前者有 3000 人,后者总共只有 300 人。阿巴伯克对战斗的结局起了很大的推动作用,虽然乌兹别克人担心他背叛。此后阿巴伯克很快便被他强行娶做妻子的一
600 个波斯俘虏杀死,他的头被送到了卡兹文的沙赫塔赫马斯普那里。[2]

阿布尔哈齐在叙述 16 世纪末布哈拉阿卜杜拉汗征服花剌子模的事件时提到了土库曼人。第一次是在 1591 年[3],阿卜杜拉汗与花剌子模乌兹别克苏丹签订了和平协议,在乌兹别克苏丹中有一位是阿布尔哈齐父亲的叔叔帖木儿苏丹,他从自己的父亲阿卡塔伊汗(死于 16 世纪 50 年代)那里继承了当时拥有 5000 到 6000 户[4]的土库曼底维吉部落。1593 年,阿卜杜拉汗第二次进军时,帖木儿苏丹已经不在世了,只谈到了他的儿子们。[5] 还在阿卡塔伊汗年轻时期当他和其他乌兹别克王子来到乌尔根奇时,他们就没有打扰那些同意缴纳赋税的土库曼人,他们只是掠夺那些拒绝缴税的土库曼人。阿卡塔伊本人发动

---

[1]《突厥世系》,杰梅宗版,Ⅰ,第 244 页以下;Ⅱ,第 261 页以下。

[2]只有伊斯坎杰尔·穆希记载了此事,《阿拔斯世界装饰者史》,第 83 页。

[3]关于哈吉·穆罕默德从呼罗珊返回花剌子模的日期,参见伊斯坎杰尔·穆希《阿拔斯世界装饰者史》,第 301 页下面;关于阿卜杜拉的远征,这里只是说它是由阿卜杜拉之子阿卜杜勒·木明散布的一种传闻。

[4]阿布尔哈齐《突厥世系》,杰梅宗版,Ⅰ,第 253 页;Ⅱ,第 271 页。

[5]阿布尔哈齐《突厥世系》,杰梅宗版,Ⅰ,第 259 页以下;Ⅱ,第 277 页以下。

了反对乔克列人的远征并俘获了恰克尔拉尔氏族一位首领(恩伯吉)[1]的女儿。阿卡塔伊与她结婚生下的儿子就是哈吉·穆罕默德汗或哈吉姆汗,后者生于希吉拉历930年,这一年是龙年[2],也就是1520年(按照希吉拉历标明的日期通常是不准确的)。

1593年,花剌子模和呼罗珊属于努尔·穆罕默德汗或努鲁姆汗的乌兹别克领地都转入到阿卜杜拉汗的统治之下。这位努鲁姆汗是金·穆罕默德的孙子,但是他汗的出身却受到怀疑。[3] 花剌子模统治者不承认他是自己的亲属,经常侵袭他的领地。梅尔夫、阿比韦尔德、涅萨和其他城市属于努鲁姆汗,他的军队一部分由乃蛮氏族的乌兹别克人构成,一部分由"萨音汗部土库曼人"构成。早在1589年他便与阿卜杜拉的儿子阿卜杜勒·木明建立了密切联系,阿卜杜勒·木明当时在呼罗珊从事反对波斯人的活动。起初努鲁姆汗召集自己的力量(6000至7000人)是为了保卫自己免受阿卜杜勒·木明的侵略,但是波斯军事长官把他的行动解释为是要与沙赫政府作对,不相信他的辩解并与他发生了冲突,结果战斗以波斯人的惨败而告终。努鲁姆汗把自己胜利的消息通知了阿卜杜勒·木明。[4] 1591年,哈吉姆汗向涅萨进军,同时波斯也派费尔哈德汗率军前往呼罗珊。哈吉姆汗与他在比斯塔姆会面,并与波斯人缔结了同盟,但由于阿卜杜拉发动了进攻,他又不得不返回花剌子模。[5] 1592年,哈吉姆汗成功地夺取了涅萨和杜伦。努 601
鲁姆汗前往布哈拉向阿卜杜拉求援,为了让布哈拉人帮助他夺回涅萨,

---

[1]这个词的本义是"组长",只在土库曼人那里用于表示"长官"。

恩伯吉的称号在土库曼人那里的意义,参见布列格利《19世纪花剌子模的土库曼人》,第129－131页。——Ю.布列格利

[2]阿布尔哈齐《突厥世系》,杰梅宗版,Ⅰ,第254页;Ⅱ,第271页以下。

[3]他是梅尔夫一个高等妓女的儿子,所以有一个绰号叫卢里别切(阿布尔哈齐《突厥世系》,杰梅宗版,Ⅰ,第241页以下;Ⅱ,第258页以下)。

卢里就是"茨冈人"之意。——B.米诺尔斯基

[4]伊斯坎杰尔·穆希《阿拔斯世界装饰者史》,第278页。

[5]伊斯坎杰尔·穆希《阿拔斯世界装饰者史》,第301页。

他答应把梅尔夫让给阿卜杜拉汗。[1] 阿卜杜拉汗占据了梅尔夫,但却没有继续前行,他把援助努鲁姆汗一事延期了一年,理由是沙赫阿巴斯本人率军来到了比斯塔姆,并且哈吉姆汗与波斯人结成了同盟。努鲁姆汗离开了布哈拉人来到阿比韦尔德。可能他成功地夺回了梅尔夫,因为根据伊斯坎杰尔·穆希的叙述,1593 年梅尔夫的乌兹别克乃蛮人背叛了努鲁姆汗投靠了阿卜杜勒·木明,努鲁姆汗去了伊斯法罕沙赫那里。[2] 阿布尔哈齐说努鲁姆汗还在 1592 年就来到了乌尔根奇的哈吉姆汗那里,只是在 1593 年布哈拉人征服花剌子模后才与他一起前往沙赫阿巴斯处。[3] 从伊斯坎杰尔·穆希的著作中只能看到 1595 年春天哈吉姆汗和努鲁姆汗都到过卡兹文沙赫的宫廷。[4]

土库曼人苏尤尼奇·穆罕默德被委任为涅萨和阿比韦尔德的布哈拉总督(哈基姆)。[5]

1595 年,哈吉姆汗和自己的两个儿子阿拉卜·穆罕默德和穆罕默德·库里试图利用沙赫阿巴斯远征呼罗珊之际,依靠土库曼人重返花剌子模。根据阿布尔哈齐的说法[6],他们在比斯塔姆离开了沙赫的军队,根据伊斯坎杰尔·穆希的说法[7],他们是晚些时候在伊斯菲拉因离开沙赫军队的。沙赫认为在阿卜杜拉汗强大的时候,这种企图不会获得成功,他没有支持花剌子模人,但也没有妨碍他们。他们来到了当时已经不属于波斯人的阿斯特拉巴德。伊斯坎杰尔·穆希说[8],不久之前萨音汗部和艾缪尔部土库曼人在这里安顿下来。阿布尔哈齐说[9],阿斯特拉巴德艾缪尔氏族(现在伊姆列里)的首领是阿里·亚尔

[1]伊斯坎杰尔·穆希《阿拔斯世界装饰者史》,第 306 页以下;阿布尔哈齐《突厥世系》,杰梅宗版,Ⅰ,第 242 页;Ⅱ,第 259 页。比较茹科夫斯基《外里海边区的古迹老梅尔夫遗址》,第 75 页以下。

[2]伊斯坎杰尔·穆希《阿拔斯世界装饰者史》,第 316 页。

[3]阿布尔哈齐《突厥世系》,杰梅宗版,Ⅰ,第 264 页;Ⅱ,第 282 页。

[4]伊斯坎杰尔·穆希《阿拔斯世界装饰者史》,第 345 页。

[5]伊斯坎杰尔·穆希《阿拔斯世界装饰者史》,第 347 页。

[6]《突厥世系》,杰梅宗版,Ⅰ,第 266 页;Ⅱ,第 285 页。

[7]伊斯坎杰尔·穆希《阿拔斯世界装饰者史》,第 348 页以下。

[8]伊斯坎杰尔·穆希《阿拔斯世界装饰者史》,第 349 页。

[9]《突厥世系》,杰梅宗版,Ⅰ,第 266 页;Ⅱ,第 285 页。

伯克。1588 年和 1589 年到过波斯的俄罗斯使者格里戈里·瓦西里奇
科夫说从波斯手中夺去阿斯特拉巴德的是花剌子模王子马赫默特(穆
罕默德)·库尔,他是哈吉姆汗之子,从 1575 年开始在波斯充当人
质。[1] 但是这位俄罗斯使者的说法却没有被两位作者所证实。根据
这位俄罗斯使者的说法,王子似乎是在一次远征呼罗珊的时候离开沙
赫来到土库曼人那里的,许多人投到他的麾下,“于是他就顺海而来 602
了,从沙赫手中夺取了斯塔拉巴特城,他现在待在斯塔拉巴特,征服了
斯塔拉巴特附近的许多地方,想依靠沙赫生活”[2]。根据伊斯坎杰
尔·穆希的说法,穆罕默德·库里只是在 1595 年得到沙赫的允许才离
开沙赫的,而且他和哈吉姆汗及其另一个儿子阿拉卜·穆罕默德一样,
是从比斯塔姆离开而不是从伊斯菲拉因离开的。根据阿布尔哈齐的说
法,阿拉卜·穆罕默德和穆罕默德·库里是一起离开沙赫军队的。哈
吉姆汗及其亲属从阿斯特拉巴德来到了丘连达戈,有五六十个帖金人
和约穆特人前来投靠他,这五六十人曾经是哈吉姆汗的兄弟马赫穆
德·苏丹的臣民,他曾一度统治维吉尔。在乌兹博伊谷地库尔特什和
奥尔塔库杜克低地有 500 至 600 名此前被曼格特人(诺盖人)从曼格什
拉克赶走的艾尔萨利部土库曼人前来投靠。当时曼格什拉克几乎完全
荒无人烟了。[3] 从关于格里戈里·瓦西里奇科夫使团由波斯返回的
记载中可以看到,当时土库曼人还在曼格什拉克和乌斯秋尔特。当载
着使团的布萨[4]在苗尔特维库图克湾滞留的 10 天间,他们遭到了“土
库曼人”的攻击。[5] 艾尔萨利部土库曼人是哈吉姆汗其他两个兄弟普
拉德苏丹和帖木儿苏丹的臣民,所以他们给与哈吉姆汗在一起的普拉
德苏丹之子巴巴苏丹以援助。花剌子模的布哈拉军队非常少,以至于
哈吉姆汗能用这样微不足道的军事力量夺取乌尔根奇,巴巴苏丹夺取了
希瓦和哈扎拉斯普,但他们没能在那里站稳脚跟。土库曼人急急忙忙

[1]伊斯坎杰尔·穆希《阿拔斯世界装饰者史》,第 84 页。

[2]《莫斯科罗斯与波斯外交和贸易关系古文献》,Ⅰ,第 111 页。

[3]阿布尔哈齐《突厥世系》,杰梅宗版,Ⅰ,第 267 页;Ⅱ,第 286 页。

[4]大独木舟。——译者

[5]《莫斯科罗斯与波斯外交和贸易关系古文献》,Ⅰ,第 106 页。

地离开了他们并卷走了战利品。哈吉姆汗总共只剩下五六个帖金人和约穆特人，巴巴苏丹只剩下自己的3名亲兵，这3名亲兵都是来自艾尔萨利部的土库曼人。花剌子模乌兹别克人几乎都被阿卜杜拉带到了布哈拉汗国。这样一来，阿卜杜拉迅速恢复了布哈拉对花剌子模的统治。哈吉姆汗和阿拉卜·穆罕默德返回波斯，巴巴苏丹被杀，穆罕默德·库里逃往曼格特人（诺盖人）那里，又从这里逃到俄罗斯人那里，1598年他在俄罗斯参加了鲍里斯·戈杜诺夫对克里木鞑靼人的远征。[1] 哈吉姆汗经阿斯特拉巴德到达波斯，在阿斯特拉巴德"萨音汗部的伊卡土库曼人"向他提供了帮助。[2] 从伊斯坎杰尔·穆希的著作中[3]我们还了解到，在阿布尔哈齐那里提到的艾缪尔部首领阿里·亚尔伯克（伊斯坎杰尔·穆希写的是阿里·亚尔汗）的职位由他的儿子穆罕默德·亚尔继承。1597年，他本人被奥赫鲁部土库曼人即乔克列人的一部分杀死，他的幼弟克雷奇伯克逃往波斯沙赫阿巴斯那里，阿巴斯仁慈
603 地招待了他并任命他担任阿斯特拉巴德总督。像他的前任一样，克雷奇伯克也没有任何实权。奥赫鲁部没有归附他，此外阿斯特拉巴德由于当地居民中不安定因素的作用也发生了动荡，这些不安分居民的代表被称为西雅赫普什（着黑衣者）。阿里·亚尔伯克已完全无力对付他们，他聊以自慰的是他们接受他的副手（纳伊布）到阿斯特拉巴德，他自己留在朱尔占河。在萨音汗或伊卡土库曼人旗号下联合起来的土库曼人是由奥赫鲁部、乔克列部、艾缪尔部和萨洛尔部[4]以及其他部落构成的。他们生活在阿特拉克河和朱尔占河之间，从事农业生产，但同时也在阿斯特拉巴德地区进行抢掠活动。波斯人在距阿斯特拉巴德3法尔萨赫（大约15公里）的朱尔占河岸上建立了穆巴列卡巴德要塞来作为抵御他们的基地。在16世纪末波斯发生动乱时，土库曼人的力

---

〔1〕巴托尔德《欧洲和俄国的东方研究史》，第178页。

〔2〕伊斯坎杰尔·穆希《阿拔斯世界装饰者史》，第357页。

〔3〕伊斯坎杰尔·穆希《阿拔斯世界装饰者史》，第373页。正如我们从另一个地方（《阿拔斯世界装饰者史》，第400页）所看到的，阿里·亚尔汗得到了汗的封号并获得了沙赫阿巴斯的正式承认。

〔4〕在伊斯坎杰尔·穆希那里列出了它们的名称，《阿拔斯世界装饰者史》，第399页。

量得以加强，他们摧毁了穆巴列卡巴德要塞。出身于艾缪尔部的阿里·亚尔伯克成为阿斯特拉巴德事实上的统治者，可能沙赫阿巴斯批准他担任了这一职务，但正如我们所看到的，无论是他还是他的后继者都没有确立起自己在阿斯特拉巴德的巩固统治。

1598年也就是布哈拉阿卜杜拉汗死去的这一年，哈吉姆汗在花剌子模、努鲁姆汗在梅尔夫和涅萨、沙赫阿巴斯本人在呼罗珊和阿斯特拉巴德的统治权得到了恢复。哈吉姆汗再次跟随沙赫的军队来到比斯塔姆并从那里出发经阿斯特拉巴德前往花剌子模，他从沙赫那里得到了掌管自己从前的臣民萨音汗伊卡土库曼人的授权书。[1] 按照阿布尔哈齐的说法[2]，哈吉姆汗在丘连达戈附近的帖金人那里停了下来，与他和他的儿子阿拉卜·穆罕默德在一起的共有15人。他在这里得知阿卜杜勒·木明已死、布哈拉汗国崩溃的消息之后立即前往花剌子模，大概他在这里没有遇到任何抵抗。

同年努鲁姆汗在波斯人的帮助下先返回涅萨，后返回梅尔夫，除了当地居民之外，这里的乌兹别克札剌亦儿部落以及阿里艾里部落和其他部落的土库曼人也都归附了他。[3] 阿布尔哈齐说他迫害"那些作了许多努力才使他成为汗"[4]的乌兹别克人，庇护萨尔特人和土库曼人。1600年，他的政权被阿巴斯消灭，他本人来到了设拉子，在与沙赫发生冲突期间，札剌亦儿人和居住在涅萨、杜伦和巴格巴德境内的（土库曼人）阿里艾里人、萨音汗人抛弃了他。[5] 波斯总督被委以努鲁姆汗从前领地的管理权。 604

绥靖阿斯特拉巴德是由1598年打败奥赫鲁部落首领卡雷汗而完成的，后者"在阿特拉克河被击溃，逃往荒漠"。萨音汗的其余部落即

[1]伊斯坎杰尔·穆希《阿拔斯世界装饰者史》，第389页。

[2]《突厥世系》，杰梅宗版，Ⅰ，第272页；Ⅱ，第291页。

[3]伊斯坎杰尔·穆希《阿拔斯世界装饰者史》，第397页下面。

[4]阿布尔哈齐《突厥世系》，杰梅宗版，Ⅰ，第242页。在译文（Ⅱ，第259页）中这些话被漏掉了。

[5]伊斯坎杰尔·穆希《阿拔斯世界装饰者史》，第417页上面。

艾缪尔人、乔克列人、萨洛尔人和其他人[1]的阿克萨卡尔都归附了沙赫，沙赫命令重建穆巴列卡巴德要塞，解除西雅赫普什的武装并处死他们的首领霍加谢里夫·阿德金·萨乌里。[2] 这样16世纪就以花剌子
605 模汗国的重建和波斯沙赫在中亚权力的加强而结束。

[1]伊斯坎杰尔·穆希《阿拔斯世界装饰者史》，第402页。

[2]伊斯坎杰尔·穆希《阿拔斯世界装饰者史》，第403页。在19世纪编撰的里扎·库里汗的著作(《乐园》，德黑兰，石印版，Ⅷ)中还补充说，前土库曼统治者克雷奇汗被沙赫带到了波斯。

5　17—19 世纪

虽然在沙赫阿巴斯统治时代波斯国力强盛，但当时波斯当局在阿斯特拉巴德对土库曼人采取的依然是防御性的政策。我们看到 1598 年波斯人在阿特拉克河打败了土库曼人，重建朱尔占河上的要塞，但还根本谈不上深入草原追击土库曼人，还不知道被波斯人击溃的卡雷汗以后的命运如何。1621 年，阿斯特拉巴德总督费里顿汗死去，他治理这一边区已经有 18 年了，在此期间他经常与萨音汗土库曼人作战并总是能打败他们，以至于按照伊斯坎杰尔·穆希的说法，他没有让任何一个被认为是最不驯服的土库曼人尤其是乔克列和奥赫鲁部的土库曼人幸免于难。[1] 当然这一说法太过夸张了。

花剌子模汗国当时还没有分为“水域”和“山区”，因为“山区”还属于波斯人。在由花剌子模通往呼罗珊的路上，杜伦是第一座沙赫的城市。[2] 土库曼人生活在花剌子模的北部地区。1616 年发动叛乱的王子哈巴什和伊里巴尔斯从自己的父亲阿拉卜·穆罕默德那里得到了维吉尔城及其属于他的土库曼人。[3] 在发动反对自己父亲的起义时期，哈巴什和伊里巴尔斯依靠的不是土库曼人，而是乌兹别克人的主要氏族，即维吾尔人和乃蛮人。1621 年，他们的长兄伊斯芬迪亚尔逃到土库曼人那里避难。在这一年阿拉卜·穆罕默德的统治被推翻，根据哈巴什苏丹的命令他被刺瞎双眼。伊斯芬迪亚尔打着赴麦加朝圣的旗号来到了沙赫阿巴斯那里。[4] 按照伊斯坎杰尔·穆希的说法[5]，伊

〔1〕伊斯坎杰尔·穆希《阿拔斯世界装饰者史》，第 680 页以下。

〔2〕《莫斯科罗斯与波斯外交和贸易关系古文献》，Ⅱ，第 280 页。

〔3〕阿布尔哈齐《突厥世系》，杰梅宗版，Ⅰ，第 281 页上面；Ⅱ，第 301 页下面。

〔4〕阿布尔哈齐《突厥世系》，杰梅宗版，Ⅰ，第 287 页；Ⅱ，第 308 页。

〔5〕伊斯坎杰尔·穆希《阿拔斯世界装饰者史》，第 688 页。

斯芬迪亚尔首先来到了阿斯特拉巴德并参加了由沙赫亲自率领远征坎大哈的波斯军队。这次远征开始于1662年春,“在赖哲卜月的8日星期三(5月18日)”军队抵达坎大哈,在第二个舍尔邦月星期二(6月21
606 日)城市投降[1],在舍尔邦月24日星期三(日期或星期几显然有错误)沙赫回师,大概[2] 8月抵达赫拉特并在那里待了两个半月[3]。“在远征回来后”,即大概从赫拉特回来后,沙赫将伊斯芬迪亚尔释放并命令萨音汗土库曼人埃米尔和长官、阿斯特拉巴德总督以及那些边界地区的埃米尔给他以支持。伊斯芬迪亚尔在萨音汗土库曼人中招募了比较多的军事力量,打败了自己的兄弟,其中阿布尔哈齐自动占到了他这一边。伊斯芬迪亚尔当上了汗,他经常派使者到沙赫宫廷以示忠诚。

阿布尔哈齐说,伊斯芬迪亚尔按照沙赫的建议来到了杜伦城。沙赫劝他从杜伦和涅萨派忠诚之人到乌尔根奇和巴尔汉土库曼人那里。有一个地方[4]谈到伊斯芬迪亚尔亲自来到了巴尔汉,但是从另一处的叙述中[5]可以得出结论,是土库曼人自己从巴尔汉来到了他那里(杜伦城),一说他们有80人(70名帖金人和萨雷克人,10名约穆特人),另一说他们有100人。伊斯芬迪亚尔自己有300名努开尔。当时乌尔根奇由于阿姆河改道已经荒无人烟,其附近的主要居民点是阿姆河上的图克要塞,这座要塞可能距现在的努库兹不远[6],哈巴什在那里。在乌尔根奇附近有阿拉卜·穆罕默德汗(这一年他在希瓦被自己的儿子伊里巴尔斯杀死)、伊斯芬迪亚尔及其两个兄弟阿布尔哈齐和谢里夫·穆罕默德的努开尔,并且根据阿布尔哈齐的说法[7],他的努开尔人数超过了其他人的努开尔。在伊斯芬迪亚尔出乎意料地进攻图克要塞哈巴什被迫逃往希瓦伊里巴尔斯那里之后,所有这些努开尔都归附

[1]伊斯坎杰尔·穆希《阿拔斯世界装饰者史》,第685页。

[2]伊斯坎杰尔·穆希《阿拔斯世界装饰者史》,第688页。

[3]伊斯坎杰尔·穆希《阿拔斯世界装饰者史》,第692页。

[4]阿布尔哈齐《突厥世系》,杰梅宗版,Ⅰ,第288页;Ⅱ,第309页。

[5]阿布尔哈齐《突厥世系》,杰梅宗版,Ⅰ,第297页;Ⅱ,第318页。

[6]关于图克要塞的位置,参见古利亚莫夫《从古代到今天的花剌子模灌溉史》,第192页。——Ю.布列格利

[7]《突厥世系》,杰梅宗版,Ⅰ,第297页;Ⅱ,第318页。

了他。但此后不久在乌兹别克人中间又爆发了反对伊斯芬迪亚尔的起义，起义的领导人是一位德尔维希僧的代表赛义德·阿塔，他使乌兹别克人相信他们所有的人都将被伊斯芬迪亚尔消灭，他们的妻子将沦为巴尔汉和曼格什拉克土库曼人的奴隶。伊斯芬迪亚尔被迫前往曼格什拉克，从那里带回来大量土库曼军队——人数为3000人。土库曼人的首领是穆罕默德·侯赛因·伯克。伊里巴尔斯被杀，哈巴什逃往曼格特人（诺盖人）所在的恩巴河，但他被曼格特人出卖给伊斯芬迪亚尔后被处死。猪年（1623年）伊斯芬迪亚尔成为整个花剌子模的汗。[1] 607

鼠年（1624年）伊斯芬迪亚尔的兄弟阿布尔哈齐和谢里夫·穆罕默德来到了伊斯芬迪亚尔汗那里，在此之前他们曾流亡布哈拉。阿布尔哈齐提醒自己的同伴注意汗的可疑行动，他认为汗在征服了花剌子模之后不让土库曼人离开自己，这证明汗打算反对乌兹别克人。根据阿布尔哈齐的观点[2]，在进入希瓦之前当汗的努开尔、乌兹别克人和土库曼人出来迎接他们的时候，会出其不意地攻击土库曼人并将其全歼，然后请求汗原谅这种武断做法并以害怕土库曼人为自己辩白，说“这是一个没有思想、缺乏智慧的民族，并且他们是我们的世仇”。阿布尔哈齐的幼弟谢里夫·穆罕默德建议采取更坚决的行动，杀死伊斯芬迪亚尔汗由阿布尔哈齐取代他的汗位，但2位王子被告知不要说这样的话，否则汗会得知这一切。阿布尔哈齐和谢里夫·穆罕默德来到了希瓦，在他们抵达之后的第4天（另一个地方[3]说在哈巴什死后的2个月）汗颁布了屠杀维吾尔人和乃蛮人的诏书，诏书中禁止触犯其他的乌兹别克人，但这一禁令并没有完全为土库曼人所遵守。在第一天就杀死了100名维吾尔人和乃蛮人以及约10名其他的乌兹别克人。汗逮捕了阿布尔哈齐，把谢里夫·穆罕默德争取到自己一边，他被派往乌尔根奇以便在那里屠杀维吾尔人和乃蛮人。其余的乌兹别克人显然担心自己的命运，所以威胁汗说如果他不派阿布尔哈齐和穆罕默德·

[1]《突厥世系》，杰梅宗版，Ⅰ，第291页；Ⅱ，第312页。

[2]《突厥世系》，杰梅宗版，Ⅰ，第298页以下；Ⅱ，第319页以下。

[3]《突厥世系》，杰梅宗版，Ⅰ，第290页；Ⅱ，第311页。

侯赛因·伯克到他们这里来，并且前者要以汗的名义发誓保障他们的安全，后者要以土库曼人的名义发誓保障他们的安全的话，他们就将前往布哈拉并带走谢里夫·穆罕默德。这一要求得到了履行，汗只派了微不足道的军队到乌尔根奇，这似乎应该能安抚乌尔根奇的乌兹别克人；穆罕默德·侯赛因·伯克总共只带了六七十人。[1] 他离开乌尔根奇时，由于传闻阿布尔哈齐和谢里夫·穆罕默德打算采取敌对行动，所以共有三四十人和他一起逃走。[2] 看来乌兹别克人反对土库曼人的行动方式与其说是防御性的，毋宁说是进攻性的。

阿布尔哈齐认为还在1624/1625年冬季开始的乌尔根奇与希瓦之间的战争（在这个冬天，卡尔梅克人利用这场战争对乌尔根奇发动了进攻）是一场乌兹别克人与土库曼人之间的战争。战争最终没有取得什么决定性的结果，虽然土库曼人得到了来自巴尔汉和曼格什拉克的
608 帮助[3]，他们的人数达到5000人[4]。阿布尔哈齐作了一切努力要留住乌尔根奇的乌兹别克人，但一切都是徒劳的。他们一部分来到了诺盖人那里，一部分到了哥萨克人那里，还有一部分来到了布哈拉领地。阿布尔哈齐自己起初到了哥萨克人那里，后来又去了布哈拉。希瓦的土库曼人也不能与汗和睦相处了，他们向阿布尔哈齐发出了邀请，阿布尔哈齐（如果他的说法可信）只有在征得了布哈拉与他在一起的乌兹别克人的同意之后才接受了这一邀请。他们似乎对他说，他们对他的信赖将永不动摇。[5] 汗去了哈扎拉斯普，阿布尔哈齐开始统治希瓦，但他总共只有600人，而汗在居住于希瓦附近的土库曼人又重新转入他一边后却拥有5000人。关于争斗的情况阿布尔哈齐谈得很简短，根据他的说法，事情得到了和平解决，谢里夫·穆罕默德现在和汗在一起。

---

[1]《突厥世系》，杰梅宗版，Ⅰ，第301页；Ⅱ，第322页。
[2]《突厥世系》，杰梅宗版，Ⅰ，第302页；Ⅱ，第324页。
[3]《突厥世系》，杰梅宗版，Ⅰ，第303页；Ⅱ，第325页。
[4]《突厥世系》，杰梅宗版，Ⅰ，第305页；Ⅱ，第327页。
[5]《突厥世系》，杰梅宗版，Ⅰ，第307页；Ⅱ，第329页。

在1624年事件发生3年后〔1〕，即在1627年乌兹别克人又发动了一场新的行动，数量近3000帐的乌兹别克人聚集在距阿姆河咸海入海口不远处的阿姆河三角洲地带，与他们结成联盟的还有来自布哈拉的800户乌尔根奇乌兹别克人。这部分人与汗遭遇之后被击溃。为了彻底挑起土库曼人和阿布尔哈齐的纷争，汗在河口采用了乌兹别克人的主张。谢里夫·穆罕默德按照汗本人的愿望逃到了乌兹别克人那里，汗装作对此一无所知的样子对土库曼人说，阿布尔哈齐邀请乌兹别克人到阿拉尔来，他还派谢里夫·穆罕默德到他们那里去。根据汗的命令逮捕阿布尔哈齐以及和他在一起的总共5至6个人，并把他们送往波斯，他们在波斯待了10年，可能从1629年到1639年他们都是在那里度过的。〔2〕

我们在17世纪一位佚名的历史学家那里发现了对阿布尔哈齐到波斯一事的另一种记载，这位史学家就是《最高天堂》（《高高的天堂》〔3〕）一书的作者。蛇年（1629年）伊斯芬迪亚尔进攻梅尔夫，阿布尔哈齐进攻杜伦和涅萨。他没有遇到抵抗便占领了这些城市，并在土库曼人的帮助下向阿比韦尔德挺进，他在波斯军队靠近时后撤，之后与他们接仗遭到失败。伊斯芬迪亚尔决定把侵袭的所有责任都推到阿布尔哈齐身上，并把他出卖给沙赫。与此同时，他向波斯派出了使团，给波斯送来了礼物，并让使者转告沙赫，汗要把自己的兄弟送到他这里来。从前曾有花剌子模王子在沙赫身边服役。如果沙赫想用以此为依据接待阿布尔哈齐的话，那么就请便吧，如果沙赫想惩罚他的侵略行为，也请便吧。阿布尔哈齐被带往阿比韦尔德，又从那里往前走，到了 609
年底（按照循环纪年），在希吉拉历1039年第二个主马达月（1630年1—2月），他被带到了当时正在哈马丹的沙赫那里，沙赫给他以应有的

---

〔1〕《突厥世系》，杰梅宗版，Ⅰ，第290页以下；Ⅱ，第311页以下。

〔2〕《突厥世系》，杰梅宗版，Ⅰ，第309页；Ⅱ，第331页以下。

〔3〕关于这一著作，参见霍恩《伊朗人种》，第587页；瑞欧，波斯增刊，第34号。由于已故Э.Г.布朗的帮助，1923年我在剑桥利用了这位学者收藏的手抄本。

书的作者是穆罕默德·优素福·瓦里赫；参见斯托利《波斯文学》，第1卷，第2部分，第1分册，第131页。——B.米诺尔斯基

尊敬,此后他便住在伊斯法罕的塔巴列克要塞。[1]

从这一叙述中可以看出,阿布尔哈齐与伊斯芬迪亚尔汗和土库曼人的和解要比他自己所说的更加彻底。在谈到自己从波斯逃跑这一事件时[2],他自己声称是土库曼人帮助了他。他没有明确地说出自己逃跑的确切时间。他说自己在波斯度过了10年,在第11年的时候逃离那里,因此我们认为他是在1640年逃走的。但是接下来他又说他在蛇年(1641)返回乌尔根奇,在梅赫涅[3]附近的艾尔萨利人那里过了冬,在巴尔汉的帖金人那里待了2年,在卡尔梅克钵谛沙赫——显然指的是霍·奥尔洛克(1632—1644年)那里住了一年。[4] 梅赫涅附近的土库曼人所在的艾尔萨利部被称作克孜勒阿亚克。这些土库曼人以前住在曼格什拉克,卡尔梅克人把他们从那里赶走,3年前他们来到梅赫涅,起初住在名叫阿拉丘克的窝棚里,在阿布尔哈齐来的那一年才开始置办帐篷。阿布尔哈齐确信"这些土库曼人不是来自于那些把他出卖给波斯人的土库曼人"[5],他感到自己毫无危险所以听从他们的建议在他们那里度过了冬天。在巴尔汉帖金人那里过了2年之后,他前往曼格什拉克,这里的土库曼人已经穷困潦倒,他们总共剩下700户并且归顺了卡尔梅克人。这些资料表明,在17世纪30年代土库曼人被卡尔梅克人赶出了曼格什拉克,就像16世纪末被诺盖人赶走一样。显然,在此之前土库曼人曾把诺盖人赶走并返回了自己的游牧地。根据俄罗斯资料,1613年前后土库曼人的游牧地达到了恩巴河地区。[6] 1633—1634年,诺盖人被卡尔梅克人赶到伏尔加河以外。[7] 卡尔梅克

[1]《最高天堂》,第7页6以下。

[2]阿布尔哈齐《突厥世系》,杰梅宗版,Ⅰ,第309页以下;Ⅱ,第332页以下。

[3]此处和下面巴托尔德都错误地用"梅赫涅"(现在的梅阿纳,在塞拉赫斯西北90公里处)代替了"梅欣"(杜伦东南的一个村落)。比较杰梅宗版原文 مهین (Ⅰ,第314页),译文"Mehine"(Ⅱ,第337页),当时原文中的梅赫涅写的是 مهنه 或 مهینه (Ⅰ,第201页、206页),译文中写的是"Mehine"(Ⅱ,第216页、220页)。——Ю.布列格利

[4]帕利莫夫《伏尔加河沿岸卡尔梅克人历史探讨》,第1册,17和18世纪,第6页以下。

[5]阿布尔哈齐《突厥世系》,杰梅宗版,Ⅰ,第315页;Ⅱ,第337页。

[6]《莫斯科罗斯与波斯外交和贸易关系古文献》,Ⅱ,第351页。

[7]帕利莫夫《伏尔加河沿岸卡尔梅克人历史探讨》,第1册,17和18世纪,第7页。

人与土库曼人之间的关系并不总是处于敌对状态，1656年(猴年)卡尔梅克人曾在土库曼人的唆使下进攻杜伦和阿斯特拉巴德。[1] 610

阿布尔哈齐来到了乌兹别克人那里，他们显然并不住在荒无人烟的乌尔根奇，而是住在阿拉尔(阿姆河三角洲)。他们不承认伊斯芬迪亚尔汗的统治，所以邀请阿布尔哈齐到自己这里来，虽然他在1643年才被宣布为汗。在阿布尔哈齐到达之后的半年，也就是马年年初(1642年春)，伊斯芬迪亚尔死了。[2] 阿布尔哈齐要求土库曼人承认他是兄长的继承人。土库曼人则宁愿归附布哈拉汗纳迪尔·穆罕默德，纳迪尔·穆罕默德把自己的孙子卡西姆·苏丹派到了他们那里。实际上所有的职务和收入都掌控在土库曼人手中。阿布尔哈齐从阿拉尔发动了征服希瓦的行动，但没有取得重大成就。1645年当布哈拉纳迪尔·穆罕默德的统治被推翻，他的儿子阿卜杜勒·阿齐兹被宣布为汗时，局势发生了变化。所有在希瓦的布哈拉军队都返回了布哈拉，阿布尔哈齐在鸡年年初(1645年春)进军希瓦，可能没有遇到抵抗。没有了布哈拉王子，土库曼人不想继续进行战争，尤其是在阿布尔哈齐宣布实行大赦之后。3个土库曼人首领(其中2个是恩伯吉)派了5至8名阿克萨卡尔来到他这里进行谈判，并宣称除了阿布尔哈齐之外他们没有其他的国王。汗急忙安抚他们并邀请阿克萨卡尔和其他土库曼人到哈扎拉斯普来，在那里宴请他们。宴会刚刚开始，乌兹别克人便根据阿布尔哈齐的秘密指令进攻土库曼人并杀死了1000到2000人，后来洗劫了他们的住所并掠走他们的孩子为奴，在此之后“所向无敌的”汗返回希瓦。阿布尔哈齐的儿子即完成了自己父亲著作[3]的阿努沙汗非常坦诚地谈到了这一切。[4]

---

〔1〕《最高天堂》，第149页6。

〔2〕阿布尔哈齐《突厥世系》，Ⅰ，第219页和316页；Ⅱ，第312页和338页。

〔3〕在保存于乌兹别克苏维埃社会主义共和国苏联科学院东方学研究所的一份《突厥世系》著作索引中谈到，这部著作是由某个叫马赫穆德·本·毛拉·穆罕默德·扎曼·乌尔根奇按照阿努沙汗的吩咐完成的。参见《乌兹别克苏维埃社会主义共和国科学院东方手抄本汇编》，第1卷，№167。——Ю. 布列格利

〔4〕阿布尔哈齐《突厥世系》，杰梅宗版，第319－321页；Ⅱ，第342－344页。

在接下来的几年间,阿布尔哈齐又对从希瓦逃走的土库曼人发动了一系列征讨行动[1],狗年(1646 年)冬(12 月)他进攻捷詹河上的土库曼人。正是在这种背景下谈到掠走他们的子女和凯旋回到希瓦。鼠年(1648 年)汗进攻了聚集在巴米布尔马(在地图上是别乌尔马)的土库曼人[2],他们中有从捷詹河逃出来的土库曼人。土库曼人把自己的帐篷移到卡拉卡斯塔,他们自己用石头建起了一座防御工事,他们的首领是卡希尔·霍加。土库曼人在偷袭时被击溃,他们在返回要塞前全部被杀。此后乌兹别克人攻入要塞并杀死了留在其中的所有人。汗没有和他们在一起,此时他在卡拉卡斯特,他在那里洗劫土库曼人的帐篷
611 并掠夺他们的财产和子女。

1651 年也就是兔年,汗发动了对居住在阿特拉克河和朱尔占河地区的土库曼居民的远征,这些土库曼人因其首领的名字叫做拜拉奇而被称为拜拉奇人。在追杀退却的敌人时,汗陷入了无水的草原中,他所有的军队都逃散了,1 万人的军队(很难相信他带了这么多的军队)只剩下了 400 人。路上他们与前往拜拉奇阿乌尔经商的帖金商人相遇,他们使其中的一人成为自己的向导,这样找到了拜拉奇的阿乌尔。汗的军队开始对周围的住宅进行劫掠,此时汗总共只剩下了 30 人,但他通过神速进攻成功地夺取了阿乌尔。拜拉奇本人在战斗刚开始时便被枪击打死。[3] 在这一记载中有趣的是提到了帖金商人,如果这不是唯一的一次提到土库曼人中存在着商人阶层,那么也是鲜有的此类记载中的一次而已。其次,我们在这里发现了土库曼人历史上少有的以自己首领的名字来作为氏族或部落名称的事实。在首领死后这一名称仍然存在,现在在萨雷克人中也存在着拜拉奇人的分支,只是它现在不生活在阿特拉克河,而是生活在穆尔加布河流域。[4] 看来,拜拉奇部落与希瓦事件没有关系,在解释讨伐他们的原因时只是说这些土库曼人

---

〔1〕阿布尔哈齐《突厥世系》,杰梅宗版,Ⅰ,第 321 – 325 页;Ⅱ,第 345 – 349 页。

〔2〕巴米村坐落于别乌尔马村东南 14 公里处。——Ю. 布列格利

〔3〕阿布尔哈齐《突厥世系》,杰梅宗版,Ⅰ,第 324 页以下;Ⅱ,第 347 页以下。

〔4〕例如,比较阿里斯托夫《关于突厥诸部落、部族的部落组成及其人口情况札记》,第 141 页;亚特《北部阿富汗》,第 125 页、186 页。

不想向汗称臣。

阿布尔哈齐对土库曼人的最后一次进攻发生于1653年(蛇年),不知道这次进军的原因是什么。伏吉[1]的艾缪尔部落受到了进攻,可能在其他史料中没有这一名称。土库曼人遭受了抢劫并沦落为奴。在返回的路上,汗在底纳尔低地附近(在乌兹博伊谷地[2])与萨雷克人遭遇,他又成功地掠夺了他们的子女和牲畜。在原文中(译文中此处有遗漏)补充说,汗还对土库曼人发动了其他的袭击活动,这已经流传很久了,每一次袭击之后他都满载而归。

1649年和1653年花剌子模遭到了卡尔梅克人的入侵,这些入侵活动被汗击退。根据上面所援引的史料可以推测出汗袭击土库曼人与卡尔梅克人进攻花剌子模之间存在着一定的关系。1653年与卡尔梅 612
克人缔结了和约,并且阿布尔哈齐作了一个带有几分勇敢性的声明,他说卡尔梅克人从来也不是花剌子模的敌人。[3] 卡尔梅克人的第一次入侵正如阿布尔哈齐本人在别处所指出的发生于1603/1604年。[4]

根据阿布尔哈齐书中所描述的细节来判断,征讨土库曼人具有掠夺性侵袭的性质。但却谈到汗使土库曼人臣服于自己并且在此之后直到1655年(羊年)与布哈拉乌兹别克人之间的战争爆发之前和平统治了好多年。[5] 就像所预料的那样,阿布尔哈齐在与土库曼人进行战争的时候采取措施使自己免受来自波斯方面的威胁。1648年(鼠年)他向沙赫派出了使团。[6] 在花剌子模与布哈拉之间发生战争的时候,布哈拉汗阿卜杜勒·阿齐兹请求沙赫放回在波斯的花剌子模王子,以便

---

〔1〕原文中是这样写的(阿布尔哈齐《突厥世系》,杰梅宗版,Ⅰ,第325页),译文中(Ⅱ,第348页)写的是 Toudj;在勘误表中没有注明,但在索引中注明的是 Foudj。

正如 A. H. 萨莫伊洛维奇所指出的,这个名称显然可以等同于现在位于克孜勒阿尔瓦特和巴米之间的科吉村。参见萨莫伊洛维奇《土库曼古代史选编》,第561页。——Ю. 布列格利

〔2〕底纳尔低地位于乌兹博伊谷地以南,在克孜勒阿尔瓦特东北40公里处。——Ю. 布列格利

〔3〕阿布尔哈齐《突厥世系》,杰梅宗版,Ⅰ,第327页;Ⅱ,第350页。

〔4〕阿布尔哈齐《突厥世系》,杰梅宗版,Ⅰ,第275页;Ⅱ,第296页。

〔5〕阿布尔哈齐《突厥世系》,杰梅宗版,Ⅰ,第327页;Ⅱ,第351页。

〔6〕《最高天堂》,第117页a。

在花剌子模为阿布尔哈齐制造困难。由于阿布尔哈齐曾长期在波斯生活并在返回花剌子模之后与这个国家保持了良好的关系，所以沙赫没有同意这一要求。[1]

在阿布尔哈齐的儿子和继承人阿努沙在位时(1663—1687年)，据19世纪初花剌子模史学家穆尼斯[2]的说法，土库曼人不可能与汗政权相对抗。阿努沙的妻子托赫塔·哈内姆出身于居住在花剌子模南部达尔干附近的土库曼人。在阿努沙死后2年，也就是说在1689年他的儿子埃连克汗登上了汗位。这位年轻的汗(他的兄长17岁就死了)沉湎于艳遇，在一次艳遇返回时被甩下马摔死。他的母亲得知汗的死讯后，在他死亡的消息传扬出去之前匆忙把他埋葬，她来到达尔干自己的部落那里将自己的侄子从那里带走，她的侄子与汗同岁并且外貌长得像汗。之后开始传播流言说汗去拜访了自己的土库曼亲属，现在已经回家。通过这种狡猾手段，这位年轻的土库曼人成功地把自己同部落的人带到了希瓦并控制了该城，之后他开始追捕乌兹别克人。有一些乌兹别克人逃往在真正的埃连克汗在位时就已经脱离希瓦的阿拉尔，并从那里搬来了军队。冒名顶替者被杀，托赫塔·哈内姆被处决，只有
613 1%的土库曼人幸免逃生。此事发生于1106/1694—1695年。

下一次是在叙述穆萨汗统治时期的时候谈到土库曼人的，这位汗在位的具体时间尚未确定，但不管怎样应该是在18世纪初。这位汗比自己的那些前任更强大有力，他冲制了带有自己名字的货币，从梅尔夫到阿斯特拉巴德靠山一带的城市和要塞中的居民都向他缴纳贡赋。由于希瓦埃米尔对汗采取敌视态度，汗被迫逃往梅尔夫，他在梅尔夫被杀，头颅被送到希瓦。穆尼斯是这样说的。根据1713年离开希瓦的土库曼人霍加涅菲斯的说法，穆萨在别科维奇远征的时候(1717年)还活

[1]《最高天堂》，第150页6。

[2]关于他，参见赛尔斯蒙《亚洲博物馆》，278页；巴托尔德《花剌子模》，第978页。

也参见巴托尔德《突厥斯坦文化生活史》，前面第285－286页；伊万诺夫《土库曼历史文献——19世纪穆尼斯和阿格希的希瓦编年史》，第23－28页；穆尼罗夫《穆尼斯，阿格希》。——Ю.布列格利

着，当时在阿斯特拉巴德。[1] 1725 年到过希瓦的弗洛里奥·别涅维尼了解到，穆萨汗已经被希瓦人杀死，有人担心他的儿子沙赫·帖木儿会为他报仇，当时叛乱者打着他的旗号进行活动。[2]

希尔加齐汗统治时期（1715—1727 年）发生了别科维奇远征，总起来讲他统治的时期是花剌子模势力得以恢复的时期。在他执政之初，波斯人及居住在从梅尔夫到阿斯特拉巴德、巴尔汉靠山一带以及阿特拉克河和朱尔占河两岸的土库曼人就向汗表示归顺，并向他缴纳贡赋。1716 年（猴年）土库曼人参加了汗对马什哈德的成功远征。

包括恰夫杜尔（丘杜尔）、伊格德尔、索伊纳吉[3] 3 个氏族在内的土库曼人从曼格什拉克经阿斯塔拉罕向库马河的迁徙发生在彼得大帝统治时期。根据 1809 年搜集的资料（这些资料保存在阿斯特拉罕卡尔梅克档案馆，这是由 H. H. 帕利莫夫教授殷勤转告我的），这些土库曼人“不由自主地来到了卡尔梅克汗阿尤卡（1670—1724 年）那里。与他一同游牧，因为他们将自己特别托付给了他”。迁徙在彼得大帝远征波斯之前（1722 年）完成，在土库曼人那里流传着一个传说，说彼得大帝自己在远征的时候也把他们托付给了阿尤卡。根据一些史料的记载，迁徙还在阿尤卡的父亲普楚克·蒙恰克统治时（1667—1670 年）就已经开始了。[4] 有关这些土库曼人的历史资料非常匮乏。迁移到卡尔梅克人那里使他们像卡尔梅克人一样成为俄罗斯的臣民，他们与卡尔梅克人之间的冲突由俄罗斯当局来裁决。1737 年，谈到在阿斯特拉罕（133 帐）和红亚尔（10 帐）附近有一小部分土库曼人，东杜克·翁伯汗要求将这些土库曼人以及这些地区的卡尔梅克人交给他，但遭到了拒绝。1771 年，卡尔梅克人决定离开俄罗斯返回中国，并试图带土库 614

[1] A. H. 波波夫《彼得大帝时代俄罗斯与希瓦和布哈拉的交往》，第 321 页。

[2] A. H. 波波夫《彼得大帝时代俄罗斯与希瓦和布哈拉的交往》，第 383 页。

[3] 该正字法见 A. H. 萨莫伊洛维奇的论文（《在斯塔夫罗波尔土库曼人和诺盖人中间，在克里木鞑靼人身边》，第 67 页）。《孙扎日氏族》文件。

[4] 在 E. 魏登包姆的《高加索指南》一书第 126 页中说，土库曼人在 1630 年被卡尔梅克人征服并被他们带到了高加索草原。根据 A. H. 萨莫伊洛维奇的说法（阿卜达斯·萨塔尔·卡迪《帖金人战役书 19 世纪的土库曼史诗》，第 92 页），土库曼人的迁移发生在“18 世纪初前后”。

曼人同行,这对土库曼人具有更大的意义。乌布希汗强迫土库曼人与自己同行,人数为340帐的一部分土库曼人途中逃跑返回了俄国。这些土库曼人被安置在从科尔皮切夫到库马河之间的地区。其他土库曼人和卡尔梅克人一起遭到了吉尔吉斯人(哥萨克人)的进攻,土库曼人自己在1810年呈递的书面报告中说,他们与"吉尔吉斯哈萨克人"进行了一场成功的战斗,但其中只有一部分被吉尔吉斯俘虏的人逃脱后返回了俄罗斯。在1778年留下了一份"圣彼得要塞准尉库班巴伊、毛拉卡拉姆林关于被总督乌布希带走的土库曼人的状况及其沦为苏丹阿布赉的俘虏并从那里逃脱情况的记录"。阿布赉是中帐汗国的领袖,1771年继承汗位,他被认为是俄罗斯臣民,像其他哥萨克一样,接到了进攻卡尔梅克人并迫使他们返回俄罗斯境内的命令。被释放的土库曼人大概在基兹利亚尔要塞附近游牧并经营着库马和基兹利亚尔之间的邮路。1776年,他们呈递的关于"请求允许他们从基兹利亚尔要塞迁到卡尔梅克人兀鲁思附近游牧"的申请没有得到批准。在1810年的申请中,土库曼人叙述了自己参加基兹利亚尔保卫战反对波斯沙赫的过程。根据1809年的资料,北高加索土库曼人或斯塔夫罗波尔土库曼人(后来的称呼)有836帐,其中伊格德尔部有336帐,恰夫杜尔和索伊纳吉部各有250帐。1906年,斯塔夫罗波尔土库曼人共有15990人(男性9368人,女性6622人),1912年有所减少,共有15534人(男性9086人,女性6448人),俄罗斯研究者由此得出结论[1]说,"土库曼人正在走向灭绝"。现在他们住在离基兹利亚尔很远的地方——在卡劳斯河,在马内奇东部和库马河一带。[2] 1809年,土库曼人写道,他们"根本不种庄稼,因为土地不适合耕种,也因为他们自己不喜欢种庄稼"。现在他们中的多数人过着定居的农业生活,像希瓦的乌兹别克人一样,院子里有帐篷,这些帐篷"夏天被搬到村外"。1912年,A. H. 萨莫伊洛维奇指出,与20世纪初的资料记载相比,土库曼人的生活已经有了巨

〔1〕阿卜达斯·萨塔尔·卡迪《帖金人战役书 19世纪的土库曼史诗》,第92页。

〔2〕在现在的斯塔夫罗波尔州。——Ю. 布列格利

大的进步。可能他们与自己留在中亚的同族人仍然保持着联系，据悉在他们离去后[1]仍然在世的出身于乔克列部落的诗人马赫图姆库里成了土库曼人其中包括斯塔夫罗波尔土库曼人的民族诗人。 615

18 世纪和 19 世纪初，俄罗斯人很少关注留在中亚的土库曼人。在里海地区俄罗斯企业家与沿岸的土库曼人之间发生了冲突，在阿斯特拉罕卡尔梅克档案馆中有一些记载其中一次冲突(1719 年)的资料。在一份关于此问题的文件中谈道："那些土库曼人，耶特桑人也好，因布鲁克人也好，都不听我们的话"，这份文件来自于一个臣服了阿尤卡的土库曼族长。1744 年，土库曼人自己向俄罗斯人提议在曼格什拉克建立一座"用于贸易的要塞"，还指出了另外一个建立这种贸易要塞的地方——奥古尔钦斯基岛。但无论哪一种建议都没有什么结果。为解决土库曼人申请加入俄罗斯国籍而与科佩托夫斯基大尉一起到过土库曼人那里的领航员列别杰夫的工作日志尚未公布。[2] 关于后一个问题颁布了"关于在与边境商人进行无害贸易、允许并资助携带商品来到希瓦和布哈拉的商人、永久遣返俄罗斯俘虏以后，他们将获得俄罗斯保护"的决议案[3]。1768 年，传闻吉尔吉斯人(哥萨克人)打算"进攻在希瓦附近游牧的土赫曼人[4]"，只是由于担心"吉尔吉斯人会改变计划不进攻卡尔梅克人"，这一传闻才引起了俄罗斯的惊恐。[5] 1810 年 8 月，有 6 位"丘杜尔氏族"族长从曼格什拉克来到阿斯塔拉罕，他们请求接受 2300 户土库曼人加入俄罗斯国籍，但这一请求可能没有取得什么结果。族长们说有 2500 户土库曼人离开了希瓦，他们与派来阻止他们的希瓦军队进行了"一场最顽强的战斗"。[6]

---

〔1〕马赫图姆库里之父道列特·马梅德写于 1753—1754 年。参见萨莫伊洛维奇《中亚文学资料》，Ⅱ－Ⅲ，第 146 页。

〔2〕科佩托夫斯基大尉 1745 年到过里海东岸，他工作日志的大量摘录如同 1741 年到过曼格什拉克的捷别列夫的工作日志摘录一样，于 1930 年与其他一些关于土库曼人的档案文献同时公布。参见《18 世纪俄罗斯与土库曼人交流简史》，第 211－255 页。——Ю. 布列格利

〔3〕巴托尔德《欧洲和俄国的东方研究史》，第 222 页。

〔4〕居住在斯达维罗宝边区北部的土库曼人。——译者

〔5〕索洛维约夫《远古以来的俄罗斯史》，第 6 册，第 413 页以下。

〔6〕阿斯特拉罕卡尔梅克档案馆，卷宗 1811 年，№987(H. H. 帕利莫夫的报告)。

土库曼人的传说把土库曼部落的迁移与纳迪尔沙赫统治时发生的事件联系起来。[1] 在萨非王朝后期，波斯国力的衰落使乌兹别克人和土库曼人有可能重新进攻呼罗珊地区。纳迪尔沙赫不仅击退了这些进攻，而且还成功地对土库曼人进行了反击，一度使布哈拉和希瓦臣服于自己，从而使土库曼人依附于他。据我们所知，纳迪尔沙赫自己是出身于阿弗沙尔部落的土库曼人，他生于呼罗珊北部边境的杰列格兹地区，
616 该地当时归属于阿弗沙尔部落的中心——阿比韦尔德。纳迪尔沙赫未来的岳父巴巴阿里伯克·库谢艾哈迈德鲁就住在阿比韦尔德，他经常与乌兹别克人和土库曼人作战。[2] 纳迪尔沙赫与其他许多人一样，是在萨非王朝末年的混乱中涌现出来的英雄人物，他在自己的周围笼络了一伙信徒，他带着这伙人控制了阿比韦尔德、杰斯捷吉尔特（在他的出生地杰列格兹）和克勒特，克勒特后来仍然是他的主要据点。他在这里既与一些像他一样的首领发生了冲突，这些首领占领了呼罗珊的其他城市，其中一位主要首领是占领了马什哈德的锡斯坦人马赫穆德，也与乌兹别克人和土库曼人发生冲突，甚至和生养他的阿弗沙尔部落发生冲突。历史学家马赫迪汗记载了这些冲突的情况，但没有说出具体的时间。例如他谈到纳迪尔与库昌库尔德人和其他土库曼人结成联盟进攻涅萨和杜伦，那里有阿里艾里部土库曼人、伊姆列里人、帖金人和约穆特人。土库曼人的首领是占领了杜伦城的赛义德·苏丹，他被迫臣服并签署了和约。[3] 此后纳迪尔很快便被锡斯坦的马赫穆德击溃，他与自己的两位同伴逃往克勒特，杜伦的土库曼人支持发动反对纳迪尔起义的阿弗沙尔人。纳迪尔从克勒特出发在阿比韦尔德附近将他们击溃。[4] 之后我们又看到杜伦和涅萨的土库曼人与锡斯坦的马赫穆德结成同盟反对纳迪尔。纳迪尔迅速从阿比维尔德出发，一夜走了20法尔萨赫（约100公里），进攻巴格巴德的土库曼人，在涅萨附近对

[1]阿卜达斯·萨塔尔·卡迪《帖金人战役书　19世纪的土库曼史诗》，第92页。

[2]马赫迪汗《纳迪尔沙赫史》，第27页（下面）。

[3]马赫迪汗《纳迪尔沙赫史》，第40页。

[4]马赫迪汗《纳迪尔沙赫史》，第47页。

他们进行屠杀和抢掠。他用这种方式使土库曼人走上“正轨”并迫使他们站到他一边。[1]

接下来谈到了纳迪尔在梅尔夫的活动，当时这里没有土库曼人。城市本身控制在卡扎尔人手中，城市附近地区为鞑靼人[2]和阿拉伯人所控制。由于卡扎尔人中间发生纷争，优势转到了鞑靼人手里，除此之外他们还把从乌尔根奇（花剌子模）迁到卡拉库姆的约穆特人吸引到自己一边。卡扎尔人也进攻约穆特人，其中一部分被杀，另一部分被俘。此后，鞑靼人、阿拉伯人和土库曼人占领了距梅尔夫12法尔萨赫的卡尔要塞，该要塞位于苏丹本德水坝附近，梅尔夫从这里获得水源，他们在那里待了3年。居民们开始忍受水源不足之苦，他们请求纳迪尔沙赫予以帮助，纳迪尔沙赫向梅尔夫开拔，但由于捷詹河水位太高他 617
们无法过河，所以转向塞拉赫斯。[3] 在其他地方叙述1731年事件时，谈到了纳迪尔沙赫采取措施恢复梅尔夫水坝的情况。[4]

在萨非王朝衰落时代重新开始进攻呼罗珊的花剌子模乌兹别克人和土库曼人在希尔加齐汗统治时期（1715—1727年）继续这种进攻，但没有获得什么成效。希尔加齐汗放弃进攻，派使者来到呼罗珊谈判允许花剌子模商队前来贸易的问题。当时还占据着马什哈德的梅利克穆罕默德（锡斯坦）委托隶属于他的恰阿恰村居民把商队送返捷詹河，但商队在恰阿恰村遭到抢劫，商人被打死。希尔加齐汗派使者到纳迪尔

---

〔1〕马赫迪汗《纳迪尔沙赫史》，第50页。

〔2〕可能当时居住在梅尔夫的鞑靼人是突厥化的蒙古部落卡拉鞑靼人的后裔，帖木儿在14世纪末把这个部落从前亚迁到马维兰纳尔，帖木儿死后该部又从马维兰纳尔迁到梅尔夫绿洲（《土库曼人和土库曼史资料》，Ⅰ，第531页）。有些研究者认为梅尔夫鞑靼人以后成为约穆特人的一个组成部分，但是这种观点还没有被证实。——Ю. 布列格利

〔3〕马赫迪汗《纳迪尔沙赫史》，第52页。

关于鞑靼人和克孜勒巴什人在梅尔夫的纷争以及纳迪尔与鞑靼人之间的斗争，也参见穆罕默德·卡迪姆《纳迪尔沙赫书》，影印本，Ⅰ，第38页б-41页б，第47页a-50页б。——Ю. 布列格利

〔4〕马赫迪汗《纳迪尔沙赫史》，第193页。在B. A. 茹科夫斯基的著作《外里海边区的古迹老梅尔夫遗址》中根本没有提到这一切。

关于梅尔夫水坝的恢复情况，也参见穆罕默德·卡迪姆《纳迪尔沙赫书》，影印本，Ⅰ，第278页a-278页б，第327页б-331页a。——Ю. 布列格利

那里去(显然商队被抢是由他指使的)请求返还财产并对商人进行补偿(可能是他们的家属),这一要求得到了满足。[1] 在花剌子模史中没有谈到这一事件,但是参加与希尔加齐汗军队的武装冲突却是由纳迪尔指使的。根据这一史料,希尔加齐汗在猴年(1716 年)经过 2 天的围攻之后占领了马什哈德并从那里前往尼沙普尔,但他没能攻下尼沙普尔。当时在尼沙普尔附近的纳迪尔得知乌兹别克人退却的消息后开始追击他们。希尔加齐当时撤出了马什哈德,但在猪年(1718 年)再次占领了马什哈德。

1729 年,纳迪尔夺取了赫拉特并从那里返回马什哈德,他打算冬天进攻土库曼人,春末在阿斯特拉巴德度过。[2] 局势的演变迫使他在这一年与沙赫阿什拉夫进行斗争并消灭了阿富汗王朝。只有到了 1730 年 9 月纳迪尔才来到阿斯特拉巴德,他想在 9 月 28 日[3]这一天打击约穆特人和乔克列人。敌人从奥古尔钦斯基土库曼人得知了他要发动进攻的消息,约穆特人急忙向希瓦逃去,乔克列人逃往松巴尔河。纳迪尔禁止呼罗珊人与土库曼人发生任何往来。[4]

1732 年春,根据纳迪尔的命令开始着手在昌德尔河修建能容纳3000名驻军的要塞,以便当约穆特人和乔克列人有什么举动的时候能
618 立即从这里采取措施反对他们。这一计划后来被搁置起来,因为意识到要塞距离“水源和有人居住之地”太远了。已经开始修建的建筑物被摧毁。6 月初,土库曼人(大概就是约穆特人)和乔克列人的首领(恩伯吉)来到马什哈德纳迪尔那里表示归顺,纳迪尔要求他们派 1000 名年轻人参加他对西部的征伐。这一要求没有被履行,后来招致纳迪尔采取了新的反对土库曼人的措施。从前逃离波斯军队的约穆特人遭受打击,男人被杀,妇女被掠卖为奴,追击约穆特人一直追到巴尔汉和马

〔1〕马赫迪汗《纳迪尔沙赫史》,第 53 页以下。

〔2〕马赫迪汗《纳迪尔沙赫史》,第 101 页。

〔3〕在马赫迪汗那里写的是希吉拉历 1142 年第一个拉比月 15 日,相当于 1729 年 10 月 8 日。参见《土库曼人和土库曼史资料》,Ⅱ,第 132 页。——Ю. 布列格利

〔4〕马赫迪汗《纳迪尔沙赫史》,第 145 页以下。

什哈德·伊·米斯里扬[1](几乎是第一次以这一名称提到季希斯坦遗址)。

1735 年(兔年)春[2],当纳迪尔在舍马哈时,传来了希瓦伊里巴尔斯汗派约穆特人契恩·韦基尔率 3000 土库曼人进攻呼罗珊北部边境地区的消息。在返回的路上土库曼人被波斯军队追上,根据马赫迪汗的记载,军队屠杀了许多土库曼人,为此军队的长官受到了沙赫的嘉奖。[3] 据希瓦史记载,波斯人被击退,土库曼人满载战利品回到汗那里。[4]

1739 年当纳迪尔沙赫在印度时,伊里巴尔斯汗亲自率领由乌兹别克人和土库曼人构成的军队进攻呼罗珊,他们在距离塞拉赫斯 5 法尔萨赫(约 25 公里)的地方渡过捷詹河,由于此时纳迪尔沙赫之子里扎·库里来到塞拉赫斯,伊里巴尔斯转而向另一个地方进攻,他包围了位于涅萨和阿比韦尔德之间的卡赫兰要塞。要塞的长官在阿比韦尔德,他在那里集合队伍前往解救要塞。伊里巴尔斯考虑到里扎·库里将率军赶来,所以急忙回到花剌子模。[5]

1740 年,纳迪尔沙赫征服了 2 个中亚汗国:布哈拉汗国和希瓦汗国。在这 2 个汗国中除了乌兹别克人之外还有土库曼人。布哈拉汗国未经抵抗便投降了,纳迪尔沙赫仍然从这里掳走了大量的兵员,其数量要大于他通常所掳走的人数。经察尔周派出了 2 万名被编入纳迪尔沙赫军队的乌兹别克人和土库曼人。[6] 相反,纳迪尔沙赫在希瓦则遇到了顽强的抵抗,无论是伊里巴尔斯汗自己还是土库曼人的首领——穆

[1]马赫迪汗《纳迪尔沙赫史》,第 197 页。关于 1732 年土库曼发生的事件从 191 页开始。

[2]希瓦史中记载这次进攻发生在龙年(1736 年)。

[3]马赫迪汗《纳迪尔沙赫史》,第 270 页以下。

根据马赫迪汗的记载此事发生在 1147/1734—1735 年;土库曼首领的名字叫做侯赛因·韦基尔,参见《土库曼人和土库曼史资料》,Ⅱ,第 137 页。——Ю. 布列格利

[4]参见《土库曼人和土库曼史资料》,Ⅱ,第 333 页。——Б. 加富罗夫

[5]马赫迪汗《纳迪尔沙赫史》,第 368 页以下。

[6]马赫迪汗《纳迪尔沙赫史》,第 386 页。

619 罕默德·阿里汗乌沙克都进行了顽强的战斗。[1] 根据希瓦史记载，在他的军队中除了土库曼人以外还有乌兹别克人。约穆特人、帖金人和其他土库曼人表现得极其顽强。[2] 汗和许多达官显贵因为进行抵抗而献出了生命。有4000名乌兹别克人被掳走，没有谈到是否有土库曼人被掳走。

纳迪尔沙赫把当地的塔希尔王子安置在花剌子模，半年后这位王子在与来自阿拉尔的乌兹别克人和以努尔·阿里为首的哥萨克人的战斗中死去，希瓦的汗位一度转入努尔·阿里之手。纳迪尔打算（他当时在达吉斯坦）围剿花剌子模[3]，但这一征讨行动没有进行。起义的领导人阿尔图克·伊纳克前往梅尔夫呼罗珊统治者——沙赫的儿子纳斯鲁拉处，并将他争取到自己一边。狗年（1742年），波斯人按照花剌子模人的意愿承认伊里巴尔斯之子阿布尔·穆罕默德为花剌子模汗，沙赫赐名阿布尔哈齐。[4] 同时下令将约穆特人和帖金人从花剌子模迁到呼罗珊。[5] 猪年（1743年），某些花剌子模造反者利用此在约穆特人的帮助下发动了起义。根据马赫迪汗的说法[6]，阿尔图克·伊纳克被造反者杀死，而希瓦史指出的则是另外一个名字并说此人是根据汗的命令被处死的。根据这一史料，阿尔图克·伊纳克是在1747年（兔年）才根据汗的命令被处死的。希瓦史记载说，整个这一区域都陷入了约穆特人的掌控之中，没有一个居民能到要塞外面，爆发了饥荒。居民们请求纳迪尔沙赫予以帮助，沙赫派来了自己的侄子阿里·库里。1745年（牛年），约穆特人被击溃，他们摧毁了自己的住宅逃往巴尔汉的山区。阿里·库里把希瓦汗扶上汗位，之后回到纳迪尔沙赫那里。

---

〔1〕马赫迪汗《纳迪尔沙赫史》，第388页。

乌沙克是约穆特人一个大氏族的名称。——Ю.布列格利

〔2〕马赫迪汗《纳迪尔沙赫史》，第391页。

〔3〕马赫迪汗《纳迪尔沙赫史》，第405页以下。

〔4〕希瓦史中是如此记载的。

参见穆尼斯《花剌子模史》，苏联科学院亚洲民族研究所手抄本，第69页6，第571页，以及《土库曼人和土库曼史资料》，Ⅱ，第334页。——Б.加富罗夫

〔5〕马赫迪汗《纳迪尔沙赫史》，第419页。

〔6〕马赫迪汗《纳迪尔沙赫史》，第445页。

沙赫命令让 1000 名约穆特人加入波斯军队，其余的人留在原地服从波斯政权的领导。[1]

这一命令未必得到履行。在纳迪尔沙赫死的那一年（1747 年），土库曼人与阿斯特拉巴德卡扎尔人联合起来发动了起义。[2] 卡扎尔人的首领穆罕默德·哈桑汗逃到了约穆特人的首领卞肯治汗那里，乔克列人也归附了他们。封号为阿里沙赫（或者阿迪尔沙赫）的纳迪尔沙赫的继承人阿里·库里突袭造反者并打败他们，但没有追击逃亡者。[3] 620

在希瓦史中把约穆特人的这位首领称作卞肯治·阿里·苏菲。1759 年在其他起义者中，他由于受到希瓦军队的进攻而遭到失败。此后希瓦很快便被约穆特人持续了 3 年（1767—1770 年）的统治带到崩溃的边缘。[4]

19 世纪发生的那些事件，在一些文献中已经有了记载，但这些文献还需要根据土库曼人的记载以及俄罗斯档案文献进行核对，关于这些事件我不准备详谈。从 1804 年到 1920 年间，统治希瓦的昆格勒王朝的汗多次提出了统治整个土库曼的要求，土库曼人有时在自己的国家对他的要求予以顽强的抵抗，有时自己到希瓦汗国进行抢劫。布哈拉埃米尔和波斯沙赫的要求没有多少意义。由于这 3 个强国之间的竞争，当土库曼人与他们中的一方发生冲突时，他们便有可能获得其他方的支持。1822 年，梅尔夫土库曼人离开布哈拉并自愿臣服希瓦[5]，希瓦人在 1824 年建立新（现代）梅尔夫，以及土库曼人（说的是萨雷克人、萨洛尔人和某些帖金人）在 1843 年夺取这个希瓦要塞并把俘虏交给布哈拉埃米尔[6]，这些事实就具有典型性。1855 年，帖金库舒特汗

〔1〕马赫迪汗《纳迪尔沙赫史》，第 459 页。

〔2〕伊本·穆罕默德·埃明，马诺版，Ⅰ，第 11 页。

〔3〕伊本·穆罕默德·埃明，马诺版，Ⅰ，第 26 页以下。

〔4〕巴托尔德《突厥斯坦灌溉史论》，第 20 页。

〔5〕巴托尔德《突厥斯坦灌溉史论》，第 69 页以下。

〔6〕阿格希《花剌子模史》，第 412 页 a（也参见《土库曼人和土库曼史资料》，Ⅱ，第 489－490 页。——Б. 加富罗夫）。

在塞拉赫斯战胜希瓦汗并把在这场战役中被杀的穆罕默德·埃明汗(梅杰明)的首级送到波斯。[1] 这位库舒特汗在1860年战胜了波斯人并把战利品的1/5送给了希瓦汗。[2] 同时土库曼人自身发生了内讧,最具代表性的现象是帖金人首先占领了阿哈尔,他们在那里与埃姆列里部落和卡拉达什雷部落发生了争执;后来他们占领了梅尔夫,在梅尔夫又与萨雷克人打了起来。[3] 帖金人进攻梅尔夫发生在1857年,1859年他们获得了胜利[4],虽然有些帖金人的队伍如我们所看到的在
621 此之前就已经来到了梅尔夫。土库曼人的内讧也为希瓦汗所利用。1854年,梅杰明汗以必须终止萨雷克人与帖金人之间争夺土地和水源的冲突为借口进军梅尔夫。[5] 1855年3月,梅杰明汗在塞拉赫斯附近与帖金库舒特汗进行的战斗中被杀,9月1日(新历)新继任的阿卜杜拉汗在与帖金人的战斗中战死。[6] 阿哈尔的帖金人,捷詹河和梅尔夫的萨雷克人、帖金人和萨洛尔人向继任的库特鲁格·穆拉德汗提议帮助他反对约穆特人。[7] 另一方面,在昆格勒卡拉卡尔帕克人中间涌现出来的僭位者艾尔·纳扎尔·比伊与约穆特人订立了同盟。[8] 1856

---

[1]阿格希《花剌子模史》,第505页a(也参见《土库曼人和土库曼史资料》,Ⅱ,第542-545页。——Б.加富罗夫)。

[2]阿格希《花剌子模史》,第587页6。

波斯军队对梅尔夫的远征以波斯人的失败而告终,这次远征不是发生在1860年,而是发生在1861年;参见《土库曼人和土库曼史资料》,Ⅱ,第602-604页。——Ю.布列格利

[3]阿卜达斯·萨塔尔·卡迪《帖金人战役书 19世纪的土库曼史诗》,第91页。在另一处(萨莫伊洛维奇《中亚文学资料》,Ⅰ,第18页以下),A. H.萨莫伊洛维奇引用了土库曼人手抄本中的摘录,说萨雷克人是在拜拉姆·阿里汗时代也就是在1785年前从察尔周迁到梅尔夫绿洲的。布哈拉的沙赫·穆拉德在打败拜拉姆·阿里汗之后把梅尔夫交给了萨雷克人,把约罗坦交给了萨洛尔人。

[4]阿卜达斯·萨塔尔·卡迪《帖金人战役书 19世纪的土库曼史诗》,第103页。

[5]穆罕默德·埃明汗进攻当时萨雷克人居住的梅尔夫是从1846年开始的,在1855年前这种进攻每年都进行。——Ю.布列格利

[6]阿格希《花剌子模史》,第511页6。

实际上阿卜杜拉汗不是在与帖金人的战斗中被打死的,而是在与发动了起义的花剌子模约穆特人的战斗中被打死的,站在约穆特人一边的也有伊姆列里人、丘杜尔人以及其他花剌子模土库曼部落。战斗是在希瓦汗国的伊利亚雷城附近发生的。参见《土库曼人和土库曼史资料》,Ⅱ,第549-551页。——Ю.布列格利

[7]阿格希《花剌子模史》,第514页a以下。

[8]阿格希《花剌子模史》,第516页a。

年初,约穆特人成功地进攻希瓦并杀死了汗。2月11日,维齐尔穆罕默德·雅库布(这位维齐尔当年根据新汗的命令被处死)成功地号召居民人人痛杀约穆特人,这场杀戮持续了3.5个小时。[1]

在骚乱停止和卡扎尔王朝的统治确立后,波斯立即采取措施反对土库曼人的侵袭。这些措施便是从阿斯特拉巴德方向发起反对约穆特人和乔克列人的围剿,从呼罗珊方向发起反对帖金人及其邻居的围剿,但这些围剿行动没有取得任何巩固的成果。在19世纪初还提到过这些无成果的讨伐行动[2],但波斯人仍然认为约穆特人和乔克列人是自己的臣民。1819年,俄罗斯使者穆拉维约夫提出了由从"克拉斯诺沃茨克码头"开始的商路取代经曼格什拉克的商路的建议,对此希瓦汗穆罕默德·拉希姆答复说:"虽然曼格什拉克的道路确实要比克拉斯诺沃茨克的道路远得多,但是曼格什拉克人民忠实于我,他们是我的臣民。沿岸居住在仅靠阿斯特拉巴德地区的约穆德人(约穆特人——B.巴托尔德)[3]大部分在为卡扎尔人服务。"[4]约穆特人除了进攻波斯之外,也进攻希瓦。1800年,乌兹别克部落之一曼格特人由于遭受约穆特人的抢掠而迁到阿姆河沿岸,他们在这里建立了曼格特城(确切
地说是集市)[5],该城一直存在到今天。希瓦汗多次与土库曼人一起 622
进攻波斯的边界地区并参与了土库曼人与波斯人之争。1834年,乔克列人成功地闯入朱尔占河,大量波斯军队赶到这里进行报复,这对他们构成了威胁,于是阿拉·库尔汗于1835年将他们一部分迁到克孜勒阿

---

〔1〕阿格希《花剌子模史》,第521页a。、

约穆特人和其他一些部落都参加了花剌子模土库曼人的起义,这次起义断断续续从1855年持续到1867年。关于该起义参见布列格利《19世纪花剌子模的土库曼人》,第197－225页。——Б.加富罗夫

〔2〕里扎·库里汗,《乐园》中的资料,Ⅸ。

也比较《土库曼人和土库曼史资料》,Ⅱ,第205页以下。——Ю.布列格利

〔3〕在许多情况下(яб变成яп等)俄罗斯人在转译当地名称的时候用浊辅音代替最末尾的清辅音。

〔4〕穆拉维约夫《1819和1820年近卫军总参谋部大尉尼古拉·穆拉维约夫的土库曼和希瓦之行》,第1册,第134页。

〔5〕穆尼斯《花剌子模史》(《苏联科学院亚洲民族研究所手抄本》,E 6。——Б.加富罗夫),第75页6,133页6和144页6。

尔瓦特，一部分迁到花剌子模。[1] 1837年，汗重建梅赫涅附近的要塞，并把一部分乔克列人留在那里。库尼亚乌尔根奇附近的土地被分给了其他乔克列人。[2] 汗的这次进攻是对波斯沙赫穆罕默德进军（1836年）朱尔占河和阿特拉克河的报复，并且波斯作者谈到土库曼人被赶到希瓦和乌尔根奇。[3]

就在这位穆罕默德沙赫统治时期（1834—1848年）发生了马詹德兰总督进攻切列肯岛的事件，来自贾法尔巴伊部落（约穆特部之一）的土库曼克亚特汗占据着该岛。由于夺取了岛屿，因而克亚特汗便占领了东西海岸之间的道路。在与波斯当局发生冲突的时候，他称自己是俄罗斯臣民，而反之则称自己为波斯臣民。[4] 波斯总督成功地打败了土库曼人，他们一部分被杀，一部分被俘。穆罕默德沙赫是在进攻赫拉特的时候（1837年）得到这一消息的。

在穆罕默德沙赫统治末期，住在塞拉赫斯的退休呼罗珊总督穆罕默德·哈桑汗依靠土库曼人发动了反政府起义，这些土库曼人包括居住塞拉赫斯、阿哈尔、捷詹河、卡雷亚布[5]和希瓦的帖金人、约穆特人、乔克列人、萨洛尔人和萨雷克人。总是有3000名土库曼人和他在一起，一些人离去后另一些人又来了。起义好不容易才被镇压下去。

在1860年波斯远征期间，萨洛尔人离开彭治杰来到了梅鲁恰克，后来他们被萨雷克人从这里赶走。以前在彭治杰居住的是艾尔萨利部落。[6] 当同一年（1884年）俄罗斯人进入梅尔夫，阿富汗人进入彭治

---

[1]阿格希《花剌子模史》，第351页6以下。

大部分乔克列人迁到了花剌子模，根据阿格希年表记载这次迁徙发生在1837年初。参见《土库曼人和土库曼史资料》，Ⅱ，第467－468页。——Ю. 布列格利

[2]阿格希《花剌子模史》，第357页6以下。

阿拉·库里汗不是把乔克列人的卡伊氏族安置在梅赫涅，而是安置在乔克杰彼和巴哈尔靳之间的梅欣要塞。比较《土库曼人和土库曼史资料》，Ⅱ，第469页。——Ю. 布列格利

[3]关于此以及事态的进一步发展，参见《乐园》，X。

[4]正如后来根据研究俄罗斯档案文献所确定的，克亚特汗和他的儿子们主要遵循俄罗斯方针。参见《土库曼苏维埃社会主义共和国史》，第1卷，第1册，第95－98页。——B. 罗莫金

[5]正确的写法是卡拉亚布 Кара-яб；这是一座建在同名运河上的要塞，距梅尔夫大约18公里。——Ю. 布列格利

[6]亚特《北部阿富汗》，第189页。

杰时，穆尔加布河上的土库曼人丧失了政治上的独立性，1885年他们被迫离开那里。 623

俄罗斯（及其附庸国布哈拉汗国和希瓦汗国）、波斯和阿富汗通过军事行动以及19世纪80年代的协议瓜分了土库曼人的土地。作为最强大国家的臣民，俄罗斯土库曼人的处境最好，尤其是在与波斯交界地区的土库曼人处境最好，因为根据条约规定，所有从波斯境内流向俄罗斯境内的河流在进入俄罗斯领土之前都不能用于人工灌溉。革命后土库曼人失去了这项特权，但是在苏联领土上第一次提出了从政治上把土库曼民族联合起来的原则，土库曼人自身也产生了民族共同感，在此之前他们似乎只意识到他们在语言和文学方面的共同感。一部俄罗斯著作在论述中亚区域划分的成果时说："每一个土库曼人都清楚地了解自己的家系，他们几乎不会把自己个人的利益与自己氏族的利益割裂开来。有些氏族即使同属于一个部落也经常处于彼此敌对状态。他们团结起来只是为了反对其他部落或其他民族的代表……民族自觉性很弱。只有到了近代，特别是在革命后一些部落才开始形成一种观念，即他们只是同一个民族统一体——土库曼民族的一部分。"[1]这些言论表明俄罗斯学者们已经对土库曼人的生活进行了细心的研究。可以期待，文化工作的成就将促进这种民族自觉性的增长。[2] 624

〔1〕《布哈拉和花剌子模的领土与居民》，第2册，第102页以下。

〔2〕关于伟大的十月革命后土库曼民族的历史，参见《土库曼苏维埃社会主义共和国史》，第2卷。——Ю. 布列格利

附录

参考文献索引[1]

（引用的文献）[2]

［1］Абд ал-Азим Сами—Мирза Абдалазим Сами，Тарих-и салатин-и мангитийа（История мангытских государей）// Издание текста，предисловие，перевод и примечания Л. М. Епифановой. М，1962（ПЛНВ，Тексты ，Малая серия ，XⅣ）.

［2］Абд ал-Вахид Марракоши . изд. Дози—The history of the Almohades，preceded by a sketch of the history of Spain，from the times of the conquest till the reign of Jusof ibn-Teshufin，and of the history of the Almoravides ，by Abdo-' l-Wahid al-Marrekoshi. Ed. From a Ms. in the University Library of Leyden，the only one extant in Europe，by R. Dozy，2d ed. ，rev. and corr，Leyden，1881.

［3］Абд ал-Керим Бухари. —Histoire de l' Asie Centrale（Afghanistan，Boukhara，Khiva，Khoqand）. Depuis les dernieres annees du regne de Nadir Chah（1153），jusqu' en 1233 de l' Hegire（1740—1818），par Mir Abdoul Kerim Boukhary. Publiee，traduite et annotee par Ch. Schefer，t，Ⅰ，Texte persan，［Boulaq，1290/1873—1874（литогр.）］；t，Ⅱ，Traduction francaise . Paris，1876（PELOV，vol. Ⅰ）

［4］Абд ал-маджид. —Report of a Journey to Kokan. Letter № 83，dated 19th October 1861，from Commissioner and Superintendent，Peshawur Division ，to Secretary to Government，Punjab. —《Selections from

〔1〕此为原文集参考文献，因资料年代久远，缺少部分内容，故格式没作修改。——译者

〔2〕参考文献中只包括B. B. 巴托尔德（在脚注和正文中）以及编者在注释中提到的著作。参考文献索引的开头（第一个一字线前面。——译者）给出的是著作的缩写形式，文中的注释采用的是缩写形式。

the Records of the Government of India, Foreign Department》, № XXXIX, Calcutta, 1863, pp. 1 – 19.

[5] Абд ар-Раззак, пер. Катрмера—Notice de l'ouvrage persan qui a pour titre Matla-assa-adein ou-madjma-albahrein مطلع السعدين ومجمع البحرين et qui contient l' histoire des deux sultans Schah-Rokh et Abou-Said, par M. Quatremere, —Notices et extraits. t. XIV, pt. 1, Paris, 1843.

[6] Абд ар-Раззак, рук. —Абд ар-Раззак Самаркарди. Матла ас-садайн ва маджма ал-бахрайн, рук. ЛГУ (ун-та) № 157; рук ИНА C 442 (574), C 443 (574a), C 446 (574 aa), C 449 (574aaa).

[7] Абд ар-Рахман, извлеч. В пер. Руновского. —Н. Руновский, Выдержки из записок Абдуррахмана сына Джемалэддин- ова, о пребывании Шамиля в Ведене и о прочем. —газ. 《Кавказ》, 1862, № 72 (13. IX), стр. 3 – 4; № 73 (16. IX), стр. 4 – 6; № 74 (20. IX), стр. 5 – 6; №75 (23. IX), стр. 5 – 6; № 76 (27. IX), стр. 5 – 6.

[8] Абд ар-Рахман, рук. —Абд ар-Рахман Джемаль ад-дин ал-Хусейни. Хуласат ат-тафсил ан ахвал Шамвил, рук. ИНА А 710 (Nov. 222).

[9] Абд ар-Рахман Тали. —Абдуррахман-и Тали, История Абулфейз-хана. Пер. с таджикского, предисловие, примечания и
892 указатель А. А. Семенова. Ташкент, 1959.

[10] Абдас-Саттар-кази. —Абду-с-Саттарказы, Книгарассказов о битвах текинцев. Туркменская историческая поэма XIX века. Издал, перевел, примечаниями и введением снабдил А. Н. Самойлович, СПБ., 1914 (Изд. Факультета восточных языков С.-Петербургского университета, № 34).

[11] Абудуллаев, К вопросу о присоединении. —Г. Абдуллаев, К вопросу о предпосылках присоединения Азербайджана к России, —《Труды Объединенной научной сессии Академии наук СССР и

академий наук закавказских республик по общественным наукам (29 марта—2 апреля 1954 г.). Стенографический отчет», Баку, 1957, стр. 222 – 230.

[12] Абрамзон, К семантике—С. М. Абрамзон, К семантике киргизских этнонимов, —СЭ, 1946, № 3, стр. 123 – 132.

[13] Абрамзон, Киргизы КНР. —С. М. Абрамзон, Киргизы Китайской Народной Республики, —ИАН КиргССР, СОН, 1961, т. Ⅲ, вып. 2, стр. 119 – 132.

[14] Абрамзон, Предварительные итоги. —С. М. Абрамзон, Предварительные итоги полевых этнографических исследований в Киргизской ССР в 1954 г., —КСИЭ, вып. XXV, 1956, стр. 19 – 25.

[15] Абрамзон, Этнический состав. —С. М. Абрамзон, Этнический состав киргизского населения Северной Киргизии, —ТКАЭЭ, т. Ⅳ, 1960, стр. 3 – 137; то же: отд. отт.

[16] Абрамзон, Этногенетические связи. —С. М. Абрамзон, Этногенетические связи киргизов с народами Алтая, М., 1960 (XXV Международный конгресс востоковедов. Доклады делегации СССР).

[17] Абу Тахир-ходжа, пер. Вяткина. —Абу тахир Ходжа, «Самария», описание древностей и мусульманских святынь Самарканда, пер. В. Л. Вяткина, —СКСО, вып. Ⅵ, 1899, стр. 153 – 259.

[18] Абу-л-Фида, Таквим, изд. Рейно, де Слэна. —Geographie d'Aboulfeda. Texte arabe publie d'apres les manuscrits de Paris et de Leyde par M. Reinaud et M. Le Bon Mac Guckin de Slane, Paris, 1840.

[19] Абулгази, Родословная туркмен, изд. Кононова. —А. Н. Кононов, Родословная туркмен. Сочинение Абу-л-Гази хана хивинского, М. —Л., 1958.

[20] Абулгази, Родословная туркмен, пер, Туманского. —Абуль-Гази-Бохадур-хан, Родословная туркмен. Перевод А.

Туманского, Асхабад, 1897.

[21] Абулгази, Родословная тюрок, изд. Демезона. —Histoire des Mogols et des Tatares par Aboul-Ghazi Behadour Khan, publiee, traduite et annotee par le Baron Desmaisons, t. Ⅰ, Texte; t. Ⅱ. Traduction, St-Pbg., 1871—1874.

[22] Абхазский букварь. —Абхазский букварь. Составлен под руководством И. Бартоломея, Тифлис, 1865.

[23] Аваз-Мухаммед. —Мулла Аваз-Мухаммед Аттар, Тухфат ат-таварих-и хани, рук. ИНА С 468 (574 aggb).

[24] Агеева, К вопросу о типах древних погребений. —Е. И. Агеева, К вопросу о типах древних погребений Алма-Атинской области, —ТИИАЭ АН КазССР, т. 12, Новые материалы по археологии и этнографии Казахстана, Алма-Ата, 1961, стр. 21 – 40.

[25] Агехи. —Мухаммед-Риза-мираб (Агехи), рук. ИНА Е 6 (590 ob).

[26] Азадаев, Ташкент. —Ф. Азадаев, Ташкент во второй половине Х Ⅸ века. Очерки социально-экономической и политической истории, Ташкент, 1959.

[27] 《Азиатская Россия》. —《Азиатская Россия》. Издание Переселенческого управления Главного управления землеустройства и земледелия, т. Ⅰ, Люди и порядки за Уралом; т. Ⅱ. Земля и хозяйство; т. Ⅲ, Приложения, СПб., 1914.

[28] Айни, Исьени Муканнаъ. —С. Айни, Исьени Муканнаъ. Очерки таърихи-тадкики, Сталинобод, 1944.

[29] Акишев, Отчет о работах. —К. А. Акишев, Отчет о работах Илийской археологической экспедиции 1954 года, —ТИИАЭ
893 АН КазССР, т. 1, Археология, Алма-Ата, 1956, стр. 5 – 32.

[30] Александрович, Ганджа. —Дж. Александрович (Насыфи), Ганджа и могила Низами, —《Изв. Азербайджанского археол. к-та》,

вып. 2, Баку, 1926, стр. 20 – 24.

[31] Алескер-заде, Надписи. —А. А. Алескер-заде, Надписи архитектурных памятников Азербайджана эпохи Низами, —сб. 《Архитектура Азербайджана. Эпоха Низами》, Москва—Баку, 1947, стр. 369 – 393.

[32] Али-заде, Борьба. —А. А. Али-заде, Борьба Золотой Орды и государства ильханов за Азербайджан, —ССИА, стр. 57 – 94.

[33] Али-заде, Социально-экономическая и политическая история Азербайджана. —А. Али-заде, Социально-экономическая и политическая история Азербайджана. XIII – XIV вв., Баку, 1956.

[34] Алиханов, Мервский оазис. —[М. Алиханов], Мервский оазис и дороги, ведущие к нему. Составил поручик... Алиханов, СПб., 1883.

[35] Алихова, К вопросу о буртасах. —А. Е. Алихова, К вопросу о буртасах, —СЭ, 1949, № 1, стр. 48 – 57.

[36] Алтан-Тобчи. —Алтан-Тобчи. Монгольская летопись в подлиином тексте и переводе, с приложением калмыцкого текста истории Убаши-Хунтайджия и его войны с Ойратами. Перевод ламы Галсана Гомбоева, СПб., 1858 (ТВОРАО, ч. VI).

[37] Альтман, Исторический очерк. —М. М. Альтман, Исторический очерк города Ганджи, ч. 1, Баку, 1949.

[38] Амитин-Шапиро, Аннотированный указатель—см. ниже, стр. 947(《Библиографические пособия》).

[39] Амитин-Шапиро, Библиографический указатель—см. ниже, стр. 947(《Библиографические пособия》).

[40] Амитин-Шапиро, Библиография—см. ниже, стр. 947 (《Библиографические пособия》).

[41] И. Андреев, Описание Средней орды. —[И. Г.] Андреев, Описание Средней орды Киргис-Каисаков, с касающимися до сего

народа, також и прилежащих к Российкой границе, по части Колыванской и Тобольской губерний , крепостей дополнениями, —《Новые ежемесячные сочинения》, СПб. , ч. СX, 1795 (август), стр. 65-91 ; ч. СXI (сентябрь), стр. 20 – 45 ; ч. СXII (октябрь), стр. 17 – 35 ; ч. СXIII (ноябрь), стр. 27 – 44 ; ч. СXIV (декабрь), стр. 79 – 85 ; ч. СXV , 1796 (январь), стр. 53 – 67 ; ч. СXVI (февраль), стр. 73 – 89 ; ч. СXVII (март), стр. 67 – 77 ; ч. СXVIII (апрель), стр. 61 – 77.

[42] М. Андреев, Местности Туркестана. —М. Андреев, Местности Туркестана , интересные в археологическом отношении, —《Средне-Азиатский вестник》, Ташкент, 1896, май, стр. 16 – 28.

[43] М. Андреев, По этнографии таджиков. —М. С. Андреев, По этнографии таджиков. Некоторые сведения, —《Таджикистан》. Сб. статей под ред. Н. Л. Корженевского , Ташкент, 1925, стр. 151 – 177.

[44] М. Андреев, Таджики долины Хуф. —М. С. Андреев, Таджики долины Хуф (верховья Аму-Дарьи), вып. 1 – 2, Сталинабад, 1953—1958 (ТИИАЭ АН ТаджССР, т. 7, Матераилы к изучению культуры и быта таджиков).

[45] Андреев, Пещерева, Ягнобские тексты. —М. С. Андреев и Е. М. Пещерева, Ягнобские тексты. С приложением ягнобско-русского словаря , составленного М. С. Андреевым, В. А. Лившицем и А. К. Писарчик, М. —Л. , 1957.

[46] Аничков, Дворец в Хазараспе. —И. В. Аничков, Дворец в Хазарасспе, —ПТКЛА, год IV , 1899, стр. 9 – 14.

[47] Аничков, Присяга. —И. В. Аничков, Присяга киргиз перед русским судом, —ЖМЮ, 1898, № 9, стр. 24 – 50; отд. отт. : Ташкент, 1899.

[48] Аноним Искендера—см. Муин ад-дин Натанзи.

[49] Антелава, Очерки по истории Абхазии. —И. Г. Антелава, Очерки по истории Абхазии XVII – XVIII веков, 2-е, исправл. изд., Сухуми, 1951 (Труды Абхазского ИЯЛИ). 894

[50] Анучин, Очерк шаманства. —В. И. Анучин, Очерк шаманства у енисейских остяков, СПб., 1914 (СМАЭ, т. II, 2)

[51] Анчабадзе, Из истории средневековой Абхазии. —З. В. Анчабадзе, Из истории средневековой Абхазии (VI – XVII вв), Сухуми, 1959.

[52] Арандаренко, Дарваз и Каратегин. —Г. А. Арандаренко, Дарваз и Каратегин (Этнографический очерк). —《Военный сборник》, т. CLIV, 1883, № 11, отд. I, стр. 140 – 159; № 12, отд. I, стр. 303 – 319.

[53] Аристов, Западный Тянь-Шань. —Западный Тянь-Шань. Усуни и кыргызы или каракиргизы. Очерки истории и быта населения западного Тянь-Шаня и исследования по его исторической географии, составленные Н. А. Аристовым, ч. I – II (Землеведение Азии К. Риттера. География стран Азии, входящих в состав России и смежных с нею. Дополнения к труду Риттера под ред. Вице-председателя И. Р. Географического общества П. П. Семенова). Машинописный текст, подготовленный к печати, СПб., 1893. Архив ВГО, разряд 65, оп. I, №11.

[54] Аристов, Опыт выяснения. —Н. Аристов, Опыт выяснения этнического состава киргиз-казаков большой орды и каракиргизов на основании родословных сказаний и сведений о существующих родовых делениях и о родовых тамгах, а также исторических данных и начинающихся антропологических исследований, —《Живая старина》, год IV, 1894, вып. III – IV, стр. 391 – 486.

[55] Аристов, Этнический состав. —Н. А. Аристов, Заметки

об этническом составе тюркских племен и народностей и сведения об их численности, —《Живая старина》, год Ⅵ, 1896, вып. Ⅲ – Ⅳ, стр. 227 – 456; то же: отд. отт., СПб., 1897.

[56] Артамонов, Древний Дербент. —М. И. Артамонов, Древний Дербент (Предварительное сообщение), —СА, Т. Ⅷ, 1946, стр. 121 – 144.

[57] Артамонов, История хазар. —М. И. Артамонов, История хазар. Л., 1962

[58] Арунова, Ашрафян, Государство Надир-шаха. —М. Р. Арунова и К. З. Ашрафян, Государство Надир-шаха Афшара. Очерки общественных отношений в Иране 30 – 40- х годов ⅩⅧ века, М., 1958.

[59] Арутюнян, Борьба. —П. Т. Арутюнян, Борьба армянского и азербайджанского народов в 20- х годах ⅩⅧ века за присоединение к России, —УЗИВАН, т. Ⅲ, 1951. стр. 108 – 138.

[60] Археологическаякарта. —АрхеологическаякартаКазахской ССР, Алма-Ата, 1960.

[61] Атлас Азиатской России. —Атлас Азиатской России. Изд Переселенческого управления Главного управления землеустройства и земледелия, [СПб], 1914.

[62] Ауфи, Джавами ал-хикайат. —Мухаммед Ауфи, Джавами ал-хикайат ва лавами ар ривайат, рук. ГПБ Ⅳ, 2, 33 (ПНС 232); рук. ГПБ Ⅴ, 4, 31 (ПНС 89); рук. ЛГУ № 648; рук. Брит. муз. Or. 4392; рук. Брит. муз. Or. 2676.

[63] Афанасий Никитин—см. Никитин.

[64] Ахмедов, К изучению. —Б. Ахмедов, К изучению политической истории Киргизии ⅩⅤ века, —《Общественные науки в Узбекистане》, 1961, № 5, стр. 29 – 34.

[65] Ахсикенди, извлеч. в изд. Тагирджанова. —《Собрание

историй》Маджму ат-таварих. Фотографическая репродукция отрывков рукописного текста, введение, указатели. Подготовил к изданию А. Т. Тагирджанов, [Л.], 1960 (ЛГУ, восточный факультет. Иранская филология, вып. Ⅱ).

[66] Ахсикенди, рук—Мулла Сейф ад-дин Ахсикенди, Маджму ат-таварих, рук. ИНА В 667 (572f).

[67] Ахталь, изд. Сальхани—Diwan Al-Ahtal. Texte arabe publie pour la premiere fois dapres le manuscrit de St. -Petersbourg et annote par le P. A. Salhani, fasc. 1 – 4, Beyrouth, 1891—1892.

[68] Бабур-наме, изд. Беверидж. —The Babar-nama. being the autobiography of the Emperor Babar, the founder of the Moghul dynasty in India, written in Chagatay Turkish; now reproduced in facsimile from a manuscript belonging to the late Sir Salar Jang of Haydarabad, and ed. With a preface and indices by A. S. Beveridge, Leyden - London, 1905 (GMS, I). 895

[69] Бабур-наме, изд. Ильминского. —Бабер-намэилиЗаписки Султана Бабера. Изданы в подлинном тексте Н. И[льминским], Казань, 1857.

[70] Бабур-наме, пер. Беверидж. The Babur-nama in English (Memoirs of Babur). Transl. from the original Turki Text of Zahiru'd-din Muhammad Babur Padshah Ghazi by A. S. Beveridge, vol. Ⅰ – Ⅱ, London, 1922.

[71] Бабур-наме, пер. Лейдена, Эрскина. —Memoirs of Zehir-ed-din Muhammed Baber, emperor of Hindustan, written by himself, in the Jaghatai Turki, and transl., partly by the late J. Leyden, partly by W. Erskine, with Notes and a Geographical and Historical Introduction... London, 1826.

[72] Бадаи ат-таварих. —Бадаи ат-таварих, рук. ИНА В 2304 (Nov. 1454).

[73] Бакуви— كتاب تلخيص الاثار وعجايب الملك القهار Exposition de ce quily a de plus remarquable (sur la terre) et des merveilles du Roi tout-puissant, par Abdor raschid, fils de Saleh, fils de Nouri, surnomme Yakouti [Bakoui]; ouvrage de geographie, compose dans le XVe siècle. Manuscrit arabe n°585. Par M. de Guignes, —Notices et extraits, t. Ⅱ, 1789, pp. 386 – 545.

[74] Балазури. —Liber expugnationis regionum, auctore Imamo Ahmed ibn Jahja ibn Djabir al-Beladsori, quem e codice Leidensi et codice Musei Brittannici ed. M. J. de Goeje, Lugduni Batavorum, 1866.

[75] Балашев, Несколькостраниц. —Н. И. Балашев, Несколько страниц из экономической географии Туркестана, Ташкент, 1923.

[76] Баллод, Приволжские《Помпеи》—Ф. В. Баллод, Приволжские 《Помпеи》. (Опыт художественно-археологического обследования части правобережной Саратовско-Царицынсой полосы). М. —Пг., 1923.

[77] Баллод, Старый и Новый Сарай. —Ф. В. Баллод. Старый и Новый Сарай, столицы Золотой Орды. Резулитаты археологических работ летом 1922 года, Казань, 1923.

[78] Бартольд, Автобиография. —[В. В. Бартольд], Автобиография проф. В. Бартольда, —《Огонек》, 1927, № 40 (236) (2. X), стр. [14].

[79] Бартольд,《Анналы》, т. Ⅱ [стр. 261 – 267]. —В. В. Бартольд, [рец. на:] J. J. de Groot, Die Hunnen der vorchristlichen Zeit. Chinesische Urkunden zur Geschichte Asiens. I. Theil. Ubersetzt und erlautert von J. J. de Groot, Berlin und Leipzig, 1921, —《Анналы》, т. Ⅱ, 1922, стр. 261 – 267. [Наст. изд., т. Ⅴ]

[80] Бартольд, Арабские известия о русах. —В. В. Бартольд, Арабские известия о русах., —СВ, т. Ⅰ, 1940, стр. 15 – 50. [Наст.

изд., т. II, ч. 1. стр. 810 – 858.]

[81] Бартольд, Вместо ответа г-ну Лапину. —В. В. Бартольд, Вместо ответа г-ну Лапину, —ТВ, 1894, № 48 (7/19. VII). [Наст. изд., т. II, ч. 2.]

[82] Бартольд, Восточно-Иранский вопрос. —В. В. Бартольд, Восточно-Иранский вопрос, —ИРАИМК, т. II, 1922, стр. 361 – 384. [Наст. изд., т. VII.]

[83] Бартольд, Европейская наука и русская школа. —В. В. Бартольд, Европейская наука и русская школа в будущем Туркестане, —《Туркестанский учитель》, Ташкент, 1917, № 7 – 8, стр. 186 – 191; то же: отд. отт. [Наст. изд., т. IX.]

[84] Бартольд, Еще известие о Коркуде. —В. Бартольд, Еще известие о Коркуде, —ЗВОРАО, т. XIX, 1910, стр. 115 – 138, 0218 – 0219. [Наст. изд., т. V.]

[85] Бартольд, Еще о слове《сарт》. —В. В. Бартольд, Еще о слове《сарт》, —ТВ, 1895, № 30 (28. IV/10. V). [Наст. изд., т. II. ч. 2.]

[86] Бартольд, Еще об《анониме》Искендера. —В. В. Бартольд, Еще об《анониме》Искендера, —ИАН СССР, ОГН, 1929, стр. 165 – 180. [Наст. изд., т. VIII.]

[87] Бартольд, ЖМНП, 1914, № 3. —В. В. Бартольд, [рец. на:] П. Цветков. Исламизм. Том I. Мухаммед и Коран... Том II. Вера Ислама... Том III. Практические обязанности исламизма... Том IV. Ислам и его секты. Асхабад 1912—1913, —ЖМНП, н. с., ч. L, 1914, № 3, отд. 2, стр. 176 – 188. [Наст. изд., т. VI.]

[88] Бартольд, ЗВОРАО, т. IX [стр. 313 – 316]. —В. Бартольд, [рец. на:] Description topographique et historique de Boukhara, par Mohammed Nerchakhy, suivie de textes relatifs a la Transoxiane. Texte persan publie par Ch. Schefer. Paris 1892 … —ЗВОРАО, т. IX, 1896, стр.

896 313 – 316. [Наст. изд., т. VIII.]

[89] Бартольд, ЗВОРАО, т. X [стр. 215 – 226]. —В. Бартольд, [рец. на:] The Tarikh-i Rashidi of Mirza Muhammad Haidar, Dughlat... An English version... by N. Elias. The translation by E. Denison Ross. London 1895,—ЗВОРАО, т. X, 1897, стр. 215 – 226. [Наст. изд., т. VIII.]

[90] Бартольд, ЗВОРАО, т. XI [стр. 341 – 356]. —В. Бартольд, [рец. на:] Н. А. Аристов. Заметки об этническом составе тюркских племен и народностей и сведения об их численности. СПб. 1897, —ЗВОРАО, т XI., 1899, стр. 341 – 356. [Наст. изд., т. V.]

[91] Бартольд, ЗВОРАО, т. XII [стр. 0122 – 0125]. —В. Б[артольд], [рец. на:] Справочная книжка Самаркандской области. 1898... Выпуск VI. Самарканд 1899, —ЗВОРАО, т. XII, 1900, стр. 0122 – 0125. [Наст. изд., т. VIII.]

[92] Бартольд, ЗВОРАО, т. XII [стр. 0130 – 0138]. —В. Б[артольд], [рец. на:] F. H. Skrine and E. D. Ross, The Heart of Asia... London 1899, —ЗВОРАО, т XII, 1900, стр. 0130 – 0138. [Наст. изд., т. II, ч. 1, стр. 627 – 634.]

[93] Бартольд, ЗВОРАО, т. XIV [стр. 053 – 060]. —В. Бартольд, [рец. на:] Fr. Von Schwarz. Turkestan. Die Wiege der indogermanischen Volker. Freiburg im Breisgau 1900, —ЗВОРАО, т. XIV, 1902, стр. 053 – 060.

[94] Бартольд, ЗВОРАО, т. XV [стр. 0162 – 0185]. —В. Бартольд, [рец. на:] E. Chavannes. Documents sur les Tou-kiue (Turcs) occidentaux. Recueillis et commentes par-St.-Petersbourg 1903, —ЗВОРАО, т. XV, 1904, стр. 0162 – 0185. [Наст. изд., т. V.]

[95] Бартольд, ЗВОРАО, т. XVII [стр. 083 – 097]. —В. Б[артольд], [рец. на:] Explorations in Turkestan... Expedition of 1903,

under the Direction of R. Pumpelly. Washington... 1905, —ЗВОРАО, т. XVII, 1907, стр. 083 – 097. [Наст. изд., т. IV.]

[96] Бартольд, ЗВОРАО, т. XVIII [стр. 0181 – 0191]. —В. Б[артольд], [рец. на:] Справочная книжка Самаркандской области. 1906 г. ... Выпуск VIII. Самарканд 1906... Выпуск IX. Самарканд 1907, —ЗВОРАО, т. XVIII, 1908, стр. 0181 – 0191. [Наст. изд., т. VIII.]

[97] Бартольд, ЗВОРАО, т. XIX [стр. 0191 – 0197]. —В. Б[артольд], [рец. на:] نام رسالہ منتخب المسائل. Опыт систематического изложения главнейших начал шариата... Ташкент 1909, — ЗВОРАО, т. XIX, 1910, стр. 0191 – 0197.

[98] Бартольд, ЗВОРАО, т. XX [стр. 067 – 073]. —В. Б[артольд], [рец. на:] Протоколы заседаний и сообщения членов Туркестанского кружка любителей археологии. (Год четырнадцатый). Ташкент 1910, —ЗВОРАО, т. XX, 1912, стр. 067 – 073.

[99] Бартольд, ЗВОРАО, т. XXI [стр. 0150 – 0152]. —В. Б[артольд], [рец. на:] Г. Н. Потанин. Сага о Соломоне, Восточные материалы по вопросу о происхождении саги. Томск 1912, — ЗВОРАО, т. XXI, 1913, стр. 0150 – 0152. [Наст. изд., т. IV.]

[100] Бартольд, ЗВОРАО, т. XXI [стр. 0161 – 0169]. —В. Б[артольд], [рец. на:] Chau Ju-Kua: His Work on the Chinese and Arab Trade... translated from the Chinese and annotated by Fr. Hirth and W. W. Rockhill. St. Petersburg 1912, —ЗВОРАО, т. XXI, 1913, стр. 0161 – 0169. [Наст. изд., т. V.]

[101] Бартольд, ЗВОРАО, т. XXII [стр. 198 – 206]. —В. Б[артольд], [рец. на:] В. И. Масальский. Туркестанский край. СПб. 1913. (Россия. Полное географическое описание нашего отечества...), —ЗВОРАО, т. XXII, 1915, стр. 198 – 206. [Наст.

изд., т. Ⅱ. ч. 1. стр. 635 – 642.]

[102] Бартольд, ЗВОРАО, т. ⅩⅫ [стр. 337 – 340]. —В. Б[артольд], [рец. на:] Азиатская Россия, 1914. С.-Петербург..., —ЗВОРАО, т. ⅩⅫ, 1915, стр. 337 – 340. [Наст. изд., т. Ⅱ. ч. 1. стр. 643 – 646.]

[103] Бартольд, ИИРГО, т. LⅢ—В. В. Бартольд, [рец. на:] P. M. Sykes. A History of Persia. 2 vol. London. 1915, —ИИРГО, т. LⅢ, 1917, стр. 182 – 186. [Наст. изд., т. Ⅶ.]

[104] Бартольд, Иран. —В. В. Бартольд, Иран. Исторический
897 обзор, Ташкент, 1926.

[105] Бартольд, Историко-географический обзор Ирана. —В. В. Бартольд, Историко-географический обзор Ирана, СПб., 1903. [Наст. изд., т. Ⅶ.]

[106] Бартольд, История изучения Востока. —В. В. Бартольд, История изучения Востока в Европе и в России, изд. 2-е, Л., 1925. [Наст. изд., т. Ⅸ.]

[107] Бартольд, История культурной жизни Туркестана. —В. В. Бартольд, История культурной жизни Туркестана. Л., 1927. [Наст. изд., т. Ⅸ.]

[108] Бартольд, История Туркестана. —В. В. Бартольд, История Туркестана (Конспект лекций), Ташкент, 1922 (Труды туркестанского Гос. ун-та, вып. 2). [Наст. изд., т. Ⅱ. ч. 1, стр. 107 – 163.]

[109] Бартольд, К вопросу о впадении Аму-дарьи. —В. Бартольд, К вопросу о впадении Аму-дарьи в Каспийское море, —ЗВОРАО, т. ⅩⅣ, 1902, стр. 024 – 028. [Наст. изд., т. Ⅲ.]

[110] Бартольд, К вопросу о кайтаках—В. В. Бартольд, К вопросу о происхождении кайтаков, —《Этнографическое обозрение》, 1910, № 1 – 2, стр. 37 – 45; № 3 – 4, стр. 283 – 284.

[Наст. изд., т. V.]

[111] Бартольд, К вопросу о погребальных обрядах. —В. В. Бартольд, К вопросу о погребальных обрядах турков и монголов, —ЗВОРАО, т. XXV, 1921, стр. 55 – 76. [Наст. изд., т. V.]

[112] Бартольд, К вопросу об языках. —В. В. Бартольд, К вопросу об языках Согдийском и тохарском, —《Иран》, т. 1, 1927, стр. 29 – 41. [Наст. изд., т. II. ч. 2]

[113] Бартольд, К истории арабских завоеваний. —В. Бартольд, К истории арабских завоеваний в Средней Азии, —ЗВОРАО, т. XVII, 1907, стр. 0140 – 0147. [Наст. изд., т. II. ч. 2.]

[114] Бартольд, К истории Дербента. —В. В. Бартольд, К истории Дербента, —ЗВОРАО, т. XIX, 1910, стр. XI – XII. [Наст. изд., т. II. ч. 1. стр. 786 – 787.]

[115] Бартольд, К истории крестьянских движений. —В. В. Бартольд, К истории крестьянских движений в Персии, —《Из далекого и близкого прошлого. Сборник этюдов из всеобщей истории в честь 50-летия научной жизни Н. И. Кареева》, Пг. —М., 1923, стр. 54 – 62. [Наст. изд., т. VII.]

[116] Бартольд, К истории персидского эпоса. —В. Бартольд, К истории персидского эпоса, —ЗВОРАО, т. XXII, 1915, стр. 257 – 282. [Наст. изд., т. VII.]

[117] Бартольд, Кавказ, Туркестан, Волга. —В. В. Бартольд, Кавказ, Туркестан, Волга, —《Изв. Кавказского историко-археологического ин-та в Тифлисе》, т. IV, 1926, стр. 1 – 9. [Наст. изд., т. II, ч. 1, стр. 789 – 796.]

[118] Бартольд, Киргизы. —В. В. Бартольд, Киргизы. (Исторический очерк), Фрунзе, 1927. [Наст. изд., т. II, ч. 1, стр. 471 – 543.]

[119] Бартольд, Киргизы, изд. 2-е—В. В. Бартольд, Киргизы. Исторический очерк, [изд. 2-е, под ред. И со вступит. статьей А. Н. Бернштама], Фрунзе, 1943.

[120] Бартольд, Китаби-Коркуд—см. Китаб-и Деде Коркут, изд. Бартольда.

[121] Бартольд, Краткий обзор истории Азербайджана. —В. В. Бартольд, Краткий обзор истории Азербайджана, Баку, 1925 (прилож. к кн.: В. В. Бартольд, Место прикаспийских областей в истории мусульманского мира, стр. 139 – 147). [Наст. изд., т. II, ч. 1, стр. 775 – 783.]

[122] Бартольд, Место прикаспийских областей.—В. В. Бартольд, Место прикаспийских областей в истории мусульманского мира, Баку, 1925. [Наст. изд., т. II, ч. 1, стр. 649 – 772.]

[123] Бартольд,《Мир ислама》, т. 1 [стр. 56 – 107.] —В. В. Бартольд, [рец. на:] E. Blochet. Introduction a lħistoire des Mongols de Fadl Allah Rashid ed-Din. Leyden-London, 1910,—《Мир ислама》, т. I, 1912, стр. 56 – 107. [Наст. изд., т. VIII.]

[124] Бартольд, Могила поэта Низами. —В. Бартольд, Могила поэта Низами, —ЗВОРАО, т. XXI, 1913, стр. 034 – 036. [Наст. изд., т. II, ч. 1, стр. 784 – 785.]

[125] Бартольд, Мусульманский мир. —В. В. Бартольд, Мусульманский мир, Пб., 1922 (Введение в науку. История).
898 [Наст. изд., т. VI.]

[126] Бартольд, Народное движение в Самарканде. —В. Бартольд, Народное движение в Самарканде в 1365 г., —ЗВОРАО, т. XVII, 1907, стр. 01 – 019. [Наст. изд., т. II, ч. 2.]

[127] Бартольд, Новое известие о стенах Дербента. —В. Бартольд, Новое известие о стенах Дербента, —ЗВОРАО, т. XXI, 1913, стр. IV – V. [Наст. изд., т. II, ч. 1. стр. 788.]

[128] Бартольд, Новое мусульманское известие о русских. —В. Бартольд, Новое мусульманское известие о русских, —ЗВОРАО, т. IX, 1896, стр. 262 – 267. [Наст. изд., т. II, ч. 1. стр. 805 – 809.]

[129] Бартольд, Новый труд о половцах. —В. В. Бартольд, Новый труд о половцах: W. Bang и J. Marquart. Ostturkische Dialektstudien. Berlin, 1914, —《Русский исторический журнал》, изд. Российской Акад. наук, кн. 7, 1921, стр. 138 – 156. [Наст. изд., т. V.]

[130] Бартольд, О некоторых восточных рукописях в библиотеках Константинополя и Каира. —В. Бартольд, О некоторых восточных рукописях в библиотеках Константинополя и Каира. (Отчет о командировке), —ЗВОРАО, т. XVIII, 1908, стр. 0115 – 0154. [Наст. изд., т. VIII.]

[131] Бартольд, О погребении Тимура. —В. Бартольд, О погребении Тимура, —ЗВОРАО, т. XXIII, 1916, стр. 1 – 32. [Наст. изд., т. II, ч. 2.]

[132] Бартольд, О преподавании туземных наречий. —В. Бартольд, О преподавании туземных наречий в Самарканде, —《Окраина》, Ташкент, 1894, № 19 (12/24. III). [Наст. изд., т. II, ч. 2.]

[133] Бартольд, О христианстве в Туркестане. —В. Бартольд, О христианстве в Туркестане в до-монгольский период. (По поводу семиреченских надписей), —ЗВОРАО, т. VIII, 1894, стр. 1 – 32. [Наст. изд., т. II, ч. 2.]

[134] Бартольд, Образование империи Чингиз-хана. —В. Бартольд, Образование империи Чингиз-хана, —ЗВОРАО, т. X, 1897, стр. 105 – 119. [Наст. изд., т. V.]

[135] Бартольд, Определение《аноним Искендера》. — В. В. Бартольд, Определение《аноним Искендера》, —ДАН-В, 1927, стр.

115 – 116. [Наст. изд., т. Ⅷ.]

[136] Бартольд, Орошение. — В. В. Бартольд, К истории орошения Туркестана, СПб., 1914; то же: журн. 《Сельское хозяйство и лесоводство》, т. CCXLIV, 1914, № 1, стр. 5 – 33; № 2, стр. 211 – 226; № 3, стр. 405 – 429; № 4, стр. 595 – 626; т. CCXLV, № 5, стр. 5 – 31; № 6, стр. 189 – 215. [Наст. изд., т. Ⅲ.]

[137] Бартольд, Отец Едигея. — В. В. Бартольд, Отец Едигея, —《Изв. ТОИАЭ》, т. Ⅰ (58), Симферополь, 1927, стр. 18 – 23. [Наст. изд., т. Ⅱ, ч. 1, стр. 797 – 804]

[138] Бартольд, Отчет о командировке в Туркестан (1902г.). —В. Бартольд, Отчет о командировке в Туркестан [лето 1902г.], —ЗВОРАО, т. ⅩⅤ, 1904, стр. 173 – 276. [Наст. изд., т. Ⅷ.]

[139] Бартольд, Отчет о поездке в Среднюю Азию. —В. В. Бартольд, Отчет о поездке в Среднюю Азию с научной целью. 1893—1894 гг., СПб., 1897 (ЗИАН, ОИФ, сер. Ⅷ, т. Ⅰ, № 4). [Наст. изд., т. Ⅳ.]

[140] Бартольд, Очерк истории Семиречья. —В. В. Бартольд, Очерк истории Семиречья, Верный, 1898 (отд. отт. из ПКСОСК за 1898 г., т. Ⅱ, стр. 74 – 175). [Наст. изд., т. Ⅱ, ч. 1, стр. 21 – 106]

[141] Бартольд, Очерк истории Семиречья, изд. 2-е. —В. В. Бартольд, Очерк истории Семиречья, [изд. 2-е, под ред. и со вступит. статей А. Н. Бернштама], Фрунзе, 1943.

[142] Бартольд, Очерк истории туркменского народа. —В. В. Бартольд, Очерк истории туркменского народа, —сб. 《туркмения》, т. Ⅰ, Л., 1929, стр. 1 – 69. [Наст. изд., т. Ⅱ, ч. 1, стр. 545 – 623]

[143] Бартольд, Персидская надпись. —В. В. Бартольд,

Персидская надпись на стене анийской мечети Мануче, СПб., 1911 (Анийская серия, № 5). [Наст. изд., т. Ⅳ.]

[144] Бартольд, Сведения Об Аральском море. —В. Бартольд, Сведения Об Аральском море и низовьях Аму-дарьи с древнейших времен до ⅩⅦ века, Ташкент, 1902 (ИТОРГО, т. Ⅳ. Научные результаты Аральской экспедиции, снаряженной Туркест. Отдел. Имп. Русск. Географическ. Общества). [Наст. изд., т. Ⅲ.] 899

[145] Бартольд, События перед хивинским походом. —В. Бартольд, События перед хивинским походом 1873 года по рассказу хивинского историка, —《Кауфманский сборник》, стр. 1 – 19. [Наст. изд., т. Ⅱ, ч. 2.]

[146] Бартольд, Султан Синджар. —В. Бартольд, Султан Синджар и гузы. (По поводу статьи К. А. Иностранцева), — ЗВОРАО, т. ⅩⅩ, 1912, стр. 0146 – 0149. [Наст. изд., т. Ⅱ, ч. 2.]

[147] Бартольд, Таджики. —В. В. Бартольд, Таджики. Исторический очерк. —《Таджикистан》. Сб. Статей под ред. Н. Л. Корженевского, Ташкент, 1925, стр. 93 – 111. [Наст. изд., т. Ⅱ, ч. 1. стр. 449 – 468.]

[148] Бартольд, Туркестан. —В. В. Бартольд, Туркестан в эпоху монгольского нашествия, ч. Ⅰ, Тексты, СПб., 1898; ч. Ⅱ, Исследование, СПб., 1900. [Наст. изд., т. Ⅰ.]

[149] Бартольд, Улугбек. —В. В. Бартольд, Улугбек и его время, Пг., 1918 (ЗРАН, ОИФ, т. ⅩⅢ, № 5). [Наст. изд., т. Ⅱ, ч. 2.]

[150] Бартольд, Халиф и султан. —В. В. Бартольд, Халиф и султан, —《Мир ислама》, т. Ⅰ, СПб., 1912, стр. 203 – 226, 345 – 400. [Наст. изд., т. Ⅵ.]

[151] Бартольд, Хафизи-Абру. —В. В. Бартольд, Хафизи-Абру и его сочинения, —《Ал-Музаф-фарийя》, стр. 1 – 28. [Наст. изд.,

т. Ⅷ.]

[152] Бартольд, Хлопководство. —В. В. Бартольд, Хлопководство в Средней Азии с исторических времен до прихода русских, —《Хлопковое дело》, 1924, № 11 – 12, стр. 3 – 13. [Наст. изд., т. Ⅱ, ч. 1. стр. 434 – 448.]

[153] Батманов, Язык. —И. А. Батманов, Язык енисейских памятников древнетюркской письменности, Фрунзе, 1959.

[154] Бахрушин, Енисейские киргизы. —С. В. Бахрушин, Енисейские киргизы в XⅦ в., —С. В. Бахрушин, Научные труды, т. Ⅲ, Избранные работы по истории Сибири XⅥ – XⅦ вв., ч. 2, М., 1955, стр. 176 – 224.

[155] Бахрушин, К вопросу о крещении. —С. Бахрушин, К вопросу о крещении Киевской Руси, —ИМ, 1937, № 2 (60), стр. 40 – 77.

[156] Бейхаки, изд. Гани—Файяза.

Бейхаки, изд. Гани — Фейяза. — تاریخ بیهقی تصنیف خواجه ابو الفضل محمد بن حسین بیهقی دبیر باهتمام دکتر غنی ودکتر فیاض (متن مصحح وکامل با حواشی وتعلیقات وفهرستها)، تهران، ۱۳۲٤ ش [=1945].

[157] Бейхаки, изд. Морлея. —The Tarikh-i Baihaki containing the life of Masaud, son of Sultan Mahmud of Ghaznin. Being the 7th, 8th, 9th, and part of the 6th and 10th. Vols. of the Tarikh-i Al-i Saboktakeen. By Abu 'l Fazl al-Baihaqi. Ed. By the late W. H. Morley, and printed under the supervision of W. Nassau Lees, Calcutta, 1862 (BI, vol. 32).

[158] Бейхаки, изд. Нафиси.

Бейхаки, изд. Нафиси. — تاریخ مسعودی معروف به تاریخ بیهقی از ابو الفضل محمد بن حسین کاتب بیهقی با مقابله وتصحیح وحواشی وتعلیقات سعید لفیسی، تهران، مجلد ۱—۳، ۱۳۱۹ — ۱۳۳۲ ش [=1940—1953].

[159] Бейхаки, пер. Арендса. —Абу-л-Фазл Бейхаки, История Масуда. 1030—1041. Вступит. Статья, перевод и примечания А. К. Арендса, Ташкент, 1962.

[160] Бекран, Джахан-наме, изд. Борщевского. —Мухаммед ибн Неджиб Бекран, Джахан-наме (Книга о мире). Издание текста, введение и указатели Ю. Е. Борщевского, М., 1960 (ПЛНВ, Тексты, Большая серия, X).

[161] Бекран, Джахан-наме, рук. —Мухаммед ибн Неджиб Бекран, Джахан-наме, рук. Нац. б-ки, Ancien fonds persan 384; рук. ИНА С 612 (605 а).

[162] Беленицкий—Бентович. Из истории шелкоткачества. — А. М. Беленицкий и И. Б. Бентович, Из истории среднеазиатского шелкоткачества (К идентификации ткани《занданечи》), —СА, 1961, № 2, стр. 66 – 78.

[163] Белявский, Описание. —Белявкий, ген. шт. полк., Описание обрекогносцированного участка, заключающего на себе пройденные пути в пределах Шаар-сабиз Гузарского бекства и части нагорной Дербентской возвышенности, — СМА, вып. LⅦ, 1894, стр. 87 – 153. 900

[164] Березин, Путешествие. —И. Н. Березин, Путешествие по Дагестану и Закавказью, изд. 2-е, ч. Ⅰ – Ⅱ, Москва—С.-Петербург-Казань, 1850.

[165] Бернштам, Археологический очерк. —А. Н. Бернштам, Археологический очерк Северной Киргизии, Фрунзе, 1941 (МИИКК, вып. Ⅳ).

[166] Бернштам, ВДИ, 1940, № 3 – 4 [стр. 221 – 228]. —А. Н. Бернштам, [рец. на:] W. M. Mc. Govern, The Early Empires of Central Asia, New York, 1939, —ВДИ, 1940, № 3 – 4, стр. 221 – 228.

[167] Бернштам, Древняя Фергана. —А. Н. Бернштам, Древняя Фергана (Научно-популярный очерк), Ташкент, 1951.

[168] Бернштам, Историко-археологические очерки. —А. Н. Бернштам, Историко-археологические очерки центрального Тянь-

Шаня и Памиро-Алая, М. —Л. ,1952 (МИА, № 26).

[169] Бернштам, Очерк истории гуннов. —А. Н. Бернштам, Очерк истории гуннов, Л. , 1951.

[170] Бернштам, Согдийская колонизация. —А. Н. Бернштам, Согдийская колонизация Семиречья, —КСИИМК, вып. Ⅵ, 1940, стр. 34 – 43.

[171] Бессонов, Казаки. —Б. В. Бессонов, Казаки и казачьи земли в Азиатской России. —в кн. :《Азиатская Россия》, т. Ⅰ, стр. 361 – 387.

[172] Бируни, Асар ал-бакийа, изд. Захау. —Chronologie orientalischer Volker von Alberuni. Hrsg. von C. E. Sachau, Leipzig,1878.

[173] Бируни, Асар ал-бакийа, пер. Захау. —The Chronology of ancient nations. An English version of the Arabic text of the Athar-ul-bakiya of Albiruni, or "Vestiges of the Past", collected and reduced to writing by the author in A. H. 390—391, A. D. 1000. Transl. and ed. , with notes and index, by Dr. C. E. Sachau, London, 1879.

[174] Бичурин, Историческое обозрение. —Иакинф [Н. Я. Бичурин], Историческое обозрение ойратов или калмыков с XV столетия до настоящего времени, СПб. , 1834.

[175] Бичурин, История первых четырех ханов... —см. Юань-ши.

[176] Бичурин, Собрание сведений. —Собрание сведений о народах, обитавших в Средней Азии в древние времена. Сочинение монаха Иакинфа, ч. Ⅰ – Ⅲ, СПб. , 1851.

[177] Бичурин, Собрание сведений, изд. 2-е. —Н. Я. Бичурин (Иакинф), Собрание сведений о народах, обитавших в Средней Азии в древние времена. Редакция текста, вступит. Статьи, комментарий А. Н. Бернштама и Н. В. Кюнера, т. Ⅰ – Ⅲ, М. —Л. , 1950—1953.

[178] Бломквист, Этнографическая работа. —Е. Э. Бломквист. Этнографическая работа среди 《уральцев》, —КСИЭ, вып. III, 1947, стр. 49 – 54.

[179] Бобровников, Русско-туземные училища. —Н. Бобровников, Русско-туземные училища, мектебы и медресы в Средней Азии, —ЖМНП, н. с., ч. XLV, 1913, июнь, отд. 3, стр. 189 – 241; ч. XLVI, 1913, июль, отд. 3, стр. 49 – 84. То же: отд. отт., СПб., 1913.

[180] Богданович, Влияние трудов И. В. Мушкетова. —К. И. Богданович, Влияние трудов И. В. Мушкетова на развитие географических познаний об Азии, —ИИРГО, т. XXXVIII, вып. VI, 1905, стр. 629 – 644.

[181] Боголюбов, Смирнова, Согдийские документы. —Согдийские документы с горы Муг. Чтение. Перевод. Комментарий. Вып. III. Хозяйственные документы. Чтение, перевод и комментарии М. Н. Боголюбова и О. И. Смирновой, М., 1963.

[182] Борисов, ВИ, 1952, № 11 [стр. 134 – 138]. —А. П. Борисов, Об изданиях Лениградского государственного университета им. А. А. Жданова по древней истории и археологии, —ВИ, 1952, № 11. стр. 134 – 138.

[183] Боровков, Лексика. —А. К. Боровков, Лексика среднеазиатского тефсира XII – XIII вв., М., 1963.

[184] Боровков, Филологические заметки. —А. К. Боровков, Филологические заметки, —《Сборник статей по истории и филологии народов Средней Азии, посвященный 80-летию со дня рождения А. А. Семенова》, Сталинабад, 1953 (ТИИАЭ АН Тадж ССР, т. XVII), стр. 49 – 53. 901

[185] Брегель, Хорезмские туркмены. —Ю. Э. Брегель, Хорезмские туркмены в XIX веке, М., 1961.

［186］Брегель—Наджип, Новое издание. —Ю.Э. Брегель, Э. Н. Наджип, Новое издание важного источника по истории туркмен, —ПВ, 1959, № 1, стр. 169 – 173.

［187］Бубнова, Извлечение серебра. —М. А. Бубнова, Извлечение серебра купелированием в Средней Азии в Ⅸ – Ⅺ вв., —ИАН ТаджССР, ООН, 1962, № 1 (28), стр. 29 – 36.

［188］Бубнова, К истории. —М. А. Бурнова, К истории металлургии серебра в Средней Азии, —ИАН ТаджССР, ООН, 1961, № 1(24), стр. 3 – 10.

［189］Бубнова, Средневековые мастерские. —М. А. Бубнова, Средневековые мастерские рабада (по материалам Орловского городища), —ИАН КиргССР, СОН, т. Ⅰ, вып. 1, 1959, стр. 49 – 61.

［190］Будагов. —Л. Будагов, Сравнительный словарь турецко-татарских наречий, т. Ⅰ – Ⅱ, СПб., 1869—1871.

［191］Булатова-Левина, Буддийский храм. —В. А. Булатова-Левина, Буддийский храм в Куве, —СА, 1961, № 3, стр. 241 – 250.

［192］Бундари, изд. Хаутсма. —Histoire des Seljoucides de l'Iraq par al-Bondari d'apres Imad ad-din al-Katib al-Isfahani. Texte arabe publie dapres les Mss. d'Oxford et de Paris par M. Th. Houtsma, Leide, 1889 (RTHS, vol. Ⅱ).

［193］Бухари—см. Абд ал-Керим Бухари.

［194］Валидов, Мешхедская рукопись. —А. З. Валидов, Мешхедская рукопись Ибну-ль-факиха, —ИРАН, сер. Ⅵ, т. ⅩⅧ, 1924, стр. 237 – 251.

［195］Валидов, Некоторые данные. —［А.］З. Валидов, Некоторые данные по истории Ферганы ⅩⅧ-го столетия, —ПТКЛА, год ⅩⅩ, ［вып. 2］, 1915, стр. 68 – 118.

［196］Валидов, О собраниях рукописей. —А. З. Валидов, О

собраниях рукописей в Бухарском ханстве. (Отчет о командировке), —ЗВОРАО, т. XXIII, 1916, стр. 245 – 262.

[197] Валитова, Юсуф Баласагунский, —А. А. Валитова, Юсуф Баласагунский и его《Кутадгу билиг》, —КСИВ, вып. IV, 1952, стр. 56 – 62.

[198] Валиханова, Сочинения. —Ч. Ч. Валиханов, Сочинения. Под ред. Н. И. Веселовского, СПб., 1904 (ЗИРГО по отд. этногр., т. XXIX).

[199] Вальтер, Законы образования пустынь. —И. Вальтер, Законы образования пустынь в настоящее и прошлое время. Пер. с нем. А. Носкова. С добавлениями относительно русских пустынь, исполненными Г. Г. Шенбергом, Л. С. Бергом и В. А. Дубянским, СПб., 1911.

[200] Варзар, Хлопчатобумажная промышленность. —В. Е. Варзар, Хлопчатобумажная промышленность, —《Энциклопедический словарь [Брокгауза и Ефрона]》, т. XXXVII (полутом 73), СПб., 1903, стр. 333 – 342.

[201] Васильевич, К вопросу о киданях и тунгусах. —Г. М. Василевич, К вопросу о киданях и тунгусах, —СЭ, 1949, № 1, стр. 155 – 160.

[202] А. Васильев, Готы в Крыму. —А. Васильев, Готы в Крыму, —ИРАИМК (ИГАИМК), т. I, 1921, стр. 247 – 344; т. V, 1927, стр. 179 – 282.

[203] В. Васильев, История и древности. —В. П. Васильев, История и древности восточной части Средней Азии от X до XIII века, с приложением перевода китайских известий о Киданях, Джурджитах и Монголо-Татарах, —ТВОРАО, ч. IV, 1859, стр. 1 – 235.

[204] К. Васильев, ВДИ, 1961, № 2 [стр. 120 – 124]. —К.

Васильев, [рец. на :] Л. Н. Гумилев, Хунну. Срединная Азия в
902 древние времена, М., 1960, —ВДИ, 1961, № 2, стр. 120 – 124.

[205] Васильевский, Русско-византийские отрывки. —В. Васильевский, Русско-византийские отрывки. Ⅱ. К истории 976—986 годов. (Из Ал-Мекина и Иоанна Геометра), —ЖМНП, ч. CLXXXⅣ, 1876, № 3, отд. 2, стр. 117 – 187.

[206] Васифи, изд. Болдырева. —Зайн ад-Дин Васифи, Бадаи ал-вакаи. Критический текст, введение и указатели А. Н. Болдырева, т. Ⅰ – Ⅱ, М., 1961 (ПЛНВ, Тексты, Большая серия, Ⅴ).

[207] Вассаф, бомбейское изд. —[=1852—1853] كتاب مستطاب وصاف الحضرة، بمبئی، ۱۲۶۹

[208] Вассаф, изд. Хаммера. —Geschichte Wassaf' s Persisch hrsg. und Deutsch ubers. von Hammer-Purgstall, Bd Ⅰ, Wien, 1856.

[209] Вассаф, рук. —Тарих-и Вассаф, рук. ГПБ Ⅴ, 3, 24 (ПНС 69).

[210] Вахабов, Ташкент. —М. Вахабов, Ташкент в период трех революций, Ташкент, 1957.

[211] Вейденбаум, Путеводитель по Кавказу. —Е. Вейденбаум, Путеводитель по Кавказу. Тифлис, 1888.

[212] Вельяминов-Зернов, Исследование о Касимовских царях. —В. В. Вельяминов-Зернов, Исследование о Касимовских царях и царевичах, ч. 1 – 3, СПб., 1863—1866 (ТВОРАО, Ч. Ⅸ – Ⅺ).

[213] Вельяминов-Зернов, Монеты. —В. В. Вельяминов-Зернов, Монеты бухарские и хивинские, —ТВОРАО, ч. Ⅳ, 1859, стр. 328 – 456.

[214] Веселовский, Заметка о курганах. —Н. Веселовский, Заметка о курганах Туркестанского края, —ЗВОРАО, т. Ⅱ, 1888, стр. 221 – 226.

[215] Веселовский, ЗВОРАО, т. Ⅰ [стр. 319 – 320]. —Н. В

[еселовский], [рец. на:] В. Наливкин и М. Наливкина, Очерк быта женщины оседлого туземного населения ферганы. Казань 1886, —ЗВОРАО, т. Ⅰ,1887, стр. 319 – 320.

[216] Веселовский, ЗВОРАО, т. Ⅱ [стр. 279 – 280]. —Н. В [еселовский], [рец. на:] Сыр-дарьинская область. Описание, составленное по официальным источникам Е. Смирновым. СПб. 1887, —ЗВОРАО, т. Ⅱ, 1888, стр. 279 – 280.

[217] Веселовский, ЗВОРАО, т. Ⅴ [стр. 115 – 122]. —Н. В [еселовский], [рец. на:] Н. И. Гродеков, Киргизы и Каракиргизы Сыр-дарьинской области. Том первый. Юридический быт. Ташкент 1889, —ЗВОРАО, т. Ⅴ,1891, стр. 115 – 122.

[218] Веселовский, Киргизский рассказ. —Н. Веселовский, Киргизский рассказ о русских завоеваниях в Туркестанском крае. Текст, перевод и приложения, СПб., 1894.

[219] Веселовский, Передовые Калмыки на пути к Волге. —Н. Веселовский, Передовые Калмыки на пути к Волге, —ЗВОРАО, т. Ⅲ, 1889, стр. 365 – 370.

[220] Веселовский, Хан из темников. —Н. И. Веселовский, Хан из темников Золотой Орды Ногай и его время, Пг., 1922 (ЗРАН, сер. Ⅷ, т. ⅩⅢ, № 6).

[221] Вестберг, К анализу восточных источников. —Ф. Вестберг, К анализу восточных источников о восточной Европе, —ЖМНП, н. с.,ч. ⅩⅢ, 1908, февраль, отд. 2, стр. 364 – 412; ч ⅩⅣ, 1908, март, отд. 2, стр. 1 – 52.

[222] Винников, Арабы в СССР. —И. Н. Винников, Арабы в СССР, —СЭ, т. Ⅳ, 1940, стр. 3 – 22.

[223] Вирский, Зеравшанский округ. —М. М. Вирский, Сведения о Зеравшанском округе, —МСТ, вып. Ⅳ, 1876, стр. 9 – 112.

[224] Вирский, Самаркандская область. —М. Вирский, Самаркандская область по переписи 1897г., —СКСО, вып. Ⅷ, 1906, стр. 302 – 354.

[225] Владимиров, Об изменении дельты Аму-Дарьи. —К. Н. Владимиров, Об изменении дельты р. Аму-Дарьи в течение последнего времени, —ИИРГО, т. ⅩLⅥ, 1910, стр. 381 – 395.

[226] Влангали, Геогностические поездки. —А. Влангали, Геогностические поездки в восточную часть Киргизской степи в 1849 и 1851 годах, ч. Ⅰ – Ⅱ, СПб., 1853.

[227] Волин, Кисторииdревнего Хорезма. —С. Волин, Кистории
903 древнего Хорезма, —ВДИ, 1941, № 1, стр. 192 – 196.

[228] Волин, Новый источник. —С. Л. Волин, Новый источник для изучения хорезмийского языка, —ЗИВАН, т. Ⅶ, 1939, стр. 79 – 91.

[229] Воробьев, 《Народы Азии и Африки》, 1962, № 3 [стр. 199 – 201]. —М. В. Воробьев, [рец. На:] Л. Н. Гумилев, Хунну. Срединная Азия в древние времена, М., 1960, —《Народы Азии и Африки》, 1962, № 3, стр. 199 – 201.

[230] Ворожейкина, Доисламские верования. —З. Н. Ворожейкина, Доисламские верования киргизов в ⅩⅥ в (по рукописи 《Зия ал-Кулуб》), —сб. 《Вопросы филологии и истории стран советского и зарубежного Востока》, М., 1961, стр. 182 – 189.

[231] Воронина, Доисламские культовые сооружения. —В. Л. Воронина, Доисламские культовые сооружения Средней Азии, —СА, 1960, № 2, стр. 42 – 55.

[232] Воронина, К характеристике. —В. Л. Воронина, К характеристике архитектуры Средней Азии эпохи Саманидов, —ТИИАЭ АН ТаджССР, т. ⅩⅩⅦ, Сборник статей, посвященных истории и культуре периода формирования таджикского народа и

его государственности (IX – X вв. н. э), Сталинабад, 1954, стр. 41 – 55.

[233] Вороновский, Библиография. —см. ниже, стр. 947 (《Библиографические пособия》).

[234] Вязигин, Оссуарии. —С. А. Вязигин, Оссуарии с городища Калалы Кыр I Ташаузской области Туркменской ССР, —ВДИ, 1948, № 3, стр. 150 – 155.

[235] Вязигин, Стена Антиоха Сотера. —С. А. Вязигин, Стена Антиоха Сотера вокруг древней Маргианы, —《Труды ЮТАКЭ》, т. I, Ашхабад, 1949, стр. 260 – 275.

[236] Вяткин, Материалы. —В. Л. Вяткин, Материалы к исторической географии Самаркандского вилаета, —СКСО, вып. VII, 1902, стр. 1 – 83.

[237] Вяткин, О вакуфах. —В. Вяткин, О вакуфах Самаркандской области, —СКСО, вып. X, 1912, стр. 95 – 107; то же: ТВ. 1912, № 256 (13/26. XI), стр. 3 – 4.

[238] Г., О школьном образовании. —Г., О школьном образовании у магометан Средней Азии, —ТВ, 1875, № 30 (29. VII); 1876, № 47 (30. XI); № 48 (7. XII).

[239] Галкин, Очерк. —Галкин, ген. шт. полк., Краткий военно-статистический очерк района полевой поездки офицеров Генерального Штаба Туркестанского военного округа в 1889 году в Бухарском ханстве и в южной части Самаркандской области, —СМА, вып. LVII, 1894, стр. 1 – 42.

[240] Галкин, Сурханская долина. —Галкин, ген. шт. полк., Военно-статистический очерк средней и южной частей Сурханской долины. 1889 г., —СМА, вып. LVII, 1894, стр. 364 – 384.

[241] Гардизи, рук. —Гардизи, Зайн ал-ахбар, кембридж. Рук. (King's College Library, 213); оксфорд. Рук. (Cod. Bodleian,

Quseley, 240).

[242] Гаркави, Дополнения. —А. Я. Гаркави, Дополнения к сочинению《Сказания мусульманских писателей о Славянах и Русских》, СПб. ,1871.

[243] Гаркави, Сказания. —А. Я. Гаркави, Сказания мусульманских писателей о славянах и русских. (С половины Ⅶ века до конца Ⅹ века, по Р. Х.), СПб. , 1870.

[244] Гарнати, изд. Феррана. —Le Tuhfat al-albab de Abu Hamid al-Andalusi al-Garnati edite dapres les Mss. 2167, 2168, 2170, de la Bibliotheque nationale et le Ms. d'Alger, par G. Ferrand, Paris, 1925 (Extrait du JA, t. CCⅦ, 1925, pp. 1 – 148, 193 – 304).

[245] Гафуров, История. —Б. Г. Гафуров, История таджиского народа в кратком изложении, изд. 3-е, исправл. и дополн. , т. Ⅰ, С древнейших времен до Великой Октябрьской социалистической революции 1917 г. ,М. ,1955.

[246] Гейер, Голод и колонизация. —И. Гейер, Голод и колонизация Сыр-Дарьинской облисти в 1891 г. , —СМССДО, т. Ⅲ, 1894, отд. Ⅰ, стр. 1 – 80.

[247] Гейер, Крестьянская колонизация. — И. Гейер, Крестьянская колонизация в Сыр-Дарьинской области,—СМССДО, т. Ⅱ, 1892, отд. Ⅰ, стр. 201 – 321.

[248] Гейер, По русским селениям. —И. Гейер, По русским селениям Сыр - Дарьинской области (Письма с дороги). Т. Ⅰ, Чимкентский уезд, Ташкент, 1893.

[249] Гейер, Путеводитель. —И. И. Гейер, Путеводитель по Туркестану, Ташкент, 1901.

[250] Гейнс, Киргизские очерки. —А. К. Гейнс, Киргизские очерки, —《Военный оборник》, т. ⅩLⅨ, 1866, № 1, отд. Ⅱ, стр. 243 – 272; № 6, отд. Ⅱ, стр. 305 – 342; т. L, № 7, отд. Ⅱ, стр.

99 – 126; № 8, отд. Ⅱ, стр. 243 – 272.

[251] Гейнс, Ташкент. —А. К. Гейнс, Управление Ташкентом при кокандском владычестве. (Как характеристика администрации среднеазиатских городов), —А. К. Гейнс, Собрание литературных трудов, т. Ⅱ, СПб., 1898, стр. 431 – 536.

[252] Гельцер. Очерк. —Г. Гельцер, Очерк политической истории Византии, [пер. с нем.], СПб., 1912 (Очерки по истории Византии, вып. Ⅰ).

[253] Гиргас. —Розен, Арабская хрестоматия. —Арабская хрестоматия. Составили В. Ф. Гиргас и В. Р. Розен, вып. 1 – 2, СПб., 1875—1876.

[254] Гияс ад-дин Али, изд. Зимина. —Дневник похода Тимура в Индию Гияс-ад-дина Али. С приложением соответствующих отрывков из《Зафер-намэ》Низам-ад-дина Шами. Изд. Л. А. Зимина под ред. В. В. Бартольда, Пг., 1915 (Тексты по истории Средней Азии. Вып. Ⅰ).

[255] Голубинский, История русской церкви. —Е. Голубинский, История русской церкви, т. Ⅰ, 1 – 2, М., 1880—1881; т. Ⅱ, 1 – 2, М., 1900—1917.

[256] Гордлевский, Заметка о "Турецком собрании". —В. А. Гордлевский, Заметка о "Турецком собрании" в Константинополе. 《تورک درنکی》. —ДВ. т. Ⅳ, 1913, стр. 1 – 15 (разд. паг.). [То же: В. А. Гордлевский, Избр. Сочинения, т. Ⅲ, М., 1962, стр. 287 – 298.].

[257] Граменицкий, Открытый вопрос. —С. Граменицкий, Открытый вопрос, —ТВ, 1909, № 10 (14/27. Ⅰ); № 11 (15/28. Ⅰ); № 12 (16/29. Ⅰ).

[258] Граменицкий, Очерк. —С. М. Граменицкий, Очерк развития народного образования в Туркестанском крае, —

СМССДО, т. Ⅴ,1896, отд. Ⅰ, стр. 1 – 88.

[259] Греков—Якубовский, Золотая Орда. —Б. Д. Греков, А. Ю. Якубовский, Золотая Орда и ее падение, М. —Л., 1950.

[260] Григорьев, Восточный Туркестан—см. Риттер, Григорьев.

[261] Григорьев, Караханиды. —Караханиды в Мавераннагре, по Тарихи Муннедджим-баши в османском тексте, с переводом и примечаниями В. В. Григорьева, —ТВОРАО, ч. ⅩⅦ. 1874, стр. 189 – 258.

[262] Григорьев, Об арбском путешественнике. —В. В. Григорьев, Об арбском путешественнике Х-го века Абу Долефе и странствовании его по Средней Азии, —ЖМНП, ч. CLⅩⅢ, 1872, № 9, отд. 2, стр. 1 – 45.

[263] Григорьев, Об отношениях. — В. Григорьев, Об отношениях между кочевыми народами и оседлыми государствами, —ЖМНП, ч. CLⅩⅩⅧ, 1875, № 3, отд. 2, стр. 1 – 27.

[264] Григорьев, Россия и Азия. —[В. В. Григорьев], Россия и Азия. Сборник исследований и статей по истории, этнографии и географии, написанных в разное время В. В. Григорьевым, ориенталистом, СПб., 1876.

[265] Гродеков, Киргизы. — Н. И. Гродеков, Киргизы и каракиргизы Сыр-Дарьинской области. Т. Ⅰ. Юридический быт, Ташкент, 1889.

[266] Грумм-Гржимайло, ИГГО, т. LⅩⅥ, вып. 1 [стр. 176 – 183]. —Г. Е. Грумм-Гржимайло, Киргизы [рец. -реферат на кн.: В. В. Бартольд, Киргизы. (Исторический очерк), Фрунзе, 1927], — ИГГО, т. LⅩⅥ, 1934, вып. 1, стр. 176 – 183.

[267] Гулиев, Из истории. —А. Н. Гулиев, Из истории азербайджанско-русских отношений в ⅩⅤ – ⅩⅧ вв., —МПВНКВ, стр. 353 – 364.

[268] Гулия, История Абхазии. —Д. Гулия, История Абхазии, т. I, Тифлис, 1925.

[269] Гулямов, История орошения Хорезма. —Я. Г. Гулямов, История орошения Хорезма с древнейших времен до наших дней, Ташкент, 1957.

[270] Гумилев, Хунну. —Л. Н. Гумилев, Хунну. Срединная
Азия в древние времена, М., 1960. 905

[271] Давидович, Город. —Е. А. Давидович, Город, ремесло и денежное обращение в Средней Азии периода так называемого《серебряного кризиса》(XI - XIII вв.), —《Материалы второго совещания археологов и этнографов Средней Азии. 29 октября-4 ноября 1956 года. Сталинабад》, М. —Л., 1959, стр. 38 – 46.

[272] Давидович, Нумизматические материалы для хронологии Караханидов. —Е. А. Давидович, Нумизматические материалы для хронологии и генеалогии средне-азиатских Караханидов, —《Труды ГИМ》, вып. XXVI, М., 1957 (Нумизматический сборник, ч. II), стр. 91 – 119.

[273] Дагестани, Книга Асари-Дагестан. —Книга Асари-Дагестан. (Исторические сведения о Дагестане). Составил Мирза Гасан-Эфенди сын Гаджи Абдулла-Эфенди Алкадари Дагестани. Пер. А. Гасанова. —СМОМПК, вып. 46, 1929, стр. 14 – 193.

[274] Дадашев—Усейнов, Архитектурные памятники Баку. —С. А. Дадашев и М. А. Усейнов, Архитектурные памятники Баку, М., 1946.

[275] Данилевский, Описание Хивинского ханства. —[Г. И.] Данилевский, Описание Хивинского ханства, —ЗИРГО, кн. V, 1851, стр. 62 – 139.

[276] Даулетшах, изд. Броуна. —The Tadhkiratu sh-Shuara (Memoirs of the Poets) of Dawlatshah bin Alau d-Dawla Bakhtishah al-Gha-

zi of Samarqand. Ed. In the original Persian with prefaces and indices by E. G. Browne, London—Leide, 1901 (PHT, vol. Ⅰ).

[277] Деде Коркут—см. Китаб-и Деде Коркут.

[278] Дербенд-наме. —The Derbend-nameh, or the History of Derbend; transl. from a select turkish version and published with the texts and with notes, illustrative of the history, geography, antiquities etc. etc. occurring throughout the work, by Mirza A. Kazem-Beg, St-Pbg., 1851.

[279] Джавахов, Государственный строй. —И. Джавахов, Государственный строй древней Грузии и древней Армении, т. Ⅰ, СПб., 1905 (Тексты и разыскания по армяно-грузинской филологии, кн. Ⅷ).

[280] Джамгерчинов, Киргизы в эпоху Ормон-Хана. —Б. Джамгерчинов, Киргизы в эпоху Ормон-Хана (из истории феодально-родовых войн киргизов в XIX веке), —《Труды ИЯЛИ КирФАН》, вып. Ⅰ (1944), Фрунзе, 1945, стр. 111 – 130.

[281] Джамгерчинов, Присоединение Киргизии к России. —Б. Джамгерчинов, Присоединение Киргизии к России, М., 1959.

[282] Джанашиа, Возникновение Абхазского царства. —С. Н. Джанашиа, О времени и условиях Возникновения Абхазского царства, —ИИЯИМК ГрузФАН, т. Ⅷ, Тбилиси, 1940, стр. 137 – 152.

[283] Джафарзаде, Древне-латинская надпись. —И. М. Джафарзаде, Древне-латинская надпись у подошвы горы Беюкдаш, —ДАН АзССР, Баку, 1948, № 7, стр. 304 – 331.

[284] Джафарзаде, Историко-археологический очерк. —И. М. Джафарзаде, Историко-археологический очерк Старой Ганджи (Родина Низами), Баку, 1949.

[285] Джемаль Карши. —Джемаль Карши, Мулхакат ас-сурах, рук. ИНА В 514 (430а). [См. также Бартольд, Туркестан, ч. Ⅰ,

стр. 128 – 152.]

[286] Джетбысбаев, Слово《муг》—И. Джетбысбаев, Слово《муг》, курганы и каменная баба, —ПТКЛА, год V, 1901, стр. 28 – 34.

[287] Джувейни, извлеч. в изд. Дефремери. —Histoire des khans Mongols du Turkistan et de la Transoxiane, extraite du Habib essiier du Khondemir, trad. du persan et acccompagnee de notes, par C. Defremery, —JA, ser. 4, t. XX, 1852, pp. 370 – 406 [= прилож. к извлеч. из Хондемира].

[288] Джувейни. Изд. Казвини. —The Tarikh-i-Jahan-gusha of Alau d-Din Ata Malik-i-Ju-wayni (composed in A. H. 658 = A. D. 1260). Ed. With an introduction, notes and indices from several old MSS. by Mirza Muhammad ibn Abdul-Wahhab-i-Qaz-wini, pt Ⅰ, containing the history of Chingiz Khan and his successors, Leyden-London, 1912; pt Ⅱ, containing the history of Khwarazmshah dynasty, Leyden-London, 1916; pt Ⅲ, con taining the history of Mangu Qaan , Hulagu and the Ismailis , Leyden - Lon don, 1937 (GMS, XⅥ, 1 – 3). 906

[289] Джувейни, рук. —Джувейни, Тарих-и джахангушай, рук. ГПБ Ⅳ, 2, 34 (ПНС 233); рук. ГПБ Ханыков 71.

[290] Джузджани, пер. Раверти. —Tabakat-i-Nasiri: A General History of the Muhammadan Dynasties of Asia, including Hindustan, from A. H. 194 [810 A. D.] to A. H. 658 [1260 A. D.], and the Irruption of the Infidel Mughals into Islam. By the Maulana, Minhaj-ud-Din, Abu-Umar-i-Usman. Transl. from Original Persian Manuscripts. By H. G. Raverty, vol. Ⅰ – Ⅱ, London, 1881 (BI, NS, vol. 272 – 273); Index, Calcutta, 1897.

[291] Диваев, Этнографические материалы. —Этнографические материалы. Собраны и переведены А. А. Диваевым, —СМССДО, т. Ⅲ, 1894, [отд. 2], стр. 1 – 84 (разд. паг.).

[292] Дмитриева, Рукописи. —Л. В. Дмитриева, Рукописи старейших тюркоязычных памятников в Институте народов Азии Академии наук СССР, —《Географическое общество СССР. Восточная комиссия. Материалы Восточной комиссии》, вып. Ⅰ, Л., 1962, стр. 34 – 46.

[293] Добросмыслов, Города Сыр-Дарьинской области. —А. И. Добросмыслов, Города Сыр-Дарьинской области. Казалинск, Перовск, Туркестан, Аулие-ата и Чимкент, Ташкент, 1912.

[294] Добросмыслов, Ташкент. —А. И. Добросмыслов, Ташкент в прошлом и настоящем. Исторический очерк, Ташкент, 1912.

[295] Дониш, Путешествие. —Ахмад Дониш, Путешествие из Бухары в Петербург. Избранное. [Пер. с таджикского М. Н. Османова и Л. Н. Демидчик], [Сталинабад], 1960.

[296] Дорн, Каспий. —Б. Дорн, Каспий. О походах древних русских в Табаристан, с дополнительными сведениями о других набегах их на прибрежья Каспийского моря, СПб., 1875 (прилож. к ЗИАН, т. ⅩⅩⅥ, № 1), [См. также Dorn, Caspia.]

[297] Дорн, Отчет. —Б. Дорн, Отчет об ученом путешествии по Кавказу и южному берегу Каспийского моря, —ТВОРАО, ч. Ⅷ, 1864, стр. 245 – 317; то же: отд. отт.

[298] Дорн, Разбор сочинения Казембега. —[Б.] Дорн, Разбор сочинения мирзы А. Казембега под заглавием: Derbend Nameh, or The History of Derbend, translated... and published... by mirza A. Kazembeg. St. Petersbourg..., [СПб., 1852] (Извлеч. из 《Отчета о [21-м] присуждении Демидовских наград》, СПб., 1852. стр. 101 – 107).

[299] Дубровин, История войны на Кавказе. —Н. Дубровин, История войны и владычества русских на Кавказе, т. Ⅰ – Ⅳ, СПб.,

1871—1886.

[300] Думан, Аграрная политмка. —Л. И. Думн, Аграрная политмка Цинского (Манчжурского) правительства в Синьцзяне в конце XⅧ века, М. —Л. ,1936 (ТИВАН, т. XX).

[301] Думан, К истории. —Л. И. Думн, К истории госудатсрв Тоба, Вэй и Ляо и их связей с Китаем, —УЗИВАН, т. XI,1955, стр. 3 –36.

[302] Думан,《Народы Азии и Африки》,1962, № 3, [стр. 196 – 199]. —Л. И. Думан, [рец. На:] Л. Н. Гумилев, Хунну. Срединная Азия в древние времена, М. ,1960, —《Народы Азии и Африки》,1962, № 3, стр. 196 —199.

[303] А. Дьяконов, Типы высшей богословской школы. —А. Дьяконов, Типы высшей богословской школы в древней церкви Ⅲ – Ⅵ вв. , —《Христианское чтение》, т. CCXXXIX, 1913, стр. 494 –525; то же: отд. отт.

[304] И. Дьяконов, История Мидии. —И. М. Дьяконов, История Мидии от древнейших времен до конца Ⅳ века до н. э. , М. —Л. , 1956.

[305] М. Дьяконов, Очерк. —М. М. Дьяконов, Очерк истории древнего Ирана, М. , 1961. 907

[306] Дьяконов, Лившиц, Документы из Нисы. —И. М. Дьяконов и В. А. Ливщиц, Документы из Нисы 1 в. до н. э. Предварительные итоги работы, М. ,1960.

[307] Дьячков, Урочище Кайсара. —П. Дьячков, Урочище Кайсара, —ПТКЛА, год Ⅱ, 1897, [прилож. к проток. Засед. ТКЛА от 29 августа 1897 г.]. стр. 8 –12.

[308] Ельницкий, Знания древних. —Л. А. Ельницкий, Знания древних о северных странах, М. , 1961.

[309] Ельницкий, Римляне у Каспийских ворот. —Л. А.

Ельницкий, Северночерноморские заметки, Ⅲ. Римляне у Каспийских ворот, —ВДИ, 1950, №1, стр. 193 – 194.

[310] Ершов, Некоторые итоги. —С. А. Ершов, Некоторые итоги археологического изучения некрополя с оссуарными захоронениями в районе города Байрам-Али, —ТИИАЭ АН ТуркмССР, т. Ⅴ, Ашхабад, 1959, стр. 160 – 234.

[311] Жизнеописание Сюань Цзана, пер. Жюльена. —Histoire de la vie de Hiouen-thsang et de ses voyages dans l'Inde, depuis l'an 629 jusqu'en 645, par Hoei-li et Yen-thsong; suivie de documents et d'eclaircissements geographiques tires de la relation originale de Hiouen-thsang; traduite de chinois par S. Julien, Paris, 1853.

[312] Жирмунский, Народный героический эпос. —В. Жирмунский, Народный героический эпос. Сравнительно-исто-рические очерки, М. —Л. ,1962.

[313] Жуковский, Могила Фирдоуси. —В. Жуковский, Могила Фирдоуси. (Из поездки в Хорасан летом 1890 г.), —ЗВОРАО, т. Ⅵ, 1892, стр. 308 – 314.

[314] Жуковский, Развалины Старого Мерва. —В. А. Жуковский, Древности Закаспийского края. Развалины Старого Мерва, СПб., 1894 (МАР, вып. 16).

[315] Заднепровский, Древнеземледельческая культура Ферганы. —Ю. А. Заднепровский, Древнеземледельческая культура Ферганы, М. —Л. ,1962 (МИА, № 118).

[316] Заднепровский, Изучение котловины Иссык-Куля. —[Ю. А. Заднепровский], Археологическое изучение котловины Иссык-Куля и значение исследования П. П. Иванова, —ТИИ АН КиргССР, вып. 3, Фрунзе, 1957, стр. 109 – 116.

[317] Закария Казвини. —Zakarija Ben Muhammed Ben Mahmud el-Cazwini's Kosmographie. Ⅰ. T. كتاب عجايب المخلوقات Die Wunder der

Schopfung. Aus den Handschriften der Bibliotheken zu Berlin, Gotha, Dresden und Hamburg hrsg. Von F. Wustenfeld, Gottingen, 1849; Ⅱ. T. كتاب آثار البلاد Die Denkmaler der lander. Aus den Hand-schriften des Hn. Dr. Lee und der Bibliotheken zu Berlin, Gotha und Leyden hrsg. von F. Wustenfeld, Gottingen, 1848.

[318] Залеман, Легенда про Хаким-Ата. —К. Г. Залеман, Легенда про Хаким-Ата, —ИАН, сер. Ⅴ, т. Ⅸ, 1898, стр. 105 - 150.

[319] Залкинд, Кидане. —Е. М. Залкинд, Кидане и их этнические связи, —СЭ, 1948, № 1, стр. 47 - 62.

[320] Заринский, Очерки древней Казани. —П. Заринский, Очерки древней Казани преимущественно ⅩⅥ века, Казань, 1877.

[321] Захир ад-дин Мараши. —Sehir-eddin's Geschichte von Tabaristan, Rujan und Masanderan. Persischer Text, hrsg. von B. Dorn, St-Pbg., 1850 (Muhammedanische Quellen zur Geschichte der sudlichen Kustenlander des Kaspischen Meeres, hrsg., ubers. und erlautert von B. Dorn. Ⅰ. T.)

[322] Заходер, Еще одно известие. —Б. Н. Заходер, Еще одно ранее мусульманское известие о славянах и русах Ⅸ - Ⅹ вв., —ИВГО, т. LⅩⅩⅤ, 1943, вып. 6, стр. 25 - 43.

[323] Заходер, Из истории восточно-каспийских связей. —Б. Н. Заходер, Из истории восточно-каспийских связей древней Руси, —СВ, 1955, № 3, стр. 108 - 118.

[324] Заходер, Каспийский свод. —Б. Н. Заходер, Каспийский свод сведений о Восточной Европе. Горган и Поволжье в Ⅸ - Ⅹ вв., М., 1962.

[325] Заходер, Среднеазиатско-Хорасанская география. —Б. Н. Заходер, Среднеазиатско-Хорасанская география Ⅸ - Ⅹ вв. о Поволжье и Восточной Европе. Общие представления и природа, —

908 УЗИВАН, т. XIV, 1956, стр. 6 – 30.

[326] Зевакин, Прикаспийские провинции. —Е. С. Зевакин, Прикаспийские провинции в эпоху русской оккупации XVIII века, — ИООИА, № 5, 1927, стр. 123 – 133.

[327] Земляницын, Исторический очерк. — И. Земляницын, Исторический очерк Семипалатинска и его торговля, —МСТ, вып. IV, 1876, стр. 1 – 85.

[328] Зибберштейн, Путевые замечания. —М. П. Вяткин, Путевые записки лекаря Зибберштейна, —ИА, т. I, 1936, стр. 223 – 258.

[329] Зубов, Картина Кавказского края. — П. Зубов, Картина Кавказского края, принадлежащего России, и сопредельных оному земель; в историческом, статистическом, этнографическом, финансовом и торговом отношениях, ч. 1 – 4, СПб., 1834—1835.

[330] Зуев, К этнической истории усуней. —Ю. А. Зуев, К этнической истории усуней, —ТИИАЭ АН КазССР, т. 8, Новые материалы по древней и средневековой истории Казахстана, Алма-Ата, 1960, стр. 5 – 25.

[331] Зуев, О языке усуней. —Ю. А. Зуев, К вопросу о языке усуней, —ВАН КазССР, Алма-Ата, 1957, № 5, стр. 61 – 74.

[332] Зяблин, Второй буддийский храм. —Л. П. Зяблин, Второй буддийский храм Ак-Бешимского городища, Фрунзе, 1961.

[333] Ибн ал-Асир, изд. Торнберга. —Ibn-el-Athiri Chronicon quod perfectissimum inscribitur, ed. C. J. Tornberg, vol. I – XIV, Upsaliae et Lugduni Batavorum, 1851—1876.

[334] Ибн Баттута. —Voyages d'Ibn Batoutah, texte arabe, accompagne d'une traduction par C. Defremery et B. R. Sanguinetti, t. I – IV, Paris, 1853—1858 (Collection d'ouvrages orientaux publiee par la Societe asiatique).

[335] Ибн Бейтар, пер. Зонтхаймера. —Grosse Zusammenstellung uber die Krafte der bekannten einfachen Heil-und Nahrungsmittel von Abu Mohammed Abdallah ben Ahmed aus Malaga bekannt unter dem Namen Ebn Baithar. Aus dem Arabischen ubers. von J. v. Sontheimer, Bd Ⅰ - Ⅱ, Stuttgart, 1840—1842.

[336] Ибн Исфендияр, изд. Аббаса Икбаля.

Ибн Исфендияр, изд. Аббаса Икбаля.— تاریخ طبرستان تالیف بها الدین محمد بن حسن بن اسفندیار کاتب که در ٦١٣ هجری تألیف شده است، بتصحیح عباس اقبال، قسم ١—٢، [تهران، ١٣٢٠ ش] [1941=].

[337] Ибн Исфендияр, пер. Броуна. —An abridged translation of the History of Tabaristan compiled about A. H. 613 (A. D 1216) by Muhammad b. al-Hasan b. Isfandiyar, based on the India Office Ms. compared with two Mss. in the British Museum, by E. G. Browne, Leyden-London, 1905 (GMS, Ⅱ).

[338] Ибн Мискавейх, изд. Амедроза, Марголиуса. —The concluding portion of the Experiences of the Nations by Miskawaihi, Officeholder at the Courts of the Buwaihid Sultans, Mu'izz al-daulah, Rukn al-daulah, and Adud al-daulah. Arabic text, ed. by H. F. Amedroz, vol. Ⅰ. Reigns of Muqtadir, Qahir and Radi, Oxford, 1920 (Eclipse, vol. Ⅰ); vol. Ⅱ. Reigns of Muttaqi, Mustakfi, Muti and Tai, Oxford, 1921 (Eclipse, vol. Ⅱ). Translation from the Arabic by D. S. Margoliouth, vol. Ⅰ. Reigns of Muqtadiri, Qahir and Razi, Oxford, 1921 (Eclipse, vol. Ⅳ); vol. Ⅱ. Reigns of Muttaqi, Mustakfi, Muti and Tai, Oxford, 1921 (Eclipse, vol. Ⅴ).

[339] Ибн Мискавейх, изд. Каэтани. —The Tajarib al-Umam or History of Ibn Miskawayh (Abu Ali Ahmad b. Muhammad) ob. A. H. 421. Reproduced in facsimile from the Ms. at Constantinople in the Aya Sufiyya library. With a preface and summary by L. Caetani Principe di Teano, vol. Ⅰ, to A. H. 37 (=Tabari I. 3300); vol. Ⅴ (with a summary

and index), A. H. 284 to 326; vol. Ⅵ A. H. 326 – 369, Leyden-London, 1909—1917 (GMS, Ⅶ, 1, 5, 6).

[340] Ибн Мухаммед-Эмин, изд. Манна. —Das Mujmil et-Tarikh-i ba'dnadirije des Ibn Muhammed Emin Abul-Hasan aus Gulistane, [Fasc. Ⅰ: Geschichte Persiens in den Jahren 1747—1750; fasc. Ⅱ: Geschichte des Ahmed Sah Durrani], nach der berliner Handschrift hrsg. und mit einer Einleitung und mit Indices versehen von O. Mann, Leiden,
909 1891—1896.

[341] Ибн Русте, изд. де Гуе. —Kitab al-alak an-nafisa Ⅶ auctore Abu Ali Ahmed ibn Omar ibn Rosteh et Kitab al-boldan auctore Ahmed ibn abi Jakub ibn Wadhih al-Katib al-Jakubi, [ed. M. J. de Goeje], edit. 2, Lugduni Batavorum, 1892 (BGA, Ⅶ) [Ибн Русте—стр. 1 – 229].

[342] Ибн Русте, изд. Хвольсона. —Известия о Хозарах, Буртасах, Болгарах, Мадьярах, Славянах и Руссах Абу-Али Ахмеда Бен Омар Ибн-Даста, неизвестного доселе арабского писателя начала Х века, по рукописи Британского Музея в первый раз издал, перевел и объяснил Д. А. Хвольсон, СПб., 1869.

[343] Ибн Фадлан, изд. Ковалевского (1939). —Путешествие Ибн-Фадлана на Волгу. Перевод и комментарий [А. П. Ковалевского] под ред. И. Ю. Крачковского, М. —Л., 1939.

[344] Ибн Фадлан, изд. Ковалевского (1956). —А. П. Ковалевский, Книга Ахмеда Ибн-Фадлана о его путешествии на Волгу в 921—922 гг. Статьи, переводы и комментарии, Харьков, 1956.

[345] Ибн Фадлан, изд. Френа. —Ibn-Foszlan's und anderer Araber Berichte uber die Russen alterer Zeit. Text und Ubersetzung mit kritisch-philologischen Anmerkungen; nebst drei Beilagen uber sogenannte Russen-Stamme und Kiew, die Warenger und das Warenger-Meer, und das Land Wisu, ebenfalls nach arabischen Schriftstellern, von C. M. Frahn,

St. -Pbg. , 1823.

[346] Ибн ал-Факих. —Compendium libri Kitab al-Boldan auctore Ibn al-Fakih al-Hamadhani quod edidit, indicibus et glossario instruxit M. J. de Goeje, Lugduni-Batavorum, 1885 (BGA, V).

[347] Ибн Хаукаль. —Viae et regna. Descriptio ditionis moslemicae auctore Abu'l-Kasim Ibn Haukal. Ed. M. J. de Goeje, Lugduni Batavorum, 1873 (BGA, Ⅱ).

[348] Ибн Хаукаль, изд. Крамерса. —Opus geographicum auctore Ibn Haukal (Abu'l-Kasim Ibn Haukal al-Nasibi). Secundum textum et imagines codicis constantinopolitani conservati in Bibliotheca Antiqui Palatii № 3346 cui titulus est《Liber imaginis terrae》edidit collatio textu primae editionis aliisque fontibus adhibitis J. H. Kramers, fasc. 1 – 2, Lugduni Batavorum-Lipsiae, 1938 (BGA^2, Ⅰ – Ⅱ).

[349] Ибн Хордадбех. —Kitab al-Masalik wal-Mamalik (Liber viarum et regnorum) auctore Abu'l-Kasim Obaidallah ibn Abdallah Ibn Khordadhbeh et Excerpta e Kitab al-Kharadj auctore Kodama ibn Dja'far quae cum versione gallica edidit, indicibus et glossario instruxit M. J. De Goeje, Lugduni-Batavorum, 1889 (BGA, Ⅵ) [Ибн Хордадбех: текст – стр. 2 – 183; перевод-стр. 1 – 144].

[350] Иванин, О военном искусстве. —М. И. Иванин, О военном искусстве и завоеваниях монголо-татар и средне-азиатских народов при Чингиз-хане и Тамерлане, СПб. , 1875.

[351] Иванов, К вопросу об исторической топографии. —П. П. Иванов, К вопросу об исторической топографии Старого Сайрама, —《В. В. Бартольду》, стр. 151 – 164.

[352] Иванов, К истории горного промысла. —П. П. Иванов, К истории развития горного промысла в Средней Азии. Краткий исторический очерк, Л. —М. , 1932.

[353] Иванов, Казахи и Кокандское ханство. —П. П. Иванов,

Казахи и Кокандское ханство (к истории их взаимоотношений в начеле XIX в.), —ЗИВАН, т. VII, 1939, стр. 92 – 128.

[354] Иванов, Материалы по археологии. —П. П. Иванов, Материалы по археологии котловины Иссык-Куля, —ТИИ АН КиргССР, вып. 3, Фрунзе, 1957, стр. 65 – 107.

[355] Иванов, Очерки. —П. П. Иванов, Очерки по истории Средней Азии (XVI – середина XIX в.). М. ,1958.

[356] Иванов, Хивинские хроники. —П. П. Иванов, Хивинские хроники XIX в . Муниса - Агехи как источник по истории
910 туркмен, —МИТТ, II, стр. 23 – 28.

[357] Идриси, пер. Жобера. —Geographie d' Edrisi traduite de l' arabe en francais d' apres deux manuscrits de la Bibliotheque du Roi et accompagnee de notes, par A. Jaubert, t, I – II, Paris, 1836—1840.

[358] Из истории сношения России с туркменами. —[В. Разумовская], Из истории сношения России с туркменами в XVIII в. (Документы 1741—1778 гг.), —《Красный архив》, 1939, № 2 (93), стр. 209 – 255.

[359] Иловайский, Разыскания. —Д. Иловайский, Разыскания о начале Руси. Вместо введения в русскую историю, М. , 1876.

[360] Инал-Ипа, Абхазы. —Ш. Инал-Ипа, Абхазы. Историко-этнографические очерки, Сухуми, 1960.

[361] Иностранцев, Из истории старинных тканей. — К. Иностранцев, Из истории старинных тканей. Алтабас, Дороги, Зендень, Миткаль, Мухояр, —ЗВОРАО, т. XIII, 1901, стр. 080 – 085.

[362] Иностранцев, Коркуд. — К. Иностранцев, Коркуд в истории и легенде, —ЗВОРАО, т. XX, 1912, стр. 040—046.

[363] Иностранцев, О до-мусульманской культуре. — К. Иностранцев, О до-мусульманской культуре Хивинского оазиса, —

ЖМНП, н. с., ч. XXXI, 1911, февраль, отд. 2, стр. 284 – 318.

[364] Иностранцев, Погребальные обычаи. — К. Иностранцев, О древне-иранских погребальных обычаях и постройках, —ЖМНП, н. с., ч. XX, 1909, март, отд. 2, стр. 95 – 121.

[365] Иностранцев, Торжественный выезд. —К. Иностранцев, Торжественный выезд Фатымидских халифов, —ЗВОРАО, т. XVII, 1907, стр. 1 – 113.

[366] Иностранцев, Хунну, —К. Иностранцев, Хунну и Гунны (Разбор теорий о происхождении народа Хунну китайских летописей, о происхождении европейских Гуннов и о взаимных отношениях этих двух народов), 2-е доп. изд., Л., 1926 (ЛИЖВЯ. Труды Туркологического семинария. I).

[367] Искендер Мунши.

Искендер Мунши. — کتاب مستطاب تاریخ عالم‌آرای عبّاسی که بنام نامی سلطان ماضی شاه عباس صفوی... پرداخته شده است اخبارت. سلیس ودلپزیر که روزان خوانندەرا نشاط افزاید ومطالعت کنندکانرا انبساط بخشد که بی تملقات مورّخانه وتکلّفات نیشانه نوشته از تألیفات مرحوم اسکندر بیک ترکمان دبیر مخصوص سلطان مغفور مذکور است، جلد ۱—۳، طهران، ۱۳۱۳—۱۳۱٤ [=1895—1897]

[368] Истахри. —Viae regnorum. Descriptio ditionis moslemicae auctore Abu Ishak al-Farisi al-Istakhri. Ed. M. J. de Goeje, Lugduni Batavorum, 1870 (BGA, I).

[369] История Азербайджана, т. I. —История Азербайджана в трех томах, т. I, С древнейших времен до присоединения Азербайджана к России, Баку, 1958.

[370] История венценосцев. —История и восхваление венценосцев. Грузинский текст перевел, предисловием и примечаниями снабдил К. С. Кекелидзе, Тбилиси, 1954.

[371] История Казахской ССР. —История Казахской ССР, т. I – II, Алма-Ата, 1957—1959.

[372] История Киргизии. —История Киргизии, т. I – II,

Фрунзе, 1956.

[373] История МНР. —История Монгольской Народной Республики, М. ,1954.

[374] История таджикского народа, т. Ⅰ. — История таджикского народа, т. Ⅰ, С древнейших времен до Ⅴ в. н. э., М. ,1963.

[375] История Туркменской ССР. —История Туркменской ССР, т. Ⅰ, кн. 1 – 2; т. Ⅱ, Ашхабад, 1957.

[376] История Узбекской ССР. —История Узбекской ССР, т. Ⅰ, кн. 1 – 2; т. Ⅱ, Ташкент, 1955—1957.

911 [377] История Шугнана. —см. Семенов.

[378] Исфизари, рук. —Муин ад-дин Исфизари, Китаб раузат ал-джаннат фи аусаф мадинат Харат, рук. ИНА С 472 (574 agk); рук. ЛГУ № 588.

[379] Исфизари, тегеран. изд.

Исфизари, тегеран. изд. — روضات الجنات فی اوصاف مدینة هرات تألیف معین الدین محمد زمچی اسفزاری ۸۹۷—۸۹۹ ه، با تصحیح وحواشی وتعلیقات سیّد محمد کاظم امام، بخش ۱—۲، تهران، ۱۳۳۸—۱۳۳۹ [=1959–1960] (انتشارات دانشگاه تهران، ۵۳۰، ۵۷٤)

[380] Йезди, Гияс ад-дин—см. Гияс ад-дин Али.

[381] Йезди, Шереф ад-дин—см. Шереф ад-дин Йезди

[382] Кабиров, Переселение. —М. Н. Кабиров, Переселение илийских уйгур в Семиречье, Алма-Ата, 1951.

[383] Казвини, Закария—см. Закария Казвини.

[384] Казвини, Хамдаллах—см. Хамдаллах Казвини.

[385] Каллаур, Археологическая поездка. — В. Каллаур, Археологическая поездка по Аулиеатинскому уезду, —ПТКЛА, год Ⅱ, 1897 [прилож. к проток. засед. ТКЛА от 29 августа 1897 г.], стр. 1 – 7.

[386] Калмыков, Основныевопросы. —А. Калмыков, Основные вопросы среднеазиатской археологии. Мечеть, —ПТКЛА, год XIV, 1910, стр. 91 – 109.

[387] Калмыков, Хива. —А. Калмыков, Хива, —ПТКЛА, год XII, 1908, стр. 49 – 71.

[388] Караваев, Голодная степь. —В. Ф. Караваев, Голодная степь в ее прошлом и настоящем. Статистико-экономический очерк (по исследованию 1914 г.), Пг., 1914 (Материалы и исследования к проекту орошения Голодной и Дальверзинской степей, вып. I).

[389] Карамзин, История государства Российского. —Н. М. Карамзин, История государства Российского. Печатано под набл. Проф. П. Н. Полевого, изд. Е. Евдокимова, т. I – XII, СПб., 1892.

[390] Кармышева, О некоторых древних тюрских племенах. —Б. Х. Кармышева, О некоторых древних тюрских племенах в составе узбеков (по этнографическим данным), М., 1960 (XXV Международный конгресс востоковедов. Доклады делегации СССР).

[391] Каррыев, Росляков, Краткий очерк. —А. Каррыев и А. Росляков, Краткий очерк истории Туркменистана (от присоединения к России до Великой Октябрьской социалистической революции, 1868—1917 гг.), Ашхабад, 1956.

[392] Карши, см. Джемаль Карши.

[393] Кары-Ниязов, Очерки. —Т. Н. Кары-Ниязов, Очерки истории культуры Советского Узбекистана, М., 1955.

[394] Каюмов, Кокандская литературная среда. —А. Каюмов, Кокандская литературная среда (XVIII – XIX вв.). Автореф. докт. дисс., Ташкент, 1961.

[395] Каюмов, Кукон адабий мухити—А. Каюмов, Кукон адабий мухити (XVIII – XIX асрлар), Ташкент, 1961.

[396] Кезма Товфік, Оповідання —Кезма Товфік, Оповідання арабського історика XI віку Абу-Шоджі Рудраверського про те, як охрестилася Русь. З передмовою від А. Ю. Кримського, —《Украісська Академія наук. Збірник історично-філологічного відділу》, № 51. Юбілейний збірник на пошану академика Дмитра Йвановича Багалія, ч. I, Київ, 1927, стор. 383 – 395.

[397] Керенский, Медресе. —Ф. Керенский, Медресе Туркестанского края, —ЖМНП, ч. CCLXXXIV, 1892, ноябрь, отд. 4, стр. 18 – 52.

[398] Кесь, Русло Узбой. —А. С. Кесь, Русло Узбой и его генезис,
912 М. —Л., 1939 (ТИГАН, вып. XXX).

[399] Кибиров, Археологические работы. —А. К. Кибиров, Археологические работы в Центральном Тянь-Шане 1953—1955 гг., —ТКАЭЭ, т. II, 1959, стр. 63 – 138.

[400] Киселев, Древние города. —С. В. Киселев, Древние города Монголии, —СА, 1957, № 2, стр. 91 – 101.

[401] Киселев, Древняя история Южной Сибири. —С. В. Киселев, Древняя история Южной Сибири, М. —Л., 1949; изд. 2-е: М., 1951.

[402] Киселев, Общество и государство енисейских кыргызов. —С. В. Киселев, Общество и государство енисейских кыргызов в VI – X веках, —ИАН СССР, СИФ, т. III, 1946, № 1, стр. 69 – 76.

[403] Кисляков, Очерки. —Н. А. Кисляков, Очерки по истории Каратегина. К истории Таджикистана, изд. 2-е, испр. и дополн., Сталинабад, 1954.

[404] Кисляков, Патриархально-феодальные отношения. —Н. А. Кисляков, Патриархально-феодальные отношения среди оседлого сельского населения Бухарского ханства в конце XIX – начале XX в., М. —Л., 1962 (ТИЭ, н. с., т. LXXIV)

[405] Кисляков, Следы. — Н. А. Кисляков, Следы первобытного коммунизма у горных таджиков Вахио-боло, М. — Л., 1936 (ТИАЭА, т. X. Этногр. Серия, № 2).

[406] Китаб ал-агани. —

كتاب الاغانى للامام ابى الفرج الاصبهانى، الجزء ١—٢١، مصر، ١٣٢٣ [=1905-06].

[407] Китаб-и Деде Коркут, изд. Бартольда. —В. Бартольд, Китаби-Коркуд. I, —ЗВОРАО, т. VIII, 1894, стр. 203 – 218; II, —ЗВОРАО, т. XI, 1899, стр. 175 – 193; III, —ЗВОРАО, т. XII, 1900, стр. 037 – 059; IV, —ЗВОРАО, т. XV, 1904, стр. 1 – 38.

[408] Китаб-и Деде Коркут, пер. Бартольда, изд. 2-е. —Книга моего деда Коркута. Огузский героический эпос. Пер. В. В. Бартольда. Издание подготовили В. М. Жирмунский, А. Н. Кононов, М. —Л., 1962 (Литературные памятники).

[409] Клавихо, изд. Срезневского. — Рюи Гонзалес де Клавихо, Дневник путешествия ко двору Тимура в Самарканд в 1403—1406 гг. Подлинный текст с переводом и примечаниями, составленными под ред. И. И. Срезневского, СПб., 1881 (Сб. ОРЯС, т. XXVIII, № 1).

[410] Кляшторный, Из истории. —С. Г. Кляшторный, Из истории борббы народов Средней Азии против арабов (по руническим текстам), —ЭВ, IX, 1954, стр. 55 – 64.

[411] Кляшторный, Согдийцы в Семиречье. — С. Г. Кляшторный, Согдийцы в Семиречье, —СЭ, 1959, № 1, стр. 7 – 11.

[412] Кляшторный, Согдийцы в Центральной Азии. —С. Г. Кляшторный, Согдийцы в Центральной Азии (по руническим текстам), —ЭВ, XIV, 1961, стр. 29 – 31.

[413] Кляшторный, Суджинская надпись. —С. Г. Кляшторный,

Историко-культурное значение Суджинской надписи, —ПВ, 1959, № 5, стр. 162 – 169.

[414] Книзе—Юферев, Хлопководство. —А. И. Книзе и В. И. Юферев, Хлопководство, — в кн:《Азиатская Россия》, т. Ⅱ, стр. 275 – 298.

[415] Ковалев, Отчет. — [Ковалев], Афганистан. Его промышленность и торговля. Отчет управляющего Бухарскою таможнею Ковалева по командировке 1907 года. [Машинописный текст. Рукописный отдел ГПБ, шифр 1935, № 1.]

[416] Ковалевский, Вулкан Бухты. —С. Ковалевский, Вулкан Бухты и тектоника срединного Биби-Эйбата. Ⅱ. Воуру-Каша—Каспийское море, —《Азербайджанское нефтяное хозяйство》, Баку, 1924, № 2 (26), стр. 50 – 67.

[417] Кожемяко, Города Чуйской долины. —П. Н. Кожемяко, Раннесредневековые города и поселения Чуйской долины, Фрунзе, 1959.

[418] Козубский, Матералы. —Е. И. Козубский, Матералы для библиографии Дагестанской области, —《Дагестанский сборник》, вып. Ⅱ, Темир-Хан-Шура, 1904, отд. Ⅱ, стр. 249 – 257.

[419] Козубский, Опыт библиографии, Ⅰ. —Е. Козубский, Опыт библиографии Дагестанской области, — ПКДО, 1895, стр.
913 Ⅰ – Ⅴ, 1 – 268 (разд. паг.).

[420] Козубский, Опыт библиографии, Ⅱ. —Е. И. Козубский, Опыт библиографии Дагестанской области за 1895—1902 гг., —《Дагестанский сборник》, вып. Ⅰ, Темир-Хан-Шура, 1902, отд. Ⅱ, стр. 373 – 415, Ⅻ – ⅩⅦ.

[421] Козьмин, Хакасы. —Н. Н. Козьмин, Хакасы. Историко-этнографический очерк Минусинского края, Иркутск, 1925.

[422] Коковцов, Еврейско-хазарская переписка. — П. К.

Коковцов, Еврейско-хазарская переписка в X веке, Л. ,1932.

[423] Коковцов, Новый еврейский документ. —П. Коковцов, Новый еврейский документ о хазарах и хазаро-русско-византийских отношениях в X веке, —ЖМНП, н. с. , ч. XLVIII, 1913, ноябрь, отд. 2, стр. 150 – 172.

[424] Кондауров, Некоторые материалы. —А. Н. Кондауров, Некоторые материалы по этнографии ягнобцев. (Из результатов поездки в 1934 г.), —СЭ,1935, № 6, стр. 80 – 108.

[425] Кондауров, Община у ягробцев. —А. Н. Кондауров, Патриархальная домашняя община и общинные дома у ягнобцев, М. —Л. ,1940 (ТИЭ, серия этногр. , т. Ⅲ. вып. Ⅰ).

[426] Кононов, Опыт анализа термина турк. —А. Н. Кононов, Опыт анализа термина турк, —СЭ,1949, № 1, стр. 40 – 47.

[427] А. Коншин, Разъяснение. —А. М. Коншин, Разъяснение вопроса о древнем течении Аму-Дарьи по современным геологическим и физико-географическим данным, СПб, 1897 (ЗИРГО по общ. геогр. , т. XXXⅢ, № 1).

[428] Н. Коншин, Каракиргизская депутация. —Н. Коншин, Каракиргизская депутация 1824 года. (Материалы для истории степного края, Ⅱ), —ПКСПО на 1900 г. , вып. Ⅳ, 1900, стр. 69 – 76.

[429] Н. Коншин, Открытие. —Н. Коншин, Открытие Аягузского округа (Матуриалы для истории степного края, Ⅰ), —ПКСПО на 1900г. , вып. Ⅳ, 1900, стр. 4 – 68

[430] Корнилов, Кашгария. —Корнилов, ген. шт. полк. , Кашгария или Восточный Туркестан. Опыт военно-статистического описания. Под ред. начальника штаба Туркестанского военного округа ген. -лейт. Сахарова, Ташкент, 1903.

[431] Костенко , Туркестанский край . — Л . Ф . Костенко ,

Туркестанский край. Опыт военно-статистического обозрения Туркестанского военного округа, т. Ⅰ – Ⅲ, СПб., 1880 (Материалы для географии и статистики россии).

[432] Котвич, Русские архивные документы. —В. Л. Котвич, Русские архивные документы по сношениям с ойратами в XⅦ и XⅧ вв., Ⅰ – Ⅲ, —ИРАН, сер. Ⅵ, т. XⅢ, 1919, стр. 791—822, 1071—1092, 1193—1214; то же: отд. Отт., Пг., 1921.

[433] Крачковская — Крачковский, Древнейший арабский документ. —В. А. Крачковская и И. Ю. Крачковский, Древнейший арабский документ из Средней Азии, —Согд. сб., стр. 52 – 90; то же: И. Ю. Крачковский, Избр. сочинения, т. Ⅰ, М.—Л., 1955, стр. 182 – 212.

[434] Крачковский, Арабская рукопись воспоминаний о Шамиле. —И. Ю. Крачковский, Арабская рукопись воспоминаний о Шамиле, —И. Ю. Крачковский, Избр. сочинения, т. Ⅵ, М.—Л., 1960, стр. 559 – 570.

[435] Кримський, Русько-словянські слова. —А. Кримський, Декотрі русько-слов'янські слова та имення в арабських iсториків і географів Ⅸ – X в., —в кн.: Ол. Шахматов—Аг. Кримський, Нариси з історіі украінськоі мови та хрестоматія з пам'ятників письменськоі старо-украінщини Ⅺ – XⅧ вв., Київ, 1922, стор. 131 – 134.

[436] Крымский, Арабская литература. —А. Е. Крымский, Арабская литература в очерках и образцах. Ⅰ. Общий очерк истории арабской литературы; Ⅱ – Ⅲ. Доисламская поэзия и ее корифеи, М., 1911 (ТВЛИВЯ, вып. XXXV).

[437] Крымский, История арабов. —А. Крымский, История арабов и арабской литературы светской и духовной, изд. 3-е, ч. Ⅰ – Ⅲ, М., 1914 (ТВЛИВЯ, вып. XV).

[438] Крымский, История Персии. —А. Крымский, История Персии, ее литературы и дервишеской теософии, т. I – III, М., 1909 —1917 (ТВЛИВЯ, вып. XVI). 914

[439] Крымский, История Сасанидов. —А. Крымский, История Сасанидов и завоевание Ирана арабами, с указанием главных моментов литературной истории христиан сириян и политической истории вассальных Ирану арабов. С обзором источников и пособий и приложением главы об Аршакидах и Парфии, изд. 2-е, М., 1905 (ТВЛИВЯ, вып. XXI).

[440] Кудама. —Kitab al-Masalik wal-Mamalik (Liber viarum et regnorum) auctore Abu'l-Kasim Obaidallah ibn Abdallah ibn Khordadhbeh et Excerpta c Kitab al-Kharadj auctore Kodama ibn Djafar quae cum versione gallica edidit, indicibus et glossario instruxit M. J. de Goeje, Lugduni-Batavorum, 1889 (BGA, VI). [Кудама: текст-стр. 184 – 266; перевод-стр. 144 – 208]

[441] Кун, От Хивы до Кунграда. —А. Л. Кун, От Хивы до Кунграда, —МСТ, вып. IV, 1876, стр. 203 – 222.

[442] Куник, Розен, Известия ал-Бекри. —Известия ал-Бекри и других авторов о руси и славянах. ч. 1. (Статьи и разыскания А. Куника и В. Розена), СПб., 1878 (прилож. к ЗИАН, т. XXXII, № 2); ч. 2. (Разыскания А. Куника), СПб., 1903.

[443] Куропаткин, Кашгария. —А. Н. Куропаткин, Кашгария. Историко-географический очерк страны, ее военные силы, промышленность и торговля, СПб., 1879.

[444] Кутадгу билик, изд. Вамбери. —Uigurische Sprachmonumente und das Kudatku Bilik. Uigurischer Text mit Transscription und Ubersetzung nebst einem uigurisch-deut-schen Worterbuche und lithografirten Facsimile aus dem Origina. texte des Kudatku Bilik von H. Vambery, Innsbruck, 1870.

[445] Кутадгу билик, изд. Радлова. —Das Kudatku Bilik des Jusuf Chass-Hadschib aus Balasa-gun, hrsg. von W. Radloff, T. Ⅰ. Der Text in Transscription, St. -Pbg., 1891; T. Ⅱ. Text und Obersetzung nach den Handschriften von Wien und Kairo, St. -Pbg., 1900—1910.

[446] Кушкеки, Каттаган и Бадахшан. —Бурхан-уд-дин-хан-и-Кушкеки, Каттаган и Бадахшан. Данные по географии страны, естественно-историческим условиям, населению, экономике и путям сообщения, С 34 картами. Пер. с персидского П. П. Введенского, Б. И. Долгополова и Е. В. Левкиевского, под ред., с предисловием и примечаниями А. А. Семенова, Ташкент, 1926.

[447] Кызласов, Ак-Бешим. —Л. Р. Кызласов, Археологические исследования на городище Ак-Бешим в 1953—1954 гг., —ТКАЭЭ, т. Ⅱ, 1959, стр. 155 – 242.

[448] Кызласов—Мерперт, ВДИ, 1952, № 1 [стр. 101 – 109]. —Л. Р. Кызласов и Н. Я. Мерперт, [рец. на:] А. Н. Бернштам, Очерк истории гуннов, Л., 1951, —ВДИ, 1952. № 1, стр. 101 – 109.

[449] Кюнер, Китайские известия. —Н. В. Кюнер, Китайские известия о народах Южной Сибири, Центральной Азии и Дальнего Востока, М., 1961.

[450] Лаврентьевская летопись. —Летопись по Лаврентиевскому списку. Изд. Археографической комиссии, СПб. 1872.

[451] Ланглуа, Сеньобос, Введение. —Ланглуа и Сеньобос, Введение в изучение истории, пер. с франц. А. Серебряковой, СПб., 1899 [Образовательная библиотека, серия 2-я, (1898 г.), № 3 – 4].

[452] Латышев, Известия. —Известия древних писателей греческих и латинских о Скифии и Кавказе. Собрал и издал с русским переводом В. В. Латышев, т. Ⅰ, Греческие писатели, вып. 1 – 3, СПБ., 1890—1900 (ЗРАО, н. с., т. Ⅺ, Труды отделения

археологии древне-класической, византийской и западно-европейской, кн. 4); т. Ⅱ, Латинские писатели, вып. 1 – 2, СПб., 1904—1906 (ЗКОРАО, т. Ⅱ).

[453] Левиатов, Очерки. —В. Н. Левиатов, Очерки из истории Азербайджана в XVIII веке, Баку, 1948.

[454] Левшин, Описание. —А. Левшин, Описание Киргиз-Казачьих, или Киргиз-Кайсацких Орд и степей, ч. Ⅰ. Известия географические; ч. Ⅱ. Исторические известия; ч. Ⅲ. Этнографические известия, СПб., 1832. 915

[455] Лерх, Археологическая поездка. — П. Лерх, Археологическая поездка в Туркестанский край в 1867 году, СПб., 1870.

[456] Лившиц, Два согдийских документа. —В. А. Лившиц, Два согдийских документа с горы Муг, —ВДИ, 1960, № 2, стр. 76 – 86.

[457] Лившиц, Иранские языки. —[В. А. Лившиц], Иранские языки народов Средней Азии. — в кн.: Народы Средней Азии, Ⅰ, стр. 131 – 158.

[458] Лившиц, Согдийские документы. —Согдийские документы с горы Муг. Чтение. Перевод. Комментарий. Вып. Ⅱ. Юридические документы и письма. Чтение. Перевод. Комментарии В. А. Лившица, М., 1962.

[459] Лившиц, Согдийский посол. —В. А. Лившиц, Согдийский посол в Чаче (Документ А-14 с горы Муг), —СЭ, 1960, № 2, стр. 92 – 109.

[460] Литвинский, Отчет о работе Ⅴ отряда ЮТАКЭ в 1947 г. —Б. А. Литвинский, Отчет о работе археологической группы Ⅴ отряда ЮТАКЭ в 1947 г (Рекогносцировка района Безмеин—Кызыл-Арват), —《Труды ЮТАКЭ》, т. Ⅱ, Ашхабад, 1951. стр. 253 – 314.

[461] Литвинский, Мошкова, Изучение Така-Языра. —Б. А. Литвинский, В. Г. Мошкова, Изучение Така-Языра. Дуруна (Итоги работ V отряда ЮТАКЭ за 1946 г.). —《Труды ЮТАКЭ》, т. I, Ашхабад, 1949. стр. 276 – 325.

[462] Логофет, Бухарское ханство. —Д. Н. Логофет, Бухарское ханство под русским протекторатом, т. I – II, СПб., 1911.

[463] Логофет, Страна бесправия. —Д. Н. Логофет, Страна бесправия. Бухарское ханство в его современном состоянии, СПб., 1909.

[464] Лыкошин, Знание туземных языков. —Н. С. Лыкошин, Знание туземных языков, —《Сборник материалов по вопросу об изучении туземных языков служащими по военно-народному управлению Туркестанского края》, Ташкент, 1905, стр. 77 – 92.

[465] Лыкошин, Оседлые скотоводы. —Н. С. Лыкошин, Оседлые скотоводы, —газ.《Самарканд》, 1904, № 94 (26. VIII), стр. 2; № 95 (27. VIII). стр. 2.

[466] Лыкошин, Премии. —Н. С. Лыкошин, Премии за знание языков, —ТВ, 1905, № 28 (18. II); № 33 (3. III), то же, с сокращениями, — в кн.:《Сборник материалов по вопросу об изучении туземных языков служащими по военно-народному управлению Туркестанского края》, Ташкент, 1905, стр. 15 – 17.

[467] Лыкошин, Результаты сближения. —Н. С. Лыкошин, Результаты сближения русских с туземцами, —《Туркестанский календарь на 1904 г.》, стр. 1 – 9 (разд. паг.).

[468] Лыкошин, Чапкуллукская волость. —Н. С. Лыкошин, Чапкуллукская волость Ходжентского уезда Самаркандской области. Опыт исследования экономических и бытовых условий жизни ее населения. —СКСО, вып. VIII, 1906, стр. 1 – 234.

[469] Лысцов, Персидский поход. —В. П. Лысцов, Персидский

поход Петра I 1722—1723. М. ,1951.

[470] Лэн-Пуль, Мусульманские династии. —С. Лэн-Пуль, Мусульманские династии. Хронологические и генеалогические таблицы с историческими введениями. Перевел с английского с примечаниями и дополнениями В. Бартольд, СПб. , 1899.

[471] Лютш. Киргизская хрестоматия. —Киргизская хрестоматия. Сборник образцов народной литературы киргиз Туркестанского края. Составил Я. Лютш, Ташкент, 1883.

[472] Ма Чан-шоу, Бэйди юй сюнну. —马长寿,北狄与匈奴,北京,1962 [Ма Чан-шоу, Северные племена Ди и хунны. Пекин, 1962].

[473] Маджму ат-таварих—см. Ахсикенди.

[474] Макдиси. —Descriptio imperii moslemici auctore Schemso'd-din Abu Abdollah Mohammed ibn Ahmed ibn abi Bekr al-Banna al-Basschari al-Mokaddasi. Ed. M. J. de Goeje, Lugduni Batavorum, 1877; ed. 2: 1906 (BGA, III).

[475] Макдиси, Мутаххар ибн Тахир—см. Мутаххар ал-Макдиси.

[476] Макризи, Хитат, изд. Вьета. —Taqi el-Din Ahmad ibn Abd-el-Qadir ibn Muhammad el-Maqrizi, El-Mawaiz wal-l'tibar fi dhikr el-Khitat wal-Athar Edite par G. Wiet, t. I – V, Le Caire, 1911—1927 (MIFAO, XXX, XXXIII, XLVI, XLIX, LIII). 916

[477] Макшеев, Карта Рената. —А. Макшеев, Карта Джургарии, составленная шведом Ренатом, во время его плена у калмыков, с 1716 по 1733 год, —ЗИРГО по общ. геогр. , т. XI, 1888, стр. 105 – 145.

[478] Макшеев, Материалы. —А. И. Макшеев, Географические, этнографические и статистические материалы о Туркестанском крае, —ЗИРГО по отд. статист. , т. II, 1871, стр. 1 – 60.

[479] Макшеев, Описание Аральского моря. —[А. И.]

Макшеев, Описание Аральского моря, —ЗИРГО, кн. V, 1851, стр. 30 – 61.

[480] Малов, Древнетюркская письменность Моголии. —С. Е. Малов, Памятники древнетюрской письменности Могнолии и Киргизии. М. —Л., 1959.

[481] Малов, Енисейская письменность. —С. Е. Малов, Енисейская письменность тюрков. Тексты и переводы, М. —Л., 1952.

[482] Малов, Памятники. —С. Е. Малов, Памятники древнетюркской письменности. Тексты и исследования, М. —Л., 1951.

[483] дю Ман—см. Рафаэль дю Ман.

[484] Мандельштам, Материалы. —А. М. Мандельштам, Материалы к историко-географическому обзору Памира и припамирских областей. С древнейших времен до X в. н. э., Сталинабад, 1957 (ТИИАЭ АН ТаджССР, т. LIII).

[485] Мар'аши—см. Захир ад-дин Мар́аши.

[486] Марко Поло, изд. Юла. —The Book of Ser Marco Polo, the Venetian, concerning the kingdoms and marvels of the East. Newly transl. and ed., with notes, maps and other illustrations, by H. Jule, 2d ed., revised, vol. I – II, London, 1875.

[487] Марко Поло, пер. Минаева. — И. П. Минаев, Путешествие Марко Поло. Перевод старофранцузского текста. Изд. ИРГО под ред. действит. члена В. В. Бартольда. СПб., 1902 (ЗИРГО по отд. этногр., т. XXVI).

[488] Марков, Инвентарный каталог. — А. Марков, Инвентарный каталог мусульманских монет Императорского Эрмитажа, СПб., 1896.

[489] Г. Марков, Очерк. —Г. Е. Марков, Очерк истории формирования северных туркмен, [М.], 1961.

[490] Марр, Выступление от 23. X. 1918. —Н. Я. Марр,

[Выступление от 23(10) октября 1918 г.], —ИРАН. сер. VI, т. XII, 1918, стр. 2022 – 2023.

[491] Марр, Об яфетической теории. — Н. Марр, Об яфетической теории, —《Новый Восток》, № 5, 1924, стр. 303 – 339; то же: Н. Я. Марр, Избр. работы, т. III, М. —Л., 1934, стр. 1 – 34.

[492] Марр, Яфетиды. —Н. Марр, Яфетиды, —《Восток》, кн. 1, 1922, стр. 82 – 92; то же: Н. Я. Марр, Избр. работы, т. I, Л., 1933, стр. 125 – 136.

[493] Марр, Яфетический Кавказ. —Н. Марр, Яфетический Кавказ и третий этнический элемент в созидинии средиземноморской культуры, Лейпциг, 1920 (Материалы по яфетическому языкознанию, XI); то же: Н. Я. Марр, Избр. работы, т. I, Л., 1933, стр. 79 – 124.

[494] Марракоши—см. Абд ал-Вахид Марракоши.

[495] Масальский, Туркестан [Брокгауз]. —В. Масальский, Туркестан, —《Энциклопедический словарь [Брокгауза и Ефрона]》, т. XXXIV (полутом 67), СПб., 1902, стр. 174 – 203.

[496] Масальский, Туркестан [《Окраины России》]. —В. Масальский, Туркестан, — в кн.: 《Окраины России. Сибирь, Туркестан, Кавказ и полярная часть Европейской России》. Под ред. П. П. Семенова, СПб., 1900, стр. 129 – 210.

[497] Масальский, Туркестанский край. —В. И. Масальский, Туркестанский край, СПб., 1913 (Россия. Полное географическое описаниенашего отечества, под ред. В. П. Семенова-Тян-Шанского, т. XIX). 917

[498] Масальский, Хлопководство. — В. И. Масальский, Хлопководство, орошение государственных земель и частная предприимчивость, —ИИРГО, т. XLIV, вып. I – II, 1908, стр.

63 – 119.

[499] Масловский , Гальча . — С . Масловский , Гальча . (Первобытное население Туркестана), М. , 1901 (отд. отт. из РАЖ, 1901,№ 2, стр. 17 – 32).

[500] Массон, Городища Нисы. —М. Е. Массон, Городища Нисы в селении Багир и их изучение, —《Труды ЮТАКЭ》, т. Ⅰ, Ашхабад, 1949, стр. 16 – 105.

[501] Массон, Из результатов поездки в долину Таласа. —М. Е. Массон, Из результатов поездки в долину Таласа для выяснения истории горной промышленности, —《Бюлл. Средне-Азиатского районного геологоразведочного управления》, № 2, Ташкент, 1930, стр. 35 – 37.

[502] Массон , Исторический этюд . — М . Е . Массон , Исторический этюд по нумизматике джагатаидов (По поводу Таласского клада монет ⅩⅣ в.). —《Труды САГУ》, н. с. , вып. CⅪ, Исторические науки, кн. 25, Археология Средней Азии, Ⅳ, Ташкен, 1957, стр. 41 – 108.

[503] Массон, О датировке. —М. Е. Массон, О датировке так называемого мавзолея Тюрябек-ханым в Куня-Ургенче, —ИАН Туркм ССР, 1952, № 4, стр. 86 – 87.

[504] Массон, Старый Сайрам. —М. Массон, Старый Сайрам, —《Изв. Средазкомстариса》, вып. 3, Ташкент, 1928, стр. 23 – 42.

[505] Массон—Пугаченкова, Шахрисябз. —М. Е. Массон и Г. А. Пугаченкова, Шахрисябз при Тимуре и Улугбеке, —《Труды САГУ》, н. с. , вып. LⅪ, Гуманитарные науки, кн. 6, Археология Средней Азии, Ташкент, 1953, стр. 17 – 97.

[506] Масуди, Мурудж. —Macoudi, Les Prairies d' or. Texte et traduction par C. Barbier de Meynard et Pavet de Courteille, t. Ⅰ – Ⅸ, Paris, 1861—1877 (Collection d' ouvrages orientaux publiee par la Societe

asiatique).

[507] Масуди, Танбих. —Kitab at-tanbih wal-ischraf auctore al-Masudi…, [ed. M. J. de Goeje], Lugduni-Batavorum, 1894 (BGA, Ⅷ).

[508] Махди-хан, Та'рих-и Надири, тегеран. изд. 1262/1846. — تاريخ نادرى تأليف محمد مهدى خان ابن محمد نصير استرابادى، [تهران]، ١٢٦٢ [литогр.]

[509] Махмуд Кашгарский.

Махмуд Кашгарский. — كتاب ديوان لغات الترک مؤلفى: محمود بن الحسين بن محمد الكاشغرى. تاريخ تأليفى ٤٦٦ سنهٔ هجريه، [مصحح كليسلى معلم رفعت]، جلد ١—٣، استانبول، ١٣٣٣—١٣٣٥ [=1915—1917].

[510] Медников, Палестина. —Н. А. Медников, Палестина от завоевания ее арабами до крестовых походов по арабским источникам, т. Ⅰ, Исследование, СПб., 1903: т. Ⅱ, ч. 1－3, Приложения, СПб., 1897 (Православный Палестинский сборник, вып. 50, 1－2).

[511] Мелиоранский, Араб филолог. — Араб филолог о монгольском языке. Арабский текст издал и снабдил переводом, глоссариями, комментарием П. М. Мелиоранский, СПб., 1903 (отд. отт. из ЗВОРАО, т. ⅩⅤ, стр. 75－172).

[512] Мелиоранский, Краткая грамматика. — П. М. Мелиоранский, Краткая грамматика казак-киргизского языка, ч. Ⅰ, Фонетика и этимология; ч. Ⅱ, Синтаксис, СПб., 1894—1897.

[513] Мелиоранский, Памятник в честь Кюль-Тегина. —П. Мелиоранский, Памятник в честь Кюль-Тегина, —ЗВОРАО, т. Ⅻ, 1900, стр. 1－144.

[514] Мелиоранский, Сказание об Едигее—см. Сказание об Едигее.

[515] Мельгунов, Исторические извлечения. —《Исторические

извлечения》автора Хамдуллы Казвинского с предисловием об исторических источниках и прибавлением текста с переводом Г. Мельгунова, СПб., 1873.

[516] Мельгунов, О южном береге. —[Г. Мельгунов], О южном береге Каспийского моря. Замечания Г. Мельгунова, СПб., 1863 (прилож. к ЗИАН, т. Ⅲ, № 5).

[517] Менучехри. —Menoutchehri. Poete persan du 11eme siècle de notre ère (du 5eme de l' hegire). Texte, traduction, notes et Introduction
918 historique par A. de Biberstein Kazimirski. Paris, 1886.

[518] Мервези. —Sharaf al-Zaman Tahir Marvazi on china, the Turks and India. Arabic text (circa A. D. 1120) with an English translation and commentary by V. Minorsky, London, 1942 (James G. Forlong Fund, vol. XXⅡ).

[519] Миансаров, Bibliographia caucasica—см. ниже. стр. 947 (《Библиографические пособия》).

[520] Миддендорф, Очерки. — А. Миддендорф, Очерки Ферганской долины. С приложением《Химических исследований почв и вод》К. Шмидта. Пер. с нем. М. И. Ковалевского, СПб., 1882.

[521] Миллер, ОписаниеСибирскогоцарства. —[Г. Ф. Миллер], Описание Сибирского царства и всех происшедших в нем дел от начала, а особливо от покорения его Российской державе по сии времена; сочинено Г. Ф. Миллером, СПб., 1787.

[522] Мир Абд ал-Керим Бухари—см. Абд ал-Керим Бухари.

[523] Мир Иззетулла, пер. Гендерсона. —Travels in Central Asia by Meer Izzut-oollah in the years 1812—1813. Transl. by Captain Henderson, Calcutta, 1872.

[524] Мирза Хасанэфенди Дагестани—см. Дагестани, Книга Асари-Дагестан.

[525] Мирхонд, лакнауское изд. —

روضة الصفا [تصنيف محمد خاوند شاه]، جلد ١—٧ و
خاتمه، لكهنو، ١٣٠٠/١٨٨٣ هـ.

[526] Мирхонд, тегеран. литогр. —

روضة الصفائی میر خواند...، جلد ١—١٠، [تهران]،

[=1853—1857, литогр.] ١٢٧٠—١٢٧٤

[527] Моисей Каганкатваци, История Агван. —История Агван Мойсея Каганкатваци, писателя X века. Пер. с армянского [и предисл. К. Патканьяна], СПб., 1861.

[528] Мончадская, О《царском городе》. —Е. А. Мончадская, О《царском городе》или《второй столице》Согдианы, —ВДИ, 1959, № 2, стр. 116 – 121.

[529] Мосхейм. —Lavrentii Moshemii Historia Tartarorum ecclesiastica. Adjecta est Tartariae Asiaticae secundum recentiores geographos in mappa delineatio, Helmstadt, 1741.

[530] Мошкова, Общие элементы. —В. Г. Мошкова, Некоторые общие элементы в родоплеменном составе узбеков, каракалпаков и туркмен, —ТИИА АН УзССР, т. II, Материалы по археологии и этнографии Узбекистана, Ташкент, 1950, стр. 135 – 158.

[531] Муджмал ат-таварих, изд. Бехара. —

مجمل التواريخ والقصص تاليف سال ٥٢٠

هجری بتصحیح ملک الشعراء بهار، طهران، ١٣١٨ ش [=1939].

[532] Муджмал ат-таварих, рук. —Муджмал ат-таварих ва-л-кисас, рук. Нац. б-ки, Ansien fonds persan 62.

[533] Му'изз ал-ансаб. —Му'изз ал-ансаб фи шаджарат салатин мугул, рук. Нац. б-ки, Ansien fonds persan 67.

[534] Муин ад-дин Натанзи, изд. Обена.

Му'ин ад-дин Натанзи, изд. Обена. — منتخب التواريخ معينی (تأليف ٨١٦ و ٨١٧
هجری قمری) منسوب به معين الدين نطنزی ومعروف به «آنونيم اسكندر» بتصحيح
ژان اوبن، تهران، ١٣٣٦ خورشيدی [=1957].

·欧·亚·历·史·文·化·文·库·

[535] Муин ад-дин Натанзи, рук. —Муин ад-дин Натанзи, рук. ИНА С 381 (566 bc); рук. Брит. муз. Or. 1566.

[536] Мукаддама-йи Зафар-наме. —Шереф ад-дин Йезди, Мукаддама-йи Зафар-наме, рук. ИНА С 393 (с 568).

[537] Мукаддаси—см. Макдиси.

[538] Муниров, Мунис, Огахий. —К. Муниров, Мунис, Огахий ва Баенийнинг тарихий асарлари, Ташкент, 1960.

[539] Мунис. —Мунис, Фирдаус ал-икбал, рук. ИНА С 571 (590 oa); рук. ИНА Е 6 (590 ob).

[540] Муравьев, Путешествие. —[Н. Муравьев], Путешествие в Туркмению и Хиву в 1819 и 1820 годах гвардейского Генерального штаба капитана Николая Муравьева, посланного в сии страны для
919 переговоров, ч. I – II, М., 1822.

[541] Мусеви, Тарих-и хайрат. —Мусеви, Тарих-и хайрат, рук. Брит. Муз., Rieu, Suppl. Pers., № 423.

[542] Мутаххар ал-Макдиси. —Le livre de la creation et de lȟistoire de Motahhar ben Tahir el-Maqdisi, attribue a Abou-Zeid Ahmed ben Sahl el-Balkhi. Publie et traduit dapres le Manuscrit de Constantinople par Cl. Huart, t, I – VI, Paris, 1899—1919, (PELOV. IVe ser., t. XVI – XVIII, XXI – XXIII).

[543] Мухамедов, Мудофаа иншоотлари. —Х. Мухамедов, Узбекистоннинг кадимий мудофаа иншоотлари тарихидан (Эрамиздан олдинги III асрдан бошлаб эрамизнинг X асригача), Ташкент, 1961.

[544] Мухаммед-Амин-и Бухари. —Мир Мухаммед-Амин-и Бухари, Убайдулла-наме. Пер. с таджикского с примечаниями А. А. Семенова, Ташкент, 1957.

[545] Мухаммед-Казим, факс. —Мухаммед-Казим, Наме-йи аламара-йи Надири (Мироукрашающая Надирова книга). Т. I.

Издание текста и предисловие Н. Д. Миклухо-Маклая. Указатели Г. В. Шитова, М., 1960 (ПЛНВ, Тексты, Большая серия, XIII).

[546] Мухаммед-Махди-хан—см. Махди-хан.

[547] Мухаммед-СадикКашгари, извлеч. впер. Салахетдиновой. —М. А. Салахетдинова, Сочинение Мухаммед-Садыка Кашгари《Тазкира-и-ходжаган》как источник по истории киргизов, —ИАН КиргССР, СОН, т. I, вып. 1 (История), 1959, стр. 93 – 125.

[548] Мухаммед-Хайдер. —The Tarikh-i-Rashidi of Mirza Muhammad Haidar, Dughlat. A History of the Moghuls of Central Asia. An Englishi version ed., with commentary notes, and map by N. Elias. The translation by E. Denison Ross, London, 1895.

[549] Мухаммед-Хаким-хан. —Хаджи Мухаммед-Хаким-хан-торе, Мунтахаб ат-таварих, рук. ИНА С 470 (574 aggc).

[550] Мухаммед-Хаят-хан, пер. Пристли—Afghanistan and its inhabitants. Transl. from the Hayat-i-Afghan [sic! верно: Afghani] of Muhammad Hayat Khan by H. Priestly, Lahore, 1874.

[551] Мухаммед Хусейни. —Das Geschenk aus der Saldschukengeschichte von dem Wesir Muhammad b. Muhammad b. Muhammad b. Abdallah b. al-Nit, am al-Husaini al-Yazdi. Zum ersten Male hrsg. und mit Anmerkungen, zwei Einlehungen und einem Anhang versehen von K. Sussheim, Leiden, 1909.

[552] Мухаммед-Юсуф Мунши. —Мухаммед Юсуф Мунши, Муким-ханская история. Пер. с таджикского, предисловие, примечания и указатели А. А. Семенова, Ташкент, 1956.

[553] Мушкетов, Туркестан. —И. В. Мушкетов, Туркестан. Геологическое и орографическое описание по данным, собранным во время путешествия с 1874 по 1880 г., т. I – II, СПб., 1886—1906; изд. 2-е; Пг., 1915.

[554] Мушриф. —Мирза Каландар Мушриф Исфараги, Шах-

наме [= Тарих-и Омархани], рук. ИНА С 471 (574 a^{bis} ggc).

[555] Мэн-да бэй-лу. —см. В. Васильев, История и древности.

[556] Мюллер. История ислама. —А. Мюллер, История ислама с основания до новейших времен, пер. с нем. под ред. Н. А. Медникова, т. Ⅰ - Ⅳ, СПб., 1895—1896.

[557] Назаров, Записки. —[Ф. Назаров], Записки о некоторых народах и землях средней части Азии Филиппа Назарова, Отдельного Сибирского корпуса переводчика, посыланного в Кокант в 1813 и 1814 годах, СПб., 1821.

[558] Наливкин, История Кокандского ханства. —В. Наливкин, Краткая история Кокандского ханства, Казань, 1886.

[559] Наливкин, Положение вакуфного дела. —В. П. Наливкин, Положение вакуфного дела в Туркестанском крае до и после его завоевания, —ЕФО, т. Ⅲ, 1904, стр. 1 - 56.

[560] Наливкин, Туземцы. — В. П. Наливкин, Туземцы
920 раньше и теперь, Ташкент, 1913.

[561] Наливкин и др., Краткий обзор. —[Наливкин, Усов, Вирский, Лапин, Вяткин], Краткий обзор современного состояния и деятельности мусульманского духовенства, разного рода духовных учреждений и учебных заведений туземного населения Самаркандской области, с некоторыми указаниями на историческое прошлое, —《Сборник материалов по мусульманству》, т. Ⅰ, СПб., 1899, стр. 3 - 47.

[562] Наливкин—Наливкина, Очерк быта женщины. —В. Наливкин и М. Наливкина, Очерк быта женщины оседлого туземного населения Ферганы, Казань, 1886.

[563] Народы Сибири. —Народы Сибири, М., 1960 (Народы мира. Этнографические очерки).

[564] Народы Средней Азии. Ⅰ - Ⅱ. — Народы Средней Азии

и Казахстана, Ⅰ - Ⅱ, М., 1962—1963 (Народы мира. Этнографические очерки).

[565] Насир ад-дин-шах Каджар. —

اصر الدين شاه، سفر نامه شاهنشاه شهيد ايران ناصر

[6. г.] لدين شاه، سفر سوم، بمبئی

[566] Негматов, Усрушана. —Н. Негматов, Усрушана в древности и раннем средневековье, Сталинабад, 1957 (ТИИАЭ АН ТаджССР, т. LⅤ).

[567] Нершахи, изд. Шефера. —Description topographique et historique de Boukhara par Mohammed Nerchakhy, suivie de textes relatifs a la Transoxiane. Texte persan publie par Ch. Schefer, Paris, 1892 (PELOV, Ⅲ^e ser., vol. ⅩⅢ).

[568] Нершахи, пер. Лыкошина. —Мухаммед Нершахи, История Бухары. Перевел с персидского Н. Лыкошин под ред. В. В. Бартольда, Ташкент, 1897.

[569] Нершахи, пер. Фрая. —The History of Bukhara. Transl. from a Persian abridgement of the Arabic original by Narshakhi R. N. Frye, Cambridge, Mass., 1954.

[570] Несеви, Сират Джелаль ад-дин. —Mohammed en-Nesawi. Histoire du sultan Djelal ed-Din Mankobirti prince du Kharezm. [Ⅰ], Texte arabe publie d'apres le manuscrit de la Bibliotheque Nationale par O. Houdas, Paris, 1891; [Ⅱ], Traduit de L'arabe par O. Houdas, Paris, 1895 (PELOV, Ⅲ^e ser., vol. Ⅸ - Ⅹ).

[571] Низам ад-дин, Шами, изд. Тауэра. —Histoire des conquetes de Tamerlan intitulee Zafar-nama par Nizamuddin Sami avec des additions empruntees au Zubdatu-t-tavarih-i Baysunguri de Hafiz-i Abru. Edition critique par F. Tauer, t. Ⅰ: Texte persan du Zafarnama, Praha, 1937; t. Ⅱ: Introduction, commentaire, index Praha, 1956 (MAOr. vol. Ⅴ).

［572］Низам ал-мульк, изд. Шефера, —Siasset Nameh. Traite de Gouvernement. Compose pour le sultan Melik-Chah par le vizir Nizam oul-Moulk. Texte persan edite par Ch. Schefer, Paris, 1891 (PELOV, Ⅲ^{e} ser., vol. Ⅶ, I^{e} partie); Supplement, Paris, 1897 (PELOV, Ⅲ^{e} ser., vol. Ⅶ, 2^{e} partie); Traduit par Ch. Schefer, Paris, 1893 (PELOV, Ⅲ^{e} ser., vol. Ⅷ).

［573］Низовья Аму-Дарьи. —Низовья Аму-Дарьи, Сарыкамыш, Узбой. История формирования и заселения, М., 1960 (Материалы Хорезмской экспедиции, вып. 3).

［574］Никитин, Хожение за три моря. —Хожение за три моря Афанасия Никитина. 1466—1472 гг. Под ред. Б. Д. Грекова и В. П. Адриановой-Перетц, М. —Л., 1948 (Литературные памятники).

［575］Никольский, Клинообразные надписи. —М. В. Никольский, Клинообразные надписи Закавказья, М., 1896 (МАК, Ⅴ).

［576］Нияз-Мухаммед, Тарих-и Шахрухи—Таарих Шахрохи. История владетелей Ферганы. Сочинение Моллы Ниязи Мухаммед бен Ашур Мухаммед, хокандца, изданная Н. Н. Пантусовым, Казань, 1885.

［577］《Новые эпиграфические находки в Киргизии》. —《Новые эпиграфические находки в Киргизии (1961 г.). Сб. статей》, Фрунзе, 1962.

［578］Нурджанов, Таджикскийнародныйтеатр. —Н. Нурджанов, Таджикский народный театр. По материалам Кулябской области, М., 1956.

［579］Нуров, Краткий обзор. — Г. Нуров, Краткий обзор основных исторических сведений о енисейских киргизах, —ТИИ АН КиргССР, вып. Ⅰ, Фрунзе, 1955, стр. 65 – 94.

921 ［580］Нусрат-наме—см. Таварих-и гузиде-йи нусрат-наме.

［581］Обзор источников по истории АзССР. —Обзор источников

по истории АзССР, вып. I. Е. А. Пахомов, Источники клинописные, греческие, римские (латино-язычные), византийские, Баку, 1940; вып. II. Л. М. Меликсет-Беков, Источники грузинские, Баку, 1939.

[582] Омари, извлеч. в пер. Катртема. —Quatremere, Notice de l'ouvrage qui a pour titre: Mesalek alabsar fi memalek alamsar مسالک الابصار فی ممالک الامصار Voyages des yeux dans les royaumes des differentes contrees. (Manuscrit arabe de la Bibliotheque du Roi, n° 583), —Notices et extraits, t. XIII, pt I, 1838, pp. 151 – 384.

[583] Оранский, Введение. —И. М. Оранский, Введение в иранскую филологию, М., 1960.

[584] Осипов и др., Афанасий Никитин. —А. М. Осипов, В. А. Александров, Н. М. Гольдберг, Афанасий Никитин и его время, М., 1951.

[585] Остроумов, Воспоминания. —[Н. Остроумов], Константин Петрович фон-Кауфман, устроитель Туркестанского края. Личные воспоминания Н. Остроумов (1877—1811 гг.), Ташкент, 1899 (К истории народного образования в Туркестанском крае).

[586] Остроумов, Исламоведение. — Н. П. Остроумов, Исламоведение. Введение в курс исламоведения, Ташкент, 1914.

[587] Остроумов, Колебания. —Н. Остроумов, Колебания во взглядах на образование туземцев в Туркестанском крае. (Хронологическая справка), —《Кауфманский сборник》, стр. 139 – 160.

[588] Остроумов, Коран и прогресс. —Н. П. Остроумов, Коран и прогресс. По поводу умственного пробуждения современных российских мусульман, Ташкент, 1901.

[589] Остроумов, Мадрасы. —Н. Остроумов, Мадрасы в Туркестанском крае. —ЖМНП, н. с., ч. VII, 1907, № 1, отд. 3, стр. 1 – 58.

[590] Остроумов, Мусульманские мактабы. —Н. Остроумов, Мусульманские мактабы и русско-туземные школы в Туркестанском крае, —ЖМНП, н. с., ч. Ⅰ, 1906, № 2, отд. 3, стр. 113 – 166.

[591] Остроумов, Песня. —Н. Остроумов, Песня о Худояр Хане, [текст и перевод (при участии Сатар-Хана)], —ЗВОРАО, т. Ⅱ, 1888, стр. 189 – 194.

[592] Остроумов, Последние Шейхуль-Ислам и Казы-Калян. — [Н. П. Остроумов], Последние по времени Шейхуль-Ислам и Казы-Калян города Ташкента, братья Ай-Ходжа и Хаким-Ходжа (сообщение Н. П. Остроумова), —ПТКЛА, год ⅩⅩ, [вып. Ⅰ], 1915, стр. 11 – 14.

[593] Остроумов, Сарты. —Н. П. Остроумов, Сарты. Этнографические материалы, Ташкент, вып. 1, 1890; вып. 2, Народные сказки сатртов, 1892; вып. 3., Пословицы и загадки сартов, 1895; изд. 3-е, дополн. [= вып. 1.], Ташкент, 1908.

[594] Остроумов, Sine ira et studio. —Н. П. Остроумов, Sine ira et studio, —ТВ, 1909, № 15 (20. Ⅰ/2. Ⅱ).

[595] Отчет Семиреченского комитета. —Отчет о деятельности Семиреченского областного камитета по оказанию помощи пострадавшему от землетрясения 22-го декабря 1910 года населению Семиреченской области, Верный, 1912.

[596] Очерки истории Дагестана. —Очерки истории Дагестана, т. Ⅰ – Ⅱ, Махачкала, 1957.

[597] Очерки истории СССР. Ⅲ – Ⅸ вв. —Очерки истории СССР. Кризис рабовладельческой системы и зарождение феодализма на территории СССР. Ⅲ – Ⅸ вв. М., 1958.

[598] Ошанин, Антропологический состав. —Л. В. Ошанин, Антропологический состав туркменских племн и этногенез туркменского народа, —《Труды ЮТАКЭ》, т. Ⅸ, Ашхабад, 1959,

стр. 11 – 101.

[599] Ошанин, Долихоцефалия у туркмен. —Л. В. Ошанин, Тысячелетняя давность Долихоцефалии у туркмен и возможные пути ее происхождения. Опыт обоснования теории скифско-сарматского происхождения туркменского народа на краниологических и этнологических данных, —《Изв. Средазкомстариса》, вып. 1, Ташкент. 1926, стр. 131 – 182.

[600] Ошанин, К гипотезе. — Л. Ошанин, Некоторые дополнительные данные к гипотезе скифо-сарматского происхождения туркмен, —《Изв. Средазкомстариса》, вып. 3, Ташкент. 1928, стр. 85 – 97. 922

[601] Ошанин, К проблеме. —Л. В. Ошанин, Антропологические материалы к проблеме этногенеза туркмен, —ИАН ТуркмССР, 1952, № 4, стр. 27 – 34.

[602] Пальмов, Этюды. —Н. Н. Пальмов, Этюды по истории приволжских калмыков, Астрахань, ч. I, XVII и XVIII века, 1926; ч. II, XVIII век, 1927; ч. III – IV, Ограничительные мероприятия правительства в отношении к калмыкам, 1929; ч. V, Дела земельные, 1932.

[603] Пантусов, Город Алмалык. —Н. Пантусов, Город Алмалык и Мазар Туглук-Тимур-хана, —《Кауфманский сборник》, стр. 161 – 188.

[604] Пахомов, Краткий курс истории Азербайджана. —Е. А. Пахомов, Краткий курс истории Азербайджана с прилож. экскурса по истории ширваншахов XI – XIV вв. (Сокр. Излож. лекций, чит. в Бак. Ин. Нар. Образования в 1922/3 уч. Году), Баку, 1923.

[605] Пахомов, Пайтакаран — Байлакан. — Е. А. Пахомов, Пайтакаран—Байлакан—Орен-Кала, —《Труды Азербайджанской (Орен-калинской) археологической экспедиции》, т. I. 1953—1955

(МИА, № 67). М.—Л., 1959, стр. 15 – 32.

[606] Пахомов, Римская надпись. —Е. А. Пахомов, Римская надпись I в. н. э. и легион XII Фульмината, —ИАН АзССР, 1949, № 1, стр. 79 – 88.

[607] Пашино, Туркестанский край. — П. И. Пашино, Туркестанский край в 1866 году. Путевые заметки. СПб., 1868.

[608] Пекарский, Жизнь Рычкова. —П. Пекарский, Жизнь и литературная переписка Петра Ивановича Рычкова, СПб, 1867 (Сб. Статей, читанных в ОРЯС, т. II, № 1).

[609] Петров, К истории движения киргизов на Тянь-Шань—К. И. Петров, К истории движения киргизов на Тянь-Шань и их взаимоотношений с ойратами в XIII – XV вв. Фрунзе, 1961.

[610] Петров, Очерки. —К. И. Петров, Очерки феодальных отношений у киргизов в XV – XVIII веках, Фрунзе, 1961.

[611] Петровский, Поездка. —Н. Петровский, Моя поездка в Бухару. Путевые наблюдения и заметки, —《Вестник Европы》, 1873, т. II. стр. 209 – 248.

[612] Петрушевский, Азербайджан в XVI – XVII веках. —И. П. Петрушевский, Азербайджан в XVI – XVII веках, —ССИА, стр. 225 – 298.

[613] Петрушевский, Государства Азербайджана. — И. П. Петрушевский, Государства Азербайджанав в XV веке, —ССИА, стр. 153 – 213.

[614] Петрушевский, Земледелие. — И. П. Петрушевский, Земледелие и аграные отношения в Иране XIII – XIV веков, М.—Л., 1960.

[615] Петрушевский, Очерки. —И. П. Петрушевский, Очерки по истории феодальных отношений в Азербайджане и Армении в XVI – начале XIX вв., Л., 1949.

[616] Петрушевский, Хамдаллах Казвини. —И. П. Петрушевский, Хамдаллах Казвини как источник по социально-экономической истории Восточного Закавзазья, —ИАН СССР, ООН, 1937, № 4, стр. 873 – 920.

[617] Пигулевская, Византийская дипломатия. — Н. В. Пигулевская, Византийская дипломатия и торговля шелком в V – VII вв., —ВВ, т. I (XXVI), 1947, стр. 184 – 214.

[618] Пигулевская, Византия на путях в Индию. —Н. Пигулевская, Византия на путях в Индию. Из истории торговли Византии с Востоком в IV – VI вв., М. —Л., 1951.

[619] Пигулевская и др., История Ирана. —Н. В. Пигулевская, А. Ю. Якубовский, И. П. Петрушевский, Л. В. Строева, А. М. Беленицкий, История Ирана с древнейших времен до конца XVIII века, Л., 1958.

[620] Пилявский, Ургенч и Миздахкан. —В. Пилявский, Ургенч и Миздахкан, М., 1948 (Сокравища зодчества народов СССР. Под общ. ред. В. Веснина и Д. Аркина). 923

[621] Пишель, Будда. —Р. Пишель, Будда, его жизнь и учение. Пер. с нем. под ред. Д. Н. Анучина, М., 1911.

[622] Плано Карпини, изд. Языкова. —Собрание путешествий к татарам и другим восточным [sici] народам, в XIII, XIV и XV столетиях. I. Плано Карпини. II. Асцелин, [изд. текста и пер. Д. Языкова], СПб., 1825.

[623] Платонов—Чечулин, С. М. Середонин—С. Платонов, Н. Чечулин, С. М. Середонин (Некролог), —ЖМНП, н. с., ч. LIV, 1914, ноябрь, отд. 4, стр. 42 – 46.

[624] Позднеев, К истории Зюнгарских Калмыков. —А. Позднеев, К истории Зюнгарских Калмыков. Письмо к Н. И. Веселовскому по поводу издания 《Посольства Унковского к

Контайше 1722—1724 гг.》, —в кн. : Унковский, Посольство (см.), стр. 239 – 264.

[625] Позднеев, Очерки быта. —А. Позднеев, Очерки быта буддийских монастырей и буддийского духовенства в Монголии в связи с отношениями сего последнего к народу. СПб., 1887 (ЗИРГО по отд. Этногр., т. XVI).

[626] Покотилов, История восточных монголов. —Д. Покотилов, История восточных монголов в период династии Мин. 1368—1634 (по китайским источникам), СПб., 1893.

[627] Г. Покровский, Преступность. —Г. В. Покровский, Преступность населения Ферганской области, —СОФО, 1910 г., стр. 148 – 165.

[628] Покровский—Стогов, Алайские аульные общества. —Г. В. Покровский и Н. И. Стогов, Алайские аульные общества Маргеланского уезда в 1909 году. Статистико-экономическое исследование, Ташкент, 1913 (прилож. к СОФО за 1911 г.).

[629] М. Покровский, Русская история. —М. Н. Покровский, Русская история с древнейших времен, изд. 3-е, т. I – IV, М., 1920.

[630] Полиевктов, Европейские путешественники. —М. А. Полиевктов, Европейские путешественники XIII – XVIII вв по Кавказу, Тифлис, 1935.

[631] Полиевктов, Проект. — М. А. Полиевктов, Проект хозяйственной эксплоатации оккупированных в XVIII в. Россией прикаспийских областей Кавказа, Тбилиси, 1937 (Материалы по истории Грузии и Кавказа, вып. IV).

[632] Поло, Марко—см. Марко Поло.

[633] А. И. Попов, Буртасы. —А. И. Попов, Буртасы и мордва, —《Уч. Зап. ЛГУ》, № 105, серия востоковедческих наук, вып. 2,

1948, стр. 199 – 210.

[634] А. Н. Попов, Сношения России с Хивою. —А. Н. Попов, Сношения России с Хивою и Бухарою при Петре Великом, —ЗИРГО, кн. IX, 1853, стр. 237 – 424 [319 – 424—приложения].

[635] Пославский, О развалинах Термеза. —И. Пославский, О развалинах Термеза. (Путевой очерк), —《Средне-Азиатский вестник》, 1896, декабрь, стр. 84 – 100.

[636] Поспелов, Письма о пчеловодстве. —Ф. Ф. Поспелов, Письма о пчеловодстве в Катта-курганском уезде, —СКСО, вып. IX, 1907, стр. 65 – 148.

[637] Потанин, О караванной торговле. —Г. Н. Потанин, О караванной торговле с Джунгарской Бухарией в XVIII столетии, —ЧОИДР, 1868, кн. 2 (апрель—июнь), отд. Смесь, стр. 21 – 113.

[638] Потанин, Очерки. —Г. Н. Потанин, Очерки северо-западной Монголии. Результаты путешествия, исполненного в 1876—1877 годах по поручению ИРГО, вып. I – IV, СПб., 1881—1883.

[639] Потанин, Сага. —Г. Н. Потанин, Сага о Соломоне. Восточные материалы к вопросу о происхождении саги, Томск, 1912.

[640] Потапов, Новые данные. —Л. П. Потапов, Новые данные о древнетюрском Otukan, —СВ, 1957, № 1, стр. 106 – 117.

[641] Потапов, Очерки. —Л. П. Потапов, Краткие очерки истории и этнографии хакасов (XVIII – XIX вв.), Абакан, 1952.

[642] Потапов, Происхождение. —Л. П. Потапов, Происхождение и формирование хакасской народности, Абакан, 1957. 924

[643] Поярков, Последний эпизод. —Ф. Поярков, Последний эпизод дунганского восстания. (Маленькая страница из прошлой жизни Семиречья), —ПКСО, 1901, стр. 1 – 76 (разд. паг.).

[644]《ПрисоединениеАзербайджанакРоссии》.—《Присоединение Азербайджана к России и его прогрессивные последствия в области экономики и культуры》, сб. статей, Баку, 1955.

[645] Пугаченкова, Мавзолей Араб-ата. —Г. А. Пугаченкова, Мавзолей Араб-ата (из истории архитектуры Мавераннахра Ⅸ - Ⅹ вв.), Ташкент, 1963 (Искусство зодчих Узбекистана, Ⅱ).

[646] Равенди, извлеч. в изд. Шефера. —Tableau de regne de Moizz eddin Aboul Harith, Sultan Sindjar, par Mohammed ibn Aly Ravendy. Texte persan publie pour la premiere fois avec la traduction francaise, par. Ch. Schefer, —《Nouveaux mélanges orientaux》, pp. 1 – 47.

[647] Равенди, изд. Икбаля. —The Rahat-us-Sudur wa Ayat-us-Surur, being a history of the Saljuqs by Muhammad Ibn Ali ibn Sulayman ar-Rawandi. Ed. With notes, glossary and indices by Muhammad Iqbal, Leyden-London, 1921 (GMS NS, II).

[648] Равенди, турец. пер. —Таварих-и Ал-и Сельджук, рук. ИНА D. 166 (590 ba).

[649] Радлов, К вопросу об уйгурах. — В. В. Радлов, К вопросу об уйгурах. (Из предисловия к изданию Кудатку-Билика), СПб., 1893 (прилож. к. ЗИАН, т. LⅩⅫ).

[650] Радлов, Словарь. — В. В. Радлов, Опыт словаря тюрских наречий, т. Ⅰ - Ⅳ, СПб., 1893 —1911.

[651] Радлов, Ярлыки Токтамыша. — В. Радлов, Ярлыки Токтамыша в Темир-Кутлуга, —ЗВОРАО, т. Ⅲ, 1889, стр. 1 – 40.

[652] Радлов—Мелиоранский, Древне-тюрские памятники. — В. В. Радлов и П. М. Мелиоранский, Древне-тюрские памятники в Кошо-Цайдаме, СПб., 1897 (Сб. трудов Орхонской экспедиции. Ⅳ).

[653] Рапопорт, Об изображении. —Ю. А. Рапопорт, Об изображении на Бартымском блюде, найденнном в 1951 г., —СА,

1962, № 2, стр. 50 – 60.

[654] Рафаэль дю Ман, изд. Шефера. —Raphael du Mans, Estat de la Perse en 1660, publie avec notes et appendice par Ch. Schefer, Paris, 1890 (PELOV, IIe ser., vol. XX).

[655] Рашид ад-дин, изд. Али-заде—Фазлуллах Рашид-ад-дин, Джами-ат-таварих (Сборник летописей), т. Ⅲ. Составитель научно-критического текста на персидском языке А. А. Али-заде. Перевод с персидского языка А. К. Арендса, Баку, 1957.

[656] Рашид ад-дин, изд. Березина. —Сборник летописей. История монголов, сочинение Рашид-эддина. [Ⅰ]. Введение: о турецких и монгольских племенах. Перевод с персидского, с введением и примечаниями, И. Н. Березина, СПб., 1858 (ТВОРАО, т. Ⅴ; [то же] персидский текст, с предисловием и примечаниями И. Н. Березина, СПб., 1861 (ТВОРАО, ч. Ⅶ); [Ⅱ]. История Чингиз-хана до восшествия его на престол. Персидский текст, с предисловием и примечаниями И. Н. Березина; русский перевод с предисловием и примечаниями И. Н. Березина. СПб., 1868 (ТВОРАО, ч. XⅢ); [Ⅲ]. История Чингиз-хана от восшествия его на престол до кончины. Персидский текст в издании И. Н. Березина; русский перевод с примечаниями И. Н. Березина, СПб., 1888 (ТВОРАО, ч. XⅤ).

[657] Рашид ад-дин, изд. Блоше. —Djami el-tevarikh. Histoire generale du monde par Fadl Allah Rashid ed-Din. Tarikh-i moubarek-i Ghazani. Histoire des Mongols editee par F. Blochet, i. II. Contenant l'histoire des empereurs mongols successeurs de Tehinkkiz Khaghan, Leyden—London, 1911 (GMS, XⅧ, 2).

[658] Рашид ад-дин, пер. в изд. ИВАН. —Рашид ад-дин, Сборник летописей, т. Ⅰ, кн. 1, пер с пересидского Л. А. Хетагурова, редакция и примечания А. А. Семенова, М.—Л., 1952;

т. I, кн. 2, пер с персидского О. И. Смирновой, примечания Б. И. Панкратова и О. И. Смирновой, редакция А. А. Семенова, М.—Л., 1952; т. II, пер. с персидского Ю. П. Верховского, примечания Ю. П. Верховского и Б. И. Панкратова, редакция И. П. Петрушевского, М.—Л., 1960; т. III, пер. с персидского А. К. Арендса, под ред. А. А. Ромаскевича, Е. Э. Бертельса и А. Ю.
925 Якубовского, М.—Л., 1946.

[659] Рашид ад-дин, рук.—Фазлаллах Рашид-ад-дин, Джами ат-таварих, рук. ИНА D 66 (а 566).

[660] Рейснер, К вопросу об отставании.—И. Рейснер, К вопросу об отставании стран зарубежного Востока к началу нового времени,—ВИ, 1951, № 6, стр. 75–89.

[661] Ремпель, Архитектурный орнамент.—Л. И. Ремпель, Архитектурный орнамент Узбекистана, Ташкент, 1961.

[662] Ремпель, Некрополь.—Л. И. Ремпель, Некрополь древнего Тараза,—КСИИМК, вып. 69, 1957, стр. 102–110.

[663] Ренат, Карта.—Carte de la Dzoungarie dressee par le Suedois Renat pendant sa captivite chez les Kalmouks de 1716—1733. Edition de la Societe Imperiale Russe de Geographie, St.-Pbg., 1881.

[664] Риза-Кули-хан, Раузат ас-сафа—см. Мирхонд.

[665] Риттер—Григорьев, Восточный Туркестан.—К. Риттер, Землеведение. География стран Азии, находящихся в непосредственных сношениях с Россиею. Восточный или Китайский Туркестан. Перевел, с присовокуплением критических примечаний, и дополнил по источникам, изданным в течение последних тридцати лет, В. В. Григорьев, вып. I, Перевод и примечания; вып. II, Дополнения. Отдел I—Историко-географический, СПб., 1869—1873.

[666] Рожановский, Природа растительных остатков.—С. Ю.

Рожановский, Природа растительных остатков из погребальных сооружений Ферганы первых веков нашей эры. —《Труды Музея истории УзССР》, вып. Ⅲ, Ташкент, 1956, стр. 75 – 80.

[667] Рожевиц, Поездка. —Р. Ю. Рожевиц, Поездка в Южную и Среднюю Бухару в 1906 г., —ИИРГО, т. XLⅣ, 1909, стр. 593 – 652.

[668] Розен, Василий Болгаробойца. —Император Висилий Болгаробойца. Извлечения из летописи Яхьи Антиохийского. Издал, перевел и объяснил В. В. Розен, СПб., 1883 (прилож. к ЗИАН, т. XLⅣ, № 1).

[669] Розен, ЗВОРАО, т. Ⅲ [стр. 146—162]. —В. Р[озен], [рец. на:], Alberuni's India... Edited in the Arabic original by Dr. E. Sachau. London 1887, —ЗВОРАО, т. Ⅲ, 1889, стр. 146 – 162.

[670] Розен, Образчик. —В. Р[озен], Образчик персидского канцелярского слога 6-го века гиджры—ЗВОРАО, т. Ⅷ, 1894, стр. 153 – 194.

[671] Розен, Пролегомена. —В. Розен, Пролегомена к новому изданию Ибн-Фадлана, —ЗВОРАО, т. XV, 1904, стр. 39 – 73.

[672] Розен, Куник—см. Куник—Розен.

[673] Романовский, Заметки. —Д. И. Романовский, Заметки по средне-азиатскому вопросу. С приложениями и картою Туркестанского генерал-губернаторства, СПб., 1868.

[674] Ромодин, Некоторые источники. —В. А. Ромодин, Некоторые источники по истории Ферганы и Кокандского ханства (XⅥ – XⅨ вв.) в рукописных собранниях Ленинграда, М., 1960 (XXV Международный конгресс востоковедов. Доклады делегации СССР).

[675] Ромодин—Кондратьев, Опыт сопоставления сведений—В. А. Ромодин и А. А. Кондратьев, Опыт сопоставления сведений из

китайских, кокандских и русских источников по истории киргизов, —СВ, 1958, № 4, стр. 125 – 136.

[676] Росляков, Краткий очерк. —А. А. Росляков, Краткий очерк истории Туркменистана (до присоединения к России), Ашхабад, 1956.

[677] Росляков, Туркменыиогузы. —А. А. Росляков, Туркмены и огузы, —《Уч. Зап. Туркменского гос. Ун-та》, вып. 3, Баку, 1956, стр. 73 – 105.

[678] Ростиславов, Очерк. —М. Н. Ростивлавов, Очерк видов земельной собственности и поземельный вопрос в Туркестанском крае, —《Труды третьего международного съезда орьенталистов в

С.-Петербурге. 1876》, т. Ⅰ, СПб., 1879—1880, стр. 327 – 359.

[679] Рубрук, изд. Мишеля—Райта. —Itinerarium Willelmi de Rubruk, —《Recueil de voyages et de memoires, publie par la Societe de geographie》, t. Ⅳ, Paris, 1839, pp. 213 – 396.

[680] Рудановский, Сообщение в заседании ТКЛА. —К. А. Рудановский, [Сообщение о циклопических постройках в Фергане], —ПТКЛА, год Ⅲ, 1897—1898, стр. 233 – 235.

[681] Рудов, Кидани. —Л. Н. Рудов, Кидани, —《Дальний Восток. Сб. статей по филологии, истории, философии》, М., 1961, стр. 158 – 172.

[682] Русско-киргизскийсловарь. —Русско-киргизскийсловарь, изд. 2-е, Оренбург, 1899.

[683] Рыбаков, Древние русы. —Б. А. Рыбаков, Древние русы, —СА, т. ⅩⅦ, 1953, стр. 23 – 104.

[684] Рыбаков, Ремесло. —Б. А. Рыбаков, Ремесло древней Руси, М., 1948.

[685] Рыбаков, Русские земли. —Б. А. Рыбаков, Русские земли по карте Идриси 1154 года, —КСИИМК, вып. ХLⅢ, 1952, стр. 3 –

44.

[686] Са'алиби, Йатима, извлеч. в пер. Барбье де Менара. —C Barbier de Meynard, Tableau litteraire du Khorassan et de la Transoxiane au IVe siècle de l'hegire, —JA. ser. 5. t. Ⅰ, pp. 169 - 239; t. Ⅲ, pp. 291 - 361.

[687] Савваитов, Описание. —П. Савваитов, Описание старинных царских утварей, одежд, оружия, ратных доспехов и конского прибора, извлеченное из рукописей архива Московской оружейной палаты, СПб., 1865.

[688] Сам'ани, изд. Марголиуса. —The Kitab al-Ansab of Abd al-Karim ibn Muhammad al-Sam'ani reproduced in facsimile from the manuscript in the British Museum Add. 23,355 with an introduction by D. S. Margoliouth, Leyden-London, 1912 (GMS, XX).

[689] Сами—см. Абд-ал-Азим Сами.

[690] Самойлович, Дваотрывка. —А. Самойлович, Дваотрывка из《Хорезм-намэ》, —ЗВОРАО, т. XIX, 1910, стр. 078 - 083.

[691] Самойлович, Драматическаялитература. —А. Самойлович, Драматическая литература сартов, —《Вестн. Имп. Об-ва востоковедения》, № 5, 1916, стр. 72 - 84.

[692] Самойлович, Из туркменской старины. —А. Н. Самойлович, Из туркменской старины, —《Сборник в честь семидесятилетия Григория Николаевича Потанина》, СПб., 1909 (ЗИРГО по отд. этногр., т. XXXIV), стр. 559 - 564.

[693] Самойлович, К вопросу о сартах. —А. Самойлович, К вопросу о сартах [по поводу кн.: Н. П. Остроумов, Сарты. Этнографические материалы. Общий очерк, изд. 3, Ташкент, 1908]. —《Живая старина》, год XIX, 1910, вып. Ⅲ, стр. 265 - 269.

[694] Самойлович, Материалы, Ⅰ, Ⅱ - Ⅲ. —А. Самойлович,

Материалы по среднеазиатско-турецкой литературе, Ⅰ, —ЗВОРАО, т. ⅩⅨ, 1910, стр. 01 – 030; Ⅱ – Ⅲ, —ЗВОРАО, т. ⅩⅩⅡ, 1915, стр. 127 – 154.

[695] Самойлович, Мервские воспоминания. —А. Н. Самойлович, Из туркменской старины, Ⅱ. Мервские воспоминания. —《Живая старина》, год ⅩⅧ, 1909, стр. 78 – 85; то же: отд. отт.

[696] Самойлович, Один из списков. —А. Самойлович, Один из списков《Родословного древа туркменского》Абуль-гази-хана, —ДАН-В, 1927, № 2. стр. 39 – 42.

[697] Самойлович, Среди ставропольских туркменов. —[А. Н. Самойлович], Среди ставропольских туркменов и ногайцев и у крымских татар. (Отчет о командировке в 1912 г. прив. -доц. А. Н. Самойловича), —ИРКСА, сер. Ⅱ, № 2, 1913, стр. 54 – 74.

[698] Самойлович, Три туркменских сказки. —А. Самойлович, Три туркменских сказки (В русском переводе), —《Кауфманский сборник》, стр. 118 – 128.

[699] Санг-Мухаммед—см. Та'рих-и Бадахшан.

927 [700] Сейфи. —Сейфи, лейденская рук. № 917.

[701] Сейфи ал-Хереви. —The Ta'rikh Nama-i-Harat (The History of Harat) of Sayf ibn Muhammad ibn Ya'qub al-Harawi. Ed. With introduction by Mohammad Zubayr as Siddiqi, Calcutta, 1944.

[702] Семенов, Из области религиозных верований. —А. Семенов, Из области религиозных верований шугнанских исмаилистов, —《Мир ислама》, т. Ⅰ, 1912, стр. 523 – 561.

[703] Семенов, История Шугнана. —История Шугнана. С персидского перевел и примечаниями снабдил А. А. Семенов, —ПТКЛА. год ⅩⅪ, 1917, стр. 1 – 23.

[704] Семенов, К вопросу о происхождении Саманидов. —А. А. Семенов, К вопросу о происхождении Саманидов, —ТИИАЭ АН

ТаджССР, т. XXVII, Сборник статей, посвященных истории и культуре периода формирования таджикского народа и его государственности (IX – X вв. н. э.), Сталинабад, 1954, стр. 3 – 11.

[705] Семенов, Кауфман. —А. Семенов, Покоритель и устроитель Туркестанского края, генерал-адъютант К. П. фон-Кауфман 1-й. (Материалы для биографического очерка), —《Кауфманский сборник》, стр. III – LXXXIV.

[706] Семенов, Мусульманский мистик. —А. А. Семенов, Мусульманский мистик и искатель Бога X – XI в. по Р. Х. (Страничка из великого прошлого Закаспийского края), Асхабад, 1905.

[707] Семенов, Надписи на портале. —А. Семенов, Надписи на портале мечети в Мешед-и-Мисриан, —ЗВОРАО, т. XVIII, 1908, стр. 0154 – 0157.

[708] Семенов, О происхождении и составе узбеков. —А. А. Семенов, К вопросу о происхождении и составе узбеков Шейбани-хана, —ТИИАЭ АН ТаджССР, т. XII (МИТУСА, вып. I), Сталинабад, 1954, стр. 3 – 37.

[709] Семенов, Очерк устройства. —А. А. Семенов, Очерк устройства центрального административного управления Бухарского ханства позднейшего времени, Сталинабад, 1954 [ТИИАЭ АН ТаджССР, т. XXV (МИТУСА, вып. II)].

[710] Семенов, Очерки. —А. А. Семенов, Очерки из истории присоединения вольной Туркмении (1881—1885 гг.). По архивным данным, Ташкент, 1909 (отд. отт. из ТВ, 1909, № 83 – 168).

[711] Семенов, Таджикские ученые. —А. А. Семенов, Таджикские ученые XI века н. э. о булгарах, хазарах, русах, славянах и варягах, —ДАН ТаджССР, Сталинабад, 1953, вып. VII, стр. 17 – 21.

[712] Семенов, Шейбани-хан, —А. А. Семенов, Шейбани-хан

и завоевание им империи тимуридов, —ТИИАЭ АН ТаджССР, т. XII (МИТУСА, вып. I), Сталинабад, 1954, стр. 39 – 83.

[713] Семенов, Шейх-Антаур. —А. А. Семенов, Ташкентский Шейх Хаванд-Тахур (《Шейх-Антаур》и приписываемый ему《кулях》, —ПТКЛА, год XX, [вып, I], 1915, стр. 25 – 31.

[714] Сказание об Едигее, изд. Мелиоранского. —Сказание об Едигее и Токтамыше Киргизский текст по рукописи, принадлежавшей Ч. Ч. Валиханову, издал П. М. Мелиоранский, СПб, 1905 (ЗИРГО по отд. этногр., прилож. к г. XXIX).

[715] Скорняков, Искусственное орошение. —Е. Е. Скорняков, Искусственное орошение в Азиатской России, —в кн.: 《Азиатская Россия》, т. II, стр. 219 – 255.

[716] Слуцкий, К вопросу. — И. Слуцкий, К вопросу об обложении податями населения Памиров, —《Средняя Азия》, Ташкент, 1910, кн. II (февраль), стр. 95 – 98.

[717] А. Смирнов, К вопросу о буртасах. —А. П. Смирнов, К вопросу о буртасах, —КСИИМК, вып. XL, 1951, стр. 45 – 50.

[718] Е. Смирнов, Дервишизм. —Е. Т. Смирнов, Дервишизм в Туркестане, Ташкент, 1898 [отд. отт. из. ТВ, 1898, № 55 (26. VII/7. VIII), 56 (30. VII/II, VIII), 57 (2/14. VIII), 58 (6/18. VIII)] то же: 《Сборник материалов по мусульманству》, под ред. В. И. Ярового-Равского, СПб., 1899, стр. 49 – 71.

[719] Н. Смирнов, Мюридизм. —Н. Смирнов, Мюридизм на Кавказе, М., 1963.

[720] Н. Смирнов, Россия и Турция. —Н. А. Смирнов, Россия иТурция в XVI – XVII вв., т. I – II, М., 1946 (Уч. зап. МГУ, вып. 94).

[721] Л. Смирнова, Язык "Тарих-и Систан". —Л. П. Смирнова, Язык "Тарих-и Систан" (грамматическое описание), Сталинабад,

1959 (ТИЯЛ АН ТаджССР, т. СХ, Исследования по исторической грамматике таджиского языка, вып. Ⅰ).

[722] О. Смирнова, К истории самаркандского договора. —О. И. Смирнова, К истории самаркандского договора 712 г. , —КСИВ, вып. ⅩⅩⅩⅧ, 1960, стр. 69 – 79.

[723]《Собрание восточных рукописей Академии наук Узбекской ССР》—см. СВР (выше, стр. 888).

[724] Советская археологическая литература—см. ниже, стр. 947 (《Библиографические пособия》, Винберг).

[725] Соловьев, История России. —С. М. Соловьев, История России с древнейших времен, кн. Ⅰ – Ⅵ (т. Ⅰ – ⅩⅩⅨ), изд. тов.《Обществ. польза》, СПб. , [б. г.].

[726] Спафарий, Путешествие. —Путешествие чрез Сибирь от Тобольска до Нерчинска и границ Китая русского посланника Николая Спафария в 1675 году. Дорожный дневник Спафария с введением и примечаниями Ю. В. Арсеньева, СПб. 1882 (ЗИРГО по отд. этногр. , т. Х, вып. Ⅰ).

[727] Спришевский, Некоторые находки. —В. И. Спришевский, Некоторые находки из мугхона в собрании Музея истории, —《Труды музея истории УзССР》, вып. Ⅲ, Ташкент, 1956, стр. 53 – 74.

[728] Ставиский, Исторические сведения. —Б. Я. Ставиский, Исторические сведения о верхней части Зеравшанской долины. (До арабского завоевания), —《 История материальной культуры Узбекистана》, вып. Ⅰ, Ташкент, 1959, стр. 79 – 93.

[729] Ставиский, О международных связях. —Б. Я. Ставиский, О международных связях Средней Азии в Ⅴ—середине Ⅷ в. (в свете данных советской археологии), —ПВ, 1960, № 5, стр. 108 – 118.

［730］Ставиский, О северных границах. —Б. Я. Ставиский, О северных границах Кушанского государства, —ВДИ, 1961, № 1, стр. 108 – 114.

［731］Ставиский, Основные этапы. —Б. Я. Ставиский, Основные этапы освоения земледельческим населением горных райнов верхнего Зеравшана（Кухистана）, —《Материалы по отделению этнографии［Географич. об-ва СССР］》, ч. Ⅰ, Доклады за 1958—1961 гг., Л., 1961, стр. 38 – 49.

［732］Ставиский, Оссуарии. —Б. Я. Ставиский, Оссуарии из Бия-Наймана, —ТГЭ, т. Ⅴ, Л., 1961, стр. 162 – 176.

［733］Ставиский и др., Пянджикентский некрополь. —Б. Я. Ставиский, О. Г. Большаков, Е. А. Мончадская, Пянджикентский некрополь, —《Труды ТАЭ》, т. Ⅱ, 1948—1950（МИА. № 37）, М.—Л., 1953, стр. 64 – 98.

［734］Строева, Борьба кочевой и оседлой знати. —Л. В. Строева, Борьба кочевой и оседлой знати в Чагатайском государстве в первой половине ⅩⅣ в., —《Памяти академика Игнатия Юлиановича Крачковского. Сборник статей》, Л., 1958, стр. 206 – 220.

［735］Струве, Поход Дария. —В. В. Струве, Поход Дария Ⅰ на саков-массагетов, —ИАН СССР, СИФ, т. Ⅲ, 1946, № 3, стр. 231 – 250.

［736］Сурхафсар—см. Тарих-и Бадахшан.

［737］Сюань Цзан, пер. Жюльена. —Memoires sur les contrees occidentales, traduits du sanscrit en chinois, en l' an 648, par Hiouen-th-sang, et du chinois en francais, par S. Julien, t. Ⅰ – Ⅱ, Paris, 1857—1858（Voyages des pelerins bouddhistes. Ⅱ – Ⅲ）.

［738］Табакат-и Насири—см. Джузджани.

［739］Табари. —Annales quos scripsit Abu Djafar Mohammed ibn

Djarir at-Tabari cum aliis ed. M. J. de Goeje, Lugduni Batavorum, series Ⅰ, t. Ⅰ - Ⅵ, 1879—1890; series Ⅱ, t. Ⅰ - Ⅲ, 1881—1889; series Ⅲ, t. Ⅰ - Ⅳ, 1879—1890; Introductio, glossarium, addenda et emendanda, 1901; Indices, 1901.

[740] Табари, пер. Нельдеке. —Geschichte der Perser und Araber zur Zeit der Sasaniden. Aus der arabischen Chronik des Tabari ubers. und mit ausfuhrlichen Erlauterungen und Erganzungen versehn von Th. Noldeke, Leyden, 1879. 929

[741] Таварих-и гузиде-йи нусрат-наме. —Таварих-и гузиде-йи нусрат-наме, рук. ИНА В 475 (590); рук. Брит. муз. Or. 3222.

[742] Талызин, Пишпекский уезд. —А. Талызин, Пишпекский уезд. Исторический очерк (1855—1868 гг.), —ПКСО на 1898 г., т. Ⅱ, стр. 25 - 41.

[743] Та'рих-и арба улус, —см. Шаджарат ал-атрак

[744] Та'рих-и Бадахшан. —Та'рих-и Бадахшан.《История Бадахшана》. Фотографическая репродукция рукописного текста, введение, указатели. Подготовил к изданию А. Н. Болдырев, Л., 1959 (ЛГУ, восточный факультет. Иранская филология, вып. Ⅰ).

[745] Та'ри-х Рашиди—см. Мухаммед-Хайдер.

[746] Ташчьян, Средневековая Барда. —Л. П. Ташчьян, Средневековая Барда в период расцвета, —ИАН АзССР, 1946, № 9, стр. 52 - 61.

[747] Терентьев, История завоевания Средней Азии. —М. А. Терентьев, История завоевания Средней Азии, т. Ⅰ - Ⅲ. СПб., 1906.

[748] Терентьев, Россия и Англия. —М. А. Терентьев, Россия и Англия в Средней Азии. СПб., 1875.

[749] И. Терентьев, Сведения о Пишпеке. —И. Терентьев, Сведения о городе Пишпеке, —ПКСО на 1898 г., т. Ⅱ, стр. 21 - 24.

[750]《Территория и население Бухары и Хорезма》. —Сб.《Территория и население Бухары и Хорезма》, ч. 1, Бухара; ч. 2, Хорезм, Ташкент, 1926 (Материалы по районированию Средней Азии, кн. 1 – 2).

[751] Тизенгаузен, В защиту Ибн-Фадлана. —В. Тизенгаузен, В защиту Ибн-Фадлана, —ЗВОРАО, т. XIII, 1901, стр. 024 – 032.

[752] Тизенгаузен, Заметка. —В. Г. Тизенгаузен, [Заметка о следах древнего Итиля], —《Труды Первого археологического съезда в Москве. 1869》, т. I, М., 1871, стр. CXXXIX – CXL.

[753] Тихомиров, Присоединение Мерва. —М. Н. Тихомиров, Присоединение Мерва к России, М., 1960.

[754] Товфік Кезма, Оповідання—см. Кезма Товфік.

[755] Токарев, Этнография народов СССР. —С. А. Токарев, Этнография народов СССР, М., 1958.

[756] Толстов, Города гузов. —С. П. Толстов, Города гузов (Историко-этнографические этюды), —СЭ, 1947, № 3, стр. 55 – 102.

[757] Толстов, Древний Хорезм. —С. П. Толстов, Древний Хорезм. Опыт историко-археологического исследования, М., 1948.

[758] Толстов, Новогодний праздник. — С. П. Толстов, Новогодний праздник《каландас》у хорезмийских христиан начала XI века. (В связи с историей хорезмийско-хазарских отношений). Из историко-этнографических комментариев к ал-Бируни, —СЭ, 1946, № 2, стр. 87 – 108.

[759] Толстов, Пережитки тотемизма. — С. П. Толстов, Пережитки тотемизма и дуальной организации у туркмен, —ПИДО, 1935, № 9 – 10, стр. 3 – 41.

[760] Толстов, По следам. — С. П. Толстов, По следам древнехорезмийской цивилизации, М. —Л., 1948.

[761] Толстов, Работы ХАЭЭ 1949—1953 гг. —С. П. Толстов,

Работы Хорезмской археолого-этнографической экспедиции АН СССР в 1949—1953 гг., —《Труды ХАЭЭ》, т. II, Археологические и этнографические работы Хорезмской экспедиции. 1949—1953, М., 1958, стр. 7 – 258.

[762] Толстов, Хорезмийская генеалогия. —С. П. Толстов, Хорезмийская генеалогия Самуила Абы. (Еще раз к вопросу о каварах-хорезмийцах), —СЭ, 1947, № 1, стр. 104 – 107. 930

[763]《Тохарские языки》. —《Тохарские языки》, Сб. статей. Под ред. и с вступит. статей В. В. Иванова, М., 1959.

[764] Тревер, Кавказская Албания. —К. В. Тревер, Очерки по истории и культуре Кавказской Албании. IV в. до н. э. —VII в. н. э., М. —Л., 1959.

[765] Тревер, Кушаны. —К. В. Тревер, Кушаны, хиониты и эфталиты по армянским источникам IV – VII вв (К истории народов Средней Азии), —СА, т. XXI, 1954, стр. 131 – 147.

[766] Троицкая, Из истории народного театра. —А. Л. Троицкая, Из истории народного театра и цирка в Узбекистане, —СЭ, 1948, № 3, стр. 71 – 89.

[767] Троицкая, Народный театр. —А. Л. Троицкая, Народный театр в Узбекистане (докт. дисс.), Л., 1947.

[768] Туманский, ЗВОРАО, т. IX [стр. 300 – 303]. —А. Туманский, [рец. на:] Древности Закаспийского края. Развалины Старого Мерва. В. А. Жуковского... С.-Петербург, 1894, —ЗВОРАО, т. IX, стр. 300 – 303.

[769] Туманский, Новооткрытый персидский географ. —А. Г. Туманский, Новооткрытый персидский географ X столетия и известия его о славянах и руссах, —ЗВОРАО, т. X, 1897, стр. 121 – 137.

[770] Туманский, Поповоду《КатабиКоркуд》. —А. Туманский,

По поводу《Катаби Коркуд》, —ЗВОРАО, т. IX, 1896, стр. 269 – 272.

[771] Тумбиль, Римская надпись. —П. Х. Тумбиль. Римская надпись I века н. э., обнаруженная в пределах Азербайджана (Кабристан), —ДАН АзССР, Баку, 1948, № 7, стр. 312 – 314.

[772] Тураев, КлассическийВосток. —Б. А. Тураев, Классический Восток. Посмертный труд под ред. и с прим. В. В. Струве и Н. Д. Флиттнер, I. Введение. Вавилон. Л., 1924.

[773]《Туркестанский календарь на 1904 г.》. —《Туркестанский календарь на 1904 г.》. Под ред. В. В. Стратонова, Ташкент, 1904.

[774] Турчанинов. Города. —Н. В. Турчанинов, ГородаАзиатской России, —в кн.《Азиатская Россия》, т. I, стр. 285 – 360.

[775] Убайдулла-наме—см. Мухаммед-Амин-и Бухари.

[776] Удальцова, Противидеализации. —З. Удальцова, Против идеализации гуннских завоеваний [рец. на: А. Н. Бернштам, Очерк истории гуннов, Л., 1951], —журн.《Большевик》, 1952, № 11, стр. 68 – 72.

[777] Умняков, В. В. Бартольд. —И. И. Умняков, В. В. Бартольд (По поводу 30-летия профессорской деятельности), —《Бюлл. САГУ》, вып. 14, Ташкент, 1926, стр. 175 – 202.

[778] Унковский, Посольство. —Посольство к Зюнгарскому хун-тайчжи Цэван Рабтану капитана от артиллерии Ивана Унковского и путевой журнал его за 1722—1724 годы. Документы, изданные с предисловием и примечаниями Н. И. Веселовского, СПб., 1887 (ЗИРГО по отд. этногр., т. X, вып. 2).

[779] Усенбаев, Общественно-экономические отношения. —К. У. Усенбаев, Общественно-экономические отношения киргизов в период Кокандского ханства (XIX век—до присоединения Киргизии к России). Фрунзе, 1961.

[780] Утби, рук. —Абу Наср ал-Утби, Та'рих ал-Йамини,

рук. ИНА С 342 (510).

[781] Утби, Манини. — شرح اليمنى المسمى بالفتح الوهبى على تاريخ أبى نصر العتبى للشيخ المنينى، [القاهرة، ١٢٦٨] [= 1869]

[782] Фазл-бек-хаджи Сурхафсар—см. Та'рих-и Бадахшан.

[783] Фалев, Введение. —[П. А. Фалев], Введение в изучение тюркских литератур и наречий. Лекции, читанные проф. П. А. Фалевым в 1921 г. в Туркестанском Восточном Институте, Ташкент, 1922. 931

[784] Федоров, Моя служба. —Г. П. Федоров, Моя служба в Туркестанском крае, —《Исторический вестник》, т. СXXXIII, 1913, сентябрь, стр. 786 – 812; т. СXXXIV, 1913, октябрь, стр. 33 – 35; ноябрь, стр. 437 – 467; декабрь, стр. 860 – 893.

[785] Федченко, Путешествие в Туркестан. —Путешествие в Туркестан А. П. Федченко, совершенное от Имп. Общества Любителей Естествознания по поручению Туркестанского генерал-губернатора К. П. фон-Кауфмана, СПб. —М., т. I, ч. II, В Коканском ханстве, 1875; т. II, Зоогеографические исследования, ч. I – VI, 1874—1887; т. III, Ботанические исследования, ч. I – II, 1876—1882; т. IV, Антропометрические заметки относительно туркестанских инородцев, 1888.

[786] Фрейман, Датированные согдийские документы. —А. А. Фрейман, Датированные согдийские документы с горы Муг в Таджикистане, —《Доклады группы востоковедов на сессии Академии наук СССР 20 марта 1935 г.》(ТИВАН, т. XVII), 1936, стр. 137 – 165.

[787] Фрейман, Тохарский вопрос. —А. А. Фрейман, Тохарский вопрос и его разрешение в отечественной науке, —《Уч. зап. ЛГУ》, № 128, серия востоковедческих наук, вып. 3, 1952, стр. 123 – 135.

[788] Фрейман, Хорезмийский язык. —А. А. Фрейман, Хорезмийский язык. Материалы и исследования, Ⅰ, М. —Л., 1951.

[789] Хаджи Халифа. — كشف الظنون عن اسامى الكتب والفنون Lexicon bibliographicum et encyclopaedicum a Mustafa Ben Abdallah Katib Jelebi dicto ct nomine Haji Khalfa celebrato compositum. Ad codicum Vindobonensium, Parisiensium et Bero inensis fidem primum edidit, latine vertit et commentario indicibusque instruxit G. Fluegel, t. Ⅰ – Ⅶ, Leipzig-London, 1835—1858 (OTF).

[790] Хайдер Рази, Та'рих-и Хайдари. —Хайдер Ризи, Та'рих-и Хайдари (Маджма ат-таварих), рук. Берлинской б-ки № 418; Брит. муз. Or. 4508.

[791] Халиль аз-Захири. —Khalil ed-Dahiry. Zoubdat Kachf el-Mamalik. Tableau politique et administratif de l'Egypte, de la Syrie et du Hidjaz sous la domination des sultans Mamlouks du ⅩⅢ^{e} au ⅩⅤ^{e} siècle. Texte arabe, publie par P. Ravaisse, Paris, 1894 (PELOV, Ⅲ^{e} ser., vol. ⅩⅥ).

[792] Халфин, Провал британской агрессии. —Н. А. Халфин, Провал британской агрессии в Афганистане, М., 1959.

[793] Хамадани—см. Ибн ал-Факих.

[794] Хамдаллах Казвини, Нузхат ал-кулуб, изд. Ле Стрэнджа, Ⅰ – Ⅱ. —The geographical part of the Nuzhat-al-qulub composed by Hamd-Allah Mutawii of Qazwin in 740 (1340). Ed. By G. Le Strange, Leyden-London, 1915; transl. by G. Le Strange, Leyden-London, 1919 (GMS, ⅩⅩⅢ, 1 – 2)

[795] Хамдаллах Казвини, Та'рих-и гузиде, изд. Броуна. —The Ta'rikh-i-Guzida or "Select History" of Hamdu'llah Mustawfi-i-Qazwini compiled in A. H. 730 (A. D. 1330) and now reproduced in facsimile a manuscript dated A. H. 857 (A. D. 1453) with an introduction by E. G. Browne. Vol. Ⅰ, containing the text, Leyden-London, 1910 (GMS,

XⅣ, 1).

[796] Хамдаллах Казвини, Та'рих-и гузиде, изд. Броуна. — The Ta'rikh-i-Guzida or "Select History" of Hamdu'llah Mustawfi-i-Qazwini compiled in A. H. 730 (A. D. 1330) and now abridged in English from a manuscript dated A. H. 857 (A. D. 1453) by E. G. Browne. with indices of fac-simile text by R. A. Nicholson. Part [sic] Ⅱ, containing the abridged translation and indices, Leyden-London, 1913 (GMS, XⅣ, 2).

[797] Ханыков. Онекоторыхарабскихнадписях. —Н. Ханыков, О некоторых арабских надписях в Дербенде и Баку, —ЗРАО, т. Ⅸ, 1857, стр. 41 – 49; то же: ТВОРАО, ч. Ⅱ, стр. 168 – 176.

[798] Ханыков, О перемежающихся изменениях. —Н. Х[аныков], О перемежающихся изменениях уровнях Каспийского моря, —ЗКОИРГО, кн. Ⅱ, 1853, стр. 66 – 152. 932

[799] Ханыков, Описание Бухарского ханства. —Н. Ханыков, Описание Бухарского ханства. СПб., 1843.

[800] Хасан ал-Алкадари—см. Дагестани.

[801] Хафиз-и Абру, Маджму'а, извлеч. в изд. Тауэра. — Cinq opuscules de Hafiz-i Abru concernant l'histoire de l'Iran au temps de Tamerlan. Edition critique par F. Tauer. Prague, 1959 [AOr, Supplementa, Ⅴ (1959)].

[802] Хафиз-и Абру, рук. —Хафиз-и Абру, рук. ГПБ Дорн 290; оксфорд. рукописи Fraser 115, Elliot 422.

[803] Хачикян, Несколько замечаний.

Хачикян, *Несколько замечаний.* — *Լ. Խաչիկյան, դիտողություն Մ. Խորենացու Հայոց պատմության երկրորդ գրքի Ծդ գլխի մասին. (Ադրբեջանում գտնված հին-լատինական արձանագրության առնչությամբ).* [Л. Хачикян, *Несколько замечаний по поводу 54 главы второй книги «Истории Армении» М. Хоренского. (В связи с найденной в Азербайджане древнелатинской надписью)*], — ИАН АрмССР, обществ. науки, 1948, № 11, стр. 91—97.

[804] Хащаб, Экономическоеположение. —А. Хащаб, Экономическое положение современной Персии и ее торговля с прочими

странами, —《Мир ислама》, т. Ⅰ, 1912, стр. 153 – 184.

[805] Хвольсон, Дополнениияипоправки. —Д. Хвольсон, Дополнения и поправки к статьям 《Несторианские надписи из Семиречья》, —ЗВОРАО, т. Ⅰ, 1887, стр. 303 – 308.

[806] Хвольсон, Предварительные заметки. —[Д. Хвольсон], Предварительные заметки о найденных в Семиреченской области сирийских надгробных надписях—ЗВОРАО, т. Ⅰ, 1887, стр. 84 – 87.

[807] Хвостов, История восточной торговли. —М. Хвостов, История восточной торговли греко-римского Египта (332 г. до Р. Х. —284 г. по Р. Х.), Казань, 1907 (Исследования по истории обмена в эпоху эллинистических монархий и Римской империи).

[808] Хвостов, Очерки. —М. Хвостов, Очерки организации промышленности и торговли в греко-римском Египте. Очерк Ⅰ. Текстильная промышленность в греко-римском Египте. —《Уч. Зап. Имп. Казан. ун-та》, 1912, кн. Ⅰ, стр. 1 – 16; кн. Ⅱ, стр. 17 – 32; кн. Ⅹ, стр. 33 – 80; 1913, кн. Ⅷ, стр. 81 – 112; кн. Ⅺ, стр. 113 – 160; 1914, кн. Ⅱ, стр. 161 – 176; кн. Ⅲ, стр. 177 – 208; кн. Ⅴ, стр. 209 – 239; кн. Ⅷ, стр. Ⅰ – Ⅹ, 241 – 264.

[809] Хивинское посольство. —Хивинское посольство в Индию в 1872 г., —ТВ, 1896, № 72 (26. Ⅸ/8. Ⅹ).

[810] Хилаль ас-Саби, Вузара. —The historical remains of Hilal al-Sabi. First part of his Kitab al-Wuzara (Gotha Ms. 1756) and fragments of his History 389 – 393 A. H. (B. M. Ms, add. 19360). Ed. with notes and glossary by H. F. Amedroz, Leyden, 1904.

[811] Хлопководство и хлопкоторговля. —W., Хлопководство и хлопкоторговля. (К хлопковому вопросу), —ТВ, 1897, № 6 (23. Ⅰ); №9 (2. Ⅱ); № 11 (9. Ⅱ); № 16 (2. Ⅲ); № 17 (6. Ⅲ).

[812] Ходжиев, Ташкент. —Э. Ходжиев, Роль города Ташкента

в развитии экономических и политических связей Средней Азии с Россией (конец XVIII—начало XIX века). Автореф. канд. дисс., Ташкент, 1962.

[813] Хорезми, Китаб сурат ал-ард. —Das Kitab surat al-ard des Abu Ga'far Muhammad Ibn Musa al-Huwarizmi. Hrsg. nach dem handschriftlichen Unikum der Bibliotheque de l'Universite et regionale in Strassburg (cod. 4247) von H. v. Mzik, Leipzig, 1926 (Bibliothek arabischer Historiker und Geographen hrsg. von H. v. Mzik, Bd III).

[814] Худуд ал-алам. —Худуд ал-алам. Рукопись Туманского. С введением и указателем В. Бартольда, Л., 1930.

[815] Худуд ал-алам, пер. Минорского. —Hudud al-Alam. The Regions of the World. A Persian Geography circa 372 A. H. —982 A. D. Transl. and explained by V. Minorsky. With the preface by V. V. Barthold (1930) transl. from the Russian. London, 1937 (GMS NS XI). 933

[816] Худяков, Очерки. —М. Худяков, Очерки по истории Казанского ханства, Казань, 1923.

[817] Хулд-и барин. —Хулд-и барин, рук. собр. Броуна [Browne Coll. G. 14(15): см. Storey, Persian Literature, vol. I, section II, fasc. 1, p. 131].

[818] Хусейни—см. Абд ар-Разман.

[819] Цветков, Исламизм. —П. Цветков, Исламизм, т. I, Мухаммед и Коран; т. II. Вера ислама; т. III. Практические обязанности исламизма; т. IV. Ислам и его секты, Асхабад, 1912—1913.

[820] Цибузгин, Шмаков, Заметка. —В. Цибузгин и А. Шмаков, Заметка о жизни дунган селения Каракунуз, Пишпекского уезда, Семиреченской области, —《Зап. Семипалат. подотд. Зап.-Сиб. отд. ИРГО》. вып. IV, 1909, стр. 1 –23 (разд. паг.).

[821] Чайковский, Далекое прошлое. —[А. Чайковский],

Далекое прошлое Туркестана, СПб., 1896.

[822] Чайковский, Родина народов. —А. Чайковский, Родина народов арийской расы, где она была и отчего покинута. (Материалы к историко-географическому исследованию арийской проблемы), М., 1914.

[823] Чайковский, Туркестан. —[А. Чайковский], Туркестан и его река по Библии и Геродоту. (По повову Аму-Дарьинского вопроса), Владимир, 1884.

[824] Чан-чунь, пер. Кафарова. —Си ю цзи, или описание путешествия на запад. [Перевел с китайского, с примечаниями, архимандрит Палладий], —ТЧРДМ, т. Ⅳ, СПб., 1866, стр. 259 – 436.

[825] Чжао Юй-гуа, пер. Хирта, Рокхилла. —Chau Ju-kua: His Work on the Chinese and Arabe Trade in the twelfth and thirteenth Centuries, entitled Chu-fan-chi, transl. from the Chinese and annotated by F. Hirth and W. W. Rockhill, St.-Pbg., 1911.

[826] Чжу Кэ-чжэн, Вклад китайских ученых. —Чжу Кэ-чжэн, Вклад китайских ученых в астрономию в древние и средние века, —《Природа》, 1953, № 10, стр. 66 – 75.

[827] Чуйская долина. —Труды Семиреченской археологической экспедиции. 《Чуйская долина》. 1938 —1941. Сост. под руков. А. Н. Бернштама, М. —Л., 1950 (МИА, № 14).

[828] Шаджарат ал-атрак, пер. Майсла. —The Shajrat ul-Atrak, or genealogical tree of the Turks and Tatars; transl. and abridged by Col. Miles, London, 1838.

[829] Шаджарат ал-атрак, рук. —Шаджарат ал-атрак, рук. Брит. муз. Or. 8106; рук. Брит. Муз. Add. 26190.

[830] Шаниязов, Из истории. —К. Шаниязов, Из истории расселения племени карлуков, —《Сб. работ аспирантов Отделения

обществ. наук Академии наук УзССР》, вып. Ⅱ, Ташкент, 1958, стр. 223 – 259.

[831] Шахматов, Введение. —А. А. Шахматов, Введение в курс истории русского языка. Ч. Ⅰ. Исторический процесс образования русских племен и наречий, Пг., 1916.

[832] Шахматов, Древнейшие судьбы. —А. А. Шахматов, Древнейшие судьбы русского племени, Пг., 1919.

[833] Шереф ад-дин Йезди, кальлут, изд. —The Zafarnamah by Maulana Sharfuddin [sic] Ali of Jazd. Ed... by Maulawi Muhammad Ilahdad, vol. Ⅰ – Ⅱ, Calcutta, 1887 —1888.

[834] Шереф ад-дин Йезди, пер. Пети де ля Круа. —Histoire de Timur-Bec, connu sous le nom du Grand Tamerlan, Empereur des Mogols et Tartares. Ecrite en Persan par Cherefeddin Ali, natif d'Jezd, Auteur contemporain. Traduite en Francois par feu M. Petis de la Croix... Aves des Notes Historiques, & des Cartes Geographiques, t. Ⅰ – Ⅳ, Delf, 1723. 934

[835] Шереф ад-дин Йезди, рук. —см. Мукаддама-йи Зафарнаме.

[836] Шерр, Всеобщая история литаратуры. —И. Шерр, Всеобщая история литаратуры, пер. с нем. под ред. Пыпина, т. Ⅰ – Ⅱ, СПб., 1863.

[837] Шерстобитов и др., Очерк. —В. П. Шерстобитов, К. К. Орозалиев, Д. Ф. Винник, Очерк истории исторической науки в Советском Киргизстане (1918 —1960 гг), Фрунзе, 1961.

[838] Шишов, Таджики. —А. Шишов, Таджики. Этнографическое и антропологическое исследование, —《Средняя Азия》, 1910, кн. Ⅺ, стр. 39 – 69; кн. Ⅻ, стр. 47 – 63; 1911, кн. Ⅰ, стр. 5 – 30; кн. Ⅱ, стр. 5 – 45; кн. Ⅲ, стр. 37 – 60; кн. Ⅳ, стр. 5 – 36; кн. Ⅴ, стр. 5 – 46; кн. Ⅵ, стр. 16 – 45; кн. Ⅷ, стр. 51 – 80; кн. Ⅺ, стр.

43 – 63 ; кн. XII , стр. 91 – 121.

[839] Шкапский, Аму-дарьинские очерки. —О. Шкапский, Аму-дарьинские очерки. К аграрному вопросу на нижней Аму-дарье, Ташкент, 1900.

[840] Щеблыкин, К истории. —И. П. Щеблыкин, К историии мавзолея на могиле Низами, —Изв. АзФАН, Баку, 1942, № 5, стр. 29 – 34.

[841] Щеблыкин, Памятники. —И. П. Щеблыкин, Памятники азербайджанского зодчества эпохи Низами (Материалы), Баку, 1943.

[842] Щербак, Огуз-наме. —А. М. Щербак, Огуз-наме. Мухаббат-наме. Памятники древне-уйгурской и староузбекской письменности, М. , 1959.

[843] Эфендиев, Образование государства Сефевидов. —О. А. Эфендиев, Образование азербайджанского государства Сефевидов в начеле XVI века, Баку, 1961.

[844] Юань-ши, пер. Бичурина. —История первых четырех ханов из дома Чингисова, переведено с китайского монахом Иакинфом, СПб. , 1829.

[845] Юсуф Баласагунский—см. Кутадгу билик.

[846] Яворский, Путешествие. —[И. Л. Яворский], Путешествие русского посольства по Авганистану и Бухарскому ханству в 1878 — 1879 гг. Из дневников члена посольства д-ра И. Л. Яворского, т. I – II , СПб. , 1882 – 1883.

[847] Я'куби, Китаб ал-булдан. —Kitab al-alak an-nafisa VII auctore Abu Ali Ahmed ibn Omar ibn Rosteh et Kitab al-boldan auctore Ahmed ibn abi Jakub ibn Wadhih al-Katib al-Jakubi, [ed. M. J. de Goeje], edit. 2, Lugduni Batavorum, 1892 (BGA, VII) [Я'куби—стр. 231 – 373].

[848] Я'куби, Та'рих. —Ibn Wadhih qui dicitur al-ja'qubi, His-

toriae. Ed. M. Th. Houtsma, pars 1, historiam ante-islamicam continens; pars 2, historiam islamicam continens, Lugduni Batavorum, 1883.

[849] Якубовский, Вопросыэтногенезатуркмен. —А. Ю. Якубовский, Вопросы этногенеза туркмен в Ⅷ – Ⅹ вв., —СЭ, 1947, № 3, стр. 48 – 54.

[850] Якубовский, Восстание Муканны. —А. Ю. Якубовский, Восстание Муканны—движение люлей в《белых одеждах》, —СВ, т. Ⅴ, 1948, стр. 35 – 54.

[851] Якубовский, Ибн-Мискавейх. —А. Якубовский, Ибн-Мискавейх о походе Русов в Бердаа в 332 г. = 943/4 г., —ВВ. т. ⅩⅩⅣ, 1926, стр. 63 – 92.

[852] Якубовский, Из истории изучения монголов. —А. Ю. Якубовский, Из истории изучения монголов периода Ⅺ – ⅩⅢ вв., —《Очерки по истории русского востоковедения》, [вып. Ⅰ], М., 1953, стр. 31 – 95.

[853] Якубовский, К вопросу о промышленности. —А. Ю. Якубовский, К вопросу о происхождении ремесленной промышленности Сарая Берке, Л., 1931 (ИГАИМК, т. Ⅷ, вып. 2 – 3).

[854] Якубовский, Квопросуотопографии. —А. Ю. Якубовский, К вопросу об исторической топографии Итиля и Болгар в Ⅸ и Ⅹ веках, —СА, т. Ⅹ, 1948, стр. 255 – 270. 935

[855] Якубовский, О русско-хазарских и русско-кавказских отношениях. —А. Ю. Якубовский, О русско-хазарских и русско-кавказских отношениях в Ⅸ и Ⅹ вв., —ИАН СССР, СИФ, т. Ⅲ, 1946, № 5, стр. 461 – 472.

[856] Якубовский, Павел Петрович Иванов. —А. Ю. Якубовский, Павел Петрович Иванов как историк Средней Азии, —СВ, т. Ⅴ, 1948, стр. 313 – 320.

[857] Якубовский, Проблема. —А. Ю. Якубовский, Проблема социальной истории Востока в трудах академика В. В. Бартольда, —ВЛУ, 1947, № 12, стр. 62 – 79.

[858] Якубовский, Развалины Ургенча. —А. Ю. Якубовский, Развалины Ургенча, Л., 1930 (ИГАИМК, т. Ⅵ, вып. 2).

[859] Якубовский, Тимур, —А. Якубовский, Тимур (Опыт краткой характеристики), —ВИ, 1946, № 8 – 9, стр. 42 – 74.

[860] Якут, Му'джам. —Yacut's geographisches Worterbuch, aus den Handschriften zu Berlin. St. Petersburg, Paris, London und Oxford... hrsg. von F. Wustenfeld, Bd Ⅰ – Ⅵ, Leipzig, 1866 —1873.

[861] Ямпольский, К римской надписи. —З. И. Ямпольский, К римской надписи в Азербайджане, —ИАН АзССР, 1949, № 1, стр. 89.

[862] Янковский, Обзор торговли. —И. Янковский, Общий обзор торговли в Наманганском уезде, —СОФО, 1911 г., стр. 62 – 72.

[863] Яхья Антиохийский. —Eutychii patriarchae Alexandrini Annales. Pars posterior, accedunt Annales Jahia Ibn Said Antiochensis. Conjuncta opera ediderunt L. Cheikho, B. Carra de Vaux, H. Zayyat, Beryti-Parisiis, 1909 (Corpus scriptorum christianorum orientalium, Scriptores arabici, series Ⅲ, t. Ⅶ).

[864] Arendt, Synchronistische Regententabellen, Ⅰ – Ⅲ. —C. Arendt, Synchronistische Regententabellen zur Geschichte der chinesischen Dynastien, —MSOS, Abt. 1, Jg. Ⅱ, 1899, S. 152 – 250; Jg. Ⅲ, 1900, S. 1 – 164; Jg. Ⅳ, 1901, S. 114 – 170.

[865] Babinger, Die Geschichtsschreiber. —F. Babinger, Die Geschichtsschreiber der Osmanen und ihre Werke. Mit einem Anhang: Osmanische Zeitrechnungen von J. Mayr. Leipzig, 1927.

[866] Bailey, Languages of the Saka. —H. W. Bailey, Languages of

the Saka, —HOr, Abt. I, Bd IV, Iranistik, Abschnitt 1, Linguistik, Leiden-Koln, 1958, S. 131 – 154.

[867] Banescu, Seigneurie de Theodoro-Mangoup. —N. Banescu, Contribution a l'histoire de la seigneurie de Theodoro-Mangoup en Crimee, —BZ, Bd XXXV, 1935, S. 20 – 37.

[868] Barbier de Meynard, Tableau litteraire—см. Са'алиби, Йатима.

[869] Barthold, Abkhaz. —W. Barthold, Abkhaz, —EI, I, S. 74 – 76. [Наст. изд., т. II, ч. 1, стр. 861 – 865].

[870] Barthold, Allan. —W. Barthold, Allan, —EI, I, S. 327 – 328. [Наст. изд., т. II, ч. 1, стр. 866 – 867].

[871] Barthold, Die altturkischen Inschriften. —W. Barthold, Die altturkischen Inschriften und die arabischen Quellen, —в кн.: W. Radloff, Die altturkischen Inschriften der Mongolei, Zweite Folge, St.-Pbg., 1899, S. 1 – 29 (разд. паг.). [Наст. изд., т. V.]

[872] Barthold, Amu-Darya. —W. Barthold, Amu-Darya, —EI, I, S. 356 – 359. [Наст. изд., т. III.]

[873] Barthold, Arran. —W. Barthold, Arran, —EI, I, S. 478 – 479. [Наст. изд., т. III.]

[874] Barthold, Bughra Khan. —[W.] Barthold, The Bughra Khan mentioned in the Qudatqu Bilik, —BSOS, vol. III, pt 1, 1923, pp. 151 – 158. [Наст. изд., т. V.]

[875] Barthold, Bulghar. —W. Barthold, Bulghar—EI, I, S. 819 – 825. [Наст. изд., т. V.]

[876] Barthold, Burtas. —W. Barthold, Burtas—EI, I, S. 835. [Наст. изд., т. II, ч. 1, стр. 868 – 869.]

[877] Barthold, Caghatai Khan. —W. Barthold, Caghatai Khan, —EI, I, S. 846 – 849. [Наст. изд., т. II, ч. 2.] 936

[878] Barthold, Daghestan. —W. Barthold, Daghestan, —EI, I,

S. 924 – 929. [Наст. Изд. , т. Ⅲ.]

[879] Barthold, Derbend. —W. Barthold, Derbend, —EI, Ⅰ, S. 979 – 985. [Наст. Изд. , т. Ⅲ.]

[880] Barthold, Early Persian poetry. —W. Barthold, To the question of early Persian poetry. —BSOS, vol. Ⅱ, pt 4, 1922, pp. 836 – 838. [Наст. изд. , т. Ⅶ.]

[881] Barthold, Ein Denkmal. —W. Barthold, Ein Denkmal aus der Zeit der Verbreitung des Islams in Mittelasien, —AM, vol. Ⅺ, 1925, pp. 125 – 129. [Наст. изд. , т. Ⅴ.]

[882] Barthold, Four studies. —V. V. Barthold, Four studies on the history of Central Asia. Transl. from the Russian by V. and T. Minorsky, vol. Ⅰ [A short history of Turkestan History of the Semirechye], Leiden, 1956; vol. Ⅱ, Ulugh-beg, Leiden, 1958; vol. Ⅲ, Mir Ali-Shir. A history of the Turkman people, Leiden, 1962.

[883] Barthold, Hafiz-i Abru. —W. Barthold, Hafiz-i Abru, —EI, Ⅱ, S. 225 – 226. [Наст. изд. , т. Ⅷ.]

[884] Barthold, Die historische Bedeutung. —W. Barthold, Die historische Bedeutung der altturkishen Inschriften, — в кн. : W. Radloff, Die altturkischen Inschriften der Mongolei, Neue Folge, St. -Pbg. , 1897, S. 1 – 36 (разд. паг.).

[885] Barthold, History of the Semirechye—см. Barthold, Four studies. vol. Ⅰ, pp. 73 – 171.

[886] Barthold, A history of the Turkman people—см. Barthold, Four studies. vol. Ⅲ, pp. 73 – 170.

[887] Barthold, Ibn Fadlan. —W. Barthold, Ibn Fadlan, —EI, Ⅱ, S. 398. [Наст. изд. , т. Ⅷ.]

[888] Barthold, Ilkhane. —W. Barthold, Ilkhane, —EI, Ⅱ, S. 499 – 500. [Наст. изд. , т. Ⅶ.]

[889] Barthold, Iltutmys. —W. Barthold, Iltutmys, —ZDMG, Bd L

XI, 1907, S. 192 - 193.

[890] Barthold, Khaladj. —W. Barthold, Khaladj,—EI, II, S. 939. [Наст. изд., т. III.]

[891] Barthold, Khokand. —W. Barthold, Khokand,—EI, II, S. 1035 - 1037. [Наст. изд., т. III.]

[892] Barthold, Khwarizm. —W. Barthold, Khwarizm, —EI, II, S. 974 - 978. [Наст. изд., т. III.]

[893] Barthold, Sart. —W. Barthold, Sart,—EI, IV, S. 187 - 188. [Наст. изд., т. II, ч. 2.]

[894] Barthold, Shamil. — W. Barthold, Shamil, — EI, IV, S. 329 - 330. [Наст. изд., т. II, ч. 1. стр. 873 - 874.]

[895] Barthold, Shirwan. —W. Barthold, Shirwan, —EI, IV, S. 412 - 413. [Наст. изд., т. III.]

[896] Barthold, Shirwanshah. —W. Barthold, Shirwanshah, —EI, IV, S. 413 - 415. [Наст. изд., т. II. ч. 1. стр. 875 - 878.]

[897] Barthold, A short history of Turkestan—см. Barthold, Four studies. vol. I, pp. 1 - 72.

[898] Barthold, Slawen. — W. Barthold, Slawen, — EI, IV, S. 505 - 506. [Наст. изд., т. II. ч. 1. стр. 870 - 872.]

[899] Barthold, Tadjik. — W. Barthold, Tadjik, — EI, IV, S. 647 - 648. [Наст. изд., т. II. ч. 1. стр. 469 - 470.]

[900] Barthold, 12 Vorlesungen. —W. Barthold, 12 Vorlesungen uber die Geschichte der Turken Mittelasiens. Deutsche Bearbeitung von Th. Menzel, Berlin, 1935 (Beiband zu WI, Bd 14 - 17, 1932—1935). [Наст. изд., т. V.]

[901] Basiner, Reise. —T. F. J. Basiner, Naturwissenschaftliche Reise durch die Kirgisensteppe nach Chiwa, St. -Pbg., 1848 (Beitrage zur Kenntniss des Russischen Reiches und der angranzenden Lander Asiens... hrsg. von K. E. v. Baer und G. v. Helmersen, Folge I, Bd XV).

[902] Becker, al-Bahnasa. —C. H. Becker, al-Bahnasa , —EI, Ⅰ, S. 601.

[903] Becker, Dabik. —C. H. Becker, Dabik, —EI, Ⅰ, S. 922.

[904] Becker, Dibadj. —C. H. Becker, Dibadj, —EI, Ⅰ, S. 1008.

[905] Becker, Egypten. —C. H. Becker, Egypten, —EI; Ⅱ, S. 4 - 24.

[906] Bellan, Chan Abbas I. —L. L. Bellan, Chan Abbas I. Sa vie, son histoire, Paris, 1932 (Les grandes figures de l' orient, t. Ⅲ).

[907] Bellew, General report. —H. W. Bellew, A general report on the Jusufzais, in six chapters, with a map, Calcutta, 1864.

[908] Biberstein-Kazimirski, Menoutchehri—см. Менучехри.

[909] Blochet, Catalogue BN. —E. Blochet, Catalogue des manu scrits persans de la Bibliotheque Nationale, t. Ⅰ - Ⅳ, Paris, 1905—
937 1912.

[910] Bretschneider, Researches. —E. Bretschneider, Mediaeval Researches from Eastern Asiatic Sources. Fragments towards the knowledge of the geography and history of Central and Western Asia from the 13th to the 17th century, vol. Ⅰ - Ⅱ, London, 1888; 2d ed. : 1910.

[911] Brockelmann, GAL. —C. Brockelmann, Geschichte der arabischen Litteratur, Bd Ⅰ - Ⅱ, Weimar—Berlin, 1898—1902; Supplementbande Ⅰ - Ⅲ, Leiden, 1937—1942; Zweite, den Supplementbanden angepasste Aufl., Bd Ⅰ - Ⅱ, Leiden, 1943—1949.

[912] Brockelmann, al-Kalbi. —[C.] Brockelmann, al-Kalbi, —EI, Ⅱ, S. 737 - 738.

[913] Brosset, Histoire de la Georgie. —Histoire de la Georgie depuis l' antiquite jusqu' au XIXe siècle, traduit du georgien par M. Brosset, pt. Ⅰ, Histoire ancienne, jusqu' en 1469 de J. C., St. -Pbg., 1849; pt. Ⅱ, Histoire moderne, livr. Ⅰ - Ⅱ, St. -Pbg., 1856—1857; Addi-

tions et eclaircissements, St. -Pbg. , 1851.

[914] Browne, A Literary History. —E. G. Browne, A Literary History of Persia, vol. Ⅰ. From the Earliest Times until Firdawsi, Cambridge, 1902; vol. Ⅱ. From Firdawsi to Sa'di, Cambridge, 1906; [vol. Ⅲ]. A History of Persian Literature under Tartar Dominion (A. D. 1265—1502), Cambridge, 1920; [vol. Ⅳ]. A History of Persian Literature in modern times(A. D. 1500—1924), Cambridge, 1924.

[915] Cahen, JA, t. CCXLⅡ. —CI. Cahen, A propos de quelques articles du Koprulu Armagani, —JA, t, CCXLⅡ, 1954, pp. 271 - 283.

[916] Chavannes, Documents. —Documents sur les Tou-kiue (Turcs) occidentaux. Recueillis et commentes par Ed. Chavannes, St. - Pbg. , 1903 (Сб. трудов Орхонской экспедиции. Ⅵ).

[917] Chavannes, Voyageurs chinois, pt. Ⅰ - Ⅱ, —E. Chavannes, Voyageurs chinois chez les Khitan et les Joutchen, pt. Ⅰ, —JA, ser 9, t. Ⅸ, 1897, pp. 377 - 442; pt. Ⅱ, —JA, ser. 9, t. Ⅺ, pp. 361 - 439.

[918] Chavannes, Pelliot, Un traite, Ⅰ - Ⅱ, —Un traite Manicheen retrouve en Chine, traduit et annote par Ed. Chavannes et P. Pelliot, pt. Ⅰ, —JA, ser. 10, t. XⅧ, 1911, pp. 499 - 617; pt. Ⅱ, —JA, ser. 11, t. Ⅰ, 1913, pp. 99 - 199, 261—394; то же: отд. отт. , pt. Ⅰ - Ⅱ, Paris, 1911—1913[Ⅰ—pp. 1 - 121, Ⅱ—pp. 123 - 360].

[919] Christensen, l'empire. —A. Christensen, l'empire des Sassanides. Le peuple, l'etat, la cour, Kobenhavn, 1907 (Det Kgl. Danske Videnskabernes Selskabs Skrifter, 7. Raekke, historisk og filosofisk Afdeling, I, № 1).

[920] Chwolson, Grabinschriften. —Syrisch-nestorianische Grabinschriften aus Semirjetschie. Hrsg. und erklart von D. Chwolson, Neue Folge, St. -Pbg. , 1897.

[921] Conolly, Notes. —E. Conolly, Notes on the Eusofzye tribes of

·欧·亚·历·史·文·化·文·库·

Afghanistan, —JASB, vol. Ⅸ. 1840, pt Ⅱ, pp. 924 - 937.

[922] Corpus script. hist. Byz., pars Ⅰ. —Corpus scriptorum historiae Byzantinae. Editio emendatior et copiosior, consilio B. G. Niebuhrii instituta, opera eiusdem Niebuhrii, Imm. Bekkeri, L. Schopeni, G. et L. Dindorfiorum aliorumque philologorum parata. Pars I. Dexippi, Eunapii, Petri Patricii, Prisci, Malchi, Menandri historiarum, quae super-sunt. E recensione Imm. Bekkeri et B. G. Niebuhrii cum versione Latina per io. classenum emendata. . . , Bonnae, 1829.

[923] Cour, al-Bakri. —A. Cour, al-Bakri, —EI, Ⅰ, S. 631 - 632.

[924] Cureton, Spicilegium Syriacum. —Spicilegium Syriacum: containing remains of Bardesan, Meliton, Ambrose and Mara Bar Serapion. New first edited, with an English translation and notes, by W. Cureton, London, 1855 (OTF, № 68).

[925] Deguignes, Histoire generale des Huns. —J. Deguignes, Histoire generale des Huns, des Turcs, des Mogols, et des autres Tartares occidentaux, t. Ⅰ - Ⅳ, Paris, 1756—1758.

[926] Diez, Denkwurdigkeiten. —H. F. Diez, Denkwurdigkeiten von Asien in Kunsten und Wissenschaften, Sitten, Gebrauchen, Alterthumern, Religion und Regierungsverfassung aus Handschriften und eigenen Erfahr-
938 ungen gesammelt, T. Ⅰ - Ⅱ, Berlin, 1811—1815.

[927] Djalair. —Djalair, —EI, Ⅰ, S. 1046.

[928] Djalal al-Din Manguberti. —Djalal al-Din Manguberti, —EI, Ⅰ, S. 1047 - 1048.

[929] Dorn, Beitrage. —B. Dorn, BeitragezurGeschichtederkaukasischen Lander und Volker, aus morgenlandischen Quellen. Ⅰ. Versuch einer Geschichte der Schirwanschahe, —《Memoires de l' Acad. imp. des sciences de St.-Petersbourg》, Ⅵ-e ser., sciences politiques, histoire, philologie, t. Ⅳ, livr. 6, 1841, pp. 523 - 602.

[930] Dorn, Bericht. —B. Dorn, Bericht uber eine wisseuschaftliche

Reise in dem Kaukasus und den sudlichen kustenlandern des Kaspischen Meeres, —《Bull. De l' Acad. imp. de sciences de St. -Petersbourg》, t. Ⅳ, 1862, pp. 344 - 393; то же: Mel. As., t. Ⅳ, livr. 4, 1862, pp. 429 - 500.

[931] Dorn, Caspia. —B. Dorn, Caspia. Uber die Einfalle der alten Russen in Tabaristan nebst Zugaben uber andere von ihnen auf dem Kaspischen Meere und in den anliegenden Landern ausgefuhrte Unternehmungen, St. -Pbg., 1875 (《Memoires de l' Acad. imp. des sciences de St. -Petersbourg》, Ⅶ - e ser., t. XXⅢ, № 1).

[932] Dorn, Collection. —Collection de monnaies Sassanides de feu le lieutenant-general J. de Bartholomaei, representee d' apres les pieces les plus remarquables. Publiee par B. Dorn, St. -Pbg., 1873; 2e ed.: 1875.

[933] Dorn, Geographica caucasica. —B. Dorn, Beitrage zur Geschichte der kaukasischen Lander und Volker aus morgenlandischen Quellen. V. Geographica, enthaltend Auszuge aus Istachry (persische Uebersetzung), Sakariya Kaswiny, Hamdullah Mustaufy Kaswiny und Amin Ahmed Rasy, —《Memoires de l' Acad. imp. de sciences de St. -Petersbourg》, Ⅵ-e ser., sciences, politiques, histoire, philologie, t. Ⅶ, 1848, pp. 465 - 569; Nachtrag—pp. 654 - 658.

[934] Dorn, Die Geschichte Tabaristan's. —Die Geschichte Tabaristan's und der Serbedare nach Chondemir. Persisch und deutsch von B. Dorn, —《Memoires de l' Acad. imp. de sciences de St. -Petersbourg》, Ⅵ - e ser., sciences, politiques, histoire, philologie, t. Ⅷ, 1855, pp. 1 - 182; то же: отд. отт., St. -Pbg., 1850.

[935] Dorn, Muhammedanische Quellen. —Muhammedanische Quellen zur Geschichte der sudlichen Kustenlander des Kaspischen Meeres, hrsg., ubers. und erlautert von B. Dorn. Bd Ⅰ - Ⅳ, St. -Pbg., 1850—1858.

[936] Dorn, Reise. —B. Dorn, Bemerkungen auf Anlass einer wis-

senschaftlichen Reise in dem Kaukasus und den sudlichen Kustenlandern des Kaspischen Meeres in den Jahren 1860—1861. I. Reise nach Mazanderan im Jahre 1860, Abschnitt I, St.-Pbg. —Aschref, 1895.

[937] Dostojevskij, Barthold. —M. Dostojevskij, W. Barthold zum Gedachtnis. Versuch einer Charakteristik,—WI, Bd Ⅻ, 1931, № 3, S. 89-136.

[938] Dozy, Recherches. —R. Dozy, Recherches sur l' histoire et la litterature de l' Espagne pendant le moyen age. 3-e ed., revue et augmentee, t. Ⅰ-Ⅱ, Paris-Leyde, 1881.

[939] E. D. RCHL, t, XLⅦ. —E. D., [рец. на:] F. H. Skrine et E. Denison Ross, The Heart of Asia. A History of Russian Turkestan and the Central Asian Khanates from the earliest times. London. 1899, —RCHL, n. s., t. XLⅦ, 1899, № 33, pp. 121-122.

[940] Eichwald, Reise. —E. Eichwald, Reise auf dem Caspischen Meere und in den Kaukasus. Unternommen in den Jahren 1825—1826, Bd Ⅰ, Abt. 1, Stuttgart und Tubingen, 1834; Abt. 2, Stuttgart, 1837; Bd Ⅱ, Berlin, 1838.

[941] Elliot, The History of India. —H. M. Elliot, The History of India, as told by its own historians. The Muhammadan period, vol. Ⅰ-Ⅷ, London, 1867—1877.

[942] Enoki, Nationality. —K. Enoki, On the nationality of the Ephthalites, —《Memoirs of Research Department of the Toyo Bunko (The
939 Oriental Library)》, № 18, Tokyo, 1959, pp. 1-58.

[943] Enoki, Sogdiana. —K. Enoki, Sogdiana and Hsiung-nu, —CAJ. vol. I, № 1, 1955, pp. 43-62.

[944] Erckert, Der Kaukasus. —R. v. Erckert, Der Kaukasus und seine Volker, Leipzig, 1887.

[945] Ethe, Neupersische Litteratur. —H. Ethe, Neupersische Litteratur, —GIPh, Bd Ⅱ, S. 212-370.

[946] Flugel, Handschriften. —G. Flugel, Die arabischen, persischen und turkischen Handschriften der Kaiserlich-Koniglichen Hofbibliothek zu Wien, Bd Ⅰ-Ⅲ, Wien, 1865—1867.

[947] Flugel, Mani. —Mani, seine Lehre und seine Schriften. Ein Beitrag zur Geschichte des Manichaismus. Aus dem Fihrist des Abul'faradsch Muhammad ben Ishak al-Warrak, bekannt unter dem Namen Ibn Abi Ja'kub an-Nadim, im Text nebst Uebersetzung, Commentar und Index zum ersten Mal hrsg. von G. Flugel, Leipzig, 1862.

[948] Fragmenta. —Fragmenta historicorum arabicorum. T. Ⅰ, continens partem tertiam operis Kitabo 'l-Oyun wa 'l-hadaik fi akhbari 'l-hakaik, quem ediderunt M. J. de. Goeje et P. de Jong; t. Ⅱ, continens partem sextam operis Tadjaribo 'l-Omami, auctore Ibn Maskowaih, cum indicibus et glossario, quem edidit M. J. de. Goeje, Lugduni Batavorum, 1869—1871.

[949] Fraser, Khorasan. —J. B. Fraser, Narrative of a journey into Khorasan, in the years 1821 and 1822. Including some account of the countries to the north-east of Persia; with remarks upon the national character, government, and resources of that Kingdom, London, 1825.

[950] Geiger, Kleinere Dialekte. —W. Geiger, Kleinere Dialekte und Dialektgruppen, —GIPh, Bd Ⅰ, Abt. 2, S. 287-423.

[951] Ghirshman, Les Chionites-Hephtalites. —R. Ghirshman, Les Chionites-Hephtalites, Le Caire, 1948 (MIFAO, t. LXXX).

[952] De Goeje, Das alte Bett des Oxus. —M. J. de Goeje, Das alte Bett des Oxus Amu-Darja, Leyden, 1875.

[953] Gregoire, le《Glozel》khazare. —H. G[regoire], le《Glozel》khazare, —《Byzantion》, t. XⅡ, fasc. 1 et 2, 1937, pp. 225-266.

[954] de Groot, Die Hunnen der vorchristlichen Zeit. —Die Hunnen der vorchristlichen Zeit. Chinesische Urkunden zur Geschichte Asiens. 1. T. Ubers. Und erlautert von J. J. M. de Groot, Berlin-Leipzig, 1921.

[955] Hambis, Notes sur Kam. —L. Hambis, Notes sur Kam, nom de l'Yenissei superieur, —JA, t. CCXLIV, 1956, pp. 281 - 300.

[956] Hamilton, Autour du manuscrit. —J. Hamilton, Autour du manuscrit Stael-Holstein, —《T'oung Pao》, vol. XLVI, 1958, pp. 115 - 153.

[957] Hammer, Geschichte des Osmanischen Reiches. —J. v. Hammer, Geschichte des Osmanischen Reiches, grossentheils aus bisher unbenutzien Handschriften und Archiven, Bd I - X, Pest, 1827—1835.

[958] Hammer, Sur les origines russes. —J. de Hammer, Sur les origines russes. Extraits de manuscrits orientaux, St. -Pbg. , 1827.

[959] Hanway, British trade. —J. Hanway, An historical account of the British trade over the Caspian sea: with the author's journal of travels from England through Russia into Persia; and back through Russia, Germany and Holland. To which are added, The revolutions of Persia during the present century, with the particular history of the great usurper Nadir Kouli, 2d ed. , revised and corrected, vol. I - II, London, 1754.

[960] Harkavy, Altjudische Denkmaler. —Altjudische Denkmaler aus der Krim, mitgetheilt vom A. Firkowitsch (1839—1872) und gepruft von A. Harkavy, St. -Pbg. , 1877 (《Memoires de l'Acad, imp. de sci-
940 ences de St. -Petersbourg》, VII - e ser. , t. XXIV, № 1).

[961] Henning, The date. —W. B. Henning, The date of the Sogdian Ancient Letters, —BSOAS, vol. XII, pt 3 - 4 (Oriental and African Studies presented to lionel David Barnett by his colleagues , past and present), 1948, pp. 601 - 615.

[962] Henning, Mitteliranisch. —W. B. Henning, Mitteliranisch, —HOr, Abt. I, Bd IV, Iranistik, Abschnitt 1, Linguistik, Leiden - Koln, 1958, S. 20 - 130.

[963] d'Herbelot, Bibliotheque orientale. —[B.] d'Herbelot, Bibliotheque orientale, ou Dictionnaire universel contenant generalement Tout

ce qui regarde la connoissance des peuples de l' Orient... Paris, 1697.

[964] Herrmann, Kaspisches Meer. —[A.] Herrmann, Kaspisches Meer, —PW, Bd X, Halbband II, 1919, S. 2275 - 2290.

[965] Herzfeld—см. Sarre, Herzfeld.

[966] Hinz, Masse und Gewichte. —W. Hinz, Islamische Masse und Gewichte umgerechnet ins metrische System, Leiden, 1955 (HOr, Erganzungsband 1, H. 1).

[967] Hinz, Quellenstudien. —W. Hinz, Quellenstudien zur Geschichte der Timuriden, —ZDMG, Bd 90 (N. F., Bd 15), 1936, S. 357 - 398.

[968] Hirth, Aus der Ethnographie. —F. Hirth, Aus der Ethnographie des Tschau lu-Kua, —SBAW Munchen, Bd I, 1898, S. 487 - 516.

[969] Hirth, Nachworte. —F. Hirth, Nachworte zur Inschrift des Tonjukuk. Beitrage zur Geschichte der Ost-Turken im 7. und 8. Jahrhundert nach chinesischen Quellen, —в кн.: W. Radloff, Die altturkischen Inschriften der Mongolei, Zweite Folge, St.-Pbg., 1899, S. 1 - 140 (разд. паг.)

[970] Hirth, Ueber Wolga-Hunnen. —F. Hirth, Ueber Wolga-Hunnen und Hiung-nu, —SBAW Munchen, Bd II, 1899, S. 245 - 278.

[971] Histoire de la vie de Hiouen-thsang—см. Жизнеописание Сюань Цзана.

[972] Honda - Ceadel, A survey. —M. Honda and E. B. Ceadel, A survey of Japanese contributions to Manchurian studies, —AM, n. s., vol. V, pt I, pp. 59 - 105.

[973] Horn, Geschichte Irans. —P. Horn, Geschichte Irans in islamitischer Zeit, —GIPh, Bd II, S. 551 - 604.

[974] Horn, Neupersische Schriftsprache. —P. Horn, Neupersische Schriftsprache, —GIPh, Bd I, Abt. 2., S. 1 - 200.

[975] Horrwitz, Indian literature. —E. Horrwitz, A short history of

Indian literature, London, 1907.

[976] Howorth, History of the Mongols. —H. H. Howorth, History of the Mongols from the 9th to the 19th century, pt I. The Mongols proper and the Kalmuks; pt Ⅱ. The socalled Tartars of Russia and Central Asia. Division Ⅰ-Ⅱ; pt Ⅲ. The Mongols of Persia; pt Ⅳ. Supplement, London, 1876—1927.

[977] Huart, Ibn al-Mukaffa. —CI. Huart, Ibn al-Mukaffa, —EI, Ⅱ, S. 430.

[978] Huart, Le texte turc-oriental. —CI. Huart, Le texte turc-oriental de la stele de la mosquee de Peking, —ZDMG, Bd LⅥ, 1902, S. 210-222.

[979] Jackson, Zoroaster. —A. V. W. Jackson, Zoroaster, New York-London, 1901.

[980] Jacob, Ostliche Elemente. —G. Jacob, Hinweis auf wichtige ostliche Elemente der islamischen Kunst, —DI, Bd Ⅰ, 1910, S. 64-67.

[981] James, Report. —H. R. James, Report on the Settlement of the Peshawar district, Lahore, 1871.

[982] Justi, Geschichte Irans. —F. Justi, Geschichte Irans von den altesten Zeiten bis zum Ausgang der Sasaniden, —GIPh, Bd Ⅱ, S. 395-550.

[983] Kahle, Islamische Quelle. —P. Kahle, Eine islamische Quelle uber China um 1500. (Das Khtayname des Ali Ekber.), —AO, vol. XⅡ, 1934, S. 91-110.

[984] Karlgren, Phonologie. —B. Karlgren, Etudes sur la phonologie chinoise, Leyde—Stockholm, 1915—1926 (Archives d'etudes orientales publiee par J. -A. Lundell, vol. 15).

[985] Khanikoff, Memoiresurl'ethnographie. —N. deKhanikoff,
941 Memoire sur l'ethnographie de la Perse, Paris, 1866.

[986] Khanykov, Lettre. —Khanykov, Lettre a M. Dorn. —Mel.

AS. , t. Ⅲ, 1858, pp. 114 – 137.

[987] King, An early mention of cotton. —L. W. King, An early mention of cotton: the cultivation of Gossypium arboreum, or tree-cotton, in Assyria in the seventh century B. C. , —PSBA, vol. ⅩⅩⅪ, 1909, pp. 339 – 343.

[988] Klaproth, Magasin asiatique. —Magasin asiatique ou Revue geographique et historique de l' Asie centrale et septentrionale; publiee par J. Klaproth, t. Ⅰ – Ⅱ, Paris, 1825—1826.

[989] Klaproth, Tableaux historiques. —J. Klaproth, Tableaux historiques de l' Asie, depuis la monarchie de Cyrus jusqu' a nos jours; accompagnes de recherches historiques et ethnographique sur cette partie du monde, Paris-Londres-Stuttgard-Gotta, 1826.

[990] Klyachtorniy, Sord barcakar buqaraq ulys. —S. G. Klyachtorniy, A propos des mots sord barcakar buqaraq ulys de l' inscription de Kul teghin, —CAJ, vol. Ⅲ, № 4, 1958, pp. 245 – 251.

[991] Kremer, Culturgeschichte. —A. v. Kremer, Culturgeschichte des Orients unter den Chalifen, Bd Ⅰ – Ⅱ, Wien, 1875—1877.

[992] Kuhnel, Ausstellung—E. Kuhnel, Ausstellung von Meisterwerken mohammedanischer Kunst in Munchen (Mai bis Oktober 1910), T. Ⅰ – Ⅱ, —DI, Bd I, 1910, S. 183 – 194, 369 – 384.

[993] Lammens, al-Akhtal. —H. Lammens, al-Akhtal, —EI, Ⅰ, S. 247 – 248.

[994] Lindner, Weltgeschichte. —T. Lindner, Weltgeschichte seit der Volkerwanderung, Bd Ⅰ – Ⅸ, Stuttgart-Berlin, 1901—1912.

[995] Liu Mau-tsai, Die chinesischen Nachrichten. —Liu Mau-tsai, Die chinesischen Nachrichten zur Geschichte der Ost-Turken (T' u-kue), Buch Ⅰ, Texte; Buch Ⅱ, Anmerkungen. Anhange. Index, Wiesbaden, 1958 (Gottingische asiatische Forschungen, Bd 10).

[996] Machatschek, Landeskunde. —F. Machatschek, Landeskunde

von russisch Turkestan, Stuttgart, 1921.

[997] Mahdi Husain, The rise. —Agha Mahdi Husain, The rise and fall of Muhammad bin Tughluq, London, 1938.

[998] Malcolm, History of Persia. —J. Malcolm, History of Persia from the most early period to the present time; containing an account of the religion, government, usages and character of the inhabitants of that kingdom , vol. Ⅰ - Ⅱ, London, 1815.

[999] Marquart, Ein arabischer Bericht. —J. Marquart, Ein arabischer Bericht uber die arktischen (uralischen) Lander aus dem 10. Jahrhundert, —《Ungarische Jahrbucher》, Bd Ⅳ, 1924, H. 3 - 4, S. 261 - 334.

[1000] Marquart, Eransahr. —J. Marquart, Eransahr nach der Geographie des Ps. Moses Xorenaci, Berlin, 1901 (AKGWG, N. F., Bd. Ⅲ, № 2).

[1001] Marquart, Komanen. —J. Marquart, Uber das Volkstum der Komanen, —в кн.: W. Bang und J. Marquart, Ostturkische Dialektstudien, Berlin, 1914 (AKGWG, N. F., Bd. XⅢ, № 1), S. 25 - 238.

[1002] Marquart, Streifzuge. —J. Marquart, Osteuropaische und ostasiatische Streifzuge. Ethnologische und historisch-topographische Studien zur Geschichte des 9. und 10. Jahrhunderts (ca. 840—940), Leipzig, 1903.

[1003] Marquart, Untersuchungen. —J. Marquart, Untersuchungen zur Geschichte von Eran, H. Ⅰ - Ⅱ, Gottingen-Leipzig, 1896—1905 (Sonderabdr. Aus dem《Philologus》, Bd 54, S. 489 - 527; Bd 55, S. 212 - 240; Supplementband X, H. 1).

[1004] McGovern, The early empires. —W. M. McGovern, The early empires of Central Asia. A Study of the Scythians and the Huns and the part they played in world history , with special reference to the Chinese sources, Chapel Hill, The University of North Carolina Press, 1939.

[1005] Melgunof, Das sudliche Ufer. —G. Melgunof, Das sudliche Ufer des Kaspischen Meeres oder die Nordprovinzen Persiens, Leipzig, 1868.

[1006] Menges, Der Titel. —K. H. Menges, Der Titel der Qara-Qytaj, —《Ural-Altaische Jahrbucher》, Bd XXIV, H. 3 – 4, 1952, S. 84 – 88.

[1007] Minorsky, The Alan capital. —V. Minorsky, The Alan capital Magas and the Mongol campaigns (Caucasica III), —BSOAS, vol, XIV, pt 2, 1952, pp. 221 – 238.

[1008] Minorsky, Caucasica IV. —V. Minorsky, Caucasica IV, —BSOAS, vol. XV, pt 3, 1953, pp. 504 – 529.

[1009] Minorsky, A civil and military review. —V. Minorsky, A civil and military review in Fars in 881/1476, —BSOS, vol. X, pt. 1, 1940, pp. 141 – 178.

[1010] Minorsky, A new book. —V. Minorsky, A new book on the Khazars, —《Oriens》, vol. II, 1958, pp. 122 – 145.

[1011] Minorsky, Persia in A. D. 1478—1490. —V. Minorsky, Persia in A. D. 1478—1490. An abridged translation of Fadlullah b. Ruzbihan Khunjis Tarikh-i Alam-ara-yi Amini, London, 1957 (Royal Asiatic Society monographs, vol. XXVI).

[1012] Minorsky, Sharvan. —V. Minorsky, A history of Sharvan and Darband in the 10th—11th centuries, Cambridge, 1958.

[1013] Minorsky, Studies. —V. Minorsky, Studies inکسورخـــان Caucasian history. I. New light on the Shaddadids of Ganja. II. The Shaddadids of Ani. III. Prehistory of Saladin, London, 1953 (Cambridge Oriental Series, № 6).

[1014] Minorsky, Tamim. —V. Minorsky, Tamim ibn Bahr's journey to the Uyghurs, —BSOAS, vol. XII, pt 2, 1948, pp. 275 – 305.

[1015] Minorsky, The Turkish dialect. —V. Minorsky, The Turkish dialect of the Khalaj, —BSOAS, vol. Ⅹ, pt 2, 1940, pp. 417 -437.

[1016] Minorsky, Tus. —V. Minorsky, Tus, —EI, Ⅳ, S. 1055 -1062.

[1017] Mordtmann, Dhu l-Kadr. —J. H. Mordtmann, Dhu l-Kadr, —EI, Ⅰ, S. 1000 -1002.

[1018] Morgan, Mission. —J. de Morgan, Mission scientifique en Perse, t. Ⅰ - Ⅱ, Etudes geographiques; t. Ⅲ, pt. 1 -4, Etudes geologiques; t. Ⅳ, Recherches archeologiqucs; t. Ⅴ, Etudes linguistiques, Paris, 1894—1904.

[1019] Moscati, Studi storici. —S. Moscati, Studi storici sul califfato di al-Mahdi, —《Orientalia》, Roma, XⅣ, 1945, pp. 338 -344.

[1020] Muller, Der Islam. —A. Muller, Der Islam im Morgen-und Abendland, Bd Ⅰ - Ⅱ, Berlin, 1885—1887.

[1021] Nallino, Al-Huwarizmi. —Al-Huwarizmi e il suo rifacimento della geografia di Tolomeo, memoria di C. A. Nallino, Roma, 1894 (Reale Accademia dei Lincei, Anno CCXCI, 1894, serie 5ª—Memorie della Classe di scienze morali, storiche e filologiche, vol. Ⅱ, parte 1ª—Seduta del 15 aprile 1894).

[1022] Narain, The Indo-Greeks. —A. K. Narain, The Indo-Greeks, Oxford, 1957.

[1023] Noldeke, Aufsatze. —Th. Noldeke, Aufsatze zur persischen Geschichte, Leipzig, 1887.

[1024] Noldeke, Geschichte der Perser und Araber... —см. Табари, пер. Нельдеке.

[1025] Noldeke, ZDMG, Bd XLIX [S. 710 - 721]. —Th. Noldeke, [рец. на:] G. Jacob, Das Leben der vorislamischen Beduinen nach den Quellen geschildert. (Studien in arabischen Dichtern. Heft Ⅲ.), Berlin 1895, —ZDMG, Bd XLIX, 1895, S. 710 -721.

[1026] d'Ohsson, Histoire des Mongols. —C. d'Ohsson, Histoire des Mongols, depuis Tchinguiz-Khan jusqu'a Timour bey ou Tamerlan, t. I - IV, La Haye et Amsterdam, 1834—1835; ed. 2: 1852.

[1027] Oliver, Chaghatai Mughals. —E. E. Oliver, The Chaghatai Mughals, —JRAS, 1888, pp. 72 - 128.

[1028] Oppert, Presbyter Johannes. —G. Oppert, Des Presbyter Johannes in Sage und Geschichte. Ein Beitrag zur Volker - und Kirchenhistorie und zur Heldendichtung des Mittelalters, Berlin, 1864; 2. Aufl.: 1870. 943

[1029] Osmanli tarihi. —Osmanli tarihi, c. I - VII, Ankara, 1947—1956 [c. I - IV - I. H. Uzuncarsili; c. V - VII - E. Z. Karal]

[1030] Pelliot, A propos des Comans. —P. Pelliot, A propos des Comans, —JA, ser. II, t. XV, 1920, pp. 125 - 185.

[1031] Pelliot, Le《Cha tcheou tou[tou]fou t'ou king》. —P. Pelliot, Le《Cha tcheou tou[tou]fou t'ou king》et la colonie sogdienne de la region du Lob Nor, —JA, ser. II, t. VII, 1916, pp. 111 - 123.

[1032] Pelliot, Notes critiques. —P. Pelliot, Notes critiques d'histoire kalmouke. Texte; Tableaux genealogiques, Paris, 1960 (Oeuvres posthumes de Paul Pelliot, VI).

[1033] Pelliot, Notes sur l'histoire de la Horde d'Or. —P. Pelliot, Notes sur l'histoire de la Horde d'Or. Suivie de Quelques nomes turcs d'hommes et de peuples finissant en "ar", Paris, 1949 (Oeuvres posthumes de Paul Pelliot, II).

[1034] Pernice, L'imperatore Eraclio. —A. Pernice, L'imperatore Eraclio. Saggio di storia bizantina, Firenze, 1905 (Publicazioni del R. Istituto di Studi superiori pratici e di perfezionamento in Firenze. Sezione di filosofia e filologia, [№ 32]).

[1035] Pritsak, Die Karachaniden. —O. Pritsak, Die Karachaniden (mit einer genealogischen Tafel), —DI, Bd 31, 1953, S. 17 - 68.

[1036] Pritsak, Karachanidische Streitfragen, —O. Pritsak, Karachanidische Streitfragen—《Oriens》, vol. 3, Leiden, 1959, № 2, S.

209 - 228.

[1037] Pritsak, Qara. —O. Pritsak, Qara. Studie zur turkischen Rechtssymbolik, —《60. dogum yth munasebetiyle Zeki Velidi Togana armagan. Symbolae in honorem Z. V. Togan》, Istanbul, 1950—1955, S. 239 - 263.

[1038] Pritsak, Der Untergang. —O. Pritsak, Der Untergang des Reiches des oguzischen Yabgu, —《60. dogum munasebetiyle Fuad Koprulu armagani. Melanges Fuad Koprulu》, Istanbul, 1953, S. 397 - 410.

[1039] Pritsak, Von den Karluk. —O. Pritsak, Von den Karluk zu den Karachaniden, —ZDMG, Bd 101 (N. F., Bd 26), 1951. S. 270 - 300.

[1040] Pulleyblank, A sogdian colony. —E. G. Pulleyblank, A sogdian colony in Inner Mongolia, —《T'oung Pao》, vol. XLI, 1952, № 4 - 5, pp. 317 - 356.

[1041] Rabino, Les dynasties alaouides. —H. L. Rabino di Borgomale, Les dynasties alaouides du Mazanderan. —JA, t. CCX, 1927, pp. 253 - 277.

[1042] Rabino, Les dynasties du Mazandaran. —H. L. Rabino di Borgomale, Les dynasties du Mazandaran de l'an 50 avant l'hegire a l'an 1006 de l'hegire (572 a 1597—1598), d'apres les chroniques locales, —JA, t, CCXXVIII, 1936, pp. 397 - 474.

[1043] Rabino, Les dynasties locales. —H. L. Rabino di Borgomale, Les dynasties locales du Gilan et du Daylam, —JA, t, CCXXXVII, 1949, pp. 301—350.

[1044] Rabino, L'histoire de Mazandaran. —H. L. Rabino di Borgomale, L'histoire du Mazandaran, —JA, t, CCXXXIV, 1943—1945, pp. 211 - 243; Note complementaire, —JA, t, CCXXXVI, 1948, pp. 243 - 246.

[1045] Rabino, Mazandaran. —H. L. Rabino di Borgomale, Mazandaran and Astarabad, London, 1928 (GMS NS, Ⅶ).

[1046] Rabino, Les provinces caspiennes. —H. L. Rabino di Borgomale, Les provinces caspiennes de la Perse. Le Guilan, —RMM, t. ⅩⅩⅩⅡ, 1915—1916. pp. 1 - 499.

[1047] Rabino, Rulers of Gilan. —H. L. Rabino di Borgomale, Rulers of Gilan, —JRAS, 1920, pp. 277 - 296.

[1048] Rabino, Rulers of Lahijan and Fuman. —H. L. Rabino di Borgomale, Rulers of Lahijan and Fuman, in Gilan, Persia, —JRAS, 1918, pp. 85 - 100.

[1049] Radloff, Die altturkischen Inschriften. —W. Radloff, Die altturkischen Inschriften der Mongolei, Lief. Ⅰ - Ⅲ, St. -Pbg., 1894—1895; Neue Folge, St. -Pbg., 1897; Zweite Folge, St. -Pbg., 1899.

[1050] Radloff, Aus Sibirien. —W. Radloff, Aus Sibirien. Lose
Blatter aus meinem Tagebuche, 2. Ausg., Bd Ⅰ - Ⅱ, Leipzig, 1893. 944

[1051] Ramstedt, Zwei uigurische Runeninschriften. —Zwei uigurische Runeninschriften in der Nord-Mongolei. Aufgefunden und mit Transkription, Ubersetzung und Bemerkungen veroffentlicht von G. Ramstedt, —JSFOu, t. ⅩⅩⅩ, 1913—1918, pp. 1 - 65 (разд. паг.).

[1052] Renan, Peuples semitiques. —E. Renan, De la part des peuples semitiques dans l' histoire de la civilisation. Discours d' ouverture du cours de langues hebraique, chaldaique et syriaque au College de France. Prononce le 21 fevrier 1882, —в кн.: E. Renan, Melanges d'histoire et de voyages, Paris, 1878, pp. 1 - 25.

[1053] Rickmers, The Duab. —W. R. Rickmers, The Duab of Turkestan. A phisiographic sketch and account of some travels, Cambridge, 1913.

[1054] Rieu, Pers. MSS. —Ch. Rieu, Catalogue of the Persian manuscripts in the British Museum, vol. Ⅰ - Ⅲ, London, 1879—1883.

[1055] Rieu, Suppl. Pers. —Ch. Rieu, Supplement to the Catalogue of the Persian manuscripts in the British Museum, London, 1895.

[1056] Roemer, Neuere Veroffentlichungen. —H. R. Roemer, Neuere Veroffentlichungen zur Geschichte Timurs und seiner Nachfolger, —CAJ, vol. Ⅱ, 1956, S. 219 - 232.

[1057] Ross, The genealogies. —E. D. Ross, The genealogies of Fakhr-ud-Din, Mubarak Shah, —《Ajab-nama》, pp. 392 - 413.

[1058] Sadighi, Les mouvements. —Gh. H. Sadighi, Les mouvements religieux iraniens au Ⅱ e et au Ⅲ e siècle de l' hegire, Paris, 1938.

[1059] Saleman, Das Asiatische Museum. —C. Saleman, Das Asiatische Museum im Jahre 1890. Nebst Nachtragen, —Mel. As., t. X, 1894, pp. 271 - 292.

[1060] Sarre, Herzfeld, Iranische Felsreliefs. —F. Sarre und E. Herzfeld, Iranische Felsreliefs. Aufnahmen und Untersuchungen von Denkmalern aus alt- und mittelpersischer Zeit, Berlin, 1910.

[1061] Schechter, An unknown Khazar document. —S. Schechter, An unknown Khazar document, —《Jewish quarterly review》, N. S., vol. 3, 1912—1913, pp. 181 - 219.

[1062] Schmidt, Uber Rubruk's Reise. —F. Schmidt, Uber Rubruk's Reise von 1253 - 1255, Berlin, 1885.

[1063] Schott, Uber die achten Kirgisen. —W. Schott, Uber die achten Kirgisen, —APAW (1864), 1865, S. 429 - 474.

[1064] Schrader, Reallexicon. —O. Schrader, Reallexicon der indogermanischen Altertumskunde. Grundzuge einer Kultur- und Volkergeschichte Alteuropas, Strassburg, 1901.

[1065] Schuyler, Turkistan. —E. Schuyler, Turkistan. Notes of a journey in Russian Turkistan, Khokand, Bukhara, and Kuldja, vol. Ⅰ - Ⅱ, 5th ed., London, 1876.

[1066] Schwarz, Turkestan. —F. v. Schwarz, Turkestan, die Wiege der indo-germanischen Volker. Nach funfzehnjahrigem Aufenthalt in Turkestan dargestelt, Freiburg im Breisgau, 1900.

[1067] Seippel, Fontes arabici. —Rerum normannicarum fontes arabici. E libris quum typis expressis tum manu scriptis collegit et sumptibus Universitatis Christianiensis ed. A. Seippel, facs. Ⅰ, textum continens, Christianiae, 1896.

[1068] Seldjuken. —Seldjuken, EI, Ⅳ, S. 222 - 228.

[1069] Seybold, Almeria. —C. F. Seybold, Almeria, —EI, Ⅰ, S. 329 - 330.

[1070] Shepherd, Henning, Zandaniji. —D. G. Shepherd and W. B. Henning, Zandaniji identified? —《Aus der Welt der islamischen Kunst. Festschrift fur Ernst Kuhnel zum 75. Geburtstag am 26. 10. 1957》, Berlin, 1959, S. 15 - 40.

[1071] Skrine, Ross, The Heart of Asia. —F. H. Skrine and E. D. Ross, The Heart of Asia. A History of Russian Turkestan and the Central Asian Khanates from the Earliest Times, London, 1899.

[1072] Spuler, Die Mongolen in Iran. —B. Spuler, Die Mongolen in Iran. Politik, Verwaltung und Kultur der Ilchanzeit. 1220—1350, 2. erweit. Aufl., Berlin, 1955.

[1073] Storey, Persian Literature. —C. A. Storey, Persian Literature. A bio-bibliographical survey. Vol. I. Qur'anic Literature; History and Biography. Pt 1. Qur'anic Literature; History. Section I. Qur'anic Literature, London, 1927 [pp. 160]. Section Ⅱ. [History], Fasc. 1. A. General History. B. The prophets and Early Islam, London, 1935 [pp. 61 - 236]; fasc. 2. C-L. Special histories of Persia, Central Asia and the remaining parts of the world except India, London, 1936 [pp. 237 - 432]; fasc. 3. M. History of India, London, 1939 [pp. 433 - 780]; Pt 2. Biography. Additions and Corrections. Indexes, London, 1953 [pp. 781 - 1444]. Vol. Ⅱ. Pt 1. A. Mathematics. B. Weights and Measures. C. Astronomy and Astrology. D. Geography, London, 1958

945 [pp. 1 - 192]

[1074] Sykes, A history of Persia. —P. M. Sykes, A history of Persia, vol. Ⅰ - Ⅱ, London, 1915; 2d ed. : 1921.

[1075] Tauer, Vorbericht. —F. Tauer, Vorbericht uber die Edition des Zafarnama von Nizam Sami und der wichtigsten Teile der Geschichtswerke Hafiz-i Abru's, —AOr, vol, Ⅳ, 1932, pp. 250 - 256.

[1076] Teufel, Quellenstudien. —F. Teufel, Quellenstudien zur neueren Geschichte der Chanate, —ZDMG, Bd ⅩⅩⅩⅧ, 1894, S. 235 - 381.

[1077] Thierry, Histoire d'Attila. —A. Thierry, Histoire d'Attila et de ses successeurs jusqua l'etablissement des Hongrois en Europe, suivie des legendes et traditions, t. Ⅰ - Ⅱ, Paris, 1856.

[1078] Thomsen, Altturkische Inschriften. —V. Thomsen, Altturkische Inschriften der Mongolei in Ubersetzung und mit Einleitung, [ubers. Von H. H. Schaeder], —ZDMG, Bd 78 (N. F., Bd 3), 1924, S. 121 - 175.

[1079] Thomsen, Inscriptions de l'Orkhon. —[V. Thomsen], Inscriptions de l'Orkhon dechiffrees par V. Thomsen, Helsingfors, 1896 (Memoires de la Societe finno-ougrienne. Ⅴ).

[1080] Togan, Sur l'origine. —Z. V. Togan, Sur l'origine des Safavides, —《Melanges Louis Massignon》, t. Ⅲ, Damas, 1957, pp. 345 - 357.

[1081] Trietsch, Levante-Handbuch. —Levante-Handbuch. Eine Ubersicht uber die wirtschaftliche Verhaltnisse der europaischen und asiatischen Turkei, der christlichen Balkanstaaten, Agyptens und Tripolitaniens , hrsg. von D. Trietsch, 2. Aufl., Berlin, [1910].

[1082] Vambery, History of Bokhara. —A. Vambery, History of Bokhara from the earliest period down to the present. Composed for the first time after oriental known and unknown historical manuscripts, London,

1873.

[1083] Vambery, Uigurische Sprachmonumente - см. Кутадгу билик, изд. Вамбери.

[1084] Vivien de St.-Martin, Les Huns Blancs. —Vivien de St.-Martin, Les Huns Blancs ou Ephtalites des historiens byzantins, Paris, 1849.

[1085] Vullers, Lexicon. —J. A. Vullers, Lexicon Persico-Latinum etymologicum cum linguis maxime cognatis Sanscrita et Zendica et Pehlevica comparatum... t. I - II, Bonnae, 1855—1864.

[1086] Walther, Das Oxusproblem. —J. Walther, Das Oxusproblem in historischer und geologischer Beleuchtung, —Pet. Mitt., Bd 44, 1898, S. 204 - 214.

[1087] Weissbach, Die Keilinschriften. —F. H. Weissbach, Die Keilinschriften am Grabe des Darius Hystaspis, Leipzig, 1911 (ASGW, Bd XXIX, № 1).

[1088] Wellhausen, Skizzen und Vorarbeiten, IV. —J. Wellhausen, Skizzen und Vorarbeiten, H. IV, Berlin, 1889.

[1089] Westberg, Beitrage. —F. Westberg, Beitrage zur Klarung orientalischer Quellen uber Osteuropa. (Erste Halfte des Mittelalters), —ИАН, сер. V, т. XI, 1899, стр. 211 - 245, 275 - 314; то же: Mel, As., t. XI, 1901, pp. 291 - 364.

[1090] Westberg, Ibrahim's-ibn-Jakub's Reisebericht. —F. Westberg, Ibrahim's-ibn-Jakub's Reisebericht uber die Slawenlande aus dem Jahre 965, St.-Pbg., 1898 (ЗИАН, сер. VIII, по историко-
филологич. отделению, т. III, № 4). 946

[1091] Wittfogel, Feng Chia-sheng, Liao. —K. A. Wittfogel and Feng Chia-sheng, History of Chinese society Liao (907 - 1125), Philadelphia, 1949 (Transactions of the American Philosophical Society, N. S., vol. 36).

[1092] Wood, Journey. —J. Wood, A Journey to the source of the river Oxus. New edition, with an essay on the geography of the valley of the Oxus, by H. Yule, London, 1872.

[1093] Yate, Northern Afghanistan. —C. E. Yate, Northern Afghanistan or letters from the Afghan Boundary Commission, Edinburgh-London, 1888.

[1094] Yule, Cathay. —H. Yule, Cathay and the way thither; being a collection of medieval notices of China, transl. and ed. by H. Yule. With a preliminary essay on the intercourse between China and the western nations previous to the discovery of the Cape route, vol. Ⅰ – Ⅱ, London, 1866 (HS, [№ ⅩⅩⅩⅥ – ⅩⅩⅩⅦ].

[1095] Zarncke, Der Priester Johannes. —F. Zarncke, Der Priester Johannes. Abh. 1. (Cap. Ⅰ – Ⅲ), —ASGW, Bd Ⅶ, H. 8, 1879, S. 826 – 1028; Abh. 2. (Cap. Ⅳ – Ⅵ), —ASGW, Bd Ⅷ, H. 1, 1883, S. 1 – 184; то же: отд. отт., 1 – 11.

احمد زکی ولیدی، اوغوزلرک خریستیانلغی. ـ احمد زکی ولیدی، اوغوزلرک خریستیانلغی مسئله‌سنه عائد، ـ «تورکیات مجموعه‌سی»، جلد ۲، استانبول، ۱۹۲۸، ص ۶۱ ـ ۶۷.

احمد زکی ولیدی، خوارزمده یازیلمش اثرلر. ـ احمد زکی ولیدی، خوارزمده یازیلمش اسکی تورکجه اثرلر، ـ «تورکیات مجموعه‌سی»، جلد ۲، استانبول، ۱۹۲۸، ص ۳۱۵ ـ ۳۴۵.

شیخ نظامی. ـ شیخ نظامی. ترجمهٔ حالي. اثر: میرزا محمد آخوندوف، گنجه، ۱۳۲۸/۱۹۰۹.

فلسفی، زندگانی شاه عباس. ـ زندگانی شاه عباس اول تألیف نصر الله فلسفی، جلد ۱ ـ ۲، تهران، ۱۳۳۴ ش.

工具书索引

Амитин-Шапиро З. Л. , Аннотированный указатель литературы по археологии, истории и этнографии Киргизии, Фрунзе. 1958.

Амитин-Шапиро З. Л. , Библиографический указатель советской литературы по археологии Киргизии (1918—1956), —ТИИ АН КиргССР, вып. 2, Фрунзе 1956, стр. 109 – 152.

Амитин-Шапиро З. Л. , Библиография дореволюционной русской литературы по истории и экономике Иссык-Кульской области (1768—1917), —《Труды Пржевальского учительского ин-та》, вып. 2, 1953, стр. 111 – 189.

Бек-Назарова В. Т. , История Узбекистана. Библиографический указатель книг и статей в изданиях Комитета наук при СНК УзССР, Узбекистанского филиала АН СССР и Академии наук УзССР(1933—1957 гг.), Ташкент, 1960.

Биснек А. Г. и Шафрановский К. И. , Библиография библиографий Средней Азии, М. —Л. , 1936.

Винберг Н. А. , Заднепровская Т. Н. и Любимова В. А. , Советская археологическая литература. Библиография 1941—1957 гг. , М. —Л. , 1959.

Вознесенская Е. А. и Пиотровский А. Б. , Материалы для библиографии по антропологии и этнографии Казакстана и Среднеазиатских республик, Л. , 1927 (АН СССР. Труды Комиссии по изучению племеннгого состава населения СССР и сопредельных стран. 14).

Вороновский Д. Г. , Библиография научных работ А. А.

Семенова, —《Сборник статей по истории и филологии народов Средней Азии, посвященный 80 - летию со дня рождения А. А. Семенова》, Сталинабад, 1953 (ТИИАЭ АН ТаджССР, т. XVII), стр. 7 - 24.

Дмитровский Н. В., Каталог книг Русского отделения Туркестанской Публичной библиотеки, СПб., [1892].

Межов В. И., Библиография Азии. Указатель книг и статей об Азии на русском языке и одних только книг на иностранных языках, касающихся отношений России к Азиатским государствам, т. I - III, СПб., 1891—1894.

[Межов В. И.], Туркестанский сборник сочинений и статей, относящихся до Средней Азии вообще и Туркестанского края в особенности, составляемый В. И. Межовым. Томы 1 - 150. Систематический и азбучный указатели сочинений и статей на русском и иностранных языках, СПб., 1878.

Миансаров М., Bibliographia caucasica et transcaucasica. Опыт справочного систематического каталога печатных сочинений о Кавказе, Закавказье и племенах, эти края населяющих, т. I, отд. 1 - 2, 1874—1876.

Павлова А. Е., Библиография книг и статей по археологии, нумизматике и этнографии, изданных Таджикской базой, Таджикским филиалом АН СССР и Академией наук Таджикской ССР (1934—1956 гг.), Сталинабад, 1956.

Семенов А. А., Указатель персидской литератеры по истории узбеков Средней Азии, Ташкент, 1926 (Труды Библиографической комиссии, бывшей при СНК ТаджССР, вып. III).

人名索引[1]

[1]索引中所有带星号的页码都表示这个词在该页只出现在脚注中。

[2]索引中的所有页码都是原文的页码。——译者

·欧·亚·历·史·文·化·文·库·

·欧·亚·历·史·文·化·文·库·

516

974

地名索引

 976

·欧·亚·历·史·文·化·文·库·

〔1〕应为485页注释。——译者

民族名称索引

　1008

专有名词索引[1]

---

〔1〕多数阿拉伯和波斯专有名词的准确音译(转写)用斜体字标出,凡在正文中没有这种注音的,便将其标注在巴托尔德音译后面的括号里。

〔2〕即族长。——译者注

·欧·亚·历·史·文·化·文·库·

著作索引[1]

[1]译者只录入了《巴托尔德文集》第2卷第1册第1部分即《中亚历史》部分中所涉及的著作目录,第2部分也就是《高加索和东欧历史》中所涉及的著作目录均未录入。——译者

欧亚历史文化文库

已经出版

林悟殊著:《中古夷教华化丛考》 定价:66.00元
赵俪生著:《弇兹集》 定价:69.00元
华喆著:《阴山鸣镝——匈奴在北方草原上的兴衰》 定价:48.00元
杨军编著:《走向陌生的地方——内陆欧亚移民史话》 定价:38.00元
贺菊莲著:《天山家宴——西域饮食文化纵横谈》 定价:64.00元
陈鹏著:《路途漫漫丝貂情——明清东北亚丝绸之路研究》
定价:62.00元
王颋著:《内陆亚洲史地求索》 定价:83.00元
〔日〕堀敏一著,韩昇、刘建英编译:《隋唐帝国与东亚》 定价:38.00元
〔印度〕艾哈默得·辛哈著,周翔翼译,徐百永校:《入藏四年》
定价:35.00元
〔意〕伯戴克著,张云译:《中部西藏与蒙古人
——元代西藏历史》(增订本) 定价:38.00元
陈高华著:《元朝史事新证》 定价:74.00元
王永兴著:《唐代经营西北研究》 定价:94.00元
王炳华著:《西域考古文存》 定价:108.00元
李健才著:《东北亚史地论集》 定价:73.00元
孟凡人著:《新疆考古论集》 定价:98.00元
周伟洲著:《藏史论考》 定价:55.00元
刘文锁著:《丝绸之路——内陆欧亚考古与历史》 定价:88.00元
张博泉著:《甫白文存》 定价:62.00元
孙玉良著:《史林遗痕》 定价:85.00元
马健著:《匈奴葬仪的考古学探索》 定价:76.00元
〔俄〕柯兹洛夫著,王希隆、丁淑琴译:
《蒙古、安多和死城哈喇浩特》(完整版) 定价:82.00元

乌云高娃著:《元朝与高丽关系研究》 定价:67.00 元

杨军著:《夫余史研究》 定价:40.00 元

梁俊艳著:《英国与中国西藏(1774—1904)》 定价:88.00 元

〔乌兹别克斯坦〕艾哈迈多夫著,陈远光译:

《16—18 世纪中亚历史地理文献》(修订版) 定价:85.00 元

成一农著:《空间与形态——三至七世纪中国历史城市地理研究》

定价:76.00 元

杨铭著:《唐代吐蕃与西北民族关系史研究》 定价:86.00 元

殷小平著:《元代也里可温考述》 定价:50.00 元

耿世民著:《西域文史论稿》 定价:100.00 元

殷晴著:《丝绸之路经济史研究》 定价:135.00 元(上、下册)

余大钧译:《北方民族史与蒙古史译文集》 定价:160.00 元(上、下册)

韩儒林著:《蒙元史与内陆亚洲史研究》 定价:58.00 元

〔美〕查尔斯·林霍尔姆著,张士东、杨军译:

《伊斯兰中东——传统与变迁》 定价:88.00 元

〔美〕J. G. 马勒著,王欣译:《唐代塑像中的西域人》 定价:58.00 元

顾世宝著:《蒙元时代的蒙古族文学家》 定价:42.00 元

杨铭编:《国外敦煌学、藏学研究——翻译与评述》 定价:78.00 元

牛汝极等著:《新疆文化的现代化转向》 定价:76.00 元

周伟洲著:《西域史地论集》 定价:82.00 元

周晶著:《纷扰的雪山——20 世纪前半叶西藏社会生活研究》

定价:75.00 元

蓝琪著:《16—19 世纪中亚各国与俄国关系论述》 定价:58.00 元

许序雅著:《唐朝与中亚九姓胡关系史研究》 定价:65.00 元

汪受宽著:《骊靬梦断——古罗马军团东归伪史辨识》 定价:96.00 元

刘雪飞著:《上古欧洲斯基泰文化巡礼》 定价:32.00 元

〔俄〕T. B. 巴尔采娃著,张良仁、李明华译:

《斯基泰时期的有色金属加工业——第聂伯河左岸森林草原带》

定价:44.00 元

叶德荣著:《汉晋胡汉佛教论稿》 定价:60.00 元

王颋著:《内陆亚洲史地求索(续)》 定价:86.00 元

尚永琪著:

《胡僧东来——汉唐时期的佛经翻译家和传播人》 定价:52.00 元

桂宝丽著:《可萨突厥》 定价:30.00 元

篠原典生著:《西天伽蓝记》 定价:48.00 元

〔德〕施林洛甫著,刘震、孟瑜译:

《叙事和图画——欧洲和印度艺术中的情节展现》 定价:35.00 元

马小鹤著:《光明的使者——摩尼和摩尼教》 定价:120.00 元

李鸣飞著:《蒙元时期的宗教变迁》 定价:54.00 元

〔苏联〕伊·亚·兹拉特金著,马曼丽译:

《准噶尔汗国史》(修订版) 定价:86.00 元

〔苏联〕巴托尔德著,张丽译:《中亚历史——巴托尔德文集第2卷第1册第1部分》 定价:200.00 元(上、下册)

敬请期待

许全胜著:《黑鞑事略汇校集注》

张文德著:《朝贡与入附——明代西域人来华研究》

张小贵著:《祆教史考论与述评》

贾丛江著:《汉代西域汉人和汉文化》

王永兴著:《敦煌吐鲁番出土唐代军事文书考释》

薛宗正著:《汉唐西域史汇考》

李映洲著:《敦煌艺术论》

〔俄〕波塔宁著,〔俄〕奥布鲁切夫编,吴吉康译:《蒙古纪行》

徐文堪编:《梅维恒内陆欧亚研究文选》

〔苏联〕K. A. 阿奇舍夫、Г. A. 库沙耶夫著,孙危译:

《伊犁河流域塞人和乌孙的古代文明》

徐文堪著:《古代内陆欧亚的语言和有关研究》

刘迎胜著:《小儿锦文字释读与研究》

李锦绣编:《20 世纪内陆欧亚历史文化研究论文选粹》

李锦绣、余太山编:《古代内陆欧亚史纲》

郑炳林著:《敦煌占卜文献叙录》

陈明著:《出土文献与早期佛经词汇研究》
李锦绣著:《裴矩〈西域图记〉辑考》
李艳玲著:《公元前2世纪至公元7世纪前期西域绿洲农业研究》
许全胜、刘震编:《内陆欧亚历史语言论集——徐文堪先生古稀纪念》
张小贵编:《三夷教论集——林悟殊先生古稀纪念》
李鸣飞著:《横跨欧亚——马可波罗的足迹》
杨林坤著:《西风万里交河道——明代西域丝路上的使者与商旅》
杜斗城著:《杜撰集》
林悟殊著:《华化摩尼教补说》
王媛媛著:《摩尼教艺术及其华化考述》
李花子著:《长白山踏查记》
芮传明著:《摩尼教东方文书校注与译释》
马小鹤著:《摩尼教东方文书研究》
段海蓉著:《萨都剌传》
〔德〕梅塔著,刘震译:《从弃绝到解脱》
郭物著:《欧亚游牧社会的重器——鍑》
王邦维著:《玄奘》
冯天亮著:《词从外来——唐代外来语研究》
芮传明著:《内陆欧亚中古风云录》
李锦绣著:《北阿富汗的巴克特里亚文献》
〔日〕荒川正晴著,冯培红译:《欧亚的交通贸易与唐帝国》
孙昊著:《辽代女真社会研究》
赵现海著:《明长城的兴起——"长城社会史"视野下明中期榆林长城修筑研究》
华喆著:《帝国的背影——公元14世纪以后的蒙古》
杨建新著:《民族边疆论集》
〔美〕白卖克著,马娟译:《大蒙古国的畏吾儿人》
余太山著:《内陆欧亚史研究自选论集》

淘宝网邮购地址:http://lzup.taobao.com